SEAL TEAM SIX

www.boekerij.nl

Howard E. Wasdin
en Stephen Templin

SEAL TEAM SIX

Eerste druk 2011
Zesde druk 2012

ISBN 978 90 225 6234 5
ISBN 978 94 6092 590 0 (e-book)
NUR 320

Oorspronkelijke titel: SEAL Team Six: Memoirs of an Elite Navy SEAL Sniper
Oorspronkelijke uitgever: St. Martin's Press, New York
Vertaling: Inger Limburg, Bep Fontijn, Gerrit-Jan van den Berg,
Maarten van der Werf
Eindredactie: Frans Stoks
Omslagontwerp: HildenDesign, München met beeldmateriaal van
Shutterstock
Boekverzorging: Asterisk*, Amsterdam

© Oorspronkelijke uitgave: Howard E. Wasdin and Stephen Templin, 2011
© Voor de Nederlandse taal: De Boekerij bv, Amsterdam, 2011

Inhoud

Omwille van de veiligheid van betrokkenen en de geheimhouding van hun missies zijn sommige namen, plaatsen, tijdstippen en tactieken in de tekst gewijzigd of weggelaten.

Verklarende woordenlijst

AC-130 **Spectre** Amerikaans *gunship*, een zwaarbewapende versie van de Lockheed C-130 Hercules en uitgerust voor het geconcentreerd beschieten van gronddoelen. In de Amerikaanse luchtmacht wordt dit soort gunships liefkozend 'Spooky' of 'Puff the Magic Dragon' genoemd. De Spectre kwam in de plaats voor de Douglas AC-47D, de 'artillerieversie' van de Dakota, en is in staat langdurig in de lucht te blijven en over het algemeen bewapend met twee 20 mm M61 Vulcan-kanonnen, een 40 mm L/60 Bofors-kanon en een 105 mm M102 houwitser. Het geschut wordt door middel van geavanceerde sensoren en radarsystemen uiterst nauwkeurig op doelwitten op de grond gericht.

ACOG (Advanced Combat Optical Gunsight) Anderhalf tot vijf keer vergrotend telescoopvizier voor de middellange afstand.

AD (Accidental Discharge) Per ongeluk afgaan van een vuurwapen.

Agency of **Central Intelligence Agency** (CIA) Bij Amerikaanse troepen ook bekend als 'Christians in Action'.

AK-47 Samentrekking van *Avtomat Kalasjnikova obraztsa 1947 goda* (letterlijk: 'Machinegeweer van Kalasjnikov van het model van het jaar 1947'). Dit aanvalsgeweer vuurt een .308 (7,62 x 39 mm) kogel af en heeft een effectieve dracht van 300 meter. Het magazijn bevat 30 patronen. Het werd in de Sovjet-Unie ontwikkeld door Michail Kalasjnikov en er werden twee versies van gemaakt: de AK-47 met een vaste houten kolf en de AKS-47 (S: *Skladnoi priklad*), variant met een invouwbare metalen kolf.

Asset Plaatselijke informant en helper.

AT4 84 mm enkelschots lichte antitankraket.

Black Hawk Sikorsky H-60, middelzware helikopter voor algemeen gebruik, waarvan sinds de introductie in 1977 vele honderden exemplaren zijn gebouwd. Er vliegen verschillende versies van dit toestel rond; in Mogadishu werd door de Special Forces voornamelijk van de MH60 gebruikgemaakt.

BTR-60 *Brone-transporty* of 'gepantserd personeelsvoertuig', een infanteriegevechtsvoertuig van Russische makelij. De laatste in deze serie was de 60PB, die over een bootachtige romp beschikte met schuin aflopend pantser.

BTR-60PB Russisch achtwielig (8x8) gepantserd personeelsvoertuig, bewapend met een zwaar 14,5 mm KPVT-machinegeweer met 500 patronen en een coaxiaal PKT 7,62 mm machinegeweer met 3000 patronen. Het voertuig werd vervangen door de BTR-70.

BUD/S (Basic Underwater Demolition/SEAL Training) Extreem zwaar trainingsprogramma dat een half jaar duurt en dat alle SEAL's moeten doorlopen. De zwaarste week daarvan wordt 'Hell Week' genoemd.

CAR-15 (Colt Automatic Rifle-15) Wapen uit de AR-15-familie (ArmaLite Rifle) en M16-schoudervuurwapens. Latere types van het type AR-15/ M16 aanvalsgeweren hadden een korte loop: 29,2 cm bij de Colt Commando (Model 733), 36,8 cm bij de M4-karabijn, en 51 cm bij de M16. De CAR-15 is een eerdere versie van het M4 aanvalsgeweer met een inschuifbare kolf. De CAR-15 vuurt .223 (5,56 mm) patronen af. Er zitten 30 patronen in een magazijn. Colt wilde uit marketingoverwegingen dat alle wapens van de aanduiding CAR zouden worden voorzien, maar uiteindelijk werd CAR de aanduiding voor het politiewapen, en werd de militaire variant M16 genoemd.

CCT (Combat Control Team/Combat Controllers) Speciale luchtmacht-eenheid (*'pathfinders'*) die per parachute in vijandelijk gebied landt om daar verkenningen uit te voeren, het militair luchtverkeer te regelen, ondersteunend vuur te bieden en een commando- en verbindingsinfrastructuur op te zetten. Bijzonder handig bij het inroepen van luchtsteun.

Central Command of United States Central Command (USCENTCOM) Gemeenschappelijk commando van de Amerikaanse strijdkrachten in de regio Noord-Afrika, het Midden-Oosten en Centraal-Azië.

Chemlights of **Glowsticks** Lichtstaven die worden geactiveerd door ze te buigen.

Cutvee Vereenvoudigde Humvee zonder dak, deuren of ramen; officieel bekend onder de aanduiding M-998.

CVIC (Aircraft Carrier Intelligence Center) De eerste 'c' staat eigenlijk voor 'cruiser' (kruiser). The 'v' komt van het Franse *voler*, dat 'vliegen' betekent. De afkorting CV staat bij de marine voor Aircraft Carrier, vliegdekschip.

Delta of **Delta Force** Elite-eenheid van het Amerikaanse leger, die wordt ingeschakeld voor antiterreuracties en het uitvoeren van antiguerrillataken.

Deuce-and-a-half Militaire vrachtwagen met 2,5 ton laadvermogen.

E&E (Escape and Evasion) Geheel van procedures en operaties waarbij militair personeel en/of andere geselecteerde individuen in staat worden gesteld uit vijandelijk gebied te ontsnappen naar gebied dat in eigen handen is.

Exfil Exfiltratie; terugtrekkingsactie.

Fastroping Abseilen; aan touwen snel afdalen vanuit een helikopter.

FFP (Final Firing Position) Schuilplaats van een sniper (sluipschutter) – de gecamoufleerde kuil, het camouflagescherm of de gecamoufleerde hut van waaruit een sniper zijn doelwit onder vuur neemt.

Firefly Draagbaar infrarood knipperlicht.

Fixateur externe Constructie om botbreuken te behandelen. Een chirurg boort gaatjes in het onaangetaste bot in de buurt van de breuk en schroeft er pinnen in. Buiten het lichaam worden de pinnen met metalen staven aan elkaar verbonden, zodat ze de delen van het bot fixeren.

Flashbang Stungranaat die een felle, maar niet-dodelijke lichtflits en een harde knal teweegbrengt om vijanden te desoriënteren.

FOB (Forward Operating Base) Vooruitgeschoven uitvalsbasis.

HAHO (High Altitude High Opening) Parachutesprong van 25.000 tot 35.000 voet (7,5 tot 10 kilometer) hoogte, waarbij de parachute al snel, dus als de parachutist zich nog vrijwel op afspringhoogte bevindt, wordt geopend.

HALO (High Altitude Low Opening) Parachutesprong waarbij een vrije val wordt gemaakt tot lage hoogte, waarna de parachute wordt geopend. Wordt ook gebruikt voor het droppen van materieel.

Heli Helikopter.

HRT (Hostage Rescue Team) Interventie-eenheid die ingezet wordt bij gijzelingen.

HUMINT (Human Intelligence) Informatie verschaft door personen: agenten, koeriers, journalisten, gevangenen, diplomaten, medewerkers van ngo's, vluchtelingen et cetera.

IED (Improvised Explosive Device) Geïmproviseerd explosief dat bij niet-conventionele oorlogvoering wordt gebruikt. Ook wel 'bermbom' genoemd.

JOC (Joint Operations Center) Gezamenlijk Operatiecentrum.

JSOC (Joint Special Operations Command) Voert het bevel over de Special Forces van zowel de Amerikaanse marine, landmacht als luchtmacht, zoals SEAL Team Six, Delta en het 24th Special Tactics Squadron. Is gelegerd op de luchtmachtbasis Pope en legerbasis Fort Bragg, North Carolina.

KIM (Keep In Mind) Geheugenspelletjes voor verkenner-snipers.

KN250 Nachtzichttelescoop; nachtzichtapparatuur dat het beschikbare licht (bijvoorbeeld van maan en sterren) versterkt. Het beeld is donker- en lichtgroen, in plaats van zwart en wit, en het heeft weinig diepte of contrast. Maar een sniper kan er in het donker in elk geval redelijk mee zien.

LAW (Light Anti-tank Weapon) Ongeleide antitankraket met een doorsnede van 66 mm. Werd later vervangen door de AT4.

Little Bird Lichte helikopter van het type Hughes H-6 Cayuse, in gebruik bij de Special Forces. Zowel de MH-6 als de AH-6, de aanvalsvariant, werden in Mogadishu ingezet. De toestellen zijn onder meer bewapend met mitrailleurs en raketten.

LST (Lightweight Satellite Terminal) Versleutelde radio die via de satelliet razendsnel gecomprimeerde berichten kan versturen.

Macawi Kleurrijk, kiltachtig kledingstuk, gedragen door Somaliërs.

MRE (Meal, Ready-to-Eat) Kant-en-klaarmaaltijd in lichtgewicht verpakking, bedoeld voor gebruik in het veld. Wordt door sommige militairen ook wel aangeduid als *Meal, Refusing-to-Exit* (Maaltijd die er niet uit wil), omdat door het lage vezelgehalte constipatie kan optreden.

NOD (Night Optical Device) Nachtkijker.

NVA (North Vietnamese Army) Reguliere volksleger van het communistische Noord-Vietnam dat het tijdens de Vietnamoorlog opnam tegen de het Zuid-Vietnamese leger en de Amerikanen.

OP Observatiepost.

Pasha Codenaam voor ons safehouse in Mogadishu.

P-3 Orion Door Lockheed gebouwd viermotorig verkennings- en onderzeebootbestrijdingsvliegtuig van de Amerikaanse marine, dat ook voor spionagedoeleinden kan worden ingezet.

PJ Pararescueteam; reddingseenheid bestaande uit parachutisten van de Amerikaanse luchtmacht, die zich heeft gespecialiseerd in het redden van en het bieden van medische verzorging aan piloten die in vijandelijk gebied zijn neergestort.

Qat Somalische inheemse plant, waarvan de bladeren een stof bevatten die bij gebruik opwinding, verminderd hongergevoel en een gevoel van euforie teweegbrengt.

QRF (Quick Reaction Force) Snelle interventiemacht van het Amerikaanse leger, bestaande uit de 10th Mountain Division, het 101st Aviation Regiment en het 25th Aviation Regiment.

Rangers Snel inzetbare eenheid lichte infanterie, die niet alleen getraind is in conventionele oorlogvoering, maar ook deel kan nemen aan speciale operaties. De Army Rangers in Mogadishu behoorden tot de Bravo-compagnie van het 3rd Ranger Battalion.

RHIB (Rigid Hull Inflatable Boat) Boot met een stijve romp, maar omgeven door een flexibele, opblaasbare rubber stootrand.

RPG (Rocket Propelled Grenade) Granaat die wordt afgevuurd vanuit een lanceerbuis.

SAS (Special Air Service) Meest roemruchte Britse commando-eenheid. De Australische en Nieuw-Zeelandse SAS zijn naar dit onderdeel gevormd.

SATCOM Draagbare apparatuur voor satellietcommunicatie, waarmee berichten eventueel ook kunnen worden versleuteld en veelvuldig gebruikt door SEAL's.

SEAL's Samenvoeging van SEa, Air en Land. De elitecommando's van de Amerikaanse marine die, zoals de naam al zegt, ter zee, in de lucht en te land kunnen worden ingezet.

SERE (Survival, Evasion, Resistance, and Escape) Geheel van procedures om aan de vijand te ontkomen als men achter de vijandelijke linies verzeild is geraakt.

SIGINT (Signals Intelligence) Informatie die is verzameld door het onderscheppen van (elektronische) communicatie tussen personen. De aanduiding wordt ook gebruikt voor de organisaties die informatie verzamelen.

Taskforce 160 of 'Night Stalkers' Helikoptereenheid van het leger die meestal 's nachts opereert. Men vliegt snel en laag om zo min mogelijk onder vuur genomen te kunnen worden.

Thermietgranaat Granaat waarin thermiet verwerkt is en die bij explosie temperaturen teweegbrengt van rond de 2200 graden Celsius.

UDT (Underwater Demolition Team) Speciale eenheid kikvorsmannen die voor sabotagetaken werden ingezet; voorlopers van SEAL's.

Unit U.S. Army Delta Force.

UNOSOM (United Nations Operation in Somalia) VN-missie in Somalië

VC (Vietcong) Communistische guerrilla- en reguliere eenheden die tijdens de Vietnamoorlog tegen de Zuid-Vietnamezen en de Amerikanen
streden.

Whiskey Tango Foxtrot Net als andere legereenheden maakten SEAL's
nogal eens gebruik van de woorden *Whiskey Tango Foxtrot* (WTF), afkomstig uit het militaire spellingsalfabet, om daarmee te zeggen: '*What
The Fuck?*'

Win Mag (Winchester Magnum) In het magazijn van de .300 Win Mag
is plaats voor vier .300 patronen. Wordt meestal gebruikt in combinatie
met een Leupold 10, een tien keer vergrotende richtkijker. 's Nachts kan
een KN250 nachtzichttelescoop op de bovenkant van de Leupold worden
geschoven.

XO (Executive officer) Plaatsvervangend commandant.

Zodiac Groot formaat rubberboot met krachtige buitenboordmotoren.

Voorwoord

Van de Jedi Knights van SEAL Team Six is bekend dat ze in samenwerking met de CIA en anderen Osama bin Laden hebben gedood. Ik kreeg de Silver Star als schutter van SEAL Team Six. Uit ervaring weet ik hoe Team Six terrorisme bestrijdt.

Voordat ik toetrad tot SEAL Team Six, moest ik een van de zwaarste opleidingen ter wereld doorlopen, te beginnen met de Basic Underwater Demolition/SEAL training (BUD/S). Na nog meer training en gevechtservaring met SEAL Team Two meldde ik me vrijwillig aan en werd toegelaten tot Green Team, waar ik met andere SEAL's de selectieprocedure voor het legendarische Team Six doorliep. De leerschool die Green Team heet, omvatte onder meer gevechtstraining te land en man-tegen-man. We leerden deuren niet te openen door het slot open te peuteren, maar door ze uit hun post te blazen.

Voor zo'n missie als die waarbij Bin Laden werd gedood, wordt heel veel geoefend. Toen ik bij SEAL Team Six zat, verschoten we iedere dag dat we trainden duizenden kogels. Er wordt wel eens gezegd dat wij alleen al aan 9 mm pistoolpatronen in een jaar meer uitgaven dan het hele Marine Corps aan ammunitie. Door allerlei situaties vaak te oefenen, kunnen commando's op de automatische piloot functioneren, en dat is ontzettend handig in de chaos van de strijd als je te maken krijgt met zintuiglijke overbelasting.

Een ander belangrijk voorbereidend element is het verzamelen van informatie. Dat kan een buitengewoon moeizaam en tijdrovend proces zijn met allerlei politieke obstakels en andere teleurstellingen. Analisten proberen technische gegevens en *human intelligence* te combineren tot waardevolle informatie; hoewel allerlei technische snufjes en gadgets erbij kunnen helpen, zijn die van weinig betekenis zonder moedige mensen die in vijandig gebied infiltreren en de juiste vragen stellen – mensen kunnen horen en zien wat technologie niet kan waarnemen – en die uit hun omgeving van alles kunnen opmaken. CIA-agenten zijn daar bijzonder bedreven in. Een paar maanden nadat Bin Laden de aanval op 11 september 2001 had laten uitvoeren, wist Dalton Fury, bevelhebber van Delta Force, met behulp van informatie van onder meer de CIA Bin Laden in het nauw te drijven in Tora Bora, een grottencomplex in de Safed Koh-bergketen (de 'Witte Berg') in oostelijk Afghanistan. Door gebrek aan steun vanuit Central Command kon Bin Laden via een achterdeur ontsnappen naar Pakistan.

Nadat de CIA Khalid Sheikh Mohammed, de op twee na belangrijkste leider van al-Qaida, had ondervraagd, beseften ze dat de hoogste bevelhebbers van Bin Laden ook niet wisten waar hij zich ophield. Maar zijn koerier moest dat wel weten om berichten te kunnen afleveren. Hoewel werd vermoed dat Bin Laden zich schuilhield in grotten in de buurt van de Afghaans-Pakistaanse grens, volgde de CIA deze koerier naar een plaats vlak bij de Pakistaanse militaire academie in Bilal Town in Abbottabad. Daar bleek een hoofdkwartier te zijn dat 250.000 dollar had gekost en dat omringd was door een muur met prikkeldraad. De woning had twee poorten en geen telefoon of internet. De bewoners verbrandden hun afval in plaats van het buiten te zetten om te worden opgehaald, zoals de buren deden. Sommige buurtgenoten dachten dat de mysterieuze bewoners drugsdealers waren.

In april had Joint Special Operations Command (JOSC) in Camp Alpha, een afgeschermd terrein op de luchtmachtbasis Bagram, Bin Ladens hoofdkwartier nagebouwd. Daar oefende SEAL Team Six de aanval op Bin Ladens ommuurde basis.

Vice admiraal William H. McRaven, de bevelhebber van JOSC die ook het bevel voert over speciale eenheden zoals SEAL Team Six en Delta, schrijft in zijn boek *Spec Ops* dat het succes van een missie afhankelijk is van de vereenvoudiging van die missie door het aantal doelen te beperken, van het verzamelen van de juiste informatie en van een innovatieve operationele aanpak. Hoewel het een missie was met een hoog risico, was er slechts een klein aantal eenvoudige doelen: informatie verzamelen en Bin Laden gevangennemen of doden. Dat er sprake was van innovatie, bewezen de restanten van wat een Stealth-helikopter leek te zijn geweest.

Al zijn de plannen die er liggen de beste van de wereld, de laatste dagen voordat een terrorist wordt gevangengenomen of gedood, kunnen heel frustrerend zijn. Je bereidt je voor op de missie, haast je naar de heli's – en krijgt te horen dat de missie wordt afgeblazen: *stand down*, hou maar op. Het doel is niet thuis, bepaalde informatie kan niet worden nagetrokken of de bron is onbetrouwbaar. Dat gebeurt keer op keer.

Maar op vrijdag 29 april 2011 nam president Obama de beslissing om Operatie Spear van start te laten gaan en Bin Laden gevangen te nemen of te doden. Om een *Special Op* te laten slagen, is veiligheid van het allergrootste belang: buitenlandse functionarissen werden niet ingelicht, zelfs niemand buiten een klein kringetje binnen de Amerikaanse regering.

Voor SEAL Team Six was dit het startschot. Het was een donkere nacht met weinig maanlicht. Iedere SEAL had een nachtkijker, een M4-aanvalsgeweer met honderden patronen en een Sig Sauer 9 mm pistool op zijn heup als reserve. Met vier helikopters vielen 24 SEAL's Bin Ladens huis aan: twee snipers (scherpschutters) in de ene, nog twee in de tweede, tien aanvallers in de derde en tien in de vierde. Tijdens de missie om Bin Laden te pakken, zou het 160th Special Operations Aviation Regiment uiterst geheime Stealth-helikopters hebben gebruikt. Leden van de parachutisten-reddingseenheid van de luchtmacht hadden hun eigen heli's – voor de zekerheid. De toestellen stegen op vanuit Jalalabad in oostelijk Afghanistan. Met de nieuwste technologie werden de Pakistaanse radarsystemen om de tuin geleid, en met andere apparatuur werden in het doelgebied rond het doel mobiel telefoonverkeer en de elektriciteit platgelegd.

Ik weet wat het is om op zo'n missie de *ropeman* te zijn. Je zit in de deur van de heli in het midden van een rol abseiltouw. Als de heli opstijgt, hou je je met je linkerhand vast aan het touw, zodat de wind je niet uit het toestel trekt. De heli's vlogen laag over de grond, zodat ze minder makkelijk konden worden opgemerkt.

'Vijftien minuten.' Uit de koptelefoon klinkt de stem van de tweede vlieger, die informatie van de piloot doorgeeft.

'Tien minuten.' Verrassing, snelheid en geweld zijn cruciaal.

'Vijf minuten.' Gezien het grote aantal operaties, zeker na de talloze missies in Afghanistan en Irak, zijn alle jongens van Team Six die bij de aanval op Bin Ladens huis betrokken zijn, waarschijnlijk geharde veteranen.

'Drie minuten.'

'Eén minuut...'

Plotseling komt een van de heli's in moeilijkheden. Hij verliest hoogte; door de warmte en de hoge muren wordt de neerwaartse luchtstroom geblokkeerd; een van de rotorbladen raakt een muur en breekt. Het toestel maakt een gecontroleerde noodlanding. Het verrassingselement is verloren, maar ze hebben nog steeds het voordeel van snelheid en geweld – en het vaste geloof dat aan de slachtoffers van 11 september recht wordt gedaan.

De piloot vermindert snelheid en de onbeschadigde heli trekt zijn neus omhoog in een hoek. Met het toestel in positie schopt de ropeman het 30 meter lange touw naar buiten: 'Touw!' Het raakt de grond binnen de compound. Het is te klein voor de heli.

'*Go!*' De ropeman grijpt het touw en glijdt naar beneden als een brandweerman langs een paal. Behalve dat een SEAL 45 kilo bepakking draagt. Hij moet zich goed vasthouden om niet op de grond te kletteren, maar hij wil ook niet te langzaam gaan omdat zijn kameraden achter hem aan komen. Zijn handschoenen roken, letterlijk, terwijl hij zich naar beneden laat glijden. De piloten hebben een klus te klaren, want als onder vijandelijk vuur 90 kilo SEAL met 45 kilo bepakking zich laat vallen, is de heli plotseling veel lichter en wil hij omhoog – niet zo handig voor de SEAL's die aan nog het touw hangen.

Buiten Bin Ladens compound beschermen commando's de aanvallers tegen mogelijke derden die de vijand willen komen helpen.

Om een uur 's nachts blaast een team SEAL's een gat in de muur van het gastenverblijf. De SEAL's gaan naar binnen, verspreiden zich, een links, een rechts, weer een links – haastige spoed... Bin Ladens koerier is gewapend, verzet zich en wordt gedood. Hoewel ongewapend, doet zijn vrouw dat ook. Ook zij vindt de dood.

Het andere team gaat het hoofdgebouw binnen waar Bin Laden woont. Ze stormen door deuren, nemen links en rechts onder schot om de ruimte veilig te stellen. Als mensen het hebben over SEAL's, ligt de nadruk vaak op doden. Maar terroristen zijn levend vaak waardevoller, zeker bij het vergaren van informatie.

Op de begane grond van het hoofdgebouw verzet een familielid van de koerier zich en wordt neergeschoten. Bin Ladens zoon weigert zich over te geven en wordt doodgeschoten vanuit het trapgat.

Als de SEAL's Bin Ladens kamer binnenstormen, stormt Amal Ahmed Abdul Fatah, zijn vijfde vrouw, op hen af. De mannen schieten haar in het been om haar te stoppen. In plaats van zich over te geven verkiest Bin Laden zich te verzetten – en krijgt SEAL-kogels in borst en hoofd. Vlakbij liggen een AK-47 en een Makarov-pistool. In zijn kleding zijn biljetten ter waarde van 500 euro en twee telefoonnummers genaaid.

Een SEAL bericht via de zender: 'Geronimo, E-KIA.' Bin Laden, vijand, *Killed In Action*.

Met sterke plastic handboeien, een soort *tie-wraps*, binden de SEAL's de elf anderen op het terrein vast. Nadat ze het gebied hebben gecontroleerd op wapenvoorraden en andere gevaren, verzamelen de SEAL's alle informatie die ze kunnen vinden: harde schijven en andere elektronische apparatuur, dvd's, USB-sticks, paperassen et cetera. Dan laten ze de geboeide gevangenen achter voor het Pakistaanse leger.

Buiten blazen de SEAL's de neergestorte helikopter op om de techniek geheim te houden. Ze nemen Bin Ladens lichaam mee de andere heli in.

Binnen nog geen 40 minuten is het aanvalsteam weer weg. Ze brengen het stoffelijk overschot van Bin Laden naar de USS Carl Vinson (CVN-70) in de noordelijke Arabische Zee. Bin Ladens identiteit wordt bevestigd door zijn lengte, biometrische tests van zijn gezicht en een DNA-test. Het lichaam wordt gewassen, in een wit laken gerold, in een verzwaarde zak geplaatst en krijgt een islamitisch zeemansgraf.

Ondertussen keren de commando's van Team Six terug naar hun basis in Virginia Beach, Virginia. Ze doen hun uitrusting uit, maken die schoon en zorgen ervoor dat al hun wapens en spullen weer worden ingeladen, klaar voor een volgende missie. Tijdens hun debriefing bespreken ze wat er verkeerd is gegaan, zoals de helikopter die is neergestort, en wat er goed is gegaan, zoals het volbrengen van hun missie. Later zal president Obama ze persoonlijk bedanken. Zeker gezien de schat aan informatie staan diezelfde SEAL's weer klaar om de volgende terrorist te grazen te nemen.

In tegenstelling tot de operatie om Bin Laden te doden, blijven de meeste missies van Team Six geheim – voor het publiek, voor hun gezin, en zelfs voor hun collega-SEAL's.

Op de volgende bladzijde begint mijn verhaal.

Howard E. Wasdin en Stephen Templin

Deel een

Ik hou van schieten en ik hou van jagen. Maar iemand doden heb ik nooit leuk gevonden. Het is mijn werk. Als ik die schoften niet te pakken neem, dan doden zij een heleboel van die jochies in marinierspakjes.

— Sergeant-majoor Carlos Hatchock, sniper bij het USMC

Mijn werk is iemand raken

Als de marine haar elite stuurt, stuurt ze de Navy SEAL's. En als de SEAL's hun elite sturen, sturen ze SEAL Team Six, het marine-equivalent van Delta Force van het leger, dat zich bezighoudt met contraterrorisme en het bestrijden van opstandelingen, en soms samenwerkt met de CIA. Dit is de eerste keer dat het verhaal van een SEAL-sniper (scherpschutter) aan de openbaarheid wordt prijsgegeven. Mijn verhaal.

Snipers mijden de openbaarheid. We zijn liever actief dan reactief. Maar sommige krachten hebben we niet onder controle. We vertrouwen op onze kracht om de zwaktes van de vijand uit te buiten, maar op een keer tijdens de oorlog in de Perzische Golf, toen ik alleen was op de achterplecht van een vijandig schip met een bemanning die loyaal was aan Saddam Hoessein, was ik uiterst kwetsbaar. En hoewel ik er een meester in ben me aan het zicht te onttrekken, lag ik een andere keer naakt op een landingsbaan in een derdewereldland, met kogelwonden in beide benen en één been bijna afgeschoten met een AK-47. Soms worden we geconfronteerd met wat we proberen te vermijden.

Het was nog donker, die ochtend van 18 september 1993 in de Somalische stad Mogadishu. Casanova en ik kropen over een muur en beklommen de zes verdiepingen van een toren. Zelfs op dit vroege tijdstip was er al beweging te zien: op straat deden mannen, vrouwen en kinderen hun gevoeg. Ik rook de vuren die werden aangestoken. Ze brandden op gedroogde dierenmest en wat de mensen verder ook aan brandbaars hadden kunnen vinden. Erboven werd het voedsel verwarmd dat de Somaliërs hadden kunnen bemachtigen. Krijgsheer Aidid wist precies welke macht de controle over de voedselaanvoer hem bood. Telkens als ik een kind zag sterven, achtte ik Aidids boosaardige machtsspel,

waardoor deze vernietiging van leven kon plaatsvinden, daarvoor verantwoordelijk.

De toren waar we op klommen, stond in het midden van de compound
van de Pakistanen. De Pakistanen waren beroeps en behandelden ons
met groot respect. Rond theetijd kwam de jongen die de thee rondbracht
ons altijd een kop brengen; ik was zelfs de verse geitenmelk lekker gaan
vinden die zij altijd in hun thee deden. Terwijl Casanova en ik over de
bovenste rand van de toren klauterden, bereikten het geluid en de geur
van de kudde geiten op de compound mijn zintuigen. Daar gingen we liggen en hielden een grote garage in de gaten, een autoschadebedrijf zonder
dak. Rondom de garage lag een stad in wanhoop. Somaliërs sjokten rond
met hangend hoofd en afgezakte schouders, hun blik hulpeloos en de huid
strak over de botten door ondervoeding. De huizen hadden verschillende
verdiepingen en waren in betrekkelijk goede staat. Dit was nota bene een
van de betere wijken van de stad, waar huizenblokken stonden in plaats
van de hutten van hout en golfplaat die de rest van de stad en het platte-
land beheersten. Desondanks hing er de geur van uitwerpselen en dood,
vermengd met die van wanhoop. Ja, wanhoop kun je ruiken. Mensen gebruiken de term 'ontwikkelingslanden', maar dat is bullshit. Het enige
wat zich in Somalië ontwikkelde, waren honger en strijd. Volgens mij bestaat de term 'ontwikkelingsland' alleen maar opdat de mensen die deze
term hebben verzonnen, zich beter kunnen voelen. Hoe je het ook noemt,
oorlog en hongersnood zijn de ergste dingen die je je kunt voorstellen.

Ik berekende de exacte afstand tot bepaalde gebouwen. Om als sniper raak te schieten, zijn twee dingen cruciaal: wind en elevatie. Omdat
er geen wind van betekenis stond die mijn schot naar links of rechts kon
doen afwijken, hoefde ik daar geen rekening mee te houden. Elevatie is
de hoek waaronder je moet schieten in verhouding tot de afstand tot het
doel. Omdat de meeste potentiële doelen tussen de 200 en 600 meter zouden liggen, stelde ik mijn vizier af op 500 meter. Zo kon ik mijn geweer
gewoon lager of hoger richten afhankelijk van de afstand. Na het eerste
schot was er geen tijd om het opnieuw af te stellen.

Om 06.00 uur begonnen we met onze observatie. Terwijl we wachtten
tot ons lokale contact ons het signaal zou geven, overdacht ik verschillende scenario's: de ene vijand die op één plaats opduikt en een andere

op een andere plek enzovoort. Ik stelde me het gevecht voor en liep alle stappen door: zocht mijn doel, richtte en deed zelfs net alsof ik de trekker overhaalde en volgde onderwijl mijn ademhalingsroutine zoals ik die had geoefend. Vervolgens simuleerde ik dat ik herlaadde en weer door mijn Leupold 10 telescoopvizier keek op zoek naar meer van die geitenneukers. Ik had dit droog- en werkelijk vuren al wel duizend keer gedaan – nat, droog, onder de modder, in de sneeuw, vanuit een schuttersputje, een schuilplaats in de stad van achter een halfopen raam, en in bijna alle andere omstandigheden die je je kunt voorstellen. Wat ze vanaf het begin van onze SEAL-training steeds weer hadden ingeprent, was waar: 'Hoe meer je zweet in vredestijd, hoe minder je bloedt in oorlogstijd.' Op die bewuste dag zouden mijn makkers van Delta Force een inval doen in die garage, en mijn taak was ervoor te zorgen dat geen van hen zou worden doorzeefd. Dat mijn makkers geen bloed verloren was even belangrijk als dat ik niet bloedde.

Ons doelwit tijdens deze missie was Osman Ali Atto, de belangrijkste financier van Aidid. Hoewel Casanova en ik ons doel zelf hadden kunnen herkennen uit eerdere observaties, moesten we wachten op bevestiging van zijn identiteit door ons CIA-contact voordat we het commando zouden geven.

Ik zag zeker de ironie in van het feit dat wij Atto gevangen zouden nemen in plaats van hem te doden, ofschoon hij en zijn baas honderdduizenden Somaliërs hadden gedood. Ik had het idee dat als we Atto en Aidid snel zouden afmaken, we een eind aan de strijd konden maken, de mensen snel het voedsel konden geven en heelhuids naar huis konden gaan.

Pas rond 08.15 uur gaf ons contact eindelijk het afgesproken teken. Hij deed dat omdat hij er goed voor werd betaald. Toen ik samenwerkte met de CIA, zag ik met eigen ogen hoe je met geld loyaliteiten kunt laten omslaan.

Toen we het afgesproken signaal zagen, gaven Casanova en ik hun de volle laag. Plotseling was de lucht vol Little Bird- en Black Hawk-helikopters. Op dat moment waren die Delta-jongens ontzettend kwetsbaar: de stad bood de vijand veel te veel dekking, veel te veel mogelijkheden zich te verbergen en veel te veel ontsnappingsroutes; het enige wat hij hoefde te doen, was een salvo afvuren op een heli of een Humvee vanuit een gebouw, weer wegduiken en zijn wapen laten zakken. Zelfs als hij weer opdook, was hij geen vijand als hij geen wapen had. Alles gebeurde heel snel, en de omgeving gaf geen respijt.

De jongens van Delta Force lieten zich aan touwen de garage in zakken en Rangers deden hetzelfde aan de buitenkant, terwijl Little Birds met Delta-snipers van bovenaf dekking gaven aan de aanvallers. Als ratten stoven Atto's mannen uiteen. Het duurde echter niet lang of militieleden in de buurt begonnen op de helikopters in de lucht te schieten.

Gewoonlijk opereren snipers samen met een spotter. De spotter identificeert het doelwit, bepaalt de afstand tot het doel en geeft die gegevens door aan de sniper. Maar daar was nu geen tijd voor: dit was een stadsoorlog; hier kon de vijand overal opduiken. En wat erger was: de vijand was precies zo gekleed als de burgers. We moesten eerst kijken wat zijn intenties waren. Zelfs als hij een wapen droeg, was er een kans dat hij tot een bevriende clan behoorde. We moesten wachten tot hij het wapen daadwerkelijk op een van onze jongens richtte, en dan moesten we ervoor zorgen dat die vijand ophield te bestaan. Er bestond geen marge voor fouten, er was geen tijd voor een tweede schot. Casanova en ik hadden allebei een .300 Win Mag snipergeweer. Door mijn Leupold 10 telescoopvizier zag ik op 150 meter afstand een militielid door een open raam op de heli's schieten. Ik herinnerde mijzelf eraan mijn hartslag omlaag te brengen en ving hem in het dradenkruis. Mijn lichaam nam het over: kolf stevig tegen de schouder, wang achter het vizier, het oog niet op de vijand zelf maar op het midden van het dradenkruis. Met vaste hand haalde ik de trekker over (hoewel die heel licht stond afgesteld, een trekkerdruk van 900 gram). De aangename terugslag van het geweer. De kogel raakte hem van de zijkant in de borst, ging er aan de linkerkant in en aan de rechterkant weer uit. De man zakte met een schok ineen en viel achterover het gebouw weer in – nu permanent. Ik keek vlug weer door mijn vizier en tuurde de omgeving af. Nu goed opletten! Ik bande al het andere uit mijn gedachten. Ik was alleen met mijn Win Mag en speurde mijn sector af. En Casanova de zijne.

Op 300 meter van me vandaan kwam een ander militielid uit een nooduitgang aan de zijkant van een gebouw. Hij richtte zijn AK-47 op de Delta's die de garage aanvielen. Hij dacht dat hij vanuit die positie veilig voor hen was, en dat was vermoedelijk ook zo. Hij was alleen niet veilig voor mij – 300 meter was niet eens een uitdaging. Ik schoot hem in zijn linkerzij en de kogel kwam er bij zijn rechter weer uit. Hij zakte ineen op de brandtrap; had geen idee wat hem had geraakt. Zijn AK-47 lag zwijgend naast hem. Iemand probeerde die te pakken, maar één kogel van mijn Win Mag maakte daar een eind aan. Na ieder schot vergat ik dat doel en zocht ik een nieuw.

Binnen en buiten de garage heerste chaos. Overal renden mensen in het rond en de rotors van de Little Birds en Black Hawks vulden de hemel met oorverdovend kabaal. Maar ik zat in mijn eigen wereldje: ik had mijn vizier, ik had mijn missie, en verder niets. Laat de Delta-jongens hun werk doen in de garage. Mijn werk was de vijand raken vanaf hier.

Het was niet de eerste keer dat ik doodde voor mijn land. En het zou ook niet de laatste keer zijn.

Een paar minuten gingen voorbij terwijl ik de omgeving afzocht. Op circa 800 meter dook een vent op met een RPG (rocket-propelled grenade) op zijn schouder, die de heli's onder schot nam. Als ik hem te grazen nam, was dat het dodelijke schot over de grootste afstand uit mijn loopbaan. Als ik miste...

2

Eén schot, één... misser?

Een jaar eerder was ik ingelijfd bij SEAL Team Six in Virginia Beach, Virginia. Als ik stand-by was, had ik mijn haar langer dan de regels van de marine voorschreven, zodat ik ogenblikkelijk kon vertrekken naar een andere plek op de wereld zonder herkenbaar te zijn als militair. Meestal was mijn gezicht gladgeschoren. Toen ik met SEAL Team Two in Noorwegen zat, had ik een baard, maar doorgaans had ik liever geen gezichtsbeharing.

In de periodes dat ik oproepbaar moest zijn, trainde ik in een gebouw dat het 'Kill House' werd genoemd. Daar oefenden we ons in antiterreuracties in verstedelijkt gebied en trainden onze schietvaardigheden.

Na een stand-byperiode volgden drie maanden individuele training, waarin we naar school gingen: Bill Rogers' schietschool, rijles, een cursus vrij klimmen of waar we ons ook maar voor opgaven – het mooie van SEAL Team Six was dat ik bijna altijd de beste opleiding kon kiezen, waar dan ook. De trainingsfase was ook een goed moment om verlof te nemen, bijvoorbeeld voor een vakantie met het gezin – vooral voor degenen die terugkwamen na een verblijf het buitenland. Daarna kwamen we bij elkaar voor drie maanden teamtraining: duiken, parachutespringen en schieten – elk onderdeel van de training werd gevolgd door een simulatieoefening waarin een beroep werd gedaan op de vaardigheid die we zojuist hadden getraind.

Op een avond zat ik in pizzeria Ready Room (de pizzeria waarvoor Charlie Sheen en Michael Biehn buiten op de stoep ruzie stonden te maken in de film *Navy seals*) met Blake, mijn zoon van zeven, en een vrolijke beer van een kerel met de bijnaam Smudge (Smeer) over golf te praten. Op de achtergrond hoorden we een nummer van Def Leppard op de jukebox.

We propten onze pizza's naar binnen – pepperoni, saucijsjes en uien, mijn favoriet. Als ik stand-by was, mocht ik niet meer dan twee biertjes drinken. In SEAL Team Six namen we deze limiet heel serieus.

Wij dronken altijd Coors Light, bier met minder alcohol. Als we met elkaar onderweg waren, deden mijn teamgenoten en ik alsof we bij het skydivingteam van Coors Light hoorden – zo konden we uitleggen waarom er een groep van dertig gespierde, over het algemeen aantrekkelijke jongens met Teva-teenslippers, een korte broek, een halterhemdje en een Spyderco-mes met bevestigingsclip in het borstzakje de bar binnenkwam. Als wij binnen waren, gingen alle mannen altijd over op Coors Light. En daarna begonnen ook de vrouwen Coors Light te bestellen. Coors zou ons moeten sponsoren. De dekmantel werkte uitstekend, want als mensen ons vragen stelden over skydiving, konden we die allemaal beantwoorden – en ons verhaal was te raar om niet waar te zijn.

Om ongeveer 19.30 uur, toen ik nog bezig was met mijn pizza en Coors Light, ging mijn pieper: T-R-I-D-E-N-T-0-1-01. We hadden een code die betekende: ga naar de SEAL Team Six-basis. Er was een code die me vertelde bij welke poort ik me moest melden. Deze code betekende dat ik rechtstreeks naar het vliegtuig moest.

Mijn tassen zouden aan boord op me wachten. Elke tas was met tape verzegeld en had een kleurcode die aangaf bij welke missie hij hoorde. Als ik de tassen verkeerd inpakte, zou ik niet de spullen bij me hebben die ik nodig had. Iemand was een keer de hoes vergeten die hij om zijn slaapzak moest doen om hem waterdicht te maken. Zijn nachtrust stelde niet veel voor.

Als we stand-by waren, hadden we één uur de tijd. Waar ik ook was, binnen die tijd moest ik bij het vliegtuig zien te komen, aan boord gaan en klaar gaan zitten voor de briefing. De tijd tikte weg. Blake en ik sprongen in de auto, een zilveren Pontiac Grand Am, en reden naar ons huis, verderop in de straat. Mijn vrouw Laura vroeg: 'Waar ga je naartoe?'

Ik haalde mijn schouders op: 'Geen idee.'

'Is het voor het echt?'

'Ik weet het niet. En als ik het wel wist, zou ik het je toch niet vertellen. Tot later.'

Dat was een van de vele nagels aan de doodskist van ons huwelijk:

plotseling moeten vertrekken zonder te weten wanneer ik terugkwam. Ik kan het haar niet kwalijk nemen. Ik was meer met het team getrouwd dan met haar.

Smudge haalde me thuis op en bracht me naar de marinevliegbasis, Naval Air Station Oceana. Mijn blik gleed over de c-130 met zijn verduisterde raampjes. Sommige vliegtuigen hebben JATO-flessen (JATO staat voor Jet Assisted Take Off) waarmee ze ook van korte startbanen kunnen vertrekken en veel sneller kunnen opstijgen – dat kan goed van pas komen als er mensen op je staan te schieten. Als ik JATO-flessen had gezien, had ik geweten dat de bestemming weinig goeds beloofde. Maar dit keer zag ik er geen.

Ik stapte ruim voor mijn deadline van 20.30 uur aan boord. Er kwam geen daglicht naar binnen. Onder een rode lamp keek ik of mijn tassen er waren en of het de goede waren. Vervolgens prentte ik me in waar ze stonden, zodat ik wist waar ik naartoe moest als ik me klaar moest maken.

Drie SEAL-snipers voegden zich bij me: Casanova, Little Big Man en Sourpuss (Zuurpruim). De meeste jongens in de Teams hadden een bijnaam. Sommigen noemden mij Waz-man. Anderen hadden geprobeerd me Howie te noemen, maar dat beklijfde niet omdat ik er niet op reageerde. Soms krijgt iemand een bijnaam omdat hij iets ontzettend doms heeft gedaan – de naam Drippy (Druiper) krijg je niet voor niets. Of een moeilijke naam als Bryzinski verandert in Alphabet. Een vriend van mij uit Team Two werd Tripod (Driepoot) genoemd.

Casanova was mijn schietmaatje. Al sinds de snipertraining in Quantico, Virginia, trokken we met elkaar op. Hij was de rokkenjager van ons tweeën. Er kwamen meer slipjes op zijn lichaam terecht dan op een slaapkamertapijt. Little Big Man leed aan een ernstige vorm van het kleinemannetjescomplex. Dat is waarschijnlijk de reden dat hij altijd dat enorme survivalmes op zijn heup droeg. Iedereen plaagde hem: 'Klein kereltje, groot mes.' Sourpuss was de oudste. Hij had hoegenaamd geen persoonlijkheid – de enige in de groep die niet van lol trappen hield. Hij wilde alleen maar zo snel mogelijk terug naar huis, naar zijn 'schatteboutje', zijn vrouw, en hij toonde weinig interesse in de operaties of in ons doen en laten. En hij was voortdurend aan het klagen. Niemand van ons vond hem erg aardig.

We gingen dicht bij de cockpit voor een flip-over zitten. We zijn maar met z'n vieren. Waarschijnlijk een echte missie en geen oefening, dacht ik. Ik had de man die de briefing deed nog nooit gezien – het was iemand van de Joint Special Operations Command (JSOC), waar de Amerikaanse commando-eenheden onder vallen. Hij was heel zakelijk. Soms wordt er wat geginnegapt tijdens een briefing. De briefer maakt bijvoorbeeld een grap over de jongen met de zwakke blaas: 'Oké, we gaan hier ongeveer 3 km patrouilleren. Hier zal Jimbo voor het eerst pissen. En hier zal Jimbo voor de tweede keer pissen...' Maar dit keer waren er geen grappen. We waren muisstil.

Na de mislukte poging in 1980 om 52 Amerikaanse gijzelaars te bevrijden uit de Amerikaanse ambassade in Iran, werd duidelijk dat het leger, de marine, de luchtmacht en de mariniers niet effectief samenwerkten bij speciale operaties. In 1987 bracht het ministerie van Defensie de commando-eenheden van alle krijgsmachtonderdelen – waaronder de beste eenheden, SEAL Team Six en Delta Force – onder één koepel. SEALs en Green Berets horen bij de elite, maar alleen de allerbesten daarvan bereiken de top: Team Six en Delta; JSOC was onze baas.

Mr. JSOC sloeg een vel om en er kwam een luchtfoto tevoorschijn. 'Goed, heren, dit is een TCS-operatie.' JSOC-commandant generaal-majoor William F. Garrison had ons opgeroepen voor een Task Conditions and Standards-operatie, een test om te zien of we niet uit ons nek kletsten. Konden we al onze beloften waarmaken? Op welk moment dan ook, in welke omstandigheden dan ook – dus ook iemand doodschieten van 700 meter afstand?

Mr. JSOC ging verder: 'Jullie moeten 's nachts een HALO doen op een doelwit waarvan de locatie bekend is.' Een HALO, High Altitude Low Opening, is een parachutesprong waarbij je een vrije val maakt en pas vlak boven de grond je parachute opent. Een vliegtuig dat tot vlak bij het doelwit moet vliegen, is vanaf de grond gemakkelijk te zien of te horen. Bij een High Altitude High Opening (HAHO) spring je op een hoogte van bijvoorbeeld 28.000 voet – waardoor het vliegtuig minder snel zal worden ontdekt –, laat je je vijf seconden vallen voordat je je parachute opent en kun je wel 64 km verderop landen. Toen ik een keer een oefensprong maakte boven Arizona, leek het alsof Phoenix en Tucson, meer dan 150

km van elkaar verwijderd, vrijwel tegen elkaar aan lagen. Maar het verve-
lende van een HAHO is dat het op 28.000 voet hoogte zo verdomd koud
is. En het blijft koud. Na de landing moest ik mijn handen in mijn oksels
drukken om ze te ontdooien. Omdat het dit keer om een HALO ging, zou
de kou een minder grote rol spelen.

Mr. JSOC toonde ons de route van het vliegtuig, het punt waar we
zouden springen, en belangrijker nog, het punt waar we zouden landen
– waar we onze parachutes moesten achterlaten. Hij vertelde ons wat we
na de landing met de parachutes moesten doen. In vijandelijk gebied zouden we ze in een kuil begraven. Maar dit was een trainingsmissie en het
zou zonde zijn parachutes van een paar duizend dollar per stuk te begraven.

'Dit is de route die jullie zullen afleggen.' Hij noemde het tijdstip waarop we een venster van tien minuten zouden hebben om ons doelwit uit te
schakelen. Als we te laat waren en het venster zouden missen, of als ons
schot zijn doel zou missen, was onze kans verkeken. Eén schot, één tref-
fer.

We trokken onze burgerkleding uit. Net als alle andere SEAL's die ik
ken droeg ik geen ondergoed onder mijn gewone kleding. Bij sniper-
operaties droeg ik altijd een blauwe onderbroek van polypropyleen die
het zweet absorbeert – dit type werd ook vaak gebruikt bij gevechtsacties
in de winter. We trokken onze groene camouflagehemden en -broeken
aan. Ik droeg wollen sokken. Tijdens een oorlogstraining in de winter
met SEAL Team Two leerde ik de waarde kennen van goede sokken en
schafte ik het beste paar aan dat ik in gewone winkels kon vinden. Over de
sokken trok ik junglekisten aan. In een van mijn zakken had ik een junglehoed voor de patrouille heen en terug. De hoed had een brede rand en lus-
sen om de basis waarin je takken en bladeren kon steken als camouflage.
In een holster aan mijn riem zat een Zwitsers legermes, het enige mes dat
ik meenam op dit soort missies. Ik gebruikte een doosje camouflagecrème
– dat eruitzag als een make-updoosje – om mijn gezicht donker- en lichtgroen te kleuren. Ik smeerde de crème ook op mijn handen voor het geval
ik mijn pilotenhandschoenen moest uittrekken. De handschoenen hielden
mijn handen warm. Ik had de duim en de wijsvinger van de rechterhandschoen al afgeknipt tot de eerste knokkel, zodat ik niet gehinderd werd als

ik fijne vingerbewegingen moest maken, bijvoorbeeld bij het scherpstellen van mijn kijker, het laden van mijn geweer of het overhalen van de trekker.

Als handvuurwapen had ik een Sig Sauer P226 Navy 9 mm. Hij heeft een roestwerende fosfaatlaag aan de binnenkant, contrastzicht en een gegraveerd anker boven de loop. Er kunnen vijftien patronen in het magazijn. Het pistool is speciaal voor de SEAL's ontworpen door de Schweizerische Industrie-Gesellschaft, en het is het beste handvuurwapen dat ik ooit in handen heb gehad – en ik heb bijna alle goede handwapens geprobeerd die er zijn. Ik deed één magazijn in het pistool en stak er twee in mijn riem. Mijn uitrusting bestond uit een kaart, een kompas, en een kleine zaklamp met een rood lensfilter. Bij een echte missie mochten we gps gebruiken maar in dit geval wilde generaal Garrison onze kaart- en kompasleesvaardigheden testen. We hadden ook een tasje met medische hulpmiddelen om er de ergste verwondingen mee te behandelen. Dat noemden we de bandenplakset.

Als het, zoals nu, ging om een missie buiten bewoond gebied, droegen we geen kogelwerende kleding en rekenden we erop dat we onzichtbaar waren. Als de missie plaatsvond in stedelijk gebied, droegen we wel kogelwerende vesten en helmen.

Ieder van ons had op zijn rug een waterzak met een buisje dat over de schouder liep en waaraan je (zonder je handen te gebruiken) kon zuigen als je vocht nodig hebt.

Het geweer dat we gebruikten was de .300 Win Mag. De wind heeft minder vat op de kogels, de baan die ze afleggen is vlak, het bereik is groot en hij is veel krachtiger dan andere geweren. Als je een hard doelwit moet raken, bijvoorbeeld het motorblok van een voertuig, zou ik een .50 kaliber kiezen, maar voor een menselijk doelwit is de .300 Win Mag het beste. Ik had al vier patronen geladen en als ik ter plekke was, zou ik nog een vijfde in de kamer doen. Op mijn lichaam droeg ik nog twintig patronen.

Als richtkijker had ik een Leupold 10 power. Power geeft hier aan hoeveel keer dichterbij het doelwit lijkt. Dus bij een 10 power lijkt het doelwit tien keer dichterbij. De puntjes en streepjes op het richtkruis – *mildots* – helpen je bij het inschatten van de afstand. De laserafstandsmeters die we gebruikten waren ongelooflijk nauwkeurig, maar die mochten we bij deze operatie niet gebruiken. Op de Leupold telescoopvizier plaatste ik een KN250-nachtkijker.

Hoewel de snipers van SEAL Team Six soms pantser doorborende brandmunitie gebruikten, maakten we voor deze missie gebruik van de extreem nauwkeurige match-kogels. Ze waren bijna vier keer zo duur als gewone .308-kogels en zaten in een merkloos, bruin doosje waarop MATCH stond. Deze kogels verschilden in het gebruik nauwelijks van de Win Mag-kogels van Winchester.

Op andere missies hadden we een gecodeerde satelliet-communicatie-radio bij ons, de LST-5. Maar deze operatie zou maar één nacht duren en we hoefden niet te rapporteren. Erop af, doelwit uitschakelen en exfiltreren. Wij namen de MX300-radio mee. De 'x' stond niet voor excellent; hij stond voor experimenteel. Onze radio's bleven het doen in natte en koude omstandigheden. Ook als we heel zachtjes in de microfoon spraken, konden we elkaar haarscherp horen. SEAL Team Six probeerde altijd de nieuwste en spannendste snufjes uit.

Ik was de springleider in het vliegtuig en moest alle parachutes – van het type MTIX – controleren. Ook hier stond de x niet voor excellent.

'Dertig minuten!' riep de laadmeester.

Als ik moest plassen, was dit het moment om dat te doen – in het urinoir dat in de wand zat. Maar ik hoefde niet, dus ging ik weer slapen.

'Tien minuten!'

Wakker.

'Vijf minuten!' De klep van de C-130 zakte naar beneden. Ik keek nog één keer alle parachutes na. We liepen naar de klep, maar gingen er nog niet op staan.

Nu de klep omlaag was, konden we elkaar niet meer horen door de herrie. We gebruikten alleen nog maar handgebaren. Drie minuten. Ik ging op mijn buik op de klep liggen. Met de luchtfoto van de briefing in mijn achterhoofd keek ik naar beneden om te checken of we boven het juiste gebied zaten.

'Eén minuut!' Alles op de grond zag er bekend uit. Ik had op de piloten kunnen vertrouwen maar het was al vaker voorgekomen dat ik een eind moest lopen, dus wilde ik zeker weten dat we niet verkeerd zaten.

'Dertig seconden!' Het vliegtuig was iets van de koers afgeweken. Met mijn linkerhand steunde ik op de klep, zodat ik met mijn rechterhand kon gebaren. Ik keek over mijn schouder het vliegtuig in en gaf de laadmeester een teken door vijf vingers op te steken en met mijn duim naar rechts te wijzen. De laadmeester gaf de piloot opdracht de neus van het vliegtuig vijf graden naar stuurboord te richten. Als ik twee keer vijf vingers had opgestoken, had hij de koers tien graden verlegd. Nooit was er een aanpassing van meer dan tien graden nodig. Bij sommige sprongen was er zelfs helemaal geen aanpassing nodig. Geweldig dat we zulke goede piloten hadden.

Het licht op de klep sprong van rood op groen. Nu was het aan mij om te beslissen of we zouden springen of niet. Het duurt ongeveer vijf seconden om iedereen het vliegtuig uit te krijgen, had ik berekend.

Ik gebaarde naar de jongens. Little Big Man stapte als eerste naar buiten – 12.000 voet boven de grond. Meestal hielden we bij het springen een volgorde van licht naar zwaar aan, zodat de zwaarste niet op een heel andere plek zou landen dan de rest. Sourpuss sprong als tweede en daarna Casanova. Ik sprong als laatste omdat ik als springleider moest nagaan of iedereen was gesprongen, eventueel iemand moest lossnijden die was blijven hangen enzovoort. Onze rugzakken hingen aan een koord aan onze borst vast. In mijn beginperiode dacht ik bij iedere sprong: Ik hoop dat dit rotding werkt. Zo ongeveer de eerste honderd sprongen smeekte ik: God, laat hem alstublieft opengaan. Maar inmiddels had ik er honderden vrije vallen op zitten en pakte ik mijn eigen parachute in. Bij sommige jongens weigerde de eerste parachute wel eens, zodat ze de reserveparachute moesten gebruiken, maar mij overkwam dat nooit. De mijne ging altijd open. In al die 752 sprongen heb ik nooit ook maar een teen verstuikt. Ik positioneerde mijn lichaam zo dat ik richting het landingsgebied zweefde. Na een vrije val van iets minder dan een minuut, trok ik op 3000 voet de parachute open. Op 2500 voet hing ik onder mijn scherm. Ik keek omhoog om me ervan de verzekeren dat mijn parachute in orde was en maakte de riemen van mijn rugzak wat losser omdat ze mijn bloedcirculatie afsneden. Mijn voeten ondersteunden het gewicht van mijn rugzak. Ik zette mijn nachtzichtkijker op. Aan de achterkant van al onze helmen gloeide een infrarood *breaklight*, in de burgerwereld bekend als gloeistaafjes. Het zijn plastic staafjes die je moet buigen tot het glazen buisje binnenin breekt, waardoor twee chemicaliën bij elkaar komen en licht produceren. Het infrarode licht was onzichtbaar voor het blote oog, maar met onze nachtzichtkijkers konden we ze wel zien. We hingen boven elkaar. Schuin boven Little Big Man kwam Sourpuss naar beneden, schuin boven Sourpuss hing Casanova en schuin boven Casanova daalde ik af. Onze parachutes vormden een trap terwijl we op ons doel af vlogen. Toen ik dicht bij de grond was, trok ik aan de lijnen, zodat mijn parachute vertraagde. Ik liet voorzichtig mijn rugzak zakken, zodat ik er bij de landing niet over zou struikelen. Little Big Man landde als eerste. Doordat de wind plotseling wegviel, stortte zijn parachute meteen ter aarde. Hij deed hem snel af en maakte zijn wapen schietklaar, terwijl Sourpuss landde. Ook Sourpuss ontdeed zich van zijn parachute en maakte zijn wapen klaar. Casanova en ik landden boven op de parachutes van Little Big Man en Sourpuss. We waren met z'n vieren geland op een stukje grond ter grootte van een woonkamer. Little Big Man en Sourpuss dekten ons rondom – allebei bestreken ze 180 graden – terwijl Casanova en ik onze parachutes afdeden. Toen we de parachutes hadden verborgen, moesten we op weg en ik ging aan kop. De controleurs van JSOC hielden in de gaten of we de kluit niet bedonderden. Vals spelen was verleidelijk – we hadden vijf minuten tijd kunnen winnen door alle vier tegelijk onze parachutes te verstoppen, zonder twee man op de uitkijk te zetten. Maar dan liepen we het risico betrapt te worden, en dat was het niet waard. We wisten dat we ons beter konden gedragen alsof we ons echt in vijandelijk gebied bevonden. Hoe meer je zweet in vredestijd, hoe minder je bloedt in oorlogstijd.

De wind blies de regen in ons gezicht. Ideaal weer om tactische zonden te begaan – een geluidje hier, een plotselinge beweging daar. We liepen iets minder dan 800 meter en stopten op een verzamelpunt. Little Big Man en Sourpuss dekten ons, terwijl Casanova en ik onze *ghillie suits* uit onze rugzakken haalden, camouflagekleding met losse repen canvas in camouflagekleuren die eruit zag als dicht gebladerte. We maakten onze pakken zelf en hadden er allemaal twee: een voor in een beboste omgeving en een voor in de woestijn. Dit keer gebruikten we de groene. Ik verruilde mijn gewone camouflagehoed voor mijn ghillie junglehoed. Het is belangrijk dat je kleding opgaat in de omgeving. In stedelijke omgevingen worden kleuren dicht bij de grond donkerder, dus werkt kleding met twee tinten daar het best: donkere junglebroeken en lichtere woestijncamouflage-shirts.

Casanova en ik controleerden de oorlogskleuren op elkaars handen, nek, oren en gezicht. Bij het beschilderen van je huid, moet je erop letten dat je eruit komt te zien als het negatief van een mens: wat donker is moet licht worden en wat licht is donker. Dit betekent dat de delen van het gezicht die schaduwen vormen (bijvoorbeeld de oogkassen) lichtgroen worden en de delen die glimmen (voorhoofd, wangen, neus en kin) donkergroen. Als het gezicht van de sniper zichtbaar is, mag het niet lijken op een gezicht. Verdwijn en blijf onzichtbaar.

We splitsten ons in twee teams en namen twee verschillende routes naar ons doel. Als een van de teams in de problemen kwam, kon het andere de missie voltooien. Casanova en ik slopen door de nachtelijke duisternis naar onze bestemming. We trokken steeds langzaam een voet op en bewogen hem naar voren, waarbij we met onze tenen voelden of er obstakels lagen – takjes of andere dingen waar we op zouden kunnen stappen. Ik nam kleine stappen en liep op de buitenranden van mijn voeten waarbij ik mijn voet langzaam afrolde van de bal naar hiel en geleidelijk mijn gewicht naar voren bracht.

Op 900 meter van ons doel – volgens onze meting – kwamen we bij een halfopen terrein. Casanova en ik gingen plat op de grond liggen. We kropen naar voren en zorgden ervoor dat we op enige afstand van elkaar bleven, zodat we er niet als een bewegende massa uit zouden zien. We moesten heel langzaam bewegen om niet te worden gezien, maar snel genoeg om op tijd aan te komen. Ik waakte ervoor het uiteinde van mijn geweerloop in de grond te steken – daardoor zou het minder nauwkeurig worden – of in de lucht te steken – dat zou onze positie verraden. Ik trok me langzaam met mijn armen naar voren en zette me af met mijn voeten, waarbij ik zo laag mogelijk bleef, met mijn gezicht zo dicht bij de grond dat de modder eraan kleefde. 15 cm per keer. Ik werd één met Moeder Aarde en maakte mijn hoofd vrij van andere gedachten. Als ik zo over de grond kroop, zei ik vaak tegen mezelf: 'Ik ben één met de grond. Ik maak deel uit van deze aarde.'

Als ik het doelwit of een bewakingspatrouille in het oog kreeg, zou ik er niet rechtstreeks naar kijken of mijn gedachten erop richten. Een hertenbok snuift en stampt op de grond omdat hij je wel ruikt maar niet ziet. Het snuiven en stampen hebben tot doel jou een beweging te laten maken, zodat hij kan zien waar je zit. Mensen hebben een minder goede reuk dan een hertenbok, maar ze hebben wel een zesde zintuig – ze merken het als ze worden bekeken. Sommigen zijn er gevoeliger voor dan anderen. Als je denkt dat je wordt bekeken en op het moment dat je je omdraait ontdekt dat er inderdaad iemand naar je kijkt, heb je dat zintuig gebruikt. Een sniper probeert te voorkomen dat dat zintuig wordt geprikkeld en daarom kijkt hij niet rechtstreeks naar zijn doelwit. Als het moment om te schieten is gekomen, kijk ik natuurlijk via mijn richtkruis naar het doelwit, maar zelfs dan concentreer ik me op het richtkruis.

Ik stopte even. En kwam weer in beweging.

Uiteindelijk arriveerden we bij de FFP (Final Firing Position, onze vuurpositie), naar onze schatting 450 meter van het doelwit. Tijd: 02.20 uur. Ik trok mijn groene gezichtsnet over mijn kijker om het silhouet dat werd gevormd door mijn hoofd en de nachtzichtkijker te doorbreken. Als je nog nooit in een modderpoel hebt gelegen met een drijfnat ghillie suit in de plenzende regen en huilende wind, terwijl je probeert je op je doel te blijven richten en je werk te doen, loop je een van de mooiste aspecten van het leven mis.

Voor ons stond een oud huis. Ergens daarbinnen bevond zich ons doelwit. Casanova en ik bespraken de afstand, de zichtbaarheid enzovoort. We gebruikten voor iedere zijde van het huis een kleurcode: wit voor de voorkant, zwart voor de achterkant, groen voor de rechterkant, gezien vanuit het gebouw zelf, en rood voor de linkerkant. Deze kleurcode komt uit de scheepvaart, waar groen licht wordt gebruikt voor de rechterzijde (stuurboord) en rood voor de linkerzijde (bakboord). Met het fonetische alfabet werden verdiepingen aangeduid: Alfa, Bravo, Charlie, Delta... Ramen werden genummerd van links naar rechts: een, twee, drie... Als er iemand bewoog bij het linkerraam aan de voorkant op de tweede verdieping, zou ik het raam aanduiden met: wit, Bravo, een. Zo hadden we maar weinig woorden nodig, waardoor de communicatie beknopt was en soepel verliep. Deze codes waren bij alle snipers van Team Six bekend, zodat we ook mensen met wie we nog niet eerder hadden gewerkt meteen begrepen.

We noteerden ook gegevens over de vijand: aantal, activiteit, locatie, soort eenheid, tijd, uitrusting, enzovoort. Deze informatie is belangrijk voor een aanvalsteam. Op basis daarvan kan het team bijvoorbeeld besluiten in de aanval te gaan zodra de vijandelijke patrouille het huis in is gegaan. Als de patrouille uit slechts twee mensen bestaat, kan het aanvalsteam besluiten ze tijdens hun patrouille gevangen te nemen. Of ze kunnen ervoor kiezen met drie snipers tegelijkertijd zowel de twee patrouillerende mannen als het doelwit in het huis uit te schakelen. In een gijzelingssituatie zouden we noteren waar de gijzelaars zaten, waar de terroristen zaten, wie de leider was, op welk tijdstip er werd gegeten en geslapen enzovoort. We waren doorweekt, koud en voelden ons ellendig, maar we hoefden het niet leuk te vinden; we moesten gewoon ons werk doen.

Ik richtte het dradenkruis met de mildots op het raam. Wetend dat een raam meestal 90 cm hoog is, vermenigvuldigde ik dat met 1000. Dat getal deelde ik door het aantal mildots in mijn kijker om de afstand te bepalen.

Een van de instructeurs kwam naar me toe. 'Wat is de afstand tot het doelwit?'

'550 meter,' was mijn antwoord op basis van mijn nieuwe informatie.

Een gestalte met een bivakmuts op en een grote legerjas aan verscheen voor het raam – het doelwit was een paspop. Meestal schiet slechts een van de twee snipers in een team terwijl de ander de gegevens noteert, het doelwit lokaliseert en rondom dekking biedt. Maar dit keer zouden we alle vier vuren. Generaal Garrison wilde weten of we echt zo goed waren als we beweerden. Ik hoorde een van de andere twee schieten. We mochten allemaal maar één keer schieten – met koude loop. Het eerste schot is het moeilijkst omdat de kogel door de koude loop van het geweer gaat. Na die kogel is de loop opgewarmd waardoor het volgende schot nauwkeuriger is. Maar generaal Garrison gunde ons geen tweede schot. De vijand trouwens ook niet.

Een van de instructeurs controleerde het doelwit maar vertelde ons niet wat de uitslag was. Toen klonk het tweede schot. Ook dit keer kregen wij niets te horen over het resultaat.

Nu was het onze beurt. Casanova lag rechts van mij, zo dichtbij dat ik hem kon horen fluisteren, als dat nodig was. Zo dichtbij dat we samen de kaart konden bekijken. In zijn positie kon hij ook het dampspoor van de kogel volgen waardoor hij gemakkelijker kon zien waar hij insloeg en mij kon corrigeren bij het tweede schot – maar vandaag was het alles of niets. Nog maar zes uur geleden had ik met mijn zoon in het comfortabele Ready Room een warme pizza zitten te eten. En nu lag ik in een koud, vochtig bos in een afgelegen gebied om met een koude loop een schot te vuren. De meeste mensen hebben geen idee hoeveel training en toewijding er nodig zijn om het werk van een sniper te kunnen doen.

De kolf van het geweer rustte tegen het kuiltje van mijn rechterschouder. Mijn schiethand hield de kolfgreep stevig maar niet krampachtig vast en de trekkervinger lag lichtjes tegen de trekker. Ik balanceerde op mijn andere elleboog, legde mijn wang stevig tegen mijn duim die op de kolfgreep lag en ademde in. Na een gedeeltelijke uitademing, stopte ik met ademen – iets waar kikvorsmannen heel goed in zijn – om te voorkomen dat de beweging van mijn longen de kogel van richting zou veranderen. Ik moest lang genoeg mijn adem inhouden om mijn doel goed achter de kruisdraden te krijgen, maar niet zo lang dat ik wazig zou gaan zien en mijn spieren zouden verkrampen. Mijn vinger haalde de trekker over – *pang*.

Ik wist nog steeds niet of ik raak had geschoten. Het is niet zoals in de film, waar het schot het doel uiteen doet spatten – in werkelijkheid gaat de kogel zo snel door het lichaam dat mensen zich soms niet eens realiseren dat ze geraakt zijn, zoals ik later in Somalië een aantal keer zag gebeuren met de .223-kogels.

Na het schot van Casanova verlieten we kruipend het gebied. We namen een andere route dan op de heenweg – als iemand onze sporen had gevonden en ergens langs de route wachtte tot we terugkwamen, kon hij lang wachten. We trokken naar de landingsplaats en wachtten in de buurt daarvan tot de zon opkwam.

In de ochtend liepen we naar het punt waar de helikopter ons zou oppikken. Een instructeur gaf met een code te kennen dat de operatie officieel ten einde was: 'Tuna, tuna, tuna.' We konden ontspannen: rechtop staan, ons uitrekken, onze knokkels kraken, onze blaas legen en grappen maken.

Een Black Hawk-helikopter landde in het open veld en bracht ons naar een nabijgelegen vliegveld, waar we op een vliegtuig stapten.

Aangekomen op de basis van SEAL Team Six, mochten we nog niet

naar huis. We moesten rapport uitbrengen en dan onze uitrusting schoonmaken, inspecteren en zo nodig repareren. Daarna moesten we alles ge-
reedmaken voor de volgende oproep, hetzij een oefening, hetzij een echte
missie. Dat proces nam drie uur in beslag.

Met z'n vieren meldden we ons om 11.00 uur voor de debriefing. We
voelden ons als slappe vaatdoeken. Generaal Garrison, een sergeant-majoor van SEAL Team Six, de leider van Red Team dat was ingeschakeld
om ons team te testen en nog zo'n acht of tien hoge officieren wachtten
ons op. William F. Garrison had niet voor het leger gekozen; het leger
had voor hem gekozen. Tijdens de Vietnamoorlog was hij in dienst gegaan en was twee keer naar Vietnam uitgezonden als officier, wat hem
een Bronze Star opleverde voor getoonde moed en een Purple Heart voor
verwondingen opgelopen in de strijd. Hij had deelgenomen aan het Phoenix Program dat tot doel had de infrastructuur van de Vietcong-leiders
te ontmantelen. Van 1985 tot 1989 had hij bij de U.S. Army Intelligence
Support Activity – dat tot taak heeft informatie te verzamelen voor andere speciale eenheden – en Delta Force gewerkt. Hij was een lange, slanke
man met opgeschoren grijs haar en hij kauwde altijd op een halve, niet
brandende sigaret die in zijn mondhoek hing. Nog nooit was iemand in
het leger zo jong generaal geworden.

Onze sergeant-majoor woonde niet alle debriefings van oefenoperaties
bij, maar met vader Garrison aan de eettafel wilde hij er zeker van zijn dat
zijn bastaardmarinekinderen goed voor de dag kwamen – en belangrijker
nog, niet werden overgeslagen bij het verdelen van de taart.

De leider van ons Red Team was Denny Chalker, bijgenaamd 'Snake',
een voormalige para in de 82ste Luchtlandingsdivisie die een SEAL werd
in de antiterreureenheid van Team One, Echo Platoon. Later was hij een
van de leden van het eerste uur van SEAL Team Six.

We brachten rapport uit: over de briefing in het vliegtuig, de sprong
– de hele operatie. De instructeurs hadden heimelijk de aangewezen landingsplaats in de gaten gehouden – ze hadden gezien dat twee van ons
voor dekking zorgden terwijl de anderen hun parachutes verborgen. Gelukkig hadden we het geleerde in praktijk gebracht.

General Garrison zei: 'Het goede nieuws is dat jullie op alle onderdelen uitstekend hebben gepresteerd: sluipen, navigeren, opgaan in de om-

geving, positie innemen, waarnemen... En jullie hebben kunnen vuren. Maar daar heb je geen reet aan als jullie alle vier het doelwit missen! Jullie zeiden tegen de instructeur dat de afstand tot het doelwit 550 meter was. Maar het was 678 meter. Een van jullie schoot zo ver mis dat hij het kozijn raakte. Jullie enige hoop was dat de vijand van de schrik een fatale hartaanval kreeg...'

Wij keken elkaar aan en onze gezichten vertrokken alsof we net een klap in onze maag hadden gekregen.

Het gezicht van onze sergeant-majoor stond op onweer.

Maar generaal Garrison hield twee dingen voor ons verborgen. Het eerste was dat de snipers van het Gold Team de opdracht ook hadden verknald. Hun springleider bij de parachutesprong was er niet in geslaagd hen in het landingsgebied neer te laten komen. Ze hadden 13 km door het bos moeten ploeteren. Toen ze eindelijk bij het doel waren aangekomen, waren ze te laat: ze hadden het venster van tien minuten gemist en hadden niet eens de kans gekregen om te schieten.

Het tweede geheim: ook Delta Force, het team van de generaal zelf, was niet in de missie geslaagd.

En er was een meer algemeen probleem: SEAL Team Six en Delta Force functioneerden als twee afzonderlijke eenheden. Waarom zou SEAL Team Six een gegijzeld vliegtuig overmeesteren als Delta dat beter kon? Waarom zou Delta een schip op volle zee tot zinken brengen als SEAL Team Six dat beter kon?

Dat probleem werd het pijnlijkst duidelijk toen Delta een keer een ongeluk had met explosieven – wat wel vaker voorkwam. Een lid van Delta wilde met een springlading een deur die op slot zat open blazen. Hij gebruikte een *Australian mouse* – met een klap breng je de ontsteker tot ontploffing. De lichte explosie zet een tijdklok in gang die na vijf seconden de zwaardere springlading op de deur tot ontploffing brengt. Helaas blies de lichte explosie de tijdklok op, waardoor de zwaardere lading meteen explodeerde. De man raakte zijn vingers kwijt.

Hoewel niemand beter met explosieven kan omgaan dan SEAL Team Six – als je iets wilde weten over de nieuwste technische snufjes, moest je bij ons zijn (we hebben zelfs een eigen explosievenopruimingscommando) –, trainde en opereerde Team Six afzonderlijk van Delta.

Generaal Garrison begreep ook dat SEAL Team Six en Delta met een realistische blik naar zichzelf moesten kijken. Met zijn knauwende Texaanse accent zei hij: 'Waar jullie zo nu en dan toe in staat zijn, interesseert me niet. Ik wil weten waar jullie altíjd toe in staat zijn, waar ook ter wereld, onder welke omstandigheden dan ook.' Zo was Garrison.

SEAL Team Six en Delta moesten samen leren spelen en de realiteit onder ogen zien. Zeker als we een van de bloedigste oorlogen sinds Vietnam wilden overleven – en die oorlog zou niet lang op zich laten wachten.

3

De hel is voor kinderen

Als kind leerde ik krachten te verdragen waarover ik geen controle had. Mijn moeder baarde mij toen ze zestien was – een kind dat een kind kreeg –, op 8 november 1961 in een kliniek die gratis zorg bood in Boynton Beach, Florida. Een gewoon ziekenhuis kon ze niet betalen. Ik werd twee maanden te vroeg geboren, had lichtbruine ogen en zwart haar en woog nog geen anderhalve kilo. De kliniek was zo arm dat ze geen couveuse hadden voor zo'n kleine baby. Ik was veel te klein voor een draagzak, dus nam mijn moeder me in een schoenendoos mee naar huis. Omdat de wieg thuis te groot was, haalde ze een laatje uit een van de kasten, legde er dekens in en liet me daarin slapen.

Mijn moeder, Millie Kirkman, had Schotse voorouders en was zo koppig als een ezel. Ze toonde nooit emoties en stond weinig flexibel in het leven. Ze werkte iedere dag keihard in een naaiatelier om mijn zussen en mij te onderhouden. Waarschijnlijk heb ik mijn koppigheid, mijn gewoonte om nooit maar dan ook nooit op te geven als ik dacht dat ik gelijk had, van haar geërfd. Later, toen ik negen was, vertelde ze me dat Ben Wilbanks, mijn biologische vader, ons in de steek had gelaten. Ik haatte hem.

De vroegste jeugdherinnering die ik heb, is dat ik op mijn vierde – we woonden in West Palm Beach, Florida – midden in de nacht werd gewekt door een boom van een kerel die naar drank rook. Hij heette Leon en was de nieuwe vriend van mijn moeder. Ze had hem ontmoet in het truckerscafé waar ze als serveerster werkte.

Ze waren net teruggekomen van een afspraakje. Leon sleurde me uit het stapelbed en stelde vragen over iets wat ik die dag had misdaan. Toen begon hij me in mijn gezicht te slaan, net zo lang tot ik mijn eigen bloed proefde. Dat was Leons manier om mijn moeder te helpen haar zoon op het goede pad te houden.

Dit was nog maar het begin. Het gebeurde niet alleen midden in de nacht. Als Leon bij ons was, nam hij de taak op zich mij te straffen. Ik zag met angst en beven – letterlijk – mijn moeders volgende afspraakje tegemoet. Mijn hart ging zo tekeer dat ik het gevoel had dat het zou exploderen. Hoe erg zou het dit keer worden? Soms gaf Leon me een pak slaag als hij mijn moeder kwam ophalen, terwijl zij zich klaarmaakte, soms als ze thuiskwamen – daar was hij niet kieskeurig in.

Op een dag liep ik weg na de kleuterschool. Ik nam met opzet de verkeerde bus. Ik laat me niet meer slaan. Ik ga weg, dacht ik. De bus bracht me ver buiten de stad – ik had geen idee waar ik was. Er zaten nog maar een paar kinderen in de bus. Hij stopte. Een van de kinderen stond op. Ik liep achter hem aan. De jongen liep over het zandweggetje naar zijn huis. Ik wist niet wat ik moest doen – als vijfjarige had ik niet zo goed over mijn actie nagedacht. Ik liep over de zandweg tot ik bij het huis aan het einde kwam. En daar bleef ik wat rondhangen; ik wist niet wat ik moest doen, behalve wegblijven van de hoofdweg.

Na een paar uur kwamen een man en een vrouw thuis en zagen mij op de veranda achter het huis zitten, waar ik niet kon worden gezien vanaf de weg. De vrouw vroeg: 'Hoe heet je?'

'Howard.'

'Je zult wel honger hebben.' Ze namen me mee naar binnen en gaven me te eten.

Later zei de vrouw: 'Weet je, we moeten je ouders te pakken zien te krijgen, en zorgen dat je weer thuis komt.'

'Nee, nee,' zei ik. 'Bel alstublieft niet mijn moeder. Kan ik niet hier komen wonen?'

Ze lachten.

Ik wist niet wat er zo grappig was, maar ik vertelde niet wat er aan de hand was. 'Nee, niet mijn moeder bellen. Mag ik alstublieft hier wonen?'

'Nee, liever d. Je begrijpt het niet. Waarschijnlijk is je moeder dodelijk ongerust. Wat is jullie telefoonnummer?' Dat wist ik echt niet.

'Waar woon je?'

Ik probeerde ze uit te leggen hoe je vanaf daar naar mijn huis in Lake Worth, Florida, moest komen, maar de bus had zo'n kronkelende, bochtige route afgelegd, dat ik het me niet herinnerde. Uiteindelijk brachten ze me terug naar school, waar mijn tante naar me aan het zoeken was.

Mijn ontsnappingsplan was mislukt. Ik loog tegen mijn moeder en zei dat ik per ongeluk in de verkeerde bus was gestapt.

Ongeveer twee jaar later trouwde mijn moeder met Leon.

Kort daarop verhuisden we naar Screven, Georgia. Daar gingen we naar de rechter. In de auto zei mijn moeder: 'Als we bij de rechter zijn, zal hij je vragen of je wilt dat Mr. Leon je papa wordt, en dan moet je ja zeggen.' Leon was de laatste persoon ter wereld die ik in mijn leven wilde, maar ik wist heel goed dat ik maar beter ja kon zeggen, want als ik dat niet deed, zou hij me waarschijnlijk vermoorden als we thuis waren. Dus deed ik mijn plicht.

De volgende dag zeiden mijn ouders voordat ik naar school ging: 'Op school moet je iedereen vertellen dat je niet meer Wilbanks heet maar Wasdin.' En dat deed ik.

Nu was ik een geadopteerd kind en zag ik Leon iedere dag. Als een leeuw een leeuwin met welpjes verovert, doodt hij de jongen. Leon doodde mij niet, maar ik moest boeten voor alles wat ik niet helemaal vlekkeloos deed. En soms moest ik ook boeten als ik iets wel vlekkeloos deed.

We hadden pecannotenbomen in de tuin en het was mijn taak de noten te plukken. Leon was vrachtwagenchauffeur en als hij bij thuiskomst ook maar één pecannoot onder zijn wielen hoorde kraken, moest ik het bezuren. Het maakte niet uit of die noten waren gevallen nadat ik ze had opgeraapt. Had ik maar vlijtiger moeten zijn. Als ik uit school kwam, moest ik meteen op mijn bed gaan liggen, zodat Leon mij er genadeloos van langs kon geven met zijn riem.

Als ik de volgende dag op school naar de wc ging, moest ik mijn onderbroek lostrekken van de bloedkorsten op mijn billen. Ik werd nooit boos op God, maar vroeg Hem soms wel om hulp: 'God, wilt u alstublieft Leon doodmaken?'

Op een gegeven moment voelde ik geen angst meer als de riem van die 100 kilo zware kerel over mijn onderrug, billen en benen striemde. Rustig blijven. Niet trillen. Dat maakt het niet beter of erger. Gewoon laten gebeuren, dacht ik. Ik kon me volledig afsluiten voor de wereld en de pijn als ik daar op bed lag. Maar dat zombieachtige gedrag maakte Leon alleen maar nog bozer.

Mijn eerste missie als sniper volbracht ik toen ik zeven was, vlak na Kerstmis. De pestkop van mijn school, Gary, een jongen van tien die groot was voor zijn leeftijd, had een van mijn vriendjes in elkaar geslagen. Die middag riep ik vier vrienden bij elkaar. We wisten dat Gary te groot was om hem met conventionele middelen te lijf te gaan, maar de meesten van ons hadden voor Kerstmis een windbuks gekregen. 'Morgenochtend nemen we onze geweren mee naar school,' zei ik. 'We wachten hem op in de boom aan de rand van het schoolplein en pakken hem als hij eraan komt.' Gary moest over een smal pad lopen, dat als een natuurlijke flessenhals werkte. De volgende dag zaten we klaar. Tactisch gezien waren we in het voordeel: we waren met meer, we hadden meer vuurkracht en we hadden een hoger gelegen stelling. Toen Gary binnen bereik kwam, kreeg hij de volle laag. Je zou verwachten dat hij na het eerste schot wegrende, maar dat deed hij niet. Hij bleef staan en begon te schreeuwen en naar zijn schouders, rug en hoofd te grijpen alsof hij werd aangevallen door een zwerm bijen. We bleven maar schieten. Mevrouw Waters, een van de leraren, kwam naar ons toe gerend en schreeuwde moord en brand. Een andere leraar riep dat we naar beneden moesten komen. Gary lag nu opgerold op de grond te huilen en te hyperventileren. Ik had medelijden met hem, want er stroomde bloed uit zijn hoofd op de plek waar de meeste kogeltjes hem hadden geraakt, maar ik vond ook dat hij het had verdiend, omdat hij een dag eerder mijn vriendje in elkaar had geslagen. Gary's shirt kleefde aan zijn rug. Een leraar pakte zijn zakdoek en veegde daarmee Gary's gezicht schoon.

We moesten bij het schoolhoofd komen. Onze wijkagent was er ook en deed zijn best niet te lachen. Ik legde uit: 'Hij is groter dan wij allemaal en gisteren heeft hij Chris in elkaar geslagen.' Ik begreep niet wat we verkeerd hadden gedaan. Ze namen onze geweren in beslag en belden onze ouders. Natuurlijk kreeg ik van mijn vader de volle laag toen ik thuiskwam.

Toen ik jaren later bij de marine, voordat ik een SEAL werd, tijdens een verlof naar huis ging, zat ik in een vrachtwagen met Gary die voor mijn vader werkte. Gary vroeg: 'Herinner je je nog dat jullie me met die windbuksen beschoten?'

Ik schaamde me. 'Ja, dat herinner ik me nog. Tja, we waren kinderen.'

'Nee, nee, het geeft niet.' Hij wees naar zijn linkerschouder. 'Moet je voelen.'

Ik raakte zijn linkerschouder aan – en voelde een kogeltje onder zijn huid.

'Af en toe komt er een naar buiten,' zei hij op zakelijke toon. 'Soms komen ze uit mijn hoofdhuid. Soms uit mijn schouder.'

'O, kerel, het spijt me.'

Later lachten we erom bij een biertje.

Toen ik acht was, keerde ik met Leon en een paar anderen terug naar Florida om groenten en fruit te verkopen vanuit de achterbak van onze truck. Ik deed de verkoop en een drankzuchtige *redneck*, die Ralph Miller heette, zat achter het stuur. Hij stopte vaak bij een drankwinkel. 'Ik haal even wat tomatensap. Hou jij niet van tomatensap?'

'Ik geloof het wel.'

Dan kocht hij een blikje tomatensap voor mij. Later kocht hij Mott's Clamato, een lichte, pikante tomatensap met uien, selderij, kruiden en een druppeltje oestersaus. Ralph dronk hetzelfde.

Op een keer gluurde ik vanuit de laadbak de cabine in. Ralph maakte zijn gulp open en haalde een fles wodka tevoorschijn waarvan hij een scheut in zijn drankje goot. Waarom doet hij dat nou? Zo verpest-ie die lekkere Clamato, dacht ik.

We reden met onze meloenen door de gevaarlijkste buurten. Toen we een keer stopten in het stadje Dania, kwamen twee kerels naar de truck om te vragen hoe duur onze spullen waren. Een van hen pakte een watermeloen, legde hem in zijn auto en liep naar de bestuurdersplaats alsof hij Ralph wilde betalen.

Pang!

Ik draaide me om en zag dat de man Ralph onder vuur hield met een .38-revolver. Ralphs been bloedde. Trillend gaf hij de man zijn portefeuille.

De man met het pistool zei: 'Je had niet gedacht dat ik echt zou schieten, hè?'

Ik wilde uit de bak springen.

Het maatje van de schutter zei: 'Blijf waar je bent.'

De schutter richtte zijn pistool op mij.

Ik sprong aan de passagierszijde uit de laadbak en ging ervandoor, in de verwachting dat ik ieder moment door een kogel geraakt kon worden. Ik rende zo snel dat mijn favoriete strooien cowboyhoed, die ik in de koopjeswinkel Grandma Beulah had gekocht, van mijn hoofd vloog. Een fractie van een seconde overwoog ik terug te rennen om mijn hoed te pakken, maar ik deed het niet. Als ik terugga, schiet-ie me neer, schoot het door mijn hoofd.

Ik rende een paar blokken om en toen ik terugkwam, zag ik dat Ralph naar een telefooncel was gereden die voor een supermarkt stond. Ik was zo blij dat hij nog leefde. Ralph belde een ambulance.

De politie arriveerde iets eerder dan de ambulance. Ik luisterde mee toen de agenten Ralph ondervroegen en hoorde dat hij de boeven zijn geld had aangeboden, maar had geweigerd zijn portefeuille af te staan. Daarom hadden ze geschoten.

Terwijl Ralph naar het ziekenhuis werd gebracht, waar hij zou worden geopereerd, namen de agenten mij mee naar het politiebureau van Dania. De rechercheurs ondervroegen me, brachten me terug naar de plek waar het was gebeurd en vroegen me te vertellen hoe de overval precies in zijn werk was gegaan. Ze hadden een verdachte opgepakt, maar beseften dat ik te jong en te geschokt was om een betrouwbare getuigenis af te leggen.

Dat was de eerste keer dat ik met zulke professioneel opererende mannen te maken kreeg. Ze namen alle tijd voor mij, vertelden hoe het was om agent te zijn en legden uit wat ze hadden moeten doen om agent te worden. Ik stond versteld. Een rechercheur van de drugsbestrijding liet me alle soorten drugs zien die ze van straat hadden gehaald. Ze gaven me een rondleiding door het politiebureau, en de ambulancemedewerkers ernaast lieten me hun pand zien. Wauw, wat spannend! Ik mocht van de ambulancemedewerkers zelfs langs de paal naar beneden glijden. Ik zou ze nooit meer vergeten.

Die avond hadden ze nog steeds mijn vader niet te pakken gekregen, dus nam een van de rechercheurs me mee naar zijn huis, waar ik mocht blijven slapen. Zijn vrouw vroeg: 'Heb je al iets gegeten?'

Sinds het ontbijt had ik niets meer gegeten. 'Nee, mevrouw.'

'Heb je honger?'

'Een beetje wel.'

'Oké, dan maak ik iets voor je klaar.'

De rechercheur zei: 'We hebben hem vanmiddag meegenomen naar het bureau, maar niemand heeft eraan gedacht hem iets te eten te geven.'

'Je ziet toch dat hij nog in de groei is?' Ze gaf me een bord eten en ik schrokte alles naar binnen. Misschien kan ik voortaan bij deze mensen wonen, dacht ik.

Na het eten viel ik in slaap. De volgende ochtend werd ik om vijf uur gewekt. De rechercheur bracht me naar het politiebureau waar pa en zijn broer, oom Carroll, op me stonden te wachten.

Ze waren samen eigenaar van een watermeloenveld waar ik na schooltijd en in de zomer werkte. Werk was het enige wat hen interesseerde. Als ze niet op de boerderij werkten, waren ze op weg in hun trucks. Nu ik een bijdrage leverde aan het onderhoud van het gezin, werd de relatie met mijn vader, die was gestopt met drinken, beter.

In South Georgia, waar de temperatuur boven de 38 graden kwam en de vochtigheidsgraad bijna 100 procent is, sneed ik de bijna 15 kilo wegende meloenen van de takken, legde ze op een rij om ze naar de weg te gooien en stapelde ze vervolgens in de laadbak. Een van de oudere jongens reed de truck naar de oplegger van een 18-wieler en ik hielp de watermeloenen over te laden. Als we duizenden meloenen hadden geladen, reed ik vroeg in de ochtend met de truck mee naar Columbia, South Carolina, om ze uit te laden voor de verkoop. Ik kon ongeveer twee uur slapen voordat we weer terugreden.

Als we een paar uur over hadden, ging we soms met het hele gezin picknicken. Op een van die picknicks leerde ik mezelf zwemmen in het traag stromende water van de Little Satilla. Ik wist niets van zwemtechniek, maar ik voelde me thuis in het water. We gingen daar soms in het weekend naartoe om te zwemmen en te vissen naar forelbaars, roodborstzonnebaars en zonnebaars.

Als het werk op het watermeloenveld erop zat, ging ik met de rest van de ploeg zwemmen in het zwarte water van Lake Grace. Door al het tanninezuur uit de dennenbomen en andere begroeiing is zowel de Little Satilla als Lake Grace op sommige dagen zo zwart dat je je eigen voeten niet eens kunt zien als je in het water ligt. In de zomer jagen libellen er op muggen. Uit het omringende bos hoor je getjirp van eekhoorns, gekwaak van eenden en gekakel van kalkoenen. Dat donkere water heeft een mysterieuze schoonheid.

Toen ik dertien of veertien was, had ik de leiding over de werkploeg op het veld. Vanuit de stadswijk waar de blanken woonden, reed ik naar de Quarters, de achterbuurt waar de zwarten woonden. Onderweg pikte ik de vijftien tot twintig mensen op die die dag op het veld werkten. Ik verdeelde de taken en ging zelf ook aan het werk, ook al waren zij bijna twee keer zo groot als ik.

Op een dag hielden we een wedstrijd: wie het verst onder water kon zwemmen vanaf de pier in Lake Grace. Dankzij onze familiepicknicks had ik veel kunnen oefenen. Terwijl ik onder het oppervlak van het donkerbruine water zwom, slikte ik met mijn mond dicht en liet wat lucht ontsnappen. Toen ik boven kwam, zei iemand: 'Dat waren zeker scheten! Ik geloof er niets van dat je zoveel lucht in je longen had.' Dit soort momenten was zeldzaam. Het waren de enige momenten waarop ik echt kon ontspannen en genieten. Soms legden we 's avonds een vuur aan en praatten tot diep in de nacht.

Pa vond het niet erg als we een paar uur gingen zwemmen of vissen, maar we gingen nooit jagen. Mijn vader liet me af en toe schieten met zijn pistool, maar jagen duurde een hele dag en dan zou er te veel werktijd verloren gaan. Alles draaide om werk. Als ik een fout maakte of niet hard genoeg werkte, kreeg ik klappen van hem.

In een van de eerste jaren op de middelbare school blesseerde ik mijn been bij een potje football tijdens de sportles. Een van de coaches zei: 'Laat me even naar je heup kijken.' Hij trok mijn broek omlaag om mijn rechterheup te onderzoeken. Hij zag de bloederige massa die zich uitstrekte van mijn onderrug tot mijn bovenbenen, waar mijn vader me voor het laatst had geslagen. De coach hapte naar adem. 'O mijn god...' Nadat hij mijn heup had onderzocht, trok hij mijn broek omhoog en hij heeft er nooit meer met een woord over gerept. Wat zich achter de voordeur afspeelde, bleef in die tijd achter de voordeur. Ik weet nog hoe erg ik me schaamde dat iemand mijn geheim had ontdekt.

Ondanks alles hield ik van mijn ouders. Het was niet helemaal hun schuld dat ze geen opleiding hadden gehad en niet wisten hoe ze hun kinderen moesten opvoeden. Het kostte ze al genoeg moeite om eten op tafel te krijgen en hun vier kinderen te kleden. In de behoeftepiramide van Maslow bereikten wij nooit het punt van zelfontplooiing, omdat we onderaan bleven steken: we besteedden al onze energie aan de basisbehoeften voeding en kleding. Mijn ouders vloekten en scholden bijna nooit. Het waren godvruchtige mensen. Mijn moeder nam mijn zussen en mij iedere zondag mee naar de kerk. Ze vonden dat er niets mis was met hun opvoedmethoden.

Omdat ik de oudste was, verwachtte pa dat ik voor mijn zussen Rebecca, Tammy en Sue Anne zorgde. Tammy was altijd de lastpak en ruziezoeker met de grote mond. Vanaf het moment dat ze naar school ging, moest ik haar zo vaak te hulp komen nadat ze er weer eens iets had uitgeflapt, dat ik de tel ben kwijtgeraakt. Toen ik nog op de basisschool zat, had ze een keer een middelbare scholier een grote bek gegeven. De jongen gaf mij een pak rammel; ik hield er twee blauwe ogen, een gebroken neus en een afgebroken tand aan over. Toen ik thuiskwam, was mijn vader zo trots als een pauw. Het deed er niet toe dat Tammy iets doms had gedaan en een gevecht had uitgelokt. Ik zag eruit alsof er een vrachtwagen over me heen was gereden. Maar hoe erg dat joch me ook in elkaar had geslagen, als ik niet voor mijn zus was opgekomen, had mijn vader me nog veel harder aangepakt.

In de zomer na mijn derde jaar op de middelbare school, toen ik zeventien was, keerde ik op een middag terug na een dag werken op het veld, nam een douche en ging in de woonkamer zitten met alleen een korte broek aan. Even later kwam Tammy huilend binnen.

Mijn haar was nog nat van het douchen. 'Wat is er aan de hand?'

'Mijn hoofd doet pijn.'

'Je hoofd doet pijn? Hoe bedoel je?'

'Voel maar.'

Ik voelde aan haar hoofd. Er zat een bult op haar kruin.

'We waren aan het volleyballen bij de kerk. Toen ik de bal smashte, pakte Timmy hem op en gooide hem naar me toe. Dus gooide ik hem terug. Hij pakte me beet, klemde mijn hoofd vast en begon te stompen.'

Ik ging door het lint. Het werd rood voor mijn ogen. Alsof ik bezeten was. Ik stormde het huis uit, sprong de veranda af, over het hek en rende naar de First Baptist Church, een blok verderop. Er kwamen kinderen en ouders uit de kerk – de zomerbijbelcursus was afgelopen. Bij de uitgang stonden diakens. Daar was Timmy, de jongen die mijn kleine zusje pijn had gedaan, een jongen van mijn leeftijd.

Net voordat ik bij hem was, draaide hij zich om. 'Howard, we moeten even praten.'

'O nee, dat hoeven we helemaal niet, klootzak.' Ik sloeg hem recht op zijn gezicht en hij viel op de grond. Ik sprong boven op hem, pinde zijn bovenlichaam vast en stompte hem al vloekend en tierend halfdood. Het enige wat ik zag was mijn huilende zusje met een bult op haar hoofd.

Een van de diakens probeerde me van hem af te trekken, maar ik was zeventien en had mijn hele leven als een paard gewerkt. Er waren nog een paar extra diakens nodig om hem te bevrijden.

Broeder Ron verscheen in mijn blikveld. 'Hou op, Howard.' Ik vertrouwde broeder Ron en keek tegen hem op. Hij was een soort beroemdheid in onze stad. Ik stopte; broeder Ron had de duivel uitgedreven.

Helaas was het incident het begin van een vete. Timmy's vader was lichtelijk psychopathisch en mijn vader was een driftkop die voor niemand bang was.

De psychopaat reed naar mijn huis.

Mijn vader kwam hem al tegemoet.

'Als ik die bastaardzoon van je ergens tegenkom, weet ik niet zo zeker of je hem nog terugziet,' zei de psychopaat.

Pa ging naar binnen en pakte een geweer. Toen hij weer naar buiten liep, vond hij mijn opa op zijn pad, samen met broeder Ron. Pa stond op het punt een lading grove hagel in de kont van de psychopaat te jagen. Opa en broeder Ron wisten hem tot bedaren te brengen.

De weken daarop was ik als de dood en keek ik steeds over mijn schouder om te zien of er geen volwassen man achter me aan zat. Timmy had twee broers. Ik verzamelde mijn groepje vrienden om me heen als bescherming en ging nergens meer alleen naartoe.

Broeder Ron riep mijn vader en de psychopaat bijeen om alles vredig uit te praten. Naar nu bleek, was het niet helemaal gegaan zoals mijn bijdehante zus had gezegd. Tammy had iets uitgehaald bij Timmy, waarna hij haar alleen maar in een speelse hoofdgreep had genomen en met zijn knokkels over haar hoofd had gewreven. In mijn verbeelding had de bult er groter uitgezien dan hij was. Onze vaders kwamen overeen het te laten rusten.

Nu zat ik pas echt in de nesten.

Maar pa zei: 'Weet je, ik had precies hetzelfde gedaan, hoewel ik misschien niet zo hard had gevloekt als jij op het plein van de kerk.'

Dat droeg ik als een eremedaille. Mijn vader had veel tekortkomingen, maar de bescherming van zijn gezin stond bij hem voorop, en ik had respect voor zijn wens ons te beschermen.

Broeder Ron was de lijm die de gemeenschap bijeenhield, en de gemeenschap maakte mij tot wie ik was.

Naast broeder Ron was er nog een man die belangrijk voor me was, oom Carroll, pa's oudere broer. Oom Carroll was niet zo'n heethoofd. Hij had nauwelijks scholing, maar was wel intelligent – vooral in de omgang met mensen. Oom Carroll had overal vrienden. Hij was degene die me leerde een truck te besturen, want Leon was daar te ongeduldig voor; die werd boos zodra ik een fout maakte, of het nu ging om watermeloenen plukken, autorijden of wat dan ook. Oom Carroll nam juist de tijd om alles uit te leggen. Toen hij me leerde een 18-wieler te besturen, zei hij: 'Howard, je hebt te vroeg geschakeld. Dat moet je pas bij een hoger toerental doen. Schakel nu maar eerst terug en dan weer omhoog...' Van oom Carroll leerde ik ook wat sociale vaardigheden. Als Leon en ik in een truck van West Palm Beach, Florida, naar Screven, Georgia, reden – een rit van acht uur – praatten we nauwelijks. Gesprekken voerden we niet. Soms zei hij iets als: 'Moet je naar de wc?' Andere onderwerpen dan plaspauzes en of we iets zouden gaan eten, kwamen niet ter sprake. Ma en pa leerden ons: 'Kinderen moet je zien maar niet horen.' En dat was geen loze praat. Als we in het openbaar iets zeiden zonder dat iemand ons iets vroeg, wisten we dat we thuis de wind van voren zouden krijgen. Oom Carroll was de enige die ooit genegenheid toonde. Zo nu en dan legde hij zijn arm om mijn schouder als hij wist dat Leon het weer eens op me gemunt had. Hij gaf morele steun en had af en toe zelfs een vriendelijk woord voor me klaar. Met alles wat ik te verduren had, was de steun van oom Carroll van onschatbare waarde. Als wij samen in de truck onderweg waren, stopten we altijd bij een restaurant om te ontbijten en te lunchen. Leon kocht altijd salami en kaas bij een supermarkt, zodat we tijdens het rijden een broodje klaar konden maken – Leon wilde altijd maar door. Het mooiste was dat oom Carroll mij stimuleerde. Hij was net zo belangrijk voor mij als broeder Ron, misschien wel nog belangrijker. Zonder hen zouden er allerlei sombere gedachten in mijn hoofd zijn opgekomen – waarschijnlijk aan zelfmoord.

Op de middelbare school nam ik fanatiek deel aan het JROTC (Junior Reserve Officer Training Corps), het militaire vormingsprogramma van de luchtmacht. Ik was gek op het JROTC, met zijn discipline, structuur en mooie uniform, en ik kreeg altijd leidinggevende functies: officier, commandant vaandelwacht. Het hield me van de straat en gaf me iets waarin ik kon uitblinken. Ik merkte ook dat ik goed was in leidinggeven.

Maar op het gebied van meisjes was ik een laatbloeier. In oktober, een maand voordat ik achttien werd, vroeg ik aan een vriend: 'Hoe werkt dat eigenlijk met dat tongzoenen? Hoe doe je dat?'

'Howard, je buigt je gewoon voorover, legt je mond op die van haar, steekt je tong naar binnen en de rest wijst zich vanzelf.'

Ik moest iemand vinden om mee te nemen naar het militaire bal van het JROTC. Mijn maatje bij JROTC had een zus die Dianne heette; iedereen noemde haar Dee Dee. Ik had nooit veel aandacht aan haar besteed, maar nu bedacht ik dat ze misschien wel met mij mee wilde naar het bal. Bang en met het schaamrood op de kaken vroeg ik haar: 'Wil je met mij naar het militaire bal?'

'Ja,' zei ze.

Toen het bal voorbij was, zei Dee Dee: 'Laten we naar de Ghost Light gaan.' We gingen naar deze plek, waar alle stelletjes naartoe gingen om te vrijen – en waar volgens de legende de geest van een oude, onthoofde spoorwegwerker over de rails loopt te zoeken met zijn lantaarn.

Toen we de auto parkeerden, verstijfde ik. Wanneer moet ik mijn lippen op die van haar drukken? Wat betekent 'steek je tong naar binnen en dan wijst de rest zich vanzelf' eigenlijk? Moet ik rondjes draaien? Wat moet ik in godsnaam doen, spookte het door mijn hoofd. En door al die malende gedachten verging mij de lust. Ik keerde me naar Dee Dee om te zeggen: 'Laten we maar naar huis gaan,' maar zij had de aanval al ingezet en drukte haar gezicht op het mijne. Ze gaf me mijn eerste tongzoen. Natuurlijk had ik al snel door dat het geen kwantumfysica was en dat het best prettig was. De rest van het schooljaar, tot in de lente, hadden we verkering.

Het eindejaarsfeest naderde, maar Dee Dee was al door iemand anders gevraagd. Tijdens de les huishoudkunde vroeg ik haar vriendin Laura of ze met mij wilde gaan – het was ons eerste afspraakje. Laura had een goed figuur en grote borsten. Na het feest, in de auto, kusten we elkaar voor het eerst. Nou ja, zij kuste mij en ik bood geen weerstand. Omdat ik was opgegroeid in een gezin dat nooit genegenheid toonde, betekende het heel veel voor me dat ze in mij geïnteresseerd was.

Als ik terugdenk aan mijn tienerjaren, komt mijn eerste 'waarnemingsoperatie' ook weer naar boven. In Screven, Georgia, valt niet veel te beleven, dus moesten we soms zelf voor vermaak zorgen. Op een vrijdagavond reden Greg, Phil, Dan en ik naar de rivier. We vonden een oude koffer die van een auto was gevallen. We maakten hem open en zagen dat er kleren in zaten. We gooiden hem achter in de pick-uptruck van Greg en dachten er verder niet meer aan. Toen we rondom het kampvuur bier zaten te drinken en worstjes te roosteren, kwam er een ondervoede, schurftige boskat naar ons toe. Hij zag er erg verwilderd uit maar durfde toch dicht in de buurt van mensen te komen, waarschijnlijk omdat hij uitgehongerd was. We gooiden het dier een stukje worst toe en hij schrokte het op. Toen een van ons hem probeerde te pakken, werd hij woest – een en al klauwen en tanden. Het was een gevaarlijk monster. We gebruikten de koffer om hem te vangen: we zetten het deksel open en legden er een worstje in. Zodra de kat de koffer in sprong, sloegen we het deksel dicht neer en ritsten we de koffer dicht. We lachten, en toen we de kat in de koffer tekeer hoorden gaan, lachten we nog harder. De kat ging door tot hij uitgeput was.

Ik kreeg een idee. 'Luister, toen wij de koffer zagen, wilden we hem openmaken. Als we hem nou eens op de weg zetten, stopt er vast iemand die hem opent.' We droegen de koffer naar de weg en zetten hem in de berm bij de brug. Daarna verstopten we ons. We gingen op ons buik liggen op een helling die van de weg omlaag liep. Het duurde even voordat de eerste auto voorbijkwam – er was weinig verkeer op deze weg. Er kwam een tweede auto voorbij en de remlichten flitsten aan. De auto reed verder, keerde om en reed terug. Hij reed langs ons heen, keerde weer om en stopte uiteindelijk naast de koffer. Een te zware zwarte vrouw stapte uit en raapte de koffer op. Toen ze weer was ingestapt en de deur had dichtgeslagen, hoorden we opgewonden gepraat, alsof ze een schat hadden opgegraven. De auto reed verder. Plotseling gingen de remlichten weer aan en kwam de auto piepend tot stilstand. Drie van de vier deuren vlogen open en drie mensen renden luid vloekend de auto uit.

We probeerden niet te lachen.

Een van de passagiers gooide de koffer van de heuvel af.

'Haal hem onder die stoel vandaan!' riep een ander.

De derde greep een stok en begon in de auto te poeren om de kat onder de stoel vandaan te jagen. Uiteindelijk ontsnapte het beest.

We hadden niet verwacht dat ze de koffer tijdens het rijden open zouden maken en het was niet onze bedoeling geweest iemand iets aan te doen. Gelukkig raakte niemand gewond. Het incident leverde een verhaal op waar we 's avonds nog lang om hebben gelachen. Ik weet zeker dat die mensen nooit meer iets van straat hebben opgepikt. Het was ook mijn eerste geheime waarnemingsmissie.

Toen ik van de middelbare school kwam, was ik 1,80 meter lang en had ik genoeg geld gespaard voor een auto en een studie aan Cumberland College in Williamsburg, Kentucky – een christelijke school. Al het werk dat ik had gedaan om geld te verdienen voor de auto, was tevergeefs geweest, want Tammy reed nog voor mijn vertrek mijn blauwe Ford LTD uit 1970 in de prak. Dus moest ik met de bus. Toen ik wilde instappen, zei mijn moeder tegen pa: 'Geef Howard een omhelzing.' En tegen mij zei ze: 'Geef je vader een omhelzing.' Leon strekte zijn armen uit. We omhelsden elkaar onwennig. Het was de eerste keer dat we dat deden. Daarna gaf mij moeder me een van haar zeldzame omhelzingen. Ik was blij dat ik weg kon uit deze ellende.

4

De Russische onderzeeër en de Groene Held

Op mijn twintigste, na anderhalf jaar studeren, was mijn zuurverdiende geld tot de helft geslonken en kon ik mijn opleiding niet meer betalen. In die tijd waren er nauwelijks studiebeurzen en ik had er genoeg van om me met restjes zeep te moeten wassen en iedere donderdag naar kleingeld te moeten zoeken voor de 'drie hotdogs voor een dollar'-aanbieding in de supermarkt om de hoek. Ik besloot langs te gaan bij de wervers van het leger in het winkelcentrum van Brunswick, in de hoop dat ik in dienst kon, geld kon sparen en dan verder kon met mijn opleiding. Op het raam van het rekruteringskantoor hing een affiche met een in wetsuit gestoken reddingszwemmer van Search and Rescue (SAR), de opsporings- en reddingsdienst van de marine. Later meldde ik me aan voor de SAR-opleiding.

Ik besloot voor mijn vertrek met Laura te trouwen.

Mijn moeder had één verzoek: 'Ga eerst met broeder Ron praten.'

Ik wist dat onze predikant Laura niet mocht en dat hij haar Mormoonse geloof afkeurde. 'Nee, mam, dat doe ik niet. Ik wil niet met broeder Ron praten. Ik hou van haar en ik ga met haar trouwen.'

Leon kwam mijn kamer in en gaf met beide handen een duw tegen mijn schouders waardoor ik een paar stappen naar achteren moest zetten. Dat was zijn manier om er geen misverstand over te laten bestaan wie de baas was. Als ik hem zou aankijken of een stap naar voren zou zetten, zou hij dat interpreteren als een teken van agressie. Ik had geleerd naar de grond te kijken en op een afstandje te blijven. 'Als je niet eens deze ene keer naar je moeder kunt luisteren, pak je je spullen maar en rot je maar op uit mijn huis.'

Ik kon mijn oren niet geloven.

'Ja, ja, ik zie je wel naar me kijken,' zei hij. 'Wil je vechten? Kom maar op. Ik ga door je heen als een portie zout.' We gebruikten bitterzout tegen constipatie en in South Georgia gebruikten we deze uitdrukking om te zeggen: 'Ik sla dwars door je heen.' Ik besloot dat dit de laatste keer was dat ik me door hem liet bedreigen.

Ik propte zo veel mogelijk spullen in een kleine koffer, verliet het huis en liep naar een telefooncel verderop in de straat. Ik belde naar Laura's huis en haar ouders stuurden haar om me op te halen. In Laura's familie ging het er heel anders aan toe dan in de mijne. De ouders praatten gewoon met hun kinderen. Ze voerden echte gesprekken. De ouders waren aardig tegen hun kinderen. 's Ochtends begroette haar vader zijn kinderen zelfs. Ik stond versteld. Ze waren liefdevol en toonden hun genegenheid. Ik hield net zozeer van de sfeer in dat gezin als van Laura zelf.

Van haar ouders mocht ik bij hen wonen totdat ik een klein appartement en tijdelijk werk in de bouw had gevonden. Op 16 april 1983, een paar maanden nadat ik uit huis was gegaan, trouwden Laura en ik in haar kerk. Tegen heug en meug woonden mijn ouders de kleine bruiloft bij. In de gemeenschap waar wij woonden, zouden mijn ouders erop worden aangekeken als ze er niet bij waren geweest. Nadat Laura en ik onze geloften hadden uitgesproken, gaf mijn vader me een briefje van 100 dollar en schudde me de hand zonder iets te zeggen – geen 'gefeliciteerd' of 'rot op'. Vanzelfsprekend bleven mijn ouders niet voor de bruidstaart.

Tongzoenen en vrijen gingen vanzelf. Met dingen als zeggen dat ik van haar hield en haar hand vasthouden, had ik meer moeite. Ik had een aanen een uitstand; daartussenin zat niets. Ik had geen rolmodel gehad om me te leren hoe ik een echtgenoot en een vader moest zijn. Mijn pa omhelsde mijn moeder nooit en hield nooit haar hand vast. Misschien deed hij dat wel eens als ik er niet bij was, maar ik heb het nooit gezien. Hun gesprekken gingen bijna alleen maar over werk en de kinderen.

Op 6 november 1983 arriveerde ik in het opleidingskamp voor mariniers in Orlando, Florida. Twee dagen later hadden we allemaal een gemillimeterd haar en roken we naar het denim van ons tenue. Toen het licht uitging, zei ik tegen de jongen in het bed onder mij: 'Hé, ik was vandaag jarig.'

'O, gefeliciteerd.' Het interesseerde hem geen moer. En dat gold ook voor de anderen. Ik werd met de neus op de feiten gedrukt.

Het gebrek aan discipline en respect onder de rekruten verbaasde me. Een groot aantal van hen kwam in de problemen omdat ze vergaten 'Ja, commandant' of 'Nee, commandant' te zeggen. Ik had geleerd altijd beleefd te blijven en op de details te letten. Ik vond de jongens die strafopdrachten kregen – zoals opdrukken of de vloer schrobben en in de was zetten – maar dom. Je hoeft niet superintelligent te zijn om je bed op te maken en je ondergoed op te vouwen, dacht ik. Als kind had ik geleerd mijn bed op te maken en mijn ondergoed op te vouwen.

De compagniescommandant en ik kregen een band. Hij was bemanningslid van een SAR-helikopter geweest – de baan die ik ook wilde. Hij gaf mij de leiding over de helft van de kazerne. Na ongeveer vier weken in het kamp kwam een kwart van de rekruten nog steeds in de problemen. Ik begreep er niets van.

De jongens die het echt te bont maakten, moesten naar de Intensieve Training (IT). Ik zei tegen mijn compagniescommandant: 'Commandant, ik wil naar de IT om te trainen voor de fysieke test voor Search and Rescue.' Ik weet niet meer wat in die tijd precies de eisen waren voor SAR, maar tegenwoordig moeten kandidaten 450 meter zwemmen in 13 minuten, 2400 meter hardlopen in 12 minuten 30 seconden of minder, 35 keer opdrukken in 2 minuten, 50 sit-ups in 2 minuten en 2 keer optrekken. Als ik niet slaagde, zou ik mijn belangrijkste motivatie om bij de marine te gaan kwijt zijn.

Mijn compagniescommandant keek me aan alsof er een paddenstoel uit mijn hoofd groeide. 'Wasdin, weet je wel wat ze doen bij de IT?'

'De jongens die daarheen zijn gestuurd, hebben me verteld dat ze veel trainen.'

Hij lachte.

Na het avondvoer ging ik naar de IT en ik begreep al snel waarom hij had gelachen. We werden afgebeuld. We moesten ons opdrukken, sit-ups doen, hardlopen met ons geweer boven het hoofd en nog veel meer. Ik keek naar links en naar rechts: de jongens om me heen waren aan het huilen. Het is zwaar maar daar hoef je toch niet om te huilen, dacht ik bij mezelf. Ik had wel erger meegemaakt. Op de vloer van de gymzaal vormde zich een laagje zweet en tranen. Ik zweette maar ik huilde niet. De mensen die de IT leidden, wisten niet dat ik me vrijwillig had aangemeld. En omdat ik daar bijna iedere avond weer, zeven, acht keer, voor hun neus stond, wilden ze me een lesje leren. Ik heb ze nooit de waarheid verteld. Toen ik het opleidingskamp verliet, moeten ze hebben gedacht: Wasdin is wel het ergste probleemgeval dat we hier ooit hebben gehad.

Ik deed de screeningstest voor SAR. Bij het zwembad zag ik een jongen met een onbekend embleem op zijn borst. Op dat moment wist ik niet dat hij een Navy SEAL was, of wat een SEAL was. Bijna niemand wist dat. Waarschijnlijk had de IT me geholpen bij de voorbereiding op de toets – zo niet fysiek, dan wel mentaal. Ik slaagde. Toch was ik maar voor 70 procent zeker dat ik zou worden toegelaten tot de opleiding voor vliegend personeel van de marine. Mijn lot ligt in de handen van de marine. Welke baan zullen ze me geven als dit niet lukt, ging er door mijn hoofd.

Tegen het einde van mijn drie maanden in het opleidingskamp glimlachte mijn compagniescommandant naar me en zei dat ik naar de marineopleiding mocht. 'Ik zie je wel bij de vloot,' zei hij. Ik was geslaagd. Dat was de mooiste dag van mijn leven. Laura kwam naar Florida voor de diploma-uitreiking en ze bleef het hele weekend. Ook als ik niet op de basis was, moest ik mijn uniform aanhouden. Toen we in een restaurant zaten te eten, gaf een echtpaar ons kaartjes voor Disney World – en toen ze weggingen, betaalden ze voor ons. De volgende dag bezochten we het 'Magische Koninkrijk'.

In Pensacola, Florida, waar ik de opleiding deed, was geen woning beschikbaar waar Laura en ik samen zouden kunnen wonen. Op de opleiding mocht ik een vliegeroverall dragen, leerde ik hoe ik de reddingsboot uit de helikopter moest laten zakken, legde ik de hindernisbaan af en deed ik mee aan bokswedstrijden. Tegen het einde van de zes weken durende opleiding deed ik een survivaltraining van een week. Er werd een vliegtuigcrash gesimuleerd en wij moesten proberen te overleven door knopen te leggen, een rivier over te steken en een tent te maken van een parachute, met niets anders te eten dan soep en appels. Op de laatste drie dagen van de training aten we alles wat we konden vinden en bereid waren om in onze mond te stoppen. Ik was nog niet zo ver dat ik larven wilde eten.

Mijn eerste bokswedstrijd was op de avond na onze terugkeer van de survivaltraining. Ik zei tegen de coach: 'Ik heb drie dagen in het bos gezeten zonder te eten. Denkt u dat ik het red?'

'Nou en of. Deze marinier heeft onze jongens al een paar keer een pak slaag gegeven. Ik wil dat je hem verrot slaat.'

Je wordt bedankt, vriend, dacht ik.

Mijn vrienden Todd Mock en Bobby Powell kwamen me moreel steunen.

Todd stond in mijn hoek. Ik zei tegen hem: 'Ik wou dat ik meer tijd had gekregen om me voor te bereiden.'

'Je hoeft hem alleen maar vaker te slaan dan hij jou.'

Daar had ik wat aan.

De wedstrijden bestonden uit rondes van drie minuten. Van tijdrekken was geen sprake; je moest gewoon in iedere ronde alles geven wat je had. In de eerste ronde had ik het gevoel dat de marinier en ik ongeveer gelijk op gingen. In de tweede ronde reageerde ik niet snel genoeg en liep ik rake klappen op. Hij is beter dan ik, dacht ik. Alle kracht was uit mijn armen weggestroomd. De handschoenen van 500 gram voelden aan alsof ze 20 kilo wogen.

In de derde ronde liep ik naar hem toe om een tikje tegen zijn handschoenen te geven, een gebaar waarmee boksers aan het begin van de laatste ronde uiting geven van wederzijds respect. Ik stak mijn rechterhand uit, maar hij gaf mij onverwachts een klap. Het deed pijn. Heel veel pijn. Ik viel op mijn knie. Ik stond weer op maar had acht tellen nodig om bij te komen.

Ik was geen Rocky – ik was bang om nog een klap te krijgen. Na die acht tellen stortte ik mij met alles wat ik had op de marinier, als de dood dat hij me nog zo'n optater zou geven. Uiteindelijk won ik het gevecht. De fans van de marine gingen uit hun dak. Uitgeput ging ik op het krukje in mijn hoek zitten. Ik keek Todd aan en zei: 'Bobby en jij zullen me moeten helpen om hier weg te komen.'

Ze droegen me letterlijk naar het parkeerterrein en zetten me in een auto. Eerst trokken ze mijn handschoenen uit en toen hesen ze me in een joggingpak en brachten me naar Wendy's om wat te eten. Later brachten ze me naar de barak en stopten me in bed.

De volgende ochtend dacht ik dat er iets mis was. Mijn gezicht was opgezwollen. Eén oog zat helemaal dicht, het andere half. Wat was er gebeurd? Ik was drie of vier dagen ziek. Gelukkig was de opleiding bijna afgelopen en haalde ik op tijd mijn diploma. Laura en ik leefden gescheiden, maar we schreven brieven en ik belde haar op. Het weekend na de diploma-uitreiking zocht ze me op. Onze relatie leek in orde.

Na de opleiding voor vliegend personeel verhuisden Todd, Bobby en ik een paar honderd meter verderop en begonnen we aan de SAR-opleiding, die twaalf weken duurde. Het was een intimiderende omgeving: namen op de muur, een gigantisch binnenzwembad, een deur van een H-3-helikopter ter decoratie en SAR-instructeurs in shorts en blauwe T-shirts.

Wauw, deze jongens zijn goden, dacht ik.

De SAR-opleiding was een ware uitdaging. We leerden ons thuis te voelen in het water, sprongen er met volle bepakking in, zwommen naar het reddingstouw en haakten ons eraan vast, gaven tekens met onze handen, staken de noodfakkel af en simuleerden reddingsacties.

Aan het einde van de opleiding moest ik voor mijn examen een reddingsoperatie uitvoeren. Er zat een piloot in zijn opblaasboot en een andere lag met zijn gezicht naar beneden in het water. Ik sprong vanuit de simulatiehelikopter het enorme zwembad in en zwom naar de man in het water. De piloot in de boot schreeuwde: 'Hé, hierheen, godverdomme! Hij is dood. Laat hem maar.'

Toen ik mijn arm uitstrekte naar de piloot in het water, kwam hij plotseling tot leven en pakte me beet. Ik ging onder water zwemmen; iemand die aan het verdrinken is, wil daar liever niet naartoe. Ik zwom om hem heen en voelde of hij misschien verstrikt zat in een parachutekoord. Alles leek in orde, dus begon ik te zwemmen, maar hij kwam niet van zijn plaats. Ik controleerde hem nog een keer en ontdekte dat er een parachutekoord om zijn benen gewikkeld zat. Nadat ik het koord had weggehaald, zwom ik met hem naar de boot van de ander. De piloot in de boot begon tegen de man in het water te roepen: 'Het is jouw schuld, sukkel.'

Ik kan deze piloot niet in de boot zetten met die lastpak, schoot het door mijn hoofd. Dus blies ik zijn reddingsvest op en bond hem aan de boot. Daarna hees ik me aan boord en onderzocht de lastpak. Ik haakte hem aan het touw en liet hem eerst naar boven takelen. Hij verzette zich, dus moest ik hem eerst in bedwang krijgen voordat ik hem kon laten ophijsen. Daarna haakte ik mezelf en de andere piloot vast en liet ons samen omhoog trekken.

Toen ik weer in de kleedkamer kwam, zag ik dat niet alle medeleerlingen waren teruggekeerd. Het kwam niet bij me op dat ze het misschien niet hadden gehaald – ik was nog aan het bijkomen van mijn eigen actie. Er kwamen vijf of zes instructeurs om me heen staan. 'Wasdin, wat heb je verkeerd gedaan?'

Godverdomme. Ik ben gezakt voor het examen en ik heb geen idee waarom, dacht ik.

Ze pakten een vishaak die gebruikt werd om parachutekoorden mee door te snijden en sneden mijn witte T-shirt van mijn lijf.

Ik probeerde na te gaan wat ik over het hoofd had gezien.

'Gefeliciteerd, Wasdin. Je hebt zojuist de SAR-opleiding afgerond.' Ze gaven me mijn blauwe shirt en gooiden me in het zwembad, waar mijn kameraden al lagen te watertrappen. Ze lachten zich rot om mijn verschrikte gezicht – bij hen was het precies zo gegaan.

Het SAR-diploma was belangrijker voor me dan dat van de daaraan voorafgaande opleidingen, omdat ik bij de SAR-training zowel op fysiek als mentaal vlak echt op de proef was gesteld.

Na de SAR-opleiding volgde weer een opleiding: onderzeebootbestrijding in Millington, Tennessee. Nog steeds was er geen woning voor gehuwden beschikbaar, maar Laura en ik trokken in een klein appartement in de buurt van de basis. Toen ze zwanger werd, ging ze weer bij haar ouders wonen tot de baby werd geboren.

Vervolgens stuurde de marine me naar een opleidingssquadron in Jacksonville, Florida, waar alles wat ik had geleerd bij de luchtvaartdienst van de marine, bij SAR en bij onderzeebootbestrijding samenkwam. En in Jacksonville meldde ik me later voor mijn eerste echte operationele baan bij Squadron HS-7 – de 'Dusty Dogs' – dat was toegewezen aan de USS John F. Kennedy (CV-67). Hoewel dit vliegdekschip zijn basis had in Norfolk, Virginia, verbleef mijn squadron in Jacksonville totdat de Kennedy moest uitvaren.

Op 27 februari 1985 kwam Bobby Powell 's ochtends vroeg mijn kamer in de kazerne binnen en zei: 'Je vrouw is aan het bevallen.'

'Verdomme,' zei ik. Het was twee uur rijden naar het militair hospitaal in Fort Stewart, Georgia. Ik belde Laura's familie.

Haar vader nam op. 'Ze heeft een jongetje gekregen,' zei hij. Met mijn uniform nog aan reed ik zo snel ik kon naar het ziekenhuis. Alles ging goed totdat ik op 20 minuten van het ziekenhuis was. Achter me zag ik zwaailichten – de verkeerspolitie van Georgia. Ik ging aan de kant van de weg staan.

De agent parkeerde zijn auto naast de mijne, stapte uit en sjokte naar mijn deur. 'Waarom zo'n haast, jongen?'

Zenuwachtig en over mijn toeren legde ik uit: 'Mijn vrouw is net bevallen en ik moet naar het ziekenhuis, agent.'

'Rijbewijs.'

Ik gaf hem mijn rijbewijs.

Hij keek er even naar. 'Luister, ik begeleid je naar het ziekenhuis. Als we daar aankomen en je vrouw is echt bevallen, krijg je rijbewijs terug.' Hij stak mijn rijbewijs in zijn borstzakje. 'En zo niet, dan begeleid ik je ergens anders naartoe.'

Hij reed voor me uit naar het ziekenhuis en liep met me mee naar Laura's kamer. Tussen de bezoekers stond mijn moeder – nog steeds boos omdat ik het huis uit was gegaan om met Laura te trouwen, maar dolgelukkig met haar kleinzoon. De verkeersagent sprak met haar.

Ik nam voor het eerst mijn prachtige zoon Blake in de armen. Ik was zo trots dat ik vader was én dat ik bij de SAR-elite hoorde. Het leven was goed. Na een tijdje merkte ik dat de politieman was verdwenen. 'Waar is die agent gebleven? Ik wil mijn rijbewijs terug.'

Mijn moeder gaf het aan me. 'Ik moest je van hem feliciteren.'

Toen Blake oud genoeg was, kwamen Laura en hij bij mij in Jacksonville wonen.

Op 6 oktober 1986 ontstond een lek in een lanceerbuis van een Russische kernonderzeeër (K-219) van de Yankee-klasse die langs de kust van Bermuda voer. Er stroomde zeewater naar binnen dat reageerde met de raketbrandstof. Er volgde een explosie waarbij drie matrozen omkwamen.

De onderzeeër voer zo goed en zo kwaad als het ging richting Cuba. De leidinggevenden van de John F. Kennedy stuurden mijn helikopter naar de onderzeeër om hem in de gaten te houden. Meestal moesten we binnen een afstand van 50 km van het vliegdekschip blijven, maar nu hadden we toestemming om verder te vliegen.

Ik had mijn kistjes aan, een wetsuitvest met korte mouwen, dat we 'shorty' noemden, en mijn witte katoenen onderbroek. De meeste jongens droegen een wetsuitshort, maar ik nam het risico dat ik iemand in mijn onderbroek moest redden voor lief. Eroverheen droeg ik mijn vliegeroverall. We traceerden de Russische onderzeeër met onze sonar. We vlogen dicht achter hem aan en de sonar bleef hem met bliepjes bestoken.

Plotseling zei onze piloot: 'Moet je kijken naar de temperatuurmeter van de hoofdrotortransmissie.'

O mijn hemel... De transmissie was zo heet dat hij bijna wegschroeide. De piloot probeerde ons in zweeftoestand te brengen, maar de helikopter stortte neer. We raakten het water minder hard dan ik had verwacht, maar het was hard genoeg. 'Mayday, mayday...'

Als eerste zwemmer, haastte ik me naar de copiloot om hem te helpen het zeeanker vast te maken en uit het raam te gooien. Daarna hielp ik de piloot en de copiloot via het vluchtraam voor in de helikopter te verlaten. Toen ging ik naar de achterkant van de cockpit om te controleren of de tweede reddingszwemmer via de zijdeur naar buiten was gegaan. Ik trok mijn overall uit, trok mijn zwemvliezen aan en zette mijn duikbril en snorkel op. Uiteindelijk trapte ik de reddingsboot naar buiten, blies hem op en hees de twee piloten erin. De andere reddingszwemmer was een man van in de veertig. In plaats van zijn reddingsvest op te blazen en naar de boot te zwemmen, klampte hij zich in doodsangst vast aan een radiator die van ons wegdreef. Dus moest ik hem halen, naar de boot brengen en erin zetten. Er kwam een verontrustende gedachte in me op: Wat gebeurt er als die onderzeeër onder ons naar boven komt?

Een s-3 Vikingstraalvliegtuig voor onderzeebootbestrijding vloog over onze hoofden. Het lage gebrom klonk als een stofzuiger. Hij vloog terug in een hoek van 90 graden, waarschijnlijk om onze positie vast te stellen. Een half uur later naderde een helikopter. Ik pakte de marker die zeewater groen maakt en die de vorm heeft van een stuk zeep – en haalde hem door het water rondom de boot. Zo ontstond er om ons heen een enorme, fluorescerend groene vlek die goed zichtbaar was vanuit de reddingshelikopter.

De helikopter daalde tot vlak boven ons hoofd en ik gaf het teken dat hun zwemmer niet hoefde te springen. Ik klapte het vizier van de helmen van de piloten naar beneden om ze te beschermen tegen het prikkende zeewater dat door de helikopterbladen omhoog werd geblazen. Toen bracht ik iedereen een voor een door het water naar het reddingstouw en ging zelf mee omhoog met de laatste. De adrenalinestoot van de crash, het redden van de tweede zwemmer en de zorg dat iedereen bij het reddingstouw kwam, hadden me uitgeput. In de helikopter stak mijn maatje Dan Rucker, ook een SAR-zwemmer, zijn duimen naar me op.

De helikopter die ons had gered, landde op het vliegdekschip. We stapten uit en iedereen juichte, sloeg me op de rug en feliciteerde me met de redding. Ik liep met mijn zwemvliezen over het dek en zag eruit als een held, ware het niet dat mijn witte onderbroek nu een fluorescerende onderbroek was. Mijn hele lichaam gloeide van de groene kleurstof. Het was buitengewoon gênant. Ik had wel een miljoen over gehad voor mijn wetsuitbroek. Tot mijn afschuw zag ik later samen met de anderen dit hele tafereel nog een keer op de scheepsvideo.

Een paar weken voordat mijn dienst bij de marine erop zat, zag ik vijf jongens van een eenheid waarvan ik nog nooit had gehoord: SEAL's. Achteraf bleek het niet eens een standaard SEAL-groep van zeven of acht man te zijn. Ze zagen eruit als een laser-doelaanwijzingsteam: twee leden die de richtlaser bedienen, twee verkenners en de luitenant – die waarschijnlijk ook verantwoordelijk was voor de communicatie. Hun hutten lagen dicht bij die van het SAR-team, dus bestookte ik ze met vragen over SEAL's.

In de Tweede Wereldoorlog werden de eerste kikvorsmannen van de marine opgeleid om op zoek te gaan naar stranden waar amfibievoertuigen konden landen. Al snel leerden ze ook hoe ze onder water explosieven tot ontploffing moesten brengen om obstakels uit de weg te ruimen en werden ze Underwater Demolition Teams (UDT's) genoemd. In de Koreaanse Oorlog ontwikkelden de UDT's zich verder. Ze trokken verder landinwaarts om bruggen en tunnels op te blazen.

Jaren later, na het begin van de opstand van de communisten in Zuid-
oost-Azië, zagen president John F. Kennedy – die in de Tweede Wereldoorlog bij de marine had gediend – en andere militairen in hoe belangrijk
onconventionele strijders waren. De marine riep een eenheid in het leven
die duidelijk was afgekeken van de UDT's en die ter zee (SEa), in de lucht
(Air) en ter land (Land) kon opereren – de SEAL's. Op 1 januari 1962 werden SEAL Team One (Coronado, Californië) en SEAL Team Two (Little
Creek, Virginia) in het leven geroepen.

Een van de eerste SEAL's was Rudy Boesch, een New Yorker en leidinggevende bij UDT-21. Met een perfecte borstelkop verzorgde hij de fysieke training van de net opgeleide SEAL's van Team Two. Op zijn iden-
titeitsplaatje stond achter religie: 'PT' (afkorting voor *physical training*).
Om in conditie te blijven, speelden Rudy en zijn teamgenoten uren achter
elkaar voetbal – 32 man per team. Gebroken benen waren geen uitzondering. De SEAL's gebruikten allerlei tactieken om onder de trainingen van
Rudy uit te komen – ze verzonnen smoezen, gingen naar de wc en kwamen niet meer terug of doken tijdens het rennen de bosjes in.

Rudy was ook de leider van het 10de Peloton, dat op 8 april 1962 het
7de afloste in My Tho in Vietnam. Nadat ze zich een week hadden laten
informeren over de verrichtingen van het 7de, en operaties hadden uitgevoerd met de SEAL's van het 7de, ging het 10de zijn eigen weg. Rudy
had een geïmporteerde versie van de Duitse Heckler & Koch 33, een aanvalsgeweer dat dezelfde munitie gebruikt als de meer gangbare M16, maar
dat veel gemakkelijker te onderhouden is in de jungle. Bovendien konden er veertig patronen in een magazijn! Hij droeg de enorme magazijnen
bij zich in de vakken van een Chinese AK-47-gordel, die vastzat met twee
riemen om zijn onderrug en twee riemen om zijn borst. De drie grootste
magazijnvakken hingen over zijn buik. Rudy bewaarde zijn opblaasbare
UDT-reddingsvest in een van zijn broekzakken.

De SEAL's voedden zich met alles wat ze te pakken konden krijgen.
's Nachts kropen Rudy en zijn teamgenoten een strooien hut binnen en
sleurden ze een Vietcong-strijder (VC) uit zijn hangmat. Ze boeiden hem
vast en namen hem mee. De meeste VC's waren verstandig genoeg zich
niet te verzetten tegen de mannen met de groene gezichten die 's nachts
verschenen. De SEAL's droegen hem over aan de CIA, die hem zou onder-

vragen (de SEAL's gebruikten ook de Zuid-Vietnamese politie voor on-
dervragingen). Met de informatie die dat opleverde, gingen de SEAL's de
volgende avond weer op pad om een VC te ontvoeren die hoger stond in
de pikorde. Een van de gevangenen liep over naar de andere kant en sloot
zich aan bij de SEAL's. De overloper bood aan de mannen met de groene
gezichten naar hun volgende doelwit te brengen. De SEAL's lieten de be-
keerde VC als gids voor hen uit lopen, wat betekende dat hij waarschijnlijk
als eerste het leven zou laten als hij ze in een hinderlaag lokte – en als de
vijand hem niet doodschoot, zou een van de SEAL's dat wel doen. Toen de
gids na een aantal geslaagde missies het vertrouwen van Rudy en de andere SEAL's had gewonnen, bevorderden ze hem tot verkenner en gaven
hem een AK-47.

Met hun Vietnamese verkenner voeren Rudy en zes ander SEAL's door
de nacht in een 'Mike Boat' (de bijnaam voor een landingsvaartuig) die
volgestopt was met wapens – M60- en .50 kaliber-machinegeweren, een
7,62 mm mitrailleur en een M29-granaatwerper. Ze werden afgezet op de
kust en liepen naar een rijstveld 1,5 km verderop. Rudy sloot de rij om de
groep aan de achterkant te dekken. Bij het rijstveld aangekomen, moesten
ze door 20 cm diep water waden totdat ze bij een pad kwamen. De SEAL's
richtten drie Claymore-mijnen op het pad als hinderlaag voor een groep
van acht VC's. Twintig minuten later, terwijl Rudy en de anderen tegen
de slaap vochten, verschenen minstens acht VC's op het pad. De SEAL's
wachtten tot alle VC's in zicht waren, maar plotseling zag de voorman van
het groepje sporen. Hij stopte en riep in het Vietnamees tegen de anderen:
'Er zit hier iemand.' De Vietnamese verkenner van de SEAL's schoot de
voorman dood en de mannen met de groene gezichten openden het vuur.
2100 stalen kogels schoten in een hoek van 60 graden uit de Claymores
en de mitrailleurs begonnen te ratelen. De verrassingsaanval reet de vij-
and letterlijk uiteen. Toen de rook was opgetrokken, renden de commando's naar de VC's, verzamelden wapens en onderzochten de verspreide
lichamen in de hoop informatie te vinden. Terwijl ze daarmee bezig waren, vlogen er vanuit de duisternis AK-47-kogels langs hen – ze hadden
bezoek. Al snel zagen ze ook de lichtflitsen van het geweervuur. De VC
naderde. Rudy en zijn teamgenoten besloten dat het tijd was 'm te smeren
en keerden terug naar de rivier. De voorman liep nu achteraan en Rudy

leidde het team door het rijstveld. Het geratel van het geweervuur achter hen werd luider: ze zaten flink in de nesten. In Little Creek had Rudy nooit een groep SEAL's gezien die zo gemotiveerd was. De verbindingsman nam contact op met de Mike Boat en vroeg om de vooraf ingeplande mortiersteun. De Mike Boat schoot een 81 mm granaat over de hoofden van de SEAL's, maar ze misten de vijand. De verbindingsman instrueerde de Mike Boat de volgende ronde meer in de buurt van de achterste SEAL te richten om de vijand een knallende verrassing te bezorgen. Toen de SEAL's bijna bij de Mike Boat waren, vuurde het vaartuig met al zijn wapens op de vijandelijke soldaten achter hen. De verwoestende aanval blies zowel bomen als VC's aan stukken. De SEAL's klommen aan boord van de Mike Boat en voeren de zwarte rivier op.

Aan het einde van de oorlog werden SEAL Team One en Two beloond met maar liefst drie Medals of Honor, twee Navy Crosses, 42 Silver Stars, 402 Bronze Stars (een daarvan was voor Rudy) en talloze andere onderscheidingen. Voor iedere gedode SEAL hadden zij 200 tegenstanders gedood. Eind jaren zeventig was Rudy betrokken bij de oprichting van Mobility Six (MOB Six), de antiterreureenheid van Team Two.

De SEAL's op de John F. Kennedy werden waarschijnlijk doodmoe van mij, maar ze vertelden me toch een paar horrorverhalen over de Basic Underwater Demolition/SEAL Training (BUD/S). Dan ging het over vrije val, diepzeeduiken, schieten en het opblazen van allerlei dingen – en garnalen vangen in de Delta. Ze werkten hard en hadden veel lol. Echte kameraadschap. Een van hen vertelde dat hij als lokkertje om bij te tekenen de BUD/S-training had mogen doen. Dat wilde ik ook.

Tijdens een uitzending van zes maanden meerde de John F. Kennedy aan in het Zuid-Franse Toulon, de basis van het Franse vliegdekschip Charles de Gaulle. Daar had ik een ernstig gesprek met de SEAL-luitenant over wat je moest kunnen om een SEAL te worden. Bijtekenen of niet bijtekenen – dit was een te mooie troef voor mijn onderhandelingen met de marine om te laten schieten. Op het juiste moment had ik de juiste mensen ontmoet – over goddelijke interventie gesproken. Ik ging naar de hut van mijn commandant en klopte aan. De deur ging op een kiertje open.

'Commandant Christiansen, als u er voor het einde van mijn contract voor kunt zorgen dat ik naar BUD/S mag, teken ik bij.'

'Kom binnen, en snel.' Hij deed de deur wijd open.

Ik liep naar binnen en ging voor hem staan. Het kwam niet bij me op dat ik hem misschien had gekwetst. Ik had gedacht dat ik al bij een eliteteam zat, maar nu wist ik dat er een eenheid was die nog elitairder was. Als ik bleef waar ik zat, zou het altijd blijven knagen. 'Weet je wel wat je vraagt? Geloof me, die BUD/S-training wil jij niet. Haal je geld op, ga naar huis en maak je studie af. Je hebt geen idee wat ervoor nodig is om een SEAL te worden.' Bijna een uur lang legde hij uit hoe gek je moest zijn om dat te willen.

'Dank u wel, commandant.'

Drie dagen voor mijn terugkeer naar het leven als burger – we zaten nog steeds in Frankrijk – riep de rechterhand van mijn commandant, de plaatsvervangend commandant, me bij zich. 'Je bent een fantastische marinier en we willen je graag houden. Wat moeten we daarvoor doen?'

'Dat heb ik al aan commandant Christiansen verteld, sir. Als u ervoor kunt zorgen dat ik word toegelaten tot BUD/S, teken ik bij.'

Ik ging naar mijn hotel om me voor te bereiden op mijn terugkeer naar een burgerbestaan in de States. De dag voordat ik op het vliegtuig zou stappen, klopte Tim op mijn deur. 'Er is vanmorgen een telex gekomen met het aanmeldingsformulier voor jou voor de BUD/S-training.'

'Je maakt een geintje.'

'Echt waar, de sergeant-majoor wil je even spreken op het schip.'

Ze houden me voor de gek. Dit is vast een soort afscheidsverrassing, dacht ik nog.

Ik ging terug naar het schip en begaf me naar de briefingruimte, die vol bleek te zitten met piloten, bemanningsleden en nog wat andere mensen. Er zaten officieren in vliegtuigstoelen. Op een tafel stond een koffieapparaat en er lagen tijdschriften. Op de maquette van het dek stonden modelvliegtuigjes die de positie van de echte vliegtuigen aangaven. Op een zwart-witmonitor waren alle landingen te volgen. De commandant vroeg me naar voren te komen. Hij gaf me mijn aanmeldingsformulier voor BUD/S. Iedereen klapte en nam hartelijke afscheid van me.

De voorwaarde voor mijn deelname aan BUD/S was dat ik zou slagen voor de fysieke test in Jacksonville. Ik vloog terug naar Georgia, en Laura bracht me naar Florida. In de bijna zes maanden dat ik met het vliegdekschip uitgezonden was geweest, had ik niet veel tijd gehad om te zwemmen – behalve die keer dat ik de bemanning van mijn neergestorte helikopter moest redden. En voor die tijd had ik meestal met zwemvliezen gezwommen. Bij de toets mocht ik geen zwemvliezen aan. Borstslag en zijslag waren ook onderdeel van de toets en ik had daar al lang niet meer op getraind. Hoewel ik me niet meer kan herinneren uit welke onderdelen de SEAL-toets bestond, verschilde hij niet veel van die van nu: 450 meter zwemmen in 12 minuten 30 seconden, 10 minuten rusten, 42 keer opdrukken in 2 minuten, 2 minuten rusten, 50 sit-ups in 2 minuten, 2 minuten rusten, 6 keer optrekken zonder de rekstok los te laten, 10 minuten rusten, 2,5 km rennen in 11,5 minuut, met laarzen en gevechtsbroek aan.

We waren met z'n twaalven. We lieten ons identiteitsbewijs en onze papieren zien en kleedden ons uit tot op onze zwembroek. Ik was zenuwachtig. Toen het fluitje klonk, begonnen we te zwemmen. Toen ik bijna bij de 450 meter was, riep de SEAL-instructeur hoeveel tijd we nog hadden: 'Dertig seconden.' Vechtend tegen iedere seconde kwam ik uiteindelijk bij de finish met nog maar vijftien seconden over. Een van de andere kandidaten had minder geluk.

We waren nog met z'n elven en kleedden ons aan – T-shirt, lange broek en kistjes. We drukten ons op en deden onze sit-ups. Weer had ik het gehaald. Weer vielen twee kandidaten af.

Na de twee minuten rust sprong ik omhoog naar de rekstok. Sommige jongens raakten totaal verlamd door faalangst. Ik slaagde, twee anderen haalden het niet.

We waren nog maar met z'n zevenen. Alle activiteiten afzonderlijk waren niet zo zwaar, maar alles achter elkaar was dat wel. We gingen naar de atletiekbaan. De SEAL wenste ons veel geluk. Ik slaagde. Een van de jongens viel af. Van de twaalf kandidaten met wie we begonnen, waren er nu nog maar zes over.

Er volgden nog meer afvallers. Sommige kandidaten scoorden niet hoog genoeg op de intelligentietest die alle potentiële rekruten moeten afleggen voordat ze tot het leger worden toegelaten. Bij het gebitsonderzoek, de medische test en in de hogedrukkamer vielen er nog een paar af. Sommigen haalden het niet vanwege onvoldoende gezichtsvermogen of kleurenblindheid. Anderen kwamen niet door de psychologische test. Op een van de psychologische vragenlijsten werd steeds weer dezelfde vraag herhaald. Ik wist niet of ze dat deden vanwege de betrouwbaarheid of om mijn geduld op de proef te stellen. Een van de vragen luidde: 'Wil je modeontwerper worden?' Ik wist niet of modeontwerpers gek waren of dat ik gek was omdat ik geen modeontwerper wilde worden. Een andere vraag luidde: 'Denk je wel eens aan zelfmoord?' Tot deze test niet, dacht ik. En: 'Wat vind je van Alice in Wonderland?' Weet ik veel. Ik heb het niet gelezen. Mozes zou het niet hebben gehaald: 'Heb je wel eens visioenen?' 'Heb je bijzondere vaardigheden?' Na de schriftelijke toetsen had ik een gesprek met de psychiater en ik vertelde haar wat ze wilde horen. Ik slaagde.

De hogedrukkamer is een grote cabine die een beetje op een torpedo lijkt. Ik hoorde dat sommige jongens over de rooie gingen tijdens het testen – misschien kregen ze last van claustrofobie, misschien konden ze niet tegen de druk, of allebei. Ik stapte naar binnen, ging zitten en ontspande, zodat mijn ademhaling en mijn hartslag vertraagden. De duikofficier verzegelde de deur. In de simulatie zakte ik 3 meter, 6 meter, en ik voelde de druk toenemen. Op 10 meter moest ik al geeuwen en slikken om de druk op mijn oren te verlichten. De druk werd verhoogd tot 20 meter diepte, en die stand werd een tijdje vastgehouden. Geen probleem. Na tien minuten op 20 meter onder water liet de duikofficier langzaam de druk weer dalen tot normaal.

'Goed gedaan,' zei hij.

Van de honderd sollicitanten, was ik de enige die voor alle tests was geslaagd. Ik was door het dolle heen.

Laura en ik keerden op tijd voor Kerstmis terug naar huis en ik hoefde me pas begin januari te melden voor de BUD/S-training. Het was prettig om de feestdagen thuis door te brengen met haar en Blake. We lachten, aten warme kalkoen met aardappelpuree en stomende jus. *The only easy day was yesterday*, zoals het motto van de SEAL's luidde. Gisteren was de enige gemakkelijke dag.

5

Gisteren was de enige gemakkelijke dag

Na aankomst bij het Naval Special Warfare Center in Coronado in Californië liep ik over de zandwal en zag voor het eerst van mijn leven de Stille Oceaan. Enorme golven beukten op de kust. Mijn god. Ik sprong in het warme Californische water... maar het was helemaal niet warm – zeker niet vergeleken met het water van Florida waar ik had getraind. Het is ijskoud! Ik was er sneller weer uit dan ik erin was gesprongen. Ik ben benieuwd hoeveel tijd we daarin moeten doorbrengen, dacht ik.

In de dagen voorafgaand aan de training hielp SEAL Master Chief Rick Knepper ons met de voorbereiding. 's Ochtends vroeg zwommen we in het zwembad en aan het eind van de middag deden we fitnessoefeningen op het strand. Master Chief, die eruit zag als een gewone man van in de veertig, deed kalm zijn oefeningen terwijl wij aan het puffen en het hijgen waren. Het leek wel of hij nooit zweette.

Master Chief vertelde ons niets over zijn ervaringen in Vietnam. We moesten de verhalen van anderen horen. Master Chief had gediend bij SEAL Team One, Delta Platoon, 2nd Squad. Zijn groep dacht dat Hon Tai, een vrij groot eiland in de Baai van Nha Trang, niets anders was dan een grote rots in de oceaan waar vogels kwamen om te poepen. Toen slaagden twee Vietcong-strijders, die genoeg hadden van het vechten en hun scheiding van hun familie, erin van het eiland te ontsnappen en zij vertelden de Amerikaanse inlichtingendiensten over het Vietcong-kamp dat ze achter hadden gelaten.

Beschermd door de duisternis voer Master Chief met zijn zeven SEAL's naar het eiland. Zelfs de maan liet zich niet zien. Zijn mannen klommen met blote handen omhoog langs een rotswand van 100 meter. Vanaf de top daalden ze af naar het Vietcong-kamp. De zeven mannen splitsten zich in twee vuurteams, trokken hun laarzen uit en zochten blootsvoets naar een Vietcong-vip die ze konden ontvoeren. Ze liepen op blote voeten om geen herkenbare sporen van Amerikaanse laarzen achter te laten. Bovendien was het zo gemakkelijker om mijnen te detecteren en blote voeten kon je gemakkelijker uit de modder trekken dan laarzen. Maar in het kamp werden de SEAL's door de VC overvallen. Er landde een granaat op de voeten van eerste luitenant Bob Kerrey. De explosie wierp hem tegen de rotsen en blies de onderste helft van zijn been weg. Hij slaagde erin via de radio de mannen van het andere vuurteam te waarschuwen. Die schoten hen te hulp en bestookten de VC met dodelijk kruisvuur. Vier VC's probeerden te ontsnappen, maar de SEAL's maaiden ze neer. Drie andere VC's boden verzet en ook die schoten de SEAL's dood.

Een hospik uit het SEAL-team, raakte zijn oog kwijt. Een van de mannen bond een tourniquet om het been van Kerrey.

De SEAL's slaagden erin een paar Vietcong-vips te ontvoeren en drie grote tassen met documenten (waaronder een lijst van VC-strijders in de stad), wapens en ander materieel te bemachtigen. Luitenant Kerrey bleef Master Chief Knepper en de andere mannen leidden tot ze op veilig terrein waren. De documenten en de vips leverden informatie op die cruciaal was voor de geallieerden in Vietnam. Luitenant Kerrey kreeg de Medal of Honor, de hoogste Amerikaanse militaire onderscheiding, en zou later gouverneur en senator van Nebraska worden.

Onze mentors waren de beste in het vak.

Op de eerste ochtend van de Indoctrination Phase van de BUD/S-training – de voorbereidende fase waarin we leerden wat er van ons zou worden verwacht – moesten we de fysieke screeningstest nog een keer doen. Na een koude douche en een paar push-ups gingen we van start. Uit angst de zwemtest niet te halen, trapte en maaide ik zo hard als ik kon. Op de een of andere manier was ik op tijd. Toen volgde het opdrukken, de sit-ups, het optrekken en de hardlooptest. Een van ons haalde het niet; hij liet het hoofd hangen toen de instructeurs hem wegstuurden.

Die avond gingen de SEAL-instructeurs voor ons staan en stelden ze zich voor. Tot slot vertelde luitenant Moore ons dat we mochten stoppen wanneer we maar wilden. We hoefden alleen maar naar buiten te lopen en drie keer de bel te luiden.

'Ga je gang,' zei luitenant Moore.

Ik dacht dat hij blufte, maar een paar van mijn klasgenoten gingen naar buiten om de bel te luiden.

Onder de overgebleven klasgenoten waren een paar indrukwekkende figuren: een langeafstandstriatleet, een footballspeler uit een universiteitsteam enzovoort. Op een avond bekeek ik mezelf in de spiegel. Die jongens zijn volbloed renpaarden. Wat doe ik hier in godsnaam? dacht ik. De volgende dag luidde de triatleet de bel. Ik begreep niet waarom.

Een van de eerste exercities was de o-course (hindernisbaan). Het zou kunnen gebeuren dat een SEAL een keer midden in de nacht een onder water varende onderzeeër moet verlaten, in een Zodiac-rubberboot over de golven stuiterend uit alle macht moet zien te voorkomen dat hij overboord slaat, tegen een rotswand moet klimmen, door vijandelijk gebied naar zijn doelwit kruipen, naar de derde verdieping van een gebouw klimmen, zijn taak volbrengen en maken dat hij weg komt. De o-course bereidt hem voor op dat soort dingen. Maar die baan heeft ook nekken en ruggen gebroken – als je boven aan een 20 meter hoog klimnet bent gekomen, is dat niet het goede moment om alle kracht in je armen te verliezen. Het grootste deel van onze training was gevaarlijk en er raakten regelmatig mensen gewond.

We gingen in een rij staan, op volgorde van onze achternamen. Ik stond bijna aan het einde en zag iedereen voor mij van start gaan. Toen het mijn beurt was, ging ik er als een kruisraket vandoor. Ik snapte niet waarom ik zoveel mensen inhaalde.

Ergens in de o-course kwam ik bij een toren met drie etages. Ik nam een sprong, greep de rand van de eerste etage vast en zwaaide mijn benen omhoog. Ik nam weer een sprong, greep de rand van de volgende etage en zwaaide mijn benen omhoog. Toen liet ik me weer zakken. Ik ging verder, maar zag dat er iemand achterbleef op de toren. Het was Mike W., die football had gespeeld op de Universiteit van Alabama. Er stroomden tranen van frustratie over zijn gezicht omdat hij de bovenste etage niet haalde.

Met een licht accent dat verried dat hij uit Georgia kwam, riep instructeur Stoneclam: 'Je kunt een heel footballveld over rennen, maar je kunt niet eens naar de top van een obstakel klimmen? Mietje!'

Ik vroeg me af wat er mis was met Mike W. Hij was veel beter getraind dan ik. Toch? (Mike zou zijn rug ernstig blesseren, maar kapitein Bailey liet hem bijna een jaar lang revalideren. Later werd hij een uitmuntend SEAL-officier.) Een paar van die renpaarden waren enorme huilebalken. Waarschijnlijk waren ze het grootste deel van hun leven de allerbesten geweest, en nu ze voor het eerst te maken kregen met tegenslag – in de stijl van BUD/S – konden ze er niet tegen.

Wat is er toch aan de hand met die prima donna's, vroeg ik me af.

Hardlopen en zwemmen kostten me veel moeite, maar de O-course werd een van mijn favoriete onderdelen. Bobby H. en ik verdrongen elkaar steeds van de eerste plaats. Instructeur Stoneclam zei een keer tegen een leerling: 'Kijk eens hoe Wasdin zich op de hindernissen stort.'

Liever dit dan watermeloenen plukken, dacht ik.

Gevaar was inmiddels een vaste metgezel geworden. Gevaar of geen gevaar, een van onze instructeurs sprak altijd even monotoon. In een klaslokaal van het Naval Special Warfare Center steunde de junglekist van instructeur Blah op een 3,5 meter lange, zwarte rubberboot die vooraan op de vloer lag. 'Vandaag ga ik jullie uitleggen hoe je door de branding moet. Dit is de IBS. Sommige mensen denken dat die afkorting staat voor Itty-Bitty Ship (Ienie-Mienie-Schip) en waarschijnlijk verzinnen jullie er weer een andere bijnaam voor, maar in de marine heet dit de Inflatable Boat, Small (Opblaasbare Boot, Klein). Je zit in zo'n boot met zes tot acht ongeveer even lange mannen. Dat is je bemanning.'

Hij maakte een schetsmatig tekeningetje op het bord van het strand, de oceaan en luciferpoppetjes die om de IBS heen stonden. Hij wees naar de poppetjes in de oceaan. 'Dit zijn jullie nadat de boot door een golf is omgeslagen.'

Hij tekende een luciferpoppetje op het strand. 'Dit is een van jullie nadat de oceaan hem heeft uitgespuugd. En wat denk je? Het volgende dat de oceaan uitspuugt, is de boot.'

Instructeur Blah gebruikte zijn gum als boot. 'Nu staat de 77 kilo wegende IBS vol water, is hij ongeveer net zo zwaar als een kleine auto en komt hij recht op jou af terwijl jij hier op het strand ligt. Wat doe je? Als je midden op de weg staat en er komt een kleine auto met hoge snelheid op je af, wat doe je dan? Probeer je voor de auto uit te rennen? Natuurlijk niet. Je maakt dat je van de weg af komt. Hetzelfde doe je als de boot op je af komt. Je gaat uit zijn baan. Dus je rent parallel aan het strand. 'Sommigen van jullie zien er wat slaperig uit. Allemaal, op de grond, met een paar push-ups worden jullie wel wakker!'

Na de push-ups en nog meer instructies gingen we naar buiten, waar het begon te schemeren. Al snel stonden we bij onze boten die klaarstonden met de neus naar de oceaan. Over ons gevechtstenue droegen we opbollende, oranje reddingsvesten van kapok. We bonden onze hoeden met een oranje koord vast aan de bovenste knoopgaten van ons hemd. Ieder van ons hield een roeispaan in de presenteer-geweerhouding vast. Mijn bemanning wachtte op onze aanvoerder, Mike H. die, samen met de andere aanvoerders, werd gebriefd door de instructeurs.

Al snel kwam Mike terug en gaf ons bevelen. Met een handvat van de boot in de ene hand en een peddel in de andere renden alle teams het water in. De verliezers zouden het bezuren – zoals een van de SEAL-motto's luidt: *It pays to be a winner* (Winnen loont).

'De voorste twee erin!' riep onze aanvoerder Mike H.

Onze twee voorste mannen sprongen in de boot en begonnen te peddelen.

Ik rende door water dat bijna tot mijn knieën reikte.

'De volgende twee!'

Twee mannen sprongen en begonnen te peddelen.

'Volgende twee!'

Ik sprong samen met de man aan de andere kant in de boot en ook wij begonnen te peddelen. Als laatste sprong Mike achterin en gebruikte zijn roeispaan als roer. 'Slag, slag!' riep hij.

Voor ons welde een golf van wel twee meter op. Ik stak mijn roeispaan diep in het water en trok hem zo hard ik kon naar achteren.

'Diep, diep!' riep Mike

Onze boot klom tegen de golf omhoog. Ik zag een van de andere boten erover heen gaan. Wij hadden minder geluk. De golf tilde ons op en smeet ons neer, waarbij we klem kwamen te zitten tussen de boot en het water. De oceaan slokte ons op en ik slokte ondertussen laarzen, roeispanen en koud zeewater op. Ik begon te beseffen dat dit mijn dood kon worden.

Uiteindelijk spuwde de oceaan ons uit op het strand, net als de meeste andere teams. De instructeurs begroetten ons met het bevel: 'Liggen en opdrukken.' Met onze laarzen over de rand van de boot en onze handen in het zand – zodat de zwaartekracht ons tegenwerkte – deden we onze push-ups.

Daarna maakten we ons weer gereed en begonnen we aan een nieuwe poging. We waren nu gemotiveerder en werkten beter samen. Dit keer kwamen we door de branding heen.

Toen we weer op het strand stonden, zagen we een rekruut met een jongetjesgezicht van een ander team zijn roeispaan uit het zand pakken. Toen hij zich omdraaide naar de zee, zag hij een boot zonder bemanning maar vol water zijdelings op hem af komen.

Instructeur Blah schreeuwde door de megafoon: 'WEGWEZEN!'

De jongen rende weg in de baan van de boot, precies wat we van de instructeurs niet moesten doen. Angst kan Einsteins veranderen in amoebes.

'PARALLEL AAN HET STRAND! PARALLEL AAN HET STRAND!'

Het jongetjesgezicht probeerde maar voor de boot uit te blijven. De boot schoot echter uit het water en gleed als een hovercraft over het harde, natte zand. Hij had zoveel vaart dat hij bleef doorglijden toen hij bij het zachte, droge zand kwam en uiteindelijk de jongen tegen de grond sloeg. Instructeur Blah spoedde zich met andere instructeurs en de ambulance naar de gewonde jongen.

Doc, een van de SEAL-instructeurs, paste eerste hulp toe, Niemand hoorde de jongen schreeuwen van de pijn. Hij had zijn dijbeen gebroken.

Naarmate de training vorderde, namen de gevaren toe. Later brachten we onze boten niet meer aan land op een zonnig stuk strand, maar op de rotsen bij Hotel del Coronado, in het holst van de nacht, terwijl twee oceaanstromingen ons van verschillende kanten belaagden. Naar verluidt vormden deze rotsen vroeger één groot blok, tot de BUD/s-rekruten hem met hun hoofden aan stukken sloegen.

De zon lag begraven achter de horizon toen we in looppas over de Marine Amfibie Basis aan de overkant van de straat renden. We droegen hetzelfde groene uniform en zongen in de maat. We straalden zelfvertrouwen uit, maar de spanning hing in de lucht. Als er ooit iemand het loodje legt, dan is dat nu, ging het door mijn hoofd.

We kwamen bij het zwembad in Gebouw 164 en kleedden ons uit tot op de zwembroek van ons gevechtstenue. Een instructeur zei: 'Dit wordt genieten. *Drown proofing* is een van mijn favoriete onderdelen. Het is zwemmen of verzuipen, schatjes.'

Ik bond mijn voeten aan elkaar en mijn zwemmaatje bond mijn handen op mijn rug.

'Als ik het commando geef, springen de vastgebonden mannen in het diepe deel van het bad,' zei instructeur Stoneclam. 'Jullie moeten 20 twintig minuten op en neer dobberen, 5 minuten drijven, naar het ondiepe deel zwemmen, omkeren zonder de bodem aan te raken, terug zwemmen naar het diepe deel, een voorwaartse en een achterwaartse koprol onder water maken en met je tanden een duikbril van de bodem halen.'

Het moeilijkst vond ik het zwemmen naar de ander kant van het bad en weer terug met gebonden voeten en handen. Ik moest bewegen als een dolfijn. Toch heb ik dit liever dan te worden gewekt uit een diepe slaap en een pak rammel krijgen, dacht ik.

Ik deed wat er van me verwacht werd, maar dat gold niet voor iedereen. We raakten een gespierde zwarte jongen kwijt omdat hij zo zwaar gebouwd was, dat hij gewoon als een steen naar de bodem zakte. Een magere, roodharige hospik sprong in het water, maar in plaats van in een rechte lijn te zwemmen, maakte hij een hoefijzer. Een instructeur zei tegen hem: 'Zwem in een rechte lijn. Wat is er met je aan de hand?' Later ontdekten de instructeurs dat de Rooie bijna blind was. Hij had zijn medisch dossier vervalst om tot BUD/S te worden toegelaten. Voor iedere jongen die alles deed om binnen te komen, waren er een paar die ermee wilden ophouden. Dat liet Stoneclam niet toe.

'Je kunt nu niet stoppen!' riep hij. 'Dit is nog maar de Indoctrination. De training is nog niet eens begonnen!' We zaten nog maar in de voorbereiding.

Na drie weken Indoc begon de eerste fase: basis conditietraining. Onze groep slonk gestaag doordat er jongens afvielen die niet voldoende presteerden, gewond raakten of er gewoon mee ophielden. Ik vroeg me af hoe lang het nog zou duren voordat ik eruit werd gezet omdat ik niet voldeed of gewond raakte. Natuurlijk waren de meeste oefeningen vergelijkbaar met een schop in je ballen – alleen maar bedoeld om ons te straffen. Wee de leerling die aan zijn gezicht liet merken dat hij pijn had. Dan zei de instructeur: 'Vond je dat niet lekker? Doe er nog maar een paar.' Hetzelfde lot trof de leerling die juist niet liet merken dat hij pijn had. 'Vond je dat lekker? Dan krijg je nog een trap in je ballen.' De martelingen gingen maar door, iedere dag – opdrukken, hardlopen, opdrukken, grondoefeningen, opdrukken, zwemmen, opdrukken, o-course – week na week. We moesten 1,5 km rennen voor een maaltijd. Heen en terug, en dan vermenigvuldigd met drie maaltijden kwam dat op 9 km per dag. Alleen maar om te eten! We kregen nooit genoeg tijd om te herstellen voordat we met de volgende exercitie moesten beginnen. En daarbovenop kwamen de verbale pesterijen van de instructeurs. De meesten van hen hoefden hun stem niet te verheffen om ons te vertellen: 'Mijn oma was langzaam, maar die was dan ook oud.'

Allemaal hadden we een achilleshiel – en de instructeurs waren er heel goed in om die te vinden. Het moeilijkst voor mij was het 6,5 km hardlopen op het strand binnen een bepaalde tijd, met lange broek en junglekistjes aan. Daar zag ik altijd verschrikkelijk tegen op. Het zachte zand zoog de energie uit mijn benen en de golven hinderden me als ik op het harde stuk probeerde te rennen. Sommige jongens liepen altijd voorop, sommige bleven in het midden en anderen, zoals ik, hingen achteraan. Als ik bij het keerpunt was – het hek van North Island – was er meestal een instructeur die zei: 'Wasdin, je ligt achter. Op de terugweg zul je gas moeten geven.' En iedere keer moesten we de koers sneller afleggen.

Een keer was ik een paar seconden over de tijdslimiet heen. Terwijl alle anderen teruggingen naar de kazerne, vormden de vier of vijf anderen die ook hadden gefaald samen een *goon squad* (kneuzenbrigade). Ik had al mijn energie opgebruikt bij het hardlopen en wist dat dit geen lolletje zou worden. We sprintten de zandwal op en af, sprongen in het koude water en rolden vervolgens de wal op en af, tot onze natte lijven eruit zagen als suikerkoekjes. Het zand drong in mijn ogen, neus, oren en mond. We deden intensieve spieroefeningen en moesten allerlei acrobatische toeren uithalen tot zand onze natte huid rauw had geschuurd en bijna alle spieren in ons lichaam het hadden begeven. Het was mijn eerste goon squad – en de enige die ik ooit nodig heb gehad. Al blijf ik er de volgende keer in bij het hardlopen, dit doe ik nooit meer, zei ik tegen mezelf. Er was een jongen bij die zwom als een vis maar steeds weer in de goon squad terechtkwam omdat hij niet snel genoeg rende. Ik vroeg me af hoe hij al die goon squads heeft overleefd.

In de Eerste Fase was er één ding dat nog erger was dan het rennen: Hell Week – waar het SEAL-motto '*Train the best, discard the rest*' (Train de besten, ontdoe je van de rest), sterker dan ooit tot uiting kwam. Het begon diep in de zondagnacht met wat een 'break-out' wordt genoemd. Een donderend salvo van M60-machinegeweren in de lucht. Terwijl een instructeur schreeuwde: 'Snel, snel, snel!' kropen we uit onze barakken.

Buiten op het exercitieterrein, een stuk asfalt ter grootte van een parkeerterrein, gingen artilleriesimulators tekeer – naderende fluittonen gevolgd door een knal. De M60's ratelden maar door. Een machine pompte een deken van mist over het terrein. Het terrein was afgezet met groene breaklights. We werden natgespoten met brandslangen. De geur van cordiet hing in de lucht. Uit de luidspreker bulderde 'Highway to Hell' van AC/DC.

Bij veel van de jongens was de angst van het gezicht af te lezen. Hun ogen zagen eruit als twee gebakken eieren. Al na een paar minuten klonk de bel – iemand die ermee ophield. Kom op, zeg. Er is toch niks aan de hand? Ja, een paar instructeurs die rond rennen met machinegeweren en zo, maar tot nu toe heeft nog niemand me een klap in mijn gezicht gegeven of met een riem geslagen. Ik begreep niet waarom er mensen waren die het nu al opgaven. Natuurlijk had mijn zware jeugd me op dit moment voorbereid. Niet alleen fysiek. Ik wist dat ik mentaal was opgewassen tegen pijn en hard werk en ik wist dat ik nog meer zou kunnen verdragen. De hoge verwachtingen die mijn vader van mij had, zorgden er nu voor dat ik veel van mezelf verwachtte. Ik was er rotsvast van overtuigd dat ik niet zou opgeven. Die overtuiging hoefde ik niet in woorden uit te drukken – woorden zijn goedkoop. Mijn geloof was echt. Zonder dat sterke geloof weet je al van begin af aan dat je het nooit gaat halen.

Een van de legendarische activiteiten in Hell Week vindt plaats op een stalen pier waar de kleinere vaartuigen van de marine liggen afgemeerd. We trokken onze laarzen uit en propten onze sokken en riemen erin. Mijn vingers waren zo verkleumd en trilden zo hevig dat het me moeite kostte mijn laarzen uit te trekken.

In onze groene uniformen sprongen we zonder reddingsvest, schoenen en sokken de baai in. Ik ging onmiddellijk op mijn buik liggen, met mijn gezicht onder water, en maakte mijn gulp open. Als ik lucht nodig had, tilde ik mijn gezicht uit het ijskoude water en nam snel een hapje zuurstof. Als ik zonk, maakte ik een paar slagen. Ondertussen trok ik mijn broek uit en maakte de gulp dicht.

Ik bond de uiteinden van de pijpen samen in een platte knoop. Met beide handen hield ik de broek bij het middel dicht en ik begon met mijn benen te trappen tot ik verticaal lag. Toen tilde ik mijn broek hoog in de lucht en liet hem hard voor me in het water terecht komen, zodat er lucht in de broekspijpen werd gevangen.

Zodra mijn bovenlichaam over de v van mijn zelfgemaakte broekvlot hing, voelde ik opluchting. Ik was zo bang geweest om te verdrinken, dat ik was vergeten hoe koud het water was. Nu ik niet meer aan het verdrinken was, werd ik me bewust van de kou.

Een paar jongens zwommen terug naar de pier. We probeerden ze terug te roepen, maar ze hadden er genoeg van. *Bong, bong, bong.*

Instructeur Stoneclam zei: 'Als nog een van jullie die bel luidt, mag de rest ook het water uit. In de ambulances hebben we warme dekens en een thermoskan hete koffie.'

Toen de bel opnieuw luidde, zei Stoneclam: 'Iedereen het water uit!'

HOOYAH!

We zwommen naar de drijvende stalen pier en klommen erop.

Instructeur Stoneclam zei: 'Kleed je nu uit tot op je onderbroek en ga op de pier liggen. Als je geen onderbroek hebt, is je adamskostuum des te beter.'

Ik ging liggen in mijn adamskostuum. De instructeurs hadden de pier geprepareerd door hem nat te spuiten. Moeder Natuur had de pier geprepareerd door er een gure wind overheen te blazen. Het leek wel of ik op een blok ijs lag. De instructeurs bespoten ons met koud water. Onze spieren begonnen wild samen te trekken. De spasmen waren niet te onderdrukken en we spartelen over het stalen dek als vissen op de kant.

De instructeurs gingen door tot we de eerste stadia van onderkoeling bereikten. Ik had er vrijwel alles voor over om warm te worden. Mike zei: 'Sorry, ik moet pissen.'

'Geeft niet. Pis hier maar.'

Hij plaste op mijn handen.

'Ahh, dank je wel, man.' Het was heerlijk warm.

De meeste mensen vinden het smerig – die hebben het duidelijk nog nooit echt koud gehad.

De enige keer dat ik overwoog te stoppen, was op woensdagavond – halverwege Hell Week. Zonder verdere omhaal begonnen de instructeurs met de Lyon's Lope, genoemd naar een SEAL die in Vietnam heeft gediend. We roeiden onze zwarte rubberboot ongeveer 250 meter de zee op, naar de bakens in San Diego Bay, keerden de boot ondersteboven en weer rechtop ('dump boat' heette dat), roeiden terug naar de kust, renden een kilometer met onze roeispanen, gooiden de roeispanen in de laadbak van een truck, gingen achter elkaar in de baai zitten, zodat we een menselijke duizendpoot vormden, roeiden 350 meter met de hand, liepen 550 meter hard, pakten onze boten op en roeiden naar de bakens en weer terug. We hadden allemaal het tweede stadium van onderkoeling bereikt. Fase een is licht tot hevig trillen en verdoofde handen – de meeste mensen hebben die fase wel eens meegemaakt. Fase twee is hevig trillen, lichte verwardheid en stotteren. In fase drie daalt de kerntemperatuur van het lichaam tot onder de 32 graden Celsius, het trillen stopt en je wordt een bazelende, brabbelende idioot. Er is geen fase vier – alleen de dood. De instructeurs hadden op basis van de temperatuur van de lucht en het water berekend hoe lang we in het water moesten blijven om zo onderkoeld mogelijk te raken zonder dat we er permanente schade aan overhielden of het niet zouden overleven.

Bij de bel waren alleen nog maar staanplaatsen beschikbaar. De een na de ander trok aan het touw en ging tekeer alsof Coronado in brand stond. De instructeurs hadden de ambulances naar ons toe gereden en de deuren opengezet. Binnenin zaten mijn voormalige medeleerlingen in dekens gewikkeld warme chocolademelk te drinken. Instructeur Stoneclam zei: 'Kom hier, Wasdin. Je bent toch getrouwd?'

'Ja, instructeur Stoneclam.' Mijn spieren waren te vermoeid om te bewegen, maar toch beefden ze verschrikkelijk.

'Dit is niet goed voor je. Kom hier.' Hij leidde me naar de achterkant van de ambulances, zodat ik de warme lucht in mijn gezicht voelde slaan.

'Neem een beker warme chocolade.'

Ik hield de beker in mijn hand. Hij was warm.

'Als we wilden dat je een vrouw had, hadden we je er wel een gegeven,' legde hij uit. 'Ga die klok nou maar luiden. Dan ben je ervan af. En dan mag je die warme chocolademelk opdrinken. Dan zetten we je in deze warme ambulance, slaan een dikke deken om je heen en dan ben je van deze ellende af.'

Ik keek naar de klok. Het zou zo gemakkelijk zijn. Het enige wat ik hoef te doen is drie keer aan dat klotetouw trekken, dacht ik, met de beelden van de verwarmde ambulances met de dekens en de warme chocolade voor ogen. Toen riep ik mezelf tot de orde. Wacht even. Ik denk niet helder na. Dat zou betekenen dat ik opgeef, schoot het door mijn hoofd. 'Hooyah, instructeur Stoneclam.' Ik gaf hem zijn warme chocolade terug.

'Ga terug naar de groep.'

Het teruggeven van die beker warme chocolademelk was het moeilijkste wat ik ooit had gedaan. Laat me teruggaan, zodat ik kan doodvriezen terwijl ik nog wat meer trappen in mijn ballen krijg.

Mike H. en ik zaten in een team van zes man voordat de andere vier stopten. Nu moesten we met z'n tweeën onze boot, die bijna 90 kilo woog, naar de BUD/S-kazerne tillen – terwijl de instructeurs tegen ons riepen dat we te langzaam waren. We vervloekten de anderen die ons in de steek hadden gelaten. 'Waardeloze klootzakken.' Toen Mike en ik bij de kazerne aankwamen, waren we nog steeds boos.

We hadden ze eerst als kameraden beschouwd, maar nu vervloekten we ze omdat ze ons in de steek hadden gelaten. Dat is de reden dat de training zo keihard is, om erachter te komen op wie je kunt rekenen als de hel losbreekt. Ik kan me niet herinneren dat er na die woensdagavond nog iemand is gestopt.

Die donderdagochtend zat ik vroeg in de aftandse kantine. Ze zullen me moeten vermoorden. Na alles wat ik heb doorgemaakt, zullen ze me in kleine stukjes moeten hakken en terugsturen naar Wayne County, Georgia, want ik geef het niet op, dacht ik. Ik had een knop omgezet. Het maakte niet meer uit wat we deden. Het kon me niet schelen. Er komt een einde aan.

We kregen geen steun uit onze omgeving of van ons eigen lichaam en het enige wat ons overeind hield, was ons geloof dat we de missie zouden volbrengen – dat we Hell Week door zouden komen. In de psychologie wordt dat geloof in eigen kunnen 'self-efficacy' genoemd. Zelfs als de missie onmogelijk lijkt, maakt de kracht van dat geloof succes mogelijk. Als je niet in jezelf gelooft, zul je nooit slagen. Een sterk geloof in onze missie voedt ons vermogen ons te concentreren, inspanningen te leveren en door te zetten. Het stelt ons in staat ons op ons doel te richten (Hell Week afmaken) en dat doel in beter behapbare subdoelen onder te verdelen (exercitie voor exercitie). Als een van die oefeningen een bootrace is, kan hij weer worden onderverdeeld in kleinere stapjes, zoals roeien. Geloven in je eigen kunnen, stelt je in staat strategieën te bedenken om je doelen te bereiken, zoals het gebruik van de grotere schouderspieren om te roeien in plaats van de kleinere onderarmspieren. En als de race voorbij is, ga je door naar de volgende exercitie. Je moet niet te veel nadenken over wat er is gebeurd en wat er nog staat te gebeuren, want dan verlies je de moed. Leef in het moment en benader het stap voor stap.

Sinds de zondagavond ervoor hadden we in totaal maar drie of vier uur slaap gehad. De droomwereld begon zich te vermengen met de reële wereld en we waren aan het hallucineren. Toen we in de kantine zaten te eten, terwijl de hoofden van de jongens steeds midden in hun bord zakten en hun ogen naar boven wegrolden door slaapgebrek, zei een instructeur: 'Wasdin, ik wil dat je met dit botermesje dat hert daar in de hoek doodsteekt.'

Ik ontwaakte langzaam uit mijn havermoutdommel, draaide me om en, het was nog waar ook, er stond een bok in de kantine. Ik vroeg me niet af waarom dat dier in de kantine stond en hoe het daar verzeild was geraakt. Ik moet mijn missie volbrengen, spookte door mijn hoofd. Ik sloop ernaartoe met mijn Rambo-mes en bereidde me voor op de dodelijke sprong.

Instructeur Stoneclam riep: 'Wasdin, wat ben je aan het doen?'

'Ik moet dit hert doodsteken, instructeur Stoneclam.'

'Kijk dan, dat is een serveerwagen. Daarmee rijden ze de bladen de keuken in en uit.'

Hè? Hoe kan hij nou in een serveerwagen zijn veranderd?

'Ga zitten, idioot, en eet je bord leeg,' zei instructeur Stoneclam.

De instructeurs lachten zich rot.

Later roeiden Mike H., Bobby H. en de rest van onze groep van het Naval Special Warfare Center zuidwaarts naar Silver Strand State Park. Het leek wel of we naar Mexico roeiden, maar het was maar 10 km. Roeien, in slaap vallen, roeien, in slaap vallen... Plotseling schreeuwde Bobby: 'Aahh!' en begon hij op de bodem van de boot te slaan.

'Verdomme, wat is er?' vroeg ik.

'Een slang!' riep Bobby.

We hielpen hem de slang dood te slaan. 'Een slang!'

Een van ons hield op. 'Het is het boegtouw.' We stonden op het touw te meppen waarmee je de voorkant van de boot aan de wal vastmaakt.

We keken allemaal naar het touw en kwamen weer bij zinnen.

Vijf minuten later riep Mike: 'Aahh!'

'Is die slang er weer?' vroeg ik.

De lucht gloeide van de stadsverlichting. 'Ik zag daarnet het gezicht van mijn vader in de wolken,' zei Mike.

Ik keek omhoog en inderdaad hing daar het gezicht van zijn vader in de wolken. Ik had zijn vader nog nooit gezien en wist niet hoe hij eruit zag, maar ik zag het gezicht van Mike's vader in de wolken.

Een andere jongen in onze groep, Randy Clendening, was kaal. Overal: hoofd, wenkbrauwen, wimpers, oksels, balzak – als een slang. Als kind had hij een keer een paar rode bessen gegeten waarna hij zo'n hoge koorts had gekregen dat al zijn haarfollikels waren afgestorven. (Toen hij bij SEAL Team Two terechtkwam, noemde iemand hem Kemo – een afkorting voor chemotherapie. Die bijnaam beklijfde.) Tijdens Hell Week liep hij voortdurend te hijgen en te proesten.

'Gaat het, Randy?' vroeg ik.

'De instructeurs hebben me net verteld dat ik een vieze carburator heb.'

'Jeetje, dat moet vervelend zijn, een vieze carburator.' Het kwam niet bij me op dat Randy vocht in zijn longen had. De instructeurs overwogen hem over te plaatsen naar een lagere groep, zodat hij kon herstellen, maar dat zou betekenen dat hij Hell Week nog een keer moest doen – en we waren zo dicht bij de finish.

Op vrijdag moesten we in de felle branding staan. In de ijskoude zee stonden we met ons gezicht naar de horizon, onze armen in elkaar gehaakt om niet uit elkaar gedreven te worden. Instructeur Stoneclam stond op het strand tegen onze ruggen te praten. 'Dit is de zwakste groep die we ooit hebben gezien. Jullie hebben niet eens de officieren in jullie groep kunnen behouden.' Officieren en gewone soldaten trainen bij BUD/S met elkaar. 'Jullie hebben ze niet geholpen. Jullie hebben ze niet gedekt. Het is jullie schuld dat er geen officieren meer zijn. Bij deze laatste exercitie hadden jullie de langzaamste tijd in de geschiedenis. We hebben net toestemming gekregen van kapitein Bailey om Hell Week met een dag te verlengen.'

Ik keek naar mijn zwemmaatje Rodney. Hij leek hetzelfde te denken als ik: Godverdomme, nóg een dag. Goed dan, jullie zijn nu al zo lang met ons aan het kloten, er kan nog wel een dag bij.

Iemand anders, ik weet niet meer wie, wilde niet nog een dag. Hij gooide liever de handdoek in de ring. Gelukkig was dat niet nodig.

'Draai je om en kijk me aan als ik tegen jullie praat!' zei instructeur Stoneclam.

Als een peloton zombies maakten we rechtsomkeert.

Daar stond onze commandant, kapitein Larry Bailey. Hij had een van de eerste pelotons van SEAL Team Two in Vietnam geleid. Hij had ook geholpen bij de ontwikkeling van de SEAL Team Assault Boat die in Vietnam werd gebruikt. 'Gefeliciteerd, mannen. Jullie hebben Hell Week volbracht.'

Sommige jongens begonnen te springen van blijdschap – bij mij deed alles daarvoor te veel pijn. Randy Clendening huilde van opluchting; hij had het gehaald met een longontsteking. Ik stond daas om me heen te kijken. Wat doe ik hier? Waar is iedereen gebleven, dacht ik. We waren begonnen met tien of twaalf boten met teams die uit zes tot acht mannen bestonden. Nu hadden we nog maar vier of vijf bemanningen over. Waarom zijn die jongens met Hell Week begonnen als ze wisten dat ze dit niet wilden? Ze wisten niet dat ze het niet wilden. Medische assistenten namen Randy meteen mee naar de ziekenboeg om hem aan de beademing te leggen. Ze onderzochten de rest van ons. Sommige jongens hadden huidontstekingen – de infecties waren vanuit hun wonden diep de huid in gedrongen. Anderen hadden hun bekkenbanden en de gewrichtsbanden van hun heupen en knieën beschadigd. Sommigen hadden een lopersknie. Allemaal waren we opgezwollen. De arts bukte zich en kneep in mijn kuiten. Toen hij zijn handen weghaalde, zag ik de afdruk van zijn vingers in mijn been staan. Ze onderzochten ons ook op 'vleesetende bacteriën' (eigenlijk eet de bacterie geen vlees maar scheidt ze giftige stoffen uit die huid en spieren vernietigen). Omdat we van top tot teen onder de wonden zaten, waren we een feestmaal voor deze dodelijke bacterie.

Ik douchte en nam een energiedrankje. Op mijn bed in de barak lag mijn bruine T-shirt. Een vriend had het me gegeven ter ere van het einde van Hell Week. We kochten ons eigen ondergoed met het kleedgeld dat we kregen, maar alleen de jongens die Hell Week hadden volbracht mochten bruine T-shirts dragen. Ik was dolgelukkig dat ik het had bemachtigd. Ik ging liggen en viel in slaap. Terwijl we sliepen, werden we in de gaten gehouden om te voorkomen dat we door de vermoeidheid onze tong inslikten, in ons speeksel stikten of simpelweg ophielden met ademhalen.

De volgende dag rolde ik naar de rand van mijn bed en sprong naar beneden, zoals ik gewend was, maar mijn benen deden het niet. Ik klapte met mijn gezicht op de grond en had een bloedneus en een open lip. Ik probeerde een collect call naar Laura te maken om haar te laten weten dat ik Hell Week had overleefd, maar toen de telefoniste aan de lijn kwam, had ik geen stem. Het duurde een paar uur voordat ik weer kon praten.

Een chauffeur bracht ons in een busje naar de kantine. We werden uit het busje geholpen en hobbelden naar binnen, waar alle ogen op ons gericht leken te zijn. Wij waren de mannen die zojuist 'de Week' hadden overleefd. Het was de koudste week in 23 jaar geweest; het had zelfs even gehageld. Tijdens het eten keek ik naar de tafels waar de jongens zaten die tijdens Hell Week waren afgevallen. Ze vermeden oogcontact.

Ik had een van hen gesmeekt niet de bel te luiden, maar hij liet Mike en mij toch in de steek, waardoor we de boot met z'n tweeën hadden moeten tillen. Je had op z'n minst kunnen wachten tot we die boot weer naar de barak hadden gebracht, dacht ik. Hij kwam naar mijn tafel. 'Het spijt me, man. Ik weet dat ik jullie in de steek heb gelaten, maar ik kon gewoon niet meer.'

Ik hief mijn ogen op en keek hem aan: 'Donder op.'

De training kwam langzaam weer op gang. We begonnen met een heleboel stretchoefeningen en daarna steeg het tempo. Tijdslimieten werden krapper, afstanden groter. We moesten vaker zwemmen, hardlopen en de o-course afleggen. Ook onze kennis werd getest. Voor Hell Week hadden we ons beziggehouden met onderwerpen als EHBO en boten besturen. Nu richtten we ons op hydrografische metingen. Gewone soldaten, zoals ik, moesten 70 procent of hoger scoren. En voor officieren – die wij niet meer hadden – gold een minimumscore van 80 procent.

En er was een nieuwe fysieke test: 50 meter onder water zwemmen. Bij het zwembad zei instructeur Stoneclam: 'Jullie moeten allemaal 50 meter onder water zwemmen. Je gaat met een koprol het water in – dus niemand begint met een duik –, je zwemt 25 meter naar de overkant. Tikt daar aan en zwemt 25 meter terug. Als je op enig moment boven komt, heb je de test niet gehaald. Denk eraan dat je dicht bij de bodem blijft; de extra druk op je longen helpt je je adem langer in te houden, zodat je verder komt.'

Ik ging bij het tweede groepje van vier staan. We moedigden het eerste groepje aan. 'Op naar de black-out,' riepen sommigen van ons. Dat was een nieuwe manier van denken die onze toekomstige activiteiten zou beinvloeden – het lichaam tot de rand van bewusteloosheid brengen.

Toen ik aan de beurt was, begon ik te hyperventileren om het kooldioxidegehalte in mijn lichaam op te voeren en zo de drang om adem te halen te verminderen. Bij de koprol vanaf de kant ontsnapte er wat lucht. Ik oriënteerde me en zwom zo laag ik kon. Ik bereikte de andere kant en bij het keren raakte mijn voet de muur, maar het lukte me niet om me goed af te zetten.

Ik begon te kokhalzen omdat mijn longen naar zuurstof snakten. Op naar de black-out, ging het door mijn hoofd. Ik zwom zo snel ik kon, maar mijn lichaam vertraagde. De randen van mijn blikveld werden grijs en uiteindelijk keek ik door een zwarte tunnel naar mijn bestemming. Toen ik merkte dat ik het bewustzijn begon te verliezen, voelde ik me eigenlijk heel vredig. Zo ik al gedachten aan verdrinken had gekoesterd, waren die nu verdwenen. Ik probeerde me op de muur te concentreren. Eindelijk raakte mijn hand hem aan. Instructeur Stoneclam greep me bij de tailleband van mijn zwembroek en hielp me het water uit. Ik was geslaagd. Niet iedereen had dat geluk. Twee jongens haalden het ook bij de herkansing niet en ze werden weggestuurd. (Nota bene: ga onder water zwemmen of je adem inhouden thuis niet oefenen, want je kunt er dood aan gaan!)

Een andere belangrijke nieuwe exercitie na Hell Week was knopen leggen onder water. Gekleed in niets anders dan de onderbroek van ons gevechtstenue, klom mijn groep via de buitentrap naar de top van de duiktoren en gingen naar binnen. Daar liet ik me in het warme water zakken. Het was 15 meter diep. Ik moest duiken tot 4,5 meter diepte en vervolgens vijf knopen leggen: schootsteek, paalsteek, mastworp, mastworp met voorslag en platte knoop. Een paar van deze knopen zouden we moeten gebruiken voor explosieven. De schootsteek en de platte knoop kun je bijvoorbeeld gebruiken om het einde van een detonatiekoord ergens aan vast te maken. We hadden deze knopen geoefend in de paar pauzes die we hadden, dus leverden ze op zich geen probleem op. Maar dit was de eerste keer dat ik het 4,5 meter onder water moest doen.

We mochten kiezen: vijf keer duiken en per keer één knoop leggen – maar vijf keer duiken leek mij te vermoeiend –, één keer duiken en vijf knopen tegelijk leggen – ik verwachtte niet dat mijn longen dat zouden aankunnen –, of elke andere combinatie die we wilden. Ik begroette instructeur Stoneclam, die een duikpak aan had. 'Verzoek om toestemming de schootsteek, paalsteek en mastworp te leggen.' Hij stak zijn duim naar beneden ten teken dat hij toestemming gaf om te duiken. Ik herhaalde zijn gebaar om duidelijk te maken dat ik hem had begrepen. Stoneclam gaf nog een keer hetzelfde teken en ik dook naar 4,5 diepte, waar ik de knopen moest leggen aan een lijn die aan de muren was bevestigd. Ik legde de drie knopen en gaf de instructeur het oké-teken dat ik klaar was. Hij controleerde de knopen en gaf mij het oké-teken. Ik maakte de knopen los en stak mijn duimen op. Hij reageerde door zelf zijn duimen op te steken, wat betekende dat ik naar boven mocht. Ik dook nog een keer, legde de laatste twee knopen en gaf de instructeur het oké-teken. Hij keek niet eens naar de knopen, maar staarde me recht aan. Ik zag dat hij het me lastig ging maken. Ik stak mijn duimen op om toestemming te vragen op te stijgen, maar hij bleef me aanstaren. Ik voelde de druk van het water op mijn borst en mijn lichaam snakte naar lucht. Ik wist wat hij wilde, en ik was niet van plan hem zijn zin te geven. De SEAL-instructeurs hadden me goed getraind. Ik kan zelf opstijgen of je kunt mij naar boven brengen als ik bewusteloos ben. Wat je wilt. Hij glimlachte en voordat ik in de buurt kwam van bewusteloosheid, gebaarde hij dat ik naar boven mocht. Ik wilde het liefst als een raket naar boven schieten, maar ik mocht geen blijk geven van paniek, en bovendien is zo snel opstijgen niet tactisch. Dus ging ik zo langzaam mogelijk. Geslaagd. Dat gold niet voor al mijn groepsgenoten, maar zij zouden een tweede kans krijgen.

In de Tweede Fase richtten we ons op oorlogvoering op het land. We leerden geheime infiltratie, wachtposten uitschakelen, omgaan met agenten en gidsen, informatie vergaren, een vijand ontvoeren, opsporingsacties uitvoeren, omgaan met gevangenen, schieten, voorwerpen opblazen enzovoort. Als kind had ik geleerd op de details te letten – door ervoor te zorgen dat er niet één pecannoot meer lag als mijn vader thuiskwam, voorkwam ik een pak op mijn donder. Met diezelfde aandacht voor details kon ik nu voorkomen dat ik in mijn donder werd geschoten of werd opgeblazen. Mijn aandacht voor details is er de oorzaak van dat ik nooit problemen heb met mijn parachute.

Wij werden de eerste bewoners van de nieuwe kazerne, vlak bij het strand van de peperdure Coronado-appartementen. Op een zaterdagmiddag zat ik in mijn kamer mijn junglekisten te poetsen met Calisto, een van de twee Peruaanse officieren die in onze groep de BUD/S-training volgden. Zij beschikten over ons trainingsschema, compleet met dagen en tijden. Allebei hadden ze in Peru de BUD/S-training doorlopen, die bijna identiek was aan onze training. Calisto en zijn kameraad waren al bijna tien jaar werkzaam als SEAL's en hadden ook echte missies meegemaakt. Ze konden ons veel vertellen over de training.

Ik vroeg hem: 'Als je al een Peruaanse SEAL bent, waarom doe je dit dan nog een keer?'

'Moet hierheen voor SEAL-instructeur in Peru worden.'

'Ik begrijp het, dan krijg je meer respect en zo...'

'Niet respect. Geld.' Zijn gezin was met hem meegekomen en hij bracht de weekenden bij hen door in een appartement in de stad. Ze kochten een heleboel spijkerbroeken en stuurden die naar huis. Hij legde uit dat het geld dat hij zou verdienen hun leven zou veranderen.

Zij waren de enige officieren die nog over waren in onze groep, maar omdat ze geen Amerikaanse staatsburgers waren, mochten ze ons niet leiden. Mike H., die onderofficier was, leidde de groep. Hij en ik hadden dezelfde rang, maar hij was ouder dan ik. We hadden geen 'taarteters' (marineofficieren) in ons midden. Dat beviel de dienstplichtige instructeurs wel.

Op het eiland San Clemente, eigendom van de Amerikaanse marine, had ik de leiding over mijn groep. Op een keer leidde ik die naar het verkeerde doelwit. De volgende keer nam Calisto de leiding, die uitblonk in navigatie op het land. We overvielen de instructeurs toen ze rond het kampvuur zaten te ouwehoeren. We waren zo snel dat ze niet eens tijd hadden om hun M60's te pakken. Ze waren niet blij. De instructeurs veranderden onze exfiltratieroute: hij liep nu door een cactusveld. Naderhand moest de hospik met een tang de naalden uit onze benen trekken.

Tijdens de debriefing legden de instructeurs uit: 'Het spijt ons dat jullie langs een andere weg moesten, maar de exfiltratieroute was niet meer veilig.' De instructeurs trokken altijd aan het langste eind.

Op de even dagen moesten we voor iedere maaltijd een stuk hardlopen. Op de oneven dagen moesten we ons voor iedere maaltijd negentien keer optrekken. Maar een van die dagen moesten we ons twintig keer optrekken in plaats van negentien. Blijkbaar had ik een hersenscheet in mijn kop, want na negentien keer optrekken sprong ik van de rekstok.

'Wasdin, waar denk je dat je mee bezig bent?' vroeg een instructeur.

'Dat waren er maar negentien.'

Ik begreep niet wat hij bedoelde.

'Je moet je twintig keer optrekken. Om er zeker van te zijn dat je tot twintig kunt tellen, wil ik dat je je twintig keer opdrukt.'

Ik deed twintig push-ups.

'En nu terug naar de rekstok en trek je twintig keer op.'

Dat zat er niet in. Ik wist er misschien vier of vijf uit te persen voordat mijn armen het opgaven.

'Pak je MRE en ga de branding in.'

In de koude oceaan moest ik mijn koude MRE (Meal Ready to Eat) eten. Randy Clendening en een paar anderen kwamen erbij. We trilden als jonge hondjes.

Randy had een glimlach op zijn gezicht.

'Wat valt er in godsnaam te lachen?' vroeg ik. 'We zitten tot aan onze tepels in ijskoud water onopgewarmde MRE's te eten.'

'Probeer dit maar eens iedere dag.' Randy was bij het hardlopen altijd binnen de tijd, maar ging de mist in bij het optrekken. Om de dag zat hij tot aan zijn borst in de oceaan zijn koude MRE's te eten – ontbijt, lunch en diner. Hij was nog gemotiveerder dan ik.

Vanaf dat moment bracht ik mezelf in gevaar door op de oneven dagen eten voor hem de barak in te smokkelen. Ook de andere jongens gaven hem stiekem eten. Ik had groot respect voor jongens als Randy, die harder werken dan wie dan ook en met pijn en moeite de BUD/S-training voltooien. Meer respect dan voor de gazellen die altijd vooraan rennen, meer dan voor de vissen die altijd voorop zwemmen, meer dan voor de apen die zich met gemak door de O-course slingeren – deze underdogs waren de echte bikkels.

Een van de beroemdste underdogs was Thomas Norris, uit groep 45 van BUD/S. Norris wilde bij de FBI maar werd in plaats daarvan opgeroepen door het leger. Hij ging bij de marine om piloot te worden, maar zijn ogen waren niet goed genoeg. Daarom meldde hij zich vrijwillig aan voor de SEAL-training, waar hij vaak achterbleef bij het hardlopen en het zwemmen. De instructeurs overwogen hem weg te sturen. Norris gaf niet op en werd een SEAL in Team Two.

In Vietnam stortte in april 1972 een verkenningsvliegtuig neer in vijandelijk gebied, waar meer dan 30.000 soldaten van het Noord-Vietnamese leger (NVA, North Vietnamese Army) bezig waren met de voorbereiding van een paasoffensief. Slechts één bemanningslid overleefde het. Dat was het startsein voor de duurste reddingsoperatie in de Vietnamoorlog, waarbij veertien mensen sneuvelden, acht vliegtuigen neerstortten, twee leden van de reddingsploegen gevangen werden genomen en twee andere leden in vijandelijk gebied strandden. Er werd besloten dat redding via de lucht onmogelijk was.

Luitenant Norris leidde een patrouille van vijf Vietnamese SEAL's. Hij wist een van de gestrande mannen op te sporen en naar de Forward Operating Base (FOB) te brengen, de uitvalsbasis. Als vergelding voerde het Noord-Vietnamese leger een raketaanval uit op de FOB, waarbij twee van de SEAL's en nog een paar mannen sneuvelden.

Norris en zijn drie overgebleven Vietnamese SEAL's ondernamen een vergeefse poging de piloot van het verkenningsvliegtuig te redden. Omdat het een onmogelijke opgave leek, weigerden twee van zijn SEAL's mee te werken aan een volgende reddingspoging. Norris besloot met SEAL Nguyen Van Kiet nog een poging te wagen – opnieuw mislukte de actie.

Op 12 april, ongeveer tien dagen nadat het vliegtuig was neergeschoten, kreeg Norris informatie over de locatie van de piloot. Hij en Kiet vermomden zich als vissers en roeiden met hun sampan door de mist van de nacht de rivier op. Bij zonsopkomst vonden ze de piloot op de rivieroever, verscholen onder het gebladerte. Ze hielpen hem de boot in en bedekten hem met bamboe en bananenbladeren. Ze werden gezien door een groep vijandelijke soldaten op het land, maar voordat zij zich een weg hadden gebaand door de jungle, waren Norris en zijn SEAL al weg geroeid. Toen het trio in de buurt van de FOB kwam, werden ze opgemerkt door een NVA-patrouille, die hen onmiddellijk zwaar onder vuur nam. Norris vroeg om luchtsteun, die de vijandelijke soldaten moest tegenhouden, en een rookgordijn om ze te verblinden. Norris en Kiet namen de piloot mee naar de FOB, waar Norris hem eerste hulp bood, zodat hij kon worden geëvacueerd. Luitenant Thomas Norris kreeg de Medal of Honor. Kiet kreeg het Navy Cross, de hoogste onderscheiding die de marine aan een buitenlander kan geven. Maar het verhaal van Norris was nog niet ten einde.

Een maand of zes later stond hij weer oog in oog met het gevaar. Luitenant Norris koos onderofficier Michael Thornton (SEAL Team One) uit voor een missie. Thornton wilde twee Vietnamese SEAL's mee, Dang en Quan. Er werd ook een wat onbetrouwbare Vietnamese officier aan het team toegewezen, die Tai heette. Ze trokken zwarte pyjama's aan, net als de vc, en namen ak-47's en een heleboel patronen mee. Het team voer met een jonk van de Zuid-Vietnamese marine (er waren geen schepen van de Amerikaanse marine beschikbaar) de Zuid-Chinese Zee op, ging met een rubberboot aan land en voerde een patrouille uit om informatie te verzamelen. Norris ging voorop, Thornton sloot de rij en de Vietnamese seal's liepen tussen hen in. De jonk had ze te ver naar het noorden gebracht, en onderweg drong het tot hen door dat ze in Noord-Vietnam zaten. Toen ze in positie lagen, gaf de Vietnamese seal-officier, zonder overleg met Norris of Thornton en zonder degelijke voorbereiding, de twee Vietnamese seal's het bevel twee patrouillerende vijandelijke soldaten gevangen te nemen. De Vietnamese seal's raakten met de twee in gevecht.

Thornton rende ernaartoe en sloeg met de kolf van zijn geweer een van de twee soldaten bewusteloos om te voorkomen dat hij het nabijgelegen dorp kon waarschuwen. De ander ontsnapte en waarschuwde een peloton van ongeveer zestig Noord-Vietnamese soldaten. Thornton zei: 'We zitten in de nesten.' De seal's boeiden de bewusteloze soldaat en toen hij bijkwam, ondervroeg Dang hem.

Norris en Dang namen de naderende vijand onder vuur. Tussen het schieten door vroeg Norris via de radio op de rug van Dang om vuursteun. Hij meldde de coördinaten, posities, het soort artillerie dat gewenst was enzovoort. De verantwoordelijke marineman (wiens schip ook onder vuur lag in een ander gevecht) leek nieuw te zijn en was niet bekend met vuursteun voor grondtroepen. Norris legde de hoorn neer om te kunnen schieten. Toen hij hem weer oppakte, bleek hij te zijn doorverbonden met een ander schip, dat ook onder vuur lag – en niet in staat was hulp te bieden. Al schietend begonnen Norris en Dang zich terug te trekken.

Thornton zette de Vietnamese luitenant in de achterste positie; Dang en hijzelf bewaakten de flanken. Thornton schoot een aantal soldaten van het nva neer, zocht dekking, kwam op een andere plaats weer tevoorschijn en schoot er nog een paar neer. Thornton wist dat de vijand iedere keer op dezelfde plaats zou opduiken, maar zij wisten niet waar Thornton zou opduiken of hoeveel mannen hij bij zich had. Achteruit lopend schoot Thornton door de zandduin waar de vijanden zaten weggedoken, en schakelde ze uit.

BOVEN: Ben Wilbanks en Howard als kind.

MIDDEN: *(achterste rij)* Howard met zijn zussen Sue Ann en Tammy, *(voorste rij)* stiefvader Leon en moeder Millie.

ONDER: Howard tijdens een bokswedstrijd van de Navy Smokers (Howard op de rug gezien).

US Navy
Aircrew Search
and Rescue Team.
H S - 1 Jax. Flo.

Howard   Bobby   Kriv   Mock

BOVEN: HS-1 Aircrew Search and Rescue Team in Jacksonville, Florida.
Howard, Bobby, Kriv en Mark.
ONDER: Howard tijdens de toelating voor de BUD/S-training.

LINKSBOVEN: Training voor de SAR-opleiding. *(Beeld US Navy)*
RECHTSBOVEN: Drown proofing. *(Beeld US Navy)*
ONDER: Howard tijdens de diploma-uitreiking na afloop van van de
BUD/S-training.

BOVEN: Howard tijdens een winterse legeroefening in Alaska.
LINKSONDER: Howard in een tent tijdens een winterse legeroefening.
RECHTSONDER: Tijdens een legeroefening in de winter.

BOVEN: Met een MP5-N op het bovendek van een schip tijdens een oefening. *(Beeld US Navy)*

ONDER: In een H-3-helikopter voor een aanval op een vijandig schip.

BOVEN: Howard tijdens de toelating tot de snipertraining.
LINKSONDER: Ghillie suit van Howard tijdens zijn snipertraining in Quantico, Virginia.
RECHTSONDER: Het embleem van onze sniperklas.

Vorige bladzijde
BOVEN: SEAL bij een abseiloperatie op een schip. *(Beeld US Navy)*
ONDER: Straaljagers van de luchtmacht vliegen over de brandende olievelden van Koeweit tijdens Operation Desert Storm. *(Beeld US Navy)*

BOVEN: Een sniper in zijn ghillie suit. *(Beeld Department of Defense)*
MIDDEN: Casanova bereidt zich voor op een duiktraining.
ONDER: De kamer met de SIGINT-apparatuur in Pasha.

Na een gevecht van ongeveer vijf uur kreeg Norris contact met een schip dat bijstand kon bieden, de Newport News.

De vijand gooide een granaat van Chinese makelij naar Thornton. Thornton gooide hem terug. De vijand gooide dezelfde granaat nog een keer. Thornton gooide hem terug. Toen de granaat opnieuw terugkwam, dook Thornton weg. De granaat ontplofte en zes scherven boorden zich in zijn rug. Hij hoorde Norris roepen: 'Hé, Mike, Mike!' Thornton hield zich dood. Toen er vier vijandelijke soldaten naar hem toe kwamen gerend, schoot hij ze allemaal neer – twee vielen er boven op hem en de andere twee vielen achterover. 'Niks aan de hand!' riep Thornton. 'Een paar scherfjes!'

De vijand was opeens stil. Ze hadden nu de hulp van het 283ste NVA-bataljon en probeerden de SEAL's te omsingelen.

De SEAL's trokken zich sprongsgewijs terug. Terwijl Norris dekking gaf, trokken Thornton, Quan en Tai zich terug. Daarna deden Thornton en zijn team hetzelfde terwijl Norris en Dang zich terugtrokken. Norris had juist een licht antitankwapen (LAW) schietklaar gemaakt toen hij door een AK-47 van de NVA in het gezicht werd geschoten. Hij viel van een zandduin, probeerde overeind te komen om terug te schieten, maar verloor het bewustzijn.

Dang rende naar Thornton. Twee kogels troffen de radio die Dang op zijn rug droeg.

'Waar is Tommy?' vroeg Thornton.

'Hij dood.'

'Weet je het zeker?'

'In hoofd geschoten.'

'Weet je het zeker?'

'Zag hem vallen.'

'Blijf hier. Ik ga Tommy halen.'

'Nee, Mike. Hij dood, NVA komt.'

'Jullie blijven allemaal hier.' Thornton rende door een regen van vijandelijke kogels 450 meter naar de plek waar Norris lag. Er liepen een paar NVA-soldaten naar het lichaam van Norris toe. Thornton maaide ze neer. Toen hij bij Norris kwam, zag hij dat de kogel aan de zijkant het hoofd van Norris was binnengedrongen en er aan de voorkant weer uit was geschoten. Hij was dood. Thornton gooide het lichaam over zijn schouders, in de brandweergreep, en pakte de AK van Norris. Hij had al acht granaten en al zijn LAW-raketten gebruikt. Hij had nog maar een of twee magazijnen met munitie over. Het zag ernaar uit dat ook voor hem het einde nabij was.

Plotseling flitste de eerste granaat van de Newport News als een mini-Volkswagen door de lucht. Door de kracht van de explosie viel Thornton van een 10 meter hoge duin af. Het lichaam van Norris schoot over Thornton heen. Hij kwam overeind en liep naar Norris om hem weer op te pakken.

'Hé, Mike,' zei Norris.

'Godverdomme, klootzak. Je leeft nog!'

Thornton voelde een nieuwe golf van energie, pakte Norris op, legde hem over zijn schouders en begon te rennen. Dang en Quan gaven dekking.

Het artillerievuur van de Newport News had ze wat extra tijd gegeven, maar nu was die tijd op. De vijandelijke kogels vlogen de SEAL's weer om de oren.

Thornton bereikte Dang en Quan. 'Waar is Tai?'

Toen Thornton was teruggegaan om Norris te halen, was de onbetrouwbare Vietnamese luitenant in het water verdwenen.

Thornton keek de twee Vietnamese SEAL's aan. 'Als ik "één" roep, geeft Quan dekking. Als ik "twee" roep geeft Dang dekking en op "drie" geef ik dekking. Zo gaan we sprongsgewijs naar het water.'

Toen Thornton al schietend en zich terugtrekkend de oever bereikte, viel hij neer, maar hij had niet door dat hij door zijn linkerkuit was geschoten. Hij pakte Norris op en droeg hem onder zijn arm mee. Eenmaal in het water begon Norris te spartelen: hij lag met zijn hoofd onder water. Thornton bracht het hoofd van zijn vriend boven water. Norris had zijn zwemvest aan zijn been gebonden, een vast gebruik in Team Two. Dus pakte Thornton zijn eigen vest, deed het Norris om en gebruikte het om hen beiden drijvend te houden.

Quan maaide met zijn armen door het water: de rechterkant van zijn heup was weggeschoten. Thornton greep hem vast en zorgde ervoor dat hij zich kon vasthouden aan Norris' vest. Dang kwam te hulp, en zo zwommen ze trappend met hun benen de zee in. Thornton zag de kogels

door het water schieten en hij bad in stilte: Lieve Heer, zorg alstublieft dat
ik niet geraakt word.

Norris kwam bij kennis. Hij zag de Vietnamese officier niet. 'Is
iedereen er?' Hij drukte zich omhoog – waarbij hij Thornton onder water
duwde –, zag de Vietnamese officier, die ver voor hen in zee zwom, en
verloor weer het bewustzijn.

Toen ze buiten bereik van de vijand waren, zagen Thornton en de twee
Vietnamese SEAL's de Newport News. En toen zagen ze het schip wegva-
ren, ongetwijfeld ervan overtuigd dat de SEAL's dood waren.

'We zwemmen naar het zuiden,' zei Thornton. Hij bracht twee snel-
verbanden aan op het hoofd van Norris, maar ze bedekten niet de hele
wond. Norris raakte in shock.

Een ander SEAL-team, dat in een jonk op zoek was naar hun kameraden, vond de Vietnamese luitenant en ondervroeg hem. Daarna vonden
ze Thornton, Norris, Dang en Quan. Thornton maakte radiocontact met
de Newport News en vroeg het schip hen op te pikken.

Eenmaal aan boord van het schip droeg Thornton Norris naar de ziekenboeg. Het medische team lapte Norris zo goed mogelijk op, maar de
artsen zeiden: 'Die haalt het niet.'

Norris werd naar Da Nang gebracht en vandaar naar de Filippijnen gevlogen.

Voor zijn daden kreeg Thornton de Medal of Honor. Dat was de enige
keer dat een Medal of Honor-drager een andere Medal of Honor-drager
heeft gered. Jaren later hielp Thornton bij de oprichting van Team Six en
was hij een van de leidinggevenden.

Tegen de verwachting van de artsen in bleef Norris in leven. Hij werd
overgebracht naar het marinehospitaal in Bethesda, Maryland. In de volgende paar jaar moest hij een aantal ingrijpende operaties ondergaan,
want hij miste een stuk van zijn schedel en een oog. De marine stuurde
Norris met pensioen, maar 'gisteren was de enige gemakkelijke dag'.
Norris keerde terug naar zijn jongensdroom: FBI-agent worden. In 1979
vroeg hij om een vrijstellingsregeling vanwege zijn handicap. FBI-direc-
teur William Webster zei: 'Als je slaagt voor de tests die alle andere sollicitanten moeten doen, zorg ik voor die vrijstelling.' Natuurlijk slaagde
Norris.

Later, toen hij voor de FBI werkte, wilde hij lid worden van het nieuwe Hostage Rescue Team (HRT) van de FBI, een team dat zou worden ingezet voor de bevrijding van gijzelaars, maar de cententellers en pennenlikkers wilden geen man met één oog in het team. Danny Coulson, oprichter van het HRT, zei: 'Als hij wordt toegelaten, moeten we misschien nog een Medal of Honor-drager met één oog zoeken, maar dat risico neem ik op de koop toe.' Norris kreeg de leiding over een aanvalsteam. Na twintig jaar bij de FBI ging hij met pensioen. Bij de BUD/S-training was hij altijd de laatste bij het hardlopen en het zwemmen en toen hij naar de FBI-academie ging, had hij maar één oog, maar hij had vuur in zijn donder.

Sommige legendes komen ook de BUD/S-rekruten ter ore, maar het verhaal van Norris vernam ik pas nadat ik een SEAL was geworden. In zo'n kleine, hechte gemeenschap gaan verhalen over SEAL's, positief dan wel negatief, als een lopend vuurtje rond. Je begint al met het vestigen van je reputatie bij BUD/S. Norris bleef de underdog gedurende zijn hele carrière bij de SEAL Teams en de FBI. Nu moest ik mijn eigen reputatie vestigen.

Bij een van onze hardlooptrainingen, halverwege onze periode op het eiland, renden we achter een truck aan waar muziek uit kwam. Ik zag een beeld van mezelf met het embleem van de drietand van de SEAL's op mijn borst. Óf ik ga naar huis in een doodskist óf met de drietand op mijn borst. Ik maak hoe dan ook deze training af, dacht ik toen. Ik had het gevoel dat een visioen zich aan mij openbaarde. Het was de eerste en enige keer dat ik een *runner's high* bereikte. Sommige jongens overkomt dat heel vaak. Voor mij bleef het hardlopen een kwelling.

In de derde trainingsfase, de duikfase, leerden we navigeren onder water en technieken om schepen te saboteren. Een paar van mijn groepsgenoten hadden moeite met de fysiologische aspecten van het duiken en met *pool competency*, waarin je leert in het water te overleven onder extreme omstandigheden. Ik was niet goed in vijf minuten watertrappen met zuurstoftanks op de rug, waarbij we onze vingers boven water moesten houden. De instructeurs riepen steeds: 'Steek die andere vinger omhoog, Wasdin!' En dat deed ik.

BUD/S leert ons erop te vertrouwen dat we de missie kunnen volbrengen – en nooit op te geven. Geen enkele SEAL is ooit krijgsgevangene geweest. Het enige waarin we bij BUD/S expliciet worden getraind, is op elkaar passen – niemand achterlaten. Een groot deel van de tactische training wordt besteed aan terugtrekkingsacties, ontsnappingen en omtrekkende bewegingen. We maken onszelf mentaal sterker door zo vaak te trainen dat onze spieren automatisch reageren – en nu ik erop terugkijk, besef ik dat mijn mentale krachttraining al op jonge leeftijd was begonnen. We leren bijzonder nauwkeurig te plannen, en dat blijkt uit onze briefings. Van alle eenheden van de landmacht, marine, luchtmacht en mariniers heb ik alleen Delta Force net zulke goede briefings zien houden als wij.

De rotsvaste overtuiging van een SEAL dat zijn missie zal slagen, overwint interne en externe obstakels die anderszins zijn succes in de weg zouden staan. Wij SEAL's denken vaak dat we onsterfelijk zijn. We blijven altijd optimistisch. Ook als de vijand in de meerderheid is wat betreft man- en vuurkracht, denken we nog steeds dat we kans maken het er levend vanaf te brengen – en op tijd thuis te zijn voor het eten.

Maar soms kan een SEAL de weg naar Moedertje Zee niet meer terugvinden en moet hij kiezen tussen vechten tot de dood of overgave. Veel dappere strijders kiezen ervoor zich over te geven, zodat ze misschien de kans krijgen verder te vechten. SEALs hebben veel respect voor die krijgsgevangenen. Maar voor ons SEAL's is overgave hetzelfde als opgave, en opgave is geen optie. Ik zou niet door de vijand als troef willen worden ingezet bij onderhandelingen met de Verenigde Staten. Ik zou niet in een kooi willen verhongeren of de kans lopen dat mijn hoofd wordt afgehakt voor een video die op internet aan de hele wereld wordt getoond. Mijn instelling is: als de vijand me wil doden, moet hij dat nú doen. Wij hebben een bloedhekel aan de dictatortjes die macht over ons willen uitoefenen – SEAL's staan aan het roer van hun eigen lot. Onze wereld is een meritocratie waaruit we kunnen vertrekken wanneer we maar willen. Onze missies zijn vrijwillig; ik kan niet één missie bedenken waarbij dat niet zo was. We hebben een ongeschreven code: je kunt beter met een knal de dood ingaan dan wegkwijnen – en met onze laatste ademstoot nemen we zo veel mogelijk vijanden met ons mee.

Laura en Blake, die nog maar een peuter was, kwamen naar me toe voor de diploma-uitreiking. Blake luidde de bel voor me. Ik zei tegen hem: 'Nu hoef je nooit naar BUD/S, want je hebt de bel al geluid.' Als tiener zou hij een SEAL willen worden, maar dat zou ik hem uit het hoofd praten. Een paar mensen in mijn geboorteplaats zouden kinderen krijgen die de BUD/S-training wilden doen, maar ik zou ze allemaal ompraten. Als ik het iemand uit zijn hoofd kan praten, bespaar ik hem een hoop tijd, want dan wilde hij het niet echt. Als ik het diegene niet uit zijn hoofd kan praten, wil hij het misschien wél echt.

Na BUD/S gingen we rechtstreeks naar de paratraining in Fort Benning, Georgia, waar de luchtmacht- en infanterieopleidingen gevestigd waren. Het was die zomer zo heet dat ze ons twee of drie keer per dag onder de sprinklers door moesten laten lopen om ons af te koelen. Toch vielen er nog mensen uit met een zonnesteek of uitputting door de hitte. Sommigen dachten dat dit de zwaarste training was die er bestond. Ze dachten dat ze deel zouden gaan uitmaken van een elite-eenheid. Maar na BUD/S was de paratraining een makkie.

'Dit stelt toch niets voor,' zei ik. 'Er zijn zelfs vrouwen die het volhouden.' Ik had het gevoel dat wij hun twee weken 'intensieve training' in twee dagen hadden kunnen doen.

Volgens de regels mochten de instructeurs ons niet dwingen meer dan tien keer push-ups te doen. Een van onze instructeurs was een 'goeie ouwe kerel' die altijd een plukje pruimtabak in zijn mond had. Wij rekruten daagden hem altijd uit als hij meer push-ups wilde.

'Tien keer, SEAL's,' riep hij.

We drukten ons tien keer op en kwamen weer overeind.

'O nee.' Hij spoog zijn tabak uit. 'Veel te gemakkelijk.'

We lieten ons vallen en drukten ons nog eens tien keer op.

'O nee. Veel te gemakkelijk.'

En we deden er nog tien.

's Nachts hingen we tot laat in de kroeg. Voor ons was de parachutetraining een vakantie.

West Point liet zijn ouderejaars kiezen welke legeropleiding ze in de zomer wilden volgen. Sommige officierskandidaten kozen voor de paratraining. Twee of drie van hen poetsten onze laarzen als we ze verhalen over BUD/S vertelden. Ik voelde me een ster. Achteraf gezien is dat vreemd. Deze aanstaande officieren van de meest prestigieuze legeropleiding poetsten mijn onderofficierslaarzen in ruil voor mijn verhalen over BUD/S. Terwijl ik nog niet eens een SEAL was en nog nooit een echte missie had meegemaakt. De jongens van West Point hingen aan onze lippen. Al snel waren onze kamers te klein en moesten we uitwijken naar een andere ruimte, omdat er zoveel jongens waren die ons wilden horen.

Aan het einde van de paratraining hadden we vijf automatischeopeningsprongen gemaakt, waarbij de parachute automatisch opengaat bij het verlaten van het vliegtuig zonder dat je aan het touwtje moet trekken. Het was echt en we hadden lol – maar nu zou de echte lol beginnen.

6

SEAL Team Two

Na de parachutistentraining meldde ik me bij mijn SEAL Team. De oneven genummerde teams (One, Three en Five) waren aan de Westkust gestationeerd, in Coronado, Californië, de even genummerde teams (Two, Four en Eight) aan de Oostkust in Little Creek, Virginia. Hoewel het ultrageheime SEAL Team Six wel bestond, had ik er nooit over gehoord. Ik meldde me bij SEAL Team Two in Little Creek, Virginia.

Toen we op een woensdag over de hindernisbaan renden, liep er een bijna zestig jaar oude SEAL met ons mee die nog steeds in actieve dienst was: Rudy Boesch. Ik dacht dat ik het rustig aan kon doen: geen instructeurs die naar ons liepen te schreeuwen. Aan het eind van de baan nam Rudy ieder van ons apart die na hem geëindigd was: 'Ik wil jullie hier vanmiddag allemaal weer zien.'

Die middag namen de slakken en ik de O-course nog een keer. Het was een waarschuwing. Zelfs in de Teams loonde het de moeite om aan kop te eindigen. Later zou ik een van de snelste mannen van Team Two worden op de O-course.

Rudy was al snel de eerste hogere officier die als adviseur was gevraagd voor het nieuw gevormde USSOCOM, het United States Special Operations Command. Dit is de overkoepelende militaire organisatie van de diverse Amerikaanse speciale eenheden van de marine, de landmacht, de luchtmacht en de mariniers, waaronder die in JSOC zoals SEAL Team Six en Delta. Rudy is na meer dan vijfenveertig jaar dienst bij de marine, het grootste deel als een SEAL, met pensioen gegaan. Toen hij in de zeventig was, deed hij nog als deelnemer tot het eind mee aan de Amerikaanse versie van *Expeditie Robinson*.

Een paar jongens van Team Two keerden terug van een actie op de Hercules, een van de twee olieplatforms in de Perzische Golf. Ze maakten deel uit van Operation Praying Mantis. Toen de USS Samuel B. Roberts (FFG-58) door een Iraanse mijn was beschadigd, hadden de SEAL's de opdracht gekregen een Iraans olieplatform in handen te krijgen van waaruit aanvallen werden uitgevoerd op schepen in de Golf. De SEAL's waren van plan een torpedojager van de marine op het platform af te sturen en het met pantser doorborende munitie aan te vallen om de Iraniërs te laten wegduiken. Vervolgens zouden de SEAL's op het heliplat landen en het olieplatform innemen. Maar iemand op de torpedojager had in plaats van pantser doorborende munitie juist brand- en fragmentatiemunitie geladen. Toen de torpedojager het vuur opende op het platform, staken ze het letterlijk in brand. Nu doken de Iraniërs niet weg, zoals de bedoeling was geweest, maar sprongen ze hals over kop van het brandende platform af. De brand was zo heftig dat de SEAL's er vanwege de hitte niet met hun helikopter op konden landen. Het olieplatform smolt en verdween in zee. Foutje.

Dick, Mike H., Rob en ik hadden daar niet aan deelgenomen omdat we onze trainingen nog niet hadden afgerond, maar dat weerhield ons er niet van de veilige terugkeer van de jongens mee te willen vieren. Na werktijd verlieten we het terrein van SEAL Team Two, vertrokken door Poort Vijf van de legerbasis in Little Creek en gingen naar de 'Body Shop', een kleine stripteasetent. Omdat de Body Shop zo dicht bij het terrein van SEAL Team Two lag, gingen sommigen van ons daar af en toe heen. Dit keer was er een nieuwe portier die Bob verving, een vriend van het SEAL Team. Een van ons vroeg hem: 'Een aantal van onze jongens zijn net terug uit de Perzische Golf. Kun je hen over de geluidsinstallatie feliciteren?'

Dat deed hij. 'Laten we een groot applaus geven voor onze Amerikaanse soldaten die net uit de Perzische Golf teruggekeerd zijn.'

Applaus en gejuich alom.

We gaven elkaar high fives en kochten een biertje.

Achter in de zaal zaten vier Tunesische mannen aan een tafeltje. We hoorden een van hen in vloeiend Engels zeggen: 'Waarom bemoeit Amerika zich verdomme niet met zijn eigen zaken?'

Dick liep niet om de dansvloer van de meisjes heen. Hij liep er dwars overheen. Tegen de tijd dat ik zelf om de dansvloer heen gelopen was en bij de vier mannen aankwam, had Dick de man met de grote mond al in de wurggreep. Tijdens ons korte schermutseling schreeuwden de drie vrienden van de schreeuwlelijk krachttermen naar hun vriend. Toen wij vieren wegliepen, lagen de vier Tunesiërs op een grote hoop op de grond.

Bij de uitgang hield de nieuwe portier ons tegen. 'Jullie waren hier net bij een vechtpartij betrokken. Hier blijven!'

We gooiden hem over de bar.

Bij de uitgang verscheen een politieagent. Hij moet net om de hoek geweest zijn, want alles bij elkaar had het gevecht nog geen vijf minuten geduurd.

'Kom mee, heren, laten we even gaan zitten.'

Dat deden we. Deze man lijkt wel geschikt.

De portier was weer overeind gekomen en zei: 'Dit zijn Navy SEAL's. Ze zijn pas net binnen en hebben de zaal op z'n kop gezet.'

O nee, dacht ik. Hij heeft het s-woord gebruikt.

De agent raakte in paniek en riep via zijn mobilofoon: 'Navy SEAL's breken hier de tent af. Ik heb bijstand nodig!'

We zaten rusten met hem te praten. Nu was de maat vol. We stonden op en wilden vertrekken.

'Hier blijven jullie. Jullie gaan nergens heen.'

We negeerden hem en liepen naar de uitgang. Buiten was er een zee van blauwe zwaailichten te zien op de parkeerplaats. De bijstand bestond onder andere uit een grote politiebus waar op de zijkant 'K9 Unit' stond geschreven. De eerste agenten stapten uit hun wagens.

We begonnen uit te leggen wat er aan de hand was.

De politieagent die we binnen gesproken hadden, onderbrak ons en werd plotseling heel moedig. 'Het spijt me, maar jullie moeten met me mee.' Hij greep Mike bij zijn mouw.

Dick gaf de agent een rechtse op zijn kin en sloeg hem tegen de grond.

Nu stonden er ineens agenten met wapenstokken tegenover ons vieren, terwijl wíj met blote handen waren. We vochten, denk ik, zo'n tien of vijftien minuten. Als je het op televisie ziet, lijkt het alsof ze mensen met deze wapenstokken tegen de grond slaan, maar op ons ketsten ze gewoon af. De politiehond sprong op en beet Dick. Hij greep de hond bij zijn kop, dwong hem op de grond te gaan liggen, liet zich boven op het beest vallen en beet een hap uit het dier. De hond rende jankend weg.

Ik was met de twee agenten die voor me stonden aan het vechten toen ik een tikje op mijn rug voelde. Met mijn vuisten in de lucht draaide ik me om en zag daar een kleine agente staan die me net met haar wapenstok had geslagen. Het leek wel een muggenprik vergeleken bij de klappen die de andere agenten uitdeelden. Omdat het een vrouw was, sloeg ik haar niet maar tilde haar op en zette haar op de motorkap van haar wagen.

Nu stonden er ineens bijna dertig agenten om ons heen. Uiteindelijk verloren we. Ze deden ons handboeien om. Wij vertelden onze kant van het verhaal. De Tunesische mannen waren de Body Shop uit gelopen en gingen door met hun anti-Amerikaanse gezwam. Nu werd de politie kwaad op de agent die het eerst met ons gesproken had. 'Wat haal jij je in je hoofd? Ben je gek geworden?'

Maar het was gebeurd. We hadden agenten aangevallen. Ze namen ons ieder apart mee en zetten ons achter in de patrouillewagens. De agente stopte haar telefoonnummer in het borstzakje van mijn overhemd en zei: 'Hé, geef me een keer een belletje.'

Op het bureau werden alle formaliteiten afgehandeld en kregen we te horen wanneer de zaak zou voorkomen. Ze namen contact op met de bevelvoerders van SEAL Team Two. De politie liet ons pas gaan toen er een wagen van SEAL Team Two kwam om ons op te halen.

Toen de zaak voor de rechter moest komen, vreesde ik dat ik mijn baan kwijt zou zijn. We zaten allemaal nog maar pas in een SEAL Team en gingen ervan uit dat dit het einde van onze loopbaan betekende. Op de eerste rij van de rechtszaal zaten wat politieagenten met een nekkraag om. Een van hen had bovendien een arm in het gips. Een ander had een kruk. Het was een zielig gezicht. Wij daarentegen zagen er in ons blauwe tenue uit om door een ringetje te halen.

Mijn teamgenoten hadden mij aangewezen als spreekbuis. Ik vertelde de rechter onze kant van het verhaal. De mensen in de zaal leken met ons mee te voelen toen ze hoorden wat er was gebeurd en hoe het was gebeurd was.

De rechter stelde de vraag: 'Waarom werden drie van deze mannen wél mee naar het bureau genomen en meteen vrijgelaten en de sergeant [Dick] pas later?'

De man van de K9 hondenbrigade legde uit: 'De hond had hem gebeten en we moesten met hem naar de dokter voor een spuit.'

'Hoe lang duurt zoiets?' vroeg de rechter.

'Nou, edelachtbare, hij had een hap uit mijn hond genomen, dus moest ik met de hond naar de dierenarts voor een spuit.'

Achter ons barstte het publiek in lachen uit.

De politiehondenbegeleider legde uit: 'Edelachtbare, het is helemaal niet grappig. Het heeft me maanden gekost om hem op te leiden en ik besteed nog steeds zestien uur per maand aan zijn training. Maar sinds de sergeant [Dick] de hond heeft gebeten, kan het dier dit werk niet meer doen.'

Het lachen veranderde nu echt in hilarisch gebrul.

De rechter klopte ijverig met zijn hamertje: 'Stilte. Stilte in de zaal!'

Afgezien van wat gehinnik achter in de zaal werd het geleidelijk aan stil.

'Ik wil graag dat u alle vier hier bij de balie komt staan,' sprak de rechter.

Nou, dacht ik, daar gaat onze carrière. Ga direct naar de gevangenis. U krijgt geen 200 dollar.

We hielden ons hart vast.

De rechter boog zich naar voren en sprak toen rustig en kalm: 'Heren, ik zal dit door de vingers zien als jeugdige overmoed en vaderlandsliefde, maar laat ik u nooit meer in deze rechtszaal terugzien.'

Ik hoorde applaus achter me van het publiek.

Ik keek om en keek naar de agenten op de voorste rij. Ze zagen eruit alsof er net bij hen thuis was ingebroken. Op weg naar de uitgang liep ik langs de agent met de nekkraag en zijn collega met de kruk. Toen ik bij de agent met de gebroken arm kwam, knipoogde ik tegen hem. We verlieten de rechtszaal.

Terug bij SEAL Team Two meldden we de sergeant-majoor van Team Two, Norm Carley, wat er gebeurd was. Norm was een korte, Ierse, rooms-katholiek uit Philadelphia die aan de Naval Academy was afgestudeerd en nu plaatsvervangend commandant was van SEAL Team Six. De sergeant-majoor van SEAL Team Two was onlangs teruggekeerd van

Operatie Praying Mantis in de Perzische Golf. Hij keek ons even aan. 'Vroeger gingen we er regelmatig opuit om een robbertje met de smerissen te vechten. Aan die tijd is rap een einde aan het komen. Het leger is aan het veranderen.'

We konden gaan en zijn profetie kwam uit: het moderne leger is veranderd. Op 31 maart 2004 organiseerde Ahmed Hashim Abed, een Irakese al-Qaida-terrorist, de verrassingsaanval op lege vrachtwagens die keukenmateriaal ophaalden voor de 82ste Luchtlandingsdivisie van het leger. Abeds terroristen doodden vier Blackwater-bewakers, verbrandden hun lichamen, verminkten ze, sleepten ze door de straten en hingen twee van de lichamen op aan de brug over de Eufraat. Een van de vier bewakers was de vroegere SEAL Scott Helveston. Op 1 september 2009 namen de SEAL's Abed gevangen. Vervolgens moesten drie SEAL's voor de krijgsraad verschijnen omdat ze Abed een bloedende lip zouden hebben bezorgd. Hoewel de drie SEAL's uiteindelijk onschuldig werden bevonden, zou het niet moeten kunnen dat dergelijke beschuldigingen helemaal voor de krijgsraad moeten komen. Als de SEAL's Abed simpelweg gedood hadden, zou er niets over gezegd zijn. Het is moeilijk een advocaat in de arm te nemen als je dood bent.

In hetzelfde gebouw als de Body Shop bevond zich een 7-Eleven, een supermarkt die 24 uur per dag en 7 dagen per week open is. Mijn huis lag daar maar zo'n drie kilometer vandaan. Op een avond ging ik na het eten rond een uur of zeven met Blake, die toen nog maar vier was, naar de supermarkt om wat melk en brood te kopen. Toen we bij de winkel arriveerden, kwam Smudge er net aanrijden in zijn Ford Bronco pick-uptruck met grotere wielen en een aangepaste ophanging. We waren bevriend geraakt toen ik bij het Foxtrot-peloton van SEAL Team Two kwam, waar hij ook bij zat. Smudge kwam op ons af lopen, tilde Blake op en gaf hem een knuffel, wat hij wel vaker deed.

Terwijl hij Blake vasthad, zei ik: 'Ik vlieg even naar binnen voor wat brood en melk. Ik ben zo terug.' Maar toen ik met de boodschappen naar buiten kwam, zag ik hen nergens meer. Ik keek naar de Body Shop. Smudge' vriendin werkte daar als stripteasedanseres. Nee hè, dacht ik, hij zal toch niet...? Snel liep ik naar de tent toe, waar de portier me begroette. 'Goeienavond, Howard.'

'Hallo Bob,' antwoordde ik. 'Ik wil alleen even kijken of mijn zoontje binnen is.'

Hij glimlachte en liet me door zonder dat ik hoefde betalen.

Binnen was het donker, behalve het licht boven het podium waar een danseres met haar voorgevel schudde. Smudge zat er vlakbij aan een tafeltje met zijn voeten op het podium en hij had Blake op schoot. Smudge' topless vriendin stond naast hem. Ze boog zich voorover, haalde haar hand door Blake's haar en streelde zijn wang. 'Wat ben jij een schatje.' Haar borsten waren zo groot dat het nog een wonder is dat ze mijn zoontjes ogen er niet mee uitstak.

Ik greep Blake vast en schreeuwde al lopend tegen Smugde: 'Man, ben je gek geworden? Laura vermoordt me hier straks nog voor.'

Hij zag niet in wat het probleem was. 'Ik wilde hem alleen maar aan Cassandra voorstellen.'

Ik hielp Blake in de auto en probeerde hem onderweg naar huis uit te horen. Ik had het idee dat dit het einde betekende en dacht: Smudge is een van mijn beste vrienden en hij is gek op Blake – maar als Laura hierachter komt, zal Smudge nooit meer in de buurt van mijn zoontje mogen komen.

Gelukkig was Laura druk bezig in de keuken toen we thuiskwamen. Ik nam Blake mee naar zijn kamer en hield hem bezig door met hem Duckhunt op zijn Nintendo te spelen. Daarna borg ik de melk en de broden op die ik net had gekocht. Ik liep de huiskamer in en bestudeerde wat operatiebevelen en trainingshandboeken van de SEAL's, zoals ik zo vaak deed. Maar ik hield één oog op de klok gericht en wachtte tot het Blake's bedtijd was. Als ik hem maar in bed kon krijgen, hoefde ik me in ieder geval tot de volgende ochtend geen zorgen te maken. Meestal was ík degene die hem 's avonds onderstopte en toen het bedtijd werd die avond, liep ik vastberaden naar zijn kamer en stopte hem in. Dagen later reden Laura, Blake en ik onderweg naar SEAL Team Two langs de Body Shop. Ik dacht: Lieve help, zou Blake iets tegen Laura zeggen als hij die tent weer ziet? Zoiets als: 'Hé, daar heb ik toch grote tieten gezien.'

Zelfs een paar weken later maakte ik me nog zorgen. Gelukkig heeft Blake er geen woord meer over gezegd tot hij twaalf of dertien was. En ik ben zelf ook nooit meer teruggegaan naar de Body Shop.

De eerste keer dat Blake een slok bier nam, kreeg hij die van een van de jongens van het Team. Toen hij ouder werd, speelden we samen golf. Blake's eerste rijles kreeg hij op een golfkarretje van een van mijn dronken maten – rakelings langs bomen. Blake vertelde me later: 'Sommige van mijn beste herinneringen zijn die van Virginia, waar ik met al die mannen optrok.' Ze waren zijn SEAL-ooms die naar Thin Lizzy's 'The Boys Are Back in Town' luisterden en van wie hij soms dingen mocht doen die eigenlijk niet mochten.

Na een paar maanden onzekerheid, waarin ik allerlei klusjes uitvoerde op het terrein van SEAL Team Two, mocht ik eindelijk aan de gevorderdentraining beginnen in oorlogvoering te land, ter zee en in de lucht: de SEAL Tactical Training (STT). In tegenstelling tot de BUD/S, die gericht was op selectie van mensen én de training van de mannen die door de selectie kwamen, was de STT vooral op de training zelf gericht. Tijdens de zes maanden STT vielen er maar twee mannen af omdat ze onder de maat presteerden. We leerden op een hoger niveau duiken en op het land vechten, zoals het nabijgevecht. (Voor meer informatie over de vervolgtrainingen na de BUDS/S, zie het boek *The Finishing School* van Dick Couch.)

Toen ik de STT afrondde, kwam de sergeant-majoor van SEAL Team Two, Norm Carley, met de 'Trident' aan, het insigne van de SEAL's, en spelde mij dat op. Op de speld stonden een adelaar die een anker van de Amerikaanse marine in zijn klauwen houdt, een drietand en een pistool. Omdat hij op de adelaar leek die vroeger op het Budweiserbier stond, noemden we hem 'de Budweiser'. Zowel de officieren als de lagere rangen droegen dezelfde gouden speld, in tegenstelling tot de algemene gewoonte binnen de marine dat de lagere rangen een zilveren insigne dragen. Het is nog steeds een van de grootste en opvallendste insignes binnen de marine. Norman gaf met zijn vuist een klap op de speld op mijn borst. Vervolgens kwamen alle leden van mijn eenheid langslopen en gaven er ook een klap op. Het insigne stak letterlijk zo diep in mijn borstkas dat de leidinggevende sergeant hem uit mijn huid moest trekken. De littekens bleven nog weken zichtbaar. Nu kon ik officieel met de grote jongens spelen.

Mijn eerst pelotonscommandant was Burt. Binnen de marine is een *sea daddy* iemand die de rol van mentor op zich neemt voor een zeevarende. Ik had nooit echt een sea daddy gehad omdat ik al advies kreeg, zowel op tactisch als op persoonlijk gebied, van een aantal mensen. Toch ben ik Burt dankbaar dat hij me, toen ik de STT afrondde, meteen uitkoos voor zijn koudweerpeloton, dat militaire operaties uitvoert onder winterse omstandigheden. Van SEAL's werd verwacht dat ze eerst in een gewoon peloton dienden voordat ze lid werden van een koudweerpeloton, maar Burt liet al snel merken dat hij vertrouwen in me had.Net als bijna de helft van de SEAL-officieren, een extreem hoog percentage binnen het leger, was Burt zelf als soldaat begonnen voordat hij officier werd – wat wij een 'mustang' noemen – en daarom mocht ik hem waarschijnlijk zo erg. Hij vroeg nooit iets van ons waartoe hij zelf niet bereid was. Hij vond goede missie-instructies belangrijk, evenals een grondige evaluatie van de instructie en de daaropvolgende operatie. De man was een geweldige leider en diplomaat. Burt was gek op winterse omstandigheden, zodat hij kon skiën, op sneeuwschoenen lopen enzovoort, en het leiden van de Teams in een hightech gevechtsuitrusting voor koud weer. We testten en evalueerden bijvoorbeeld lichtgewicht kleding en materiaal van Gore-tex.

Burts adjudant was Mark, die meer dan 1,80 meter lang was. Marks ouders waren vanuit een oostblokland naar Amerika geëmigreerd. Hij hield zich op de vlakte en vertelde mensen niet dat hij aan het MIT, de technische universiteit, was afgestudeerd en zowel Russisch, Tsjechisch, Slowaaks, Pools als Duits sprak. Het duurde eeuwen voordat zijn antecedentenonderzoek was afgerond. Hoewel hij zeer intelligent was en meerdere talen sprak, praatte hij nooit op een neerbuigende toon tegen ons. Mark bedacht geweldige plannen en kon die zo eenvoudig en duidelijk uiteenzetten dat iedereen ze kon begrijpen. Hij lispelde echter iets, wat we tijdens zijn missie-instructies imiteerden om zo de draak met hem te steken. Als je hem na werktijd wat alcohol gaf en links en rechts van hem een leuk meisje zette, werd Mark helemaal onverstaanbaar.

Bij SEAL Team Two deden we één dag per week gezamenlijk aan conditietraining. Woensdag was onze o-course-dag. De andere dagen werkten we ieder afzonderlijk aan onze conditie. Sommige jongens gebruikten die dagen om basketbal te spelen of om de kantjes eraf te lopen, maar Mark en ik wilden ons koste wat kost afbeulen met een lange duatlon (hardlopen-zwemmen-hardlopen) of een andere martelgang. Hij rende als een haas en zwom als een vis, en dus hadden de mannen die hem niet bij konden houden, daar de pee over in, ook al was het leuk om met Mark te werken.

Toen ik bij SEAL Team Two was, begon ik geruchten te horen over een ultrageheim SEAL Team Six. Nadat in 1980 de poging om Amerikaanse gegijzelden te bevrijden uit de Amerikaanse ambassade in Iran mislukt was, had de marine aan Richard Marcinko gevraagd een fulltime antiterreurteam te vormen. Marcinko had, als eerste bevelvoerder, die nieuwe eenheid de naam SEAL Team Six gegeven. Hij had zo veel mogelijk geprobeerd leden te rekruteren onder de twee antiterreureenheden van de SEAL's: Mobility Six (MOB Six) bij SEAL Team Two aan de Oostkust, en Echo Platoon bij SEAL Team One aan de Westkust. Ze droegen burgerkleding en hadden langer haar en mochten ook een baard en snor laten staan. De officieren en soldaten noemden elkaar bij de voornaam of een bijnaam, en ze salueerden niet. Ze specialiseerden zich in reddingsoperaties bij gijzelingen op schepen, boorplatformen en andere situaties op zee. Daarnaast verleenden ze assistentie bij de beveiliging van militaire bases en ambassades. Bovendien hielp Team Six mee aan CIA-operaties.

Team Six beleefde zijn vuurdoop in 1983. Nadat de communisten banden met Cuba hadden aangeknoopt, en de Sovjet-Unie de regering van Grenada met een bloedige staatsgreep afgezet had, kwamen de Verenigde Staten met Operatie Urgent Fury om de regering van Grenada weer in het zadel te helpen. Ter ondersteuning van de operatie werden twaalf schutters van SEAL Team Six per parachute voor de kust van Grenada afgezet. Deze eerste missie werd om minstens drie redenen een grote mislukking. Ten eerste had SEAL Team Six wel geoefend met talloze antiterreurtactieken, maar niet met nachtelijke parachutelandingen in water – wat zelfs nog moeilijker is met boten. Een missie die waarschijnlijk naar SEAL Team Two had moeten gaan, dat paraat stond, ging in plaats daarvan naar SEAL Team Six. Ten tweede bleken de inlichtingen waardeloos. De missie was gepland zonder rekening te houden met de zomertijd en door dat uur verschil landden ze niet overdag maar 's nachts. Er was zelfs geen maan te zien. Niemand had de jongens van Team Six iets verteld over de drie meter hoge vloed, de harde wind en de gutsende regen. Ten derde, en waarschijnlijk omdat de piloten van de luchtmacht geen ervaring hadden met parachutelandingen boven water, zette het tweede toestel de SEAL's op de verkeerde plaats af, ver van alle anderen.

Door dit alles kwamen de twaalf parachutisten in de problemen: de wind bleef hun parachute maar omhoog blazen en sleurde hen mee. Met te veel uitrusting en onvoldoende drijfkracht werden sommigen van de SEAL's onder water getrokken. Hoewel ze met hightech parachutes hadden geoefend, gebruikten ze nu oude MC-1-parachutes. De jongens vochten voor hun leven om te voorkomen dat de parachute hen voorgoed naar de zeebodem zou trekken. Zonder licht was het onmogelijk om op één plek bij elkaar te komen. Een van de SEAL's bleef maar roepen en vuurde drie schoten af: maar niemand kon hem bereiken. In totaal verdronken er vier SEAL's. De mannen die het overleefden, hebben nog naar hun teamgenoten gezocht, maar die zijn nooit gevonden: Kenneth Butcher, Kevin 'Kodiak' Lundberg, Stephen Morris en Robert Schamberger. Hoewel ze er kapot van waren, hadden de overgebleven SEAL's toch een missie uit te voeren.

Black Hawk-helikopters raceten in de vroege morgen een uur lang door de duisternis naar het huis van Paul Scoon, om de onder huisarrest geplaatste gouverneur-generaal te bevrijden. Aan de hemel waren de groene strepen zichtbaar van het door de sovjets geleverde luchtafweergeschut. Aan boord van een van de heli's leken de vijftien SEAL's die daar dicht opeen gepakt zaten te wachten, de kalmte zelf – totdat vijandelijk kogels de wanden van de heli begonnen te doorboren. Van het pokerface van Denny 'Snake' Chalker en de anderen die nog nooit een gevecht hadden meegemaakt, was nu snel weinig meer over. Wellington T. 'Duke' Leonard, een Vietnamveteraan die nu een SEAL-officier was en de leiding had, en Bobby L., Timmy P. en JJ glimlachten. 'Hoe voelt dat nu om de kogels om je oren te krijgen?' Na een spannend moment glimlachten Denny en de anderen ook – wat konden ze anders? De commandoheli, met daarin de aanvoerder van SEAL Team Six Bob Gormly (plaatsvervanger van Dick Marcinko), werd het hevigst onder vuur genomen en moest zich terugtrekken om met veel moeite naar het vliegdekschip terug te keren voordat de geraakte heli naar beneden stortte.

De helikopter van Duke en Denny trok zijn neus op om op zo'n 30 meter hoogte te blijven hangen voor het huis van de gouverneur-generaal, terwijl de andere heli naar de tennisbaan aan de achterkant van de woning vloog. Een van de piloten werd geraakt maar bleef wel vliegen. Vanuit het huis schoot iemand met een AK-47 op hen. Een SEAL leunde naar buiten en schoot terug. Rich was geraakt maar hij zat zo vol adrenaline dat hij het zelf niet merkte. Denny gooide het abseiltouw naar buiten en liet zich naar beneden zakken achter het huis. Daarbij moest hij zich door afbrekende dennentakken een weg naar beneden banen. De anderen kwamen achter hem aan – en raakten de takken die Denny nog niet geraakt had.

Toen Denny dichter bij het huis kwam, werd er vanuit een deuropening een AK-47 op hem gericht. Denny bleef met zijn aanvalswapen schieten, een CAR-15 (voorloper van de M-4), totdat hij zijn doelwit kon zien: het was gouverneur Scoon zelf. Duke, die een geweer bij zich had, nam de gouverneur zijn wapen af. De jongens veegden het huis schoon, maar kwamen daar alleen de gouverneur, zijn gezin en wat personeelsleden tegen. De SEAL's zetten een verdedigingszone op rond het huis. Er vlogen RPG's over het dak zonder te ontploffen.

De communicatiemogelijkheden waren beperkt omdat hun satellietcommunicatie (SATCOM) in de geraakte commandoheli zat die teruggevlogen was, dus moesten ze zuinig aan doen met de batterijen van hun handradio's.

Duke vertelde iedereen: 'Daag niemand uit tenzij ze het terrein van het gouverneurshuis op komen.' Ze wilden geen gevecht beginnen dat ze niet konden afronden. Het redden van de gouverneur had prioriteit.

Tegen het vallen van de avond werd het huis omsingeld door dertig vijandige soldaten en vier BTR-60PB's (achtwielige, gepantserde personeelsvoertuigen van Russische makelij). Duke gebruikte zijn kleine handradio, een MX-360, om in contact te komen met Master Chief Dennis Johnson op het vliegveld van Port Salinas. De Master Chief zond Dukes boodschap door aan een AC-130 boven hun hoofd. 'Vlieg 360 graden schietend rond het huis.' De Spectre vuurde zijn 40 mm kanon af: *beng, beng*. Door de explosies werd de vijand om het huis uitgeschakeld, behalve twee soldaten die wisten te ontkomen. De batterijen van de kleine handradio's waren al snel leeg. Duke maakte gebruik van de telefoon van de gouverneur voor verdere communicatie.

Twee met AK's gewapende Cubanen kwamen de oprit op lopen. Ze brachten hun wapens in de aanslag. Dus de jongens schoten: geweer, CAR-15's, Heckler & Koch 21 (een licht machinegeweer), M-60 machinegeweren en een .50 RAI 500 (Research Armament Industries Model 500) snipergeweer. Eén Cubaan probeerde over een muur te ontsnappen maar hij en zijn maat werden letterlijk neergemaaid.

De volgende morgen hielpen verkenningstroepen van de mariniers (Force Recon) de SEAL's, de gouverneur en zijn gezin ontsnappen. Ze zagen de verkoolde resten van uitgebrande wagens, wapens en bloed nog liggen waar de Spectre op geschoten had, maar iemand had de lijken weggehaald. Op weg naar buiten vonden de SEAL's een vlag van Grenada en die ruilden ze om voor een vlag van SEAL Team Six, die iemand altijd bij zich had voor zo'n gelegenheid. Toen ze later weer op de basis terugkwamen, hingen de jongens de vlag van Grenada op bij SEAL Team Six. De hele groep ging naar een landingszone voor helikopters waar een heli hen ophaalde.

Bij een andere missie in Grenada vlogen twaalf SEAL's onder aanvoering van kapitein Donald Kim Erskine, in een heli naar het radiostation dat ze in handen moesten krijgen zodat gouverneur Scoon erheen kon en een boodschap kon uitzenden voor de bevolking van het eiland. Terwijl ze in de lucht waren, werd er met kleinere wapens op hen geschoten, maar toen ze landden, had de vijand zich al teruggetrokken uit het radiostation. Erskine's mannen hadden radioproblemen en konden niet met de commandopost in contact komen – iemand had de frequentie ervan veranderd zonder dat aan de SEAL's door te geven.

Ze zetten een verdedigingszone op rond het radiostation. Al snel kwam er een vrachtwagen aan met twintig vijandelijke soldaten. De SEAL's gaven hun bevel de wapens neer te leggen, maar dat deden ze niet. Daarop openden de jongens het vuur op hen, gebruikten ongeveer een derde van hun munitie en doodden tien soldaten. De andere tien namen ze gevangen. Het grootste deel van hun verbandmiddelen gebruikten ze om hen in het radiostation op te lappen. Geen van de SEAL's raakte gewond.

Vervolgens kwamen er een BTR-60PB en drie vrachtwagens de heuvel naar het radiostation op rijden. Veertig tot vijftig vijandelijke soldaten kwamen eruit gekropen. De Cubaanse officier sloeg zijn mannen op hun achterwerk met een officiersstokje: 'Aanvallen!' Erskine en zijn mannen verdedigden het gebouw. De vijand probeerde hen uit te schakelen, terwijl hun BTR omhoog rolde richting voordeur, en met zijn 20 mm kanon schoot. Het kanon schoot gaten door de betonnen muren van het gebouw alsof ze van papier waren.

Een van de SEAL's zette een Rifleman's Assault Weapon (RAW, een raket gestuurde granaat) op de loop van zijn CAR-15 en trok de veiligheidspal van de raket los. Hij richtte op de BTR, haalde de trekker over en schoot de raket af. De BTR werd door bijna één kilo zeer explosieve munitie getroffen, waarbij de geschutskoepel met het 20 mm kanon ontzet raakte. Die kon niet meer draaien, maar het monster kon nog steeds vuren en manoeuvreren.

Nadat de munitie was opgeraakt door de overweldigende vuurkracht van de vijand, plaatsten Erskine en zijn SEAL's hun explosieven op het radiostation en renden de achterdeur uit. Iedereen dacht dat ze dood waren, maar de SEAL's renden weg over het weiland achter het station. Met de vijand dicht achter hen aan en links en rechts van hen, leidde Erskine zijn mannen kalm sprongsgewijs vooruit over een grote open slagveldzone, richting strand. Hij liet zich met de helft van zijn mannen op de grond vallen en schoot op de vijand, terwijl de andere helft zich terugtrok. Vervolgens lieten die zich op de grond vallen en namen de vijand onder vuur, terwijl Erskine en zijn schutters zich terugtrokken. Het regende kogels en een daarvan sloeg Erskine's veldfles eraf; hoewel Erskine langer dan 1,80 meter was en meer dan negentig kilo woog, sloeg hij door de klap tegen de grond. Zijn ploeg liet zich ook vallen. Ze draaiden zich om en schoten terwijl de andere groep zich terugtrok. Terwijl de jongens sprongsgewijs weg probeerden te komen, werd de hak van Erskine's laars er vervolgens afgeschoten, waardoor hij viel. Toen hij daarna weer opstond en rende, ketste een kogel af op het munitiemagazijn aan zijn riem, en weer viel hij. Kogel nummer vier was minder leuk. Hij schoot een stuk uit Erskine's rechterelleboog, waardoor hij letterlijk de lucht in werd getild voordat hij met een klap op de grond viel. Het leek wel of zijn hele arm eraf geblazen was, zoveel pijn deed het. Aan het eind van het weiland knipten de jongens een hek van harmonicagaas open en kropen door het gat. Toen Erskine zijn mannen telde, ontdekte hij de ergste nachtmerrie van een SEAL-leider: ze misten een man. Maar de SEAL's zagen hun ontbrekende teamgenoot lopen. Erskine en zijn mannen schoten op de vijand terwijl de radio-operator de onbruikbare SATCOM-radio met zich mee sjouwde over het veld.

'Laat de radio vallen!' schreeuwde Erskine.

De man deed de radio af en liet hem vallen, waarna hij met een aantal kogels uit zijn handwapen (een Sig Sauer 9 mm) het versleutelingsgedeelte ervan kapot schoot. Vervolgens sprintte hij snel naar zijn maten. Ze renden een gebied met dichte begroeiing in waar ze verscholen zaten voor de vijand. Hoewel ze een aantal tegenstanders gedood hadden, waren de SEAL's nog steeds in de minderheid. Ook raakte de munitie in hun geweren op. Via een pad liepen de mannen naar Moedertje Zee. Als ze rechtstreeks naar open zee zouden zwemmen, werden ze een gemakkelijk doelwit voor de vijand. Erskine vertelde de jongens: 'Laat alles achter behalve je primaire uitrusting en zwem evenwijdig aan het strand weg.' Ze lieten hun wapens, rugzakken en bijna alle andere spullen achter, behalve hun pistolen, pistoolmunitie en *Escape and Evasion*-kit met spullen om een ontsnapping te kunnen overleven. De SEAL's zwommen evenwijdig aan het strand en zochten dekking tussen de hoge rotsen waar ze door een uitstekende rots aan het zicht van de vijand boven hen waren onttrokken.

Hun eigen troepen, die niet wisten dat ze nog leefden, schoten op de vijand vlak bij hen. De SEAL's wachtten totdat de vijand zich had teruggetrokken en zwommen om drie uur 's morgens naar open zee. Ze bleven zes uur in de oceaan rond drijven totdat een reddingsvliegtuig hen zag en een marineschip waarschuwde dat hen kwam oppikken. De jongens waren achtenveertig uur aan één stuk in touw geweest. Nadat Erskine zich ervan verzekerd had dat iedereen aan boord was, viel hij flauw. Hij kwam zijn verwondingen later helemaal te boven. De marine kende hem de Silver Star Medal toe.

In 1985 gijzelden PLO-terristen het cruiseschip de Achille Lauro en doodden passagier Leon Klinghoffer. De terroristen zochten asiel in Egypte en toen Egypte hen in het geheim naar het PLO-hoofdkwartier in Tunesië probeerde te vliegen, dwongen gevechtsvliegtuigen van de Amerikaanse marine het vliegtuig te landen op de NAVO-basis in Italië. SEAL Team Six omsingelde de terroristen op de landingsbaan, maar de Italianen verhinderden het de SEAL's om het vliegtuig in te gaan en eisten dat de vijf terroristen aan Italië overgedragen zouden worden. Na een korte krachtmeting tussen de SEAL's en de Italiaanse krijgsmacht en ordehandhavers stemde Amerika ermee in om de terroristen aan Italië over te dragen. Helaas liet de Italiaanse regering de leider, Abu Abbas, weer vrij (die later in 2003 in Irak weer gevangen werd genomen). Hoewel de andere terroristen de gevangenis in gingen, mocht er een op verlof, die vervolgens ontsnapte (maar in Spanje weer werd opgepakt). Een andere terrorist verdween uit Italië terwijl hij voorwaardelijk vrijgelaten was.

In 1998 ging SEAL Team Six naar Panama om de bij drugshandel betrokken dictator Manuel Noriega gevangen te nemen. Noriega probeerde zich te verschuilen in een rooms-katholieke kerk, maar omdat hij op geen enkele manier het land uit kon, gaf hij zich uiteindelijk over.

Grenada, de Achille Lauro en Panama waren maar drie van de vele operaties die SEAL Team Six uitvoerde voordat ik er deel van ging uitmaken.

Mijn eerste uitzending met SEAL Team Two was in Machrihanish, in Schotland – het land van mijn moeders voorouders, de familie Kirkland, die haar naam in Kirkman veranderde toen ze naar de Verenigde Staten emigreerde. Inwoners van Schotland gaven Smudge zijn bijnaam en noemden hem naar een beroemde Engelse voetballer. We gingen met een aantal van de jongens naar een museum over Schotse tartans in Edinburgh en ik ontdekte daar dat mijn clan uit de Highlands afkomstig was.

Smudge plaagde me met mijn ontdekking: 'Tjonge, Howard is de Highlander.'

'Ja, en er kan er maar één zijn!' riep ik uit.

Vanuit Schotland hadden we gezamenlijke trainingen of contact met een aantal buitenlandse specialeoperatie-eenheden: de Britse Special Boat Service, het Franse Commando Hubert, de Duitse Kampfschwimmer, de Zweedse Coastal Rangers (Kustjägarna), de Noorse Mariniers (Marinejegerkommandoen) en andere. Tijdens een oefening in Duitsland waar we een haven moesten aanvallen, ruilde ik een van mijn rantsoenen met die van een Commando Hubert. De duikerseenheid van de commando's waartoe hij behoorde, had bij de oprichting veel hulp gekregen van Jacques-Yves Cousteau, een marineofficier uit de Tweede Wereldoorlog die bekend geworden is door reportages over de onderwaterwereld. In de Franse rantsoenen zaten onder andere flessen wijn, kaas en paté. Het verbaasde me dat ze zo gek waren op ons gevriesdroogde eten en de Maxwell House-koffie – 'een beetje water erbij: en klaar'. Toen ik in de kazerne in Schotland terugkwam, bedelde vrijwel iedereen om wat van mijn wijn, kaas en paté.

Voor de koudweertraining had ik een heel leuke maand van samenwerking met de Zweedse Coastal Rangers, die verkenningen over grote afstand, sabotage en aanvallen uitvoeren op vijanden die via de Zweedse kust proberen binnen te dringen. Er is een dienstplicht van een jaar voor alle Zweedse jongens, maar sommige proberen toegelaten te worden tot de Coastal Rangers. Tijdens de Koude Oorlog vormde Rusland de grootste dreiging.

Burt, DJ, Steve en ik vlogen naar de Zweedse hoofdstad Stockholm, het Venetië van het noorden met zijn historische kerken, paleizen en kastelen en verspreid liggende parken, vijvers en meren. Bij de nieuwere gebouwen wist men bij de ecologische ontwerpen hightech toepassingen en functionaliteit te combineren. Onze gastheren hadden een prachtig hotel voor ons geregeld. Op een avond, toen we van de training terugkwamen, zat er een nogal kleine, magere knul met stekelig haar in de lobby, met op elke been en op schoot een lange, slanke vrouw. Wie is dat nou? dacht ik. Twee van ons liepen er wat dichter naartoe om te zien wie het was: Rod Stewart. Er is nog hoop voor lelijke jongens waar ook ter wereld: word popster.

's Morgens reed Burt ons in een huurauto naar een veerboot die ons overzette, zodat we naar de basis van de Coastal Rangers konden rijden, in Berga bij het Zweedse Amfibiekorps, Eerste Mariniersregiment (Första Amfibieregementet, AMFI). Onze eerste operaties begonnen in de archipel van Stockholm. Met z'n duizenden eilandjes is dit een van de grootste archipels van de Oostzee. Mijn partner en ik peddelden weg in een lichte, opvouwbare, niet-metalen tweepersoonskano op zoek naar Sovjetonderzeeërs. Om mijn ogen te beschermen tegen de zon droeg ik mijn Vuarnet-zonnebril, genoemd naar de Franse alpineskiër Jean Vuarnet, die in 1960 in Squaw Valley olympisch goud had gewonnen. We gingen bij diverse eilandjes aan land en zochten daar naar eventuele sporen van mensen – een kat-en-muisspelletje met de Sovjets. Het was koud en we moesten hard werken om van het ene naar het andere eiland te peddelen met al onze uitrusting.

Na nog geen week stapten we met de Coastal Rangers in een aantal ingehuurde bussen. Ze laadden zakken met brood in. 'Hoe ver is het ook al weer hier vandaan?' vroeg ik.

'Eenenzestig mijl.' De Coastal Rangers spraken prima Engels.

'Waarom dan al dat eten?'

'Lange reis.'

Maar 61 mijl, een kleine 100 kilometer, dacht ik, dat kon ik nog wel halen als ik op mijn handen liep.

Na drie uur rijden zei ik tegen een andere Coastal Ranger: 'Ik dacht dat het maar 61 mijl was?'

'Klopt, 61 mijl.'

'Maar we hebben ondertussen al veel meer mijlen afgelegd.'

Een andere Coastal Ranger glimlachte: '61 Zweedse mijl.'

Ik fronste mijn wenkbrauwen. 'Hoe ver is dat dan?'

'O, ongeveer 380 Amerikaanse mijl, meer dan 600 kilometer.'

Jullie houden me voor de gek, dacht ik. Ik was blij dat ik niet aangeboden had de veldloop over vier mijl met hen te gaan doen.

We passeerden een verkeersbord dat waarschuwde voor overstekende elanden voordat we in het kleine, besneeuwde stadje Messlingen aankwamen, gelegen aan het Messlingenmeer dat dichtgevroren was. Messlingen is op geen enkele toeristische landkaart te vinden en ligt 215 kilometer ten zuidwesten van Östersund in Midden-Zweden. Met z'n vieren checkten we in bij een houten hotel met een schuin dak en een overkragende dakrand, dat op een chalet leek. De Coastal Rangers namen ons al snel mee voor een oefening in een wak in het meer. Hoewel we er niet toe verplicht waren, sprong iedereen in het ijskoude water. Wij gaven het voorbeeld met een van die stomme houdingen die traditie zijn bij de SEAL Teams: 'Geef me maar een trap ik mijn kruis, ik kan ertegen.' Op onze borst hadden we aan een koord om onze nek een ijspriem hangen. De priem had een houten handvat ter breedte van een hand en was een paar centimeter lang. We moesten in het wak springen, tot rust komen en toestemming vragen om uit het water te mogen. Dan konden we naar de rand gaan, de

priem in het ijs steken en onszelf eruit trekken. Toen ik het de eerste keer
probeerde, weigerde mijn stem zelfs dienst te doen, zo koud was het – ik
klom er meteen weer snel uit. Bij de derde poging kwam ik tot rust en gaf
ik mijn stembanden genoeg tijd om weer te gaan werken. Mijn stem klonk
krakend: 'Verzoek toestemming om eruit te mogen.' Nadat je uit het water was, was het je eerste prioriteit om weer warm te worden.

Ik moest terugdenken aan de koudweertraining in Alaska. Kevin
en ik werden partners. Hij was een grote, gemoedelijke SEAL met donker haar en donkerbruine ogen. Omdat hij tot hospik was opgeleid, kon
hij de meeste oorlogsverwondingen verzorgen totdat de gewonde naar
een ziekenhuis vervoerd werd. (Ik hoorde later dat hij uit de SEAL's was
gegaan en in Spanje als arts bij de marine was gaan werken.) Kevin en
ik vormden al skiënd een dwaalspoor langs de plaats waar we onze tent
gingen opzetten. Zo konden we mensen horen aankomen voordat ze bij
ons waren. We zetten een North Face tweepersoonstent op, plaatsten
onze rugzakken onder de voorflap en maakten een sneeuwhoop voor de
ingang waarvan we het smeltwater als drinkwater konden gebruiken later die dag en voor onze skitocht de volgende dag. Je droogt in winterse
omstandigheden namelijk meer uit omdat je longen veel vocht gebruiken
om de lucht te verwarmen. We voegden het smeltwater ook aan onze gedroogde maaltijden toe. In de voortent deden we de natte kleding uit tot
we in ons polypropyleen ondergoed stonden. Daarna staken we de MSR
Whisperlitebrander aan om water te koken. Door de hitte warmde de tent
al snel op. Kevin had enorme voeten – zijn overlaarzen pasten niet over
zijn skilaarzen. Terwijl we wachtten tot de sneeuw gesmolten was, deed
Kevin zijn laarzen uit en dan stopte ik zijn tenen onder mijn oksels om be-
vriezingsverschijnselen te voorkomen. Andere jongens keken ernaar uit
om in hun tent te kruipen, maar ik niet. Tien dagen lang zat ik elke avond
die afgrijselijke ijsklompen van tenen onder mijn oksels op te warmen.
Daarna dook ik mijn slaapzak in en ging op mijn matje liggen.

Gelukkig hadden ze in Zweden op nog geen 50 meter van dat wak een
sauna – en bier.

In Zweden deed ik ook voor het eerst ervaring op met een *snowcat*, een
gepantserd troepentransportvoertuig op rupsbanden dat door de sneeuw
kan rijden. Je kunt vanuit het voertuig beschietingen uitvoeren op de vij-

and. Ze maakten aan de achterkant van de snowcat een touw vast waaraan ze tien of twaalf soldaten op ski's mee konden trekken. Ik haakte een skistok in een lus van het touw en hield me daaraan vast terwijl de snowcat ons meesleepte. Veel Coastal Rangers waren met skiën opgegroeid. Een van hen was zelfs olympisch kampioen skispringen geweest. In het zuiden van Georgia waar ik ben opgegroeid, waren natuurlijk geen skihellingen. Als ik viel, deden de Coastal Rangers achter me hun best om me te ontwijken. Maar vier van hen vielen toch over me heen. Na een poosje begonnen ze ruzie te maken. Ik kon hen niet verstaan maar ik wist wel dat ze erover ruzieden wie er direct achter mij moest skiën. Mijn drie ploeggenoten en ik vielen zo vaak en dan vielen de Coastal Rangers als dominostenen mee op de grond. Daarom vroegen ze ons vriendelijk doch dringend naar het eind van het touw op te schuiven. Als we de 'SEAL's on Ice'-show hadden kunnen filmen voor *America's Funniest Home Videos*, zouden we waarschijnlijk hebben gewonnen.

Omdat we daar als kader waren om de jonge dienstplichtigen te helpen trainen, behandelden die ons als officieren. Ze maakten onze ski's schoon en waxten ze terwijl wij zaten te eten. Als we 's avonds onze laarzen buiten de deur zetten, stonden die de volgende ochtend ook schoon en gepoetst klaar. Ze maakten zelfs onze wapens voor ons schoon.

Een ander leuk feit was dat we een sneeuwhut leerden maken. Mijn Coastal Ranger was een lange, slanke man, die moeiteloos kringetjes om me heen kon skiën. In de zijkant van een opgewaaide hoop sneeuw groeven we een groot gat, zodat er een hol ontstond en dan maakten we een vloertje waarop de warmte omhoog kon terwijl de koude lucht omlaag dreef. De Coastal Ranger en ik zetten onze bepakking in de ingang om de wind tegen te houden en hielden onze ijshouweel binnen bij ons, voor het geval we onszelf moesten uitgraven. Boven het vloertje maakten we een koepel als plafond, zodat het smeltwater niet op ons hoofd zou druppen.

Voordat we naar binnen stapten, deden we onze overlaarzen uit. Omdat er maar vier SEAL's meededen als kader, leek mijn partner het een eer te vinden met mij samen te mogen werken. Hij wilde mijn laarzen voor me schoonmaken.

'Nee, hoeft niet. Dat doe ik zelf wel,' zei ik.

Hij keek me vreemd aan. Later stelde hij het wel op prijs dat hij mijn knechtje niet had hoeven zijn.

Eén of twee kaarsen waren al genoeg om de hut te verwarmen. Buiten was het 40 graden onder nul. In de hut zat ik op mijn slaapzak met niet meer aan dan mijn lange marineblauwe ondergoed van polypropyleen. We wilden de binnentemperatuur onder het vriespunt houden, want anders zou onze sneeuwhut smelten en smeltwater op ons hoofd laten regenen. Vervolgens zou hij dan boven op ons instorten. Het verschil tussen de temperatuur buiten en binnen was zo groot, 40 graden, dat het wel leek alsof we op de Bahama's zaten. Door de binnentemperatuur werden de wanden en het plafond zacht en daarom moesten we de sneeuw aandrukken om de wand hard te maken.

Nadat we die sneeuwhut twee weken als slaapplek en uitvalsbasis voor operaties gebruikt hadden, waren de muren en het plafond zo vaak aangedrukt dat het een echte iglo aan het worden was. De Zweden wisten hoe ze moesten vechten – hun rantsoen bevatte onder andere cognac en de beste chocolademelkpoeder die ik ooit heb gedronken, plus maaltijden als pasta bolognese met roggebrood. Maar mijn Zweedse collega wilde tot mijn verbazing zijn rantsoenen tegen mijn MRE ruilen. Ik denk dat hij het zat werd om altijd dezelfde maaltijden te eten. We genoten van elkaars maaltijden in onze sneeuwhut.

Het leuke van de training met buitenlandse speciale eenheden was trouwens het ruilen van spullen. Vanuit Amerika had ik wat grote gedroogde rundvleessticks meegenomen om in stukjes door mijn eten te doen voor extra energie in de kou. De Coastal Rangers waren weg van die rundvleessticks. Ik had ook een goede aansteker meegenomen die ik met een Coastal Ranger ruilde voor zijn prachtige zakmes uit Lapland. Het had een houten heft met een licht gebogen lemmet plus een leren etui met twee leren riempjes om hem mee aan mijn bepakking te binden. De Zippo aansteker die ik had, is in koud weer betrouwbaarder dan een gewone butagasaansteker, maar ik vond het mes veel mooier.

Op de laatste dagen smeerden mijn compagnon en ik witte camouflage op de delen van ons gezicht die doorgaans schaduwen vormden, en grijze camouflage op de uitstekende delen van ons gezicht: voorhoofd, wangen, neus, wenkbrauwen en kin. We verlieten allemaal onze sneeuwhut voor de grote operatie. We waren met tussen de 100 en 150 man en maakten ons vast aan de touwen achter de snowcats die ons naar ons doelgebied brachten. We skieden zo ver mogelijk door en deden onze ski's en bepakking af in de beschutting van de bomen, bijna 300 meter van ons doelgebied. Ik deed mijn grote lompe NAVO-sneeuwschoenen aan. De Coastal Rangers hadden mooie kleine sneeuwschoenen van een metaalcomposiet, waarmee ze konden rennen. Tjonge, dacht ik, jullie zijn veel meer hightech voor koud weer uitgerust dan wij. Ik zou zo mijn oude Zwitserse zakmes en het leren etui waarmee ik het aan mijn riem droeg, willen ruilen voor een paar van die schoenen. Het mes was te groot om in mijn zak te doen. Een van de plastic zijkanten ervan was eraf gegaan maar alle gereedschap zat er nog steeds aan: zaagje, visontschubber met haakjesverwijderaar, leren priem met draadrijger, vergrootglas, groot mes, klein mes, schaar, schroevendraaier, kurkentrekker, tandenstoker en pincet. Je zou denken dat een Zwitsers legermes hier minder gewild zou zijn omdat Zwitserland dichter bij Zweden dan bij Amerika ligt, maar dat is niet zo. De Coastal Ranger gaf zelfs nog een fles drank cadeau bij de sneeuwschoenen. Hij was zo blij met het zakmes dat hij me bijna de hemel in prees omdat ik wilde ruilen. Vervolgens ging hij het aan al zijn maten vertellen. Ze gaven hem op z'n donder omdat hij mij benadeeld had. Als hij die sneeuwschoenen mee naar Alaska gebracht had toen ik daar de koudweertraining deed, had ik hem er vijf Zwitserse legermessen voor gegeven. Als ik weer thuiskwam, kocht ik toch gewoon weer een nieuw mes.

We slopen naar het doelgebied toe in een wigformatie met één man in het midden met aan beide zijden van hem een vleugel. Een ander team naderde het doelgebied vanuit de linkerflank. Al schietend met losse patronen vielen de linkerflank en onze voorste wig tegelijkertijd een nagemaakte fort aan van tien gebouwen. Doorgaans bestaat de basis SEAL-eenheid uit een bootbemanning van slechts zeven of acht man. In deze aanval met een compagniegrootte van meer dan 100 militairen moesten we gewoon met de grote massa meegaan.

De Zweedse Coastal Rangers en andere Noord-Europese eenheden zoals de Noorse mariniers brachten meer tijd op ski's en in winterse omstandigheden door dan de Amerikanen, waardoor ze duidelijk in het voordeel waren. Maar de Amerikaanse technologie compenseert die achterstand goed. Het maakt niet uit hoe goed je op die ski's bent, als ik je met mijn nachtkijker al van 400 meter afstand kan zien. Daar kun je niet tegenop skiën.

Ik hoorde later dat Laura, terwijl ik op training in Zweden was, de meeste avonden tot diep in de nacht met wat andere SEAL-vrouwen aan het feesten was geweest. Toen ik haar ernaar vroeg, antwoordde ze: 'Och, dat was maar één of twee keer. Ik verveelde me gewoon.' Ik geloofde haar omdat ik haar vertrouwde – ik wilde er niets verkeerds van denken. We gingen elke zondag naar de kerk en alles leek in orde.

Mijn zoon Blake vond het geweldig om met de mannen van het SEAL-team op te trekken, en zij waren ook weg van hem, met name na een bepaalde gebeurtenis toen Blake vier was. Toen ik op een dag na het werk thuiskwam, trof ik Laura helemaal van streek in de keuken aan.

'Wat is er aan de hand?' vroeg ik.

'Kleine Debbie is hier komen spelen en ze zijn in Blake's pierenbadje gestapt. Zonder kleren aan!' Kleine Debbie was het dochtertje van zes van de buren.

'O.'

'Ik heb haar moeder opgebeld en het verteld. Zij vond het wel grappig. Je moet maar eens met hem praten.'

Dus ik liep door de gang naar zijn kamer.

Blake zat met zijn Nintendo Duck Hunt te spelen en schoot op vliegende eenden met zijn Zapper *light gun*.

'Hé vriend, heb je een leuke dag gehad?'

'Ja,' antwoordde hij.

'Wat heb je vandaag allemaal gedaan?'

'Gespeeld.'

Ik liet hem verder spelen en ging weer terug naar Laura. 'Er is niets aan de hand. Hij heeft het er niet eens over. 't Stelt vast niet veel voor.'

'O nee. Je móét met hem praten. Anders houdt hij er een trauma aan over.'

Ik weer terug naar Blake's kamer. Op het tv-scherm zat een hond aan de dode eenden te snuffelen en hij feliciteerde Blake.

Ik stelde een directere vraag: 'Ben je vandaag nog gaan zwemmen?'

'Ja.'

'En is er nog iemand anders met je komen zwemmen?'

'Ja, Debbie.'

'Hebben Debbie en jij al jullie kleren uitgetrokken toen jullie in het pierenbad gingen?'

'Debbie deed haar badpak uit en zei dat ik mijn zwembroek uit moest doen.'

'Je weet toch dat je andere mensen je plassertje niet mag laten zien?'

'Ja, dat heeft mama gezegd.'

'Nou, heeft Debbie je plassertje gezien?'

'Ja, ze heeft hem wel gezien,' en hij lachte.

'Heb jij Debbies plassertje gezien?'

Hij hield op met zijn spelletje en legde het geweer neer. Er verscheen een zorgelijke blik op zijn gezicht. 'Weet je wat, papa? Debbie heeft geen plassertje.' Hij leek medelijden met haar te hebben. 'Ze heeft een bips van voren.'

Ik had de grootste moeite om niet in de lach te schieten. Ik belde Smudge op en hij kreeg bijna een rolberoerte.

De volgende dag ging Blake 's middags met me mee naar de briefingruimte van SEAL Team Two Foxtrot waar het peloton paraat staat en briefings krijgt. We begonnen over het voorbipsverhaal te praten en iedereen schaterde het uit.

Jaren later zei een van de jongens nog: 'Hé, weet je wat? Ik denk dat ik vanavond de stad in ga om eens iemand te zoeken met een bips van voren.' Mijn zoon was beroemd geworden binnen het Team.

Op een avond kreeg ik thuis een telefoontje. Het ging niet goed met mijn zus Tammy. Ze had vaak problemen met drugs en alcohol. Net als onze moeder was Tammy op haar zestiende getrouwd, nadat ze zwanger was geworden. Daarna was ze gescheiden.

Ik ging naar het ouderlijk huis in Screven, Georgia. Tammy had zich in de nesten gewerkt met een vent die verslaafd was. Mijn ouders zorgden voor haar dochtertje Brittany. Omdat ze in een klein stadje woonde, wist iedereen dat ze aan de drugs zat, en daardoor werkte ze als een magneet op dealers.

'Ik neem Tammy mee terug naar Virginia Beach en zorg ervoor dat ze van de drugs komt,' zei ik. 'Dan kunnen we daarna eens praten of zij weer voor Brittany kan zorgen.'

Omdat ik niet ging zitten en mijn mond hield, werd mijn vader nijdig. 'Je hoeft niet hierheen te komen om ons met die psychologie van jou de les te komen lezen.' Ondanks zijn woede was pa wijs genoeg om geen fysieke strijd aan te gaan met een Navy SEAL. Over mij had hij niets meer te zeggen. Nu moest hij met mij als een onafhankelijke volwassene zien af te rekenen. Hij zou nooit meer een hand tegen mij opheffen. Het was een grote verandering in onze relatie.

Ik nam Tammy mee naar Virginia Beach. Het voorkomen dat ze in de problemen kwam, was een nachtmerrie; zo werd ik een keer midden in de nacht wakker om een vreemdeling mijn woning uit te schoppen die ze uit een bar mee naar huis had genomen. Gelukkig maakte ze kennis met Steve, die bij de marine werkte. Tammy werd weer zwanger, en ze trouwden met elkaar. Dat leek haar van de drugs te houden. Haar eerste dochter Brittany kwam weer bij hen wonen. Voor was het een succesverhaal.

Toen ik in SEAL Team Two zat, overleed mijn oom Carroll aan een hartaanval tijdens het vissen. Ik had erg veel verdriet toen ik naar huis ging voor de uitvaartdienst in de First Baptist Church – dezelfde kerk waar ik jaren terug Timmy in elkaar had geslagen. De kerk zat vol familieleden, vrienden en mensen die ik niet kende. Vooraan lag oom Carroll in zijn kist. Hij was gek op me, bracht veel tijd met me door en hielp me een vent te worden. De uitvaartdienst ging grotendeels aan me voorbij: liederen, gebeden, Bijbellezingen, woorden van broeder Ron en lovende woorden over mijn oom. Toen ik daar in de kerkbank zat, kon ik het fysiek niet meer aan. Ik stond op en liep de kerk uit. Op de stoep van de kerk bleef ik staan, barstte in tranen uit en begon vreselijk te snikken. Ik had nog nooit zo hard gehuild. Iemand legde zijn armen om me heen en trok me tegen zich aan. Ik keek op en verwachtte dat het broeder Ron was, maar de man die me omarmde was niet broeder Ron. Het was pa. Het was de tweede keer dat we elkaar omhelsden. Niet zoals de gedwongen keer, toen ik op de bus was gestapt om naar het Cumberland College te gaan. 'Weet je, Howard, ik ga hem ook missen. Hij trok altijd zoveel met je op omdat hij veel beter in staat was je op te voeden dan ik. Hij had meer geduld. Daarom deed oom Carroll van alles met jou.'

Wat later had ik mezelf weer in de hand had en ging met de begrafenisstoet naar het kerkhof waar oom Carroll ter aarde werd besteld.

Op 6 juni 1990 werd mijn dochtertje Rachel geboren in een burgerziekenhuis in Virgina Beach. Mijn schoonmoeder was uit Zuid-Georgia overgekomen. Ik was zelf in Fort A.P. Hill, in Virginia, gelegerd, een van de grootste schietterreinen aan de oostkust. Ik reed 225 kilometer naar het zuiden om Laura en mijn dochtertje op te zoeken. Ik was zo gelukkig toen ik Rachel zag. Maar hoezeer ik ook van haar hield, mijn leven behoorde toch deels aan het Team toe. Misschien dat het andere SEAL's lukt om God, hun gezin en de Teams evenveel aandacht te schenken, maar zelf kon ik dat niet. Het Team was alles voor me. Nadat ik twee dagen in het ziekenhuis was geweest, ging ik weer terug.

Altijd als ik thuiskwam, was ze papa's meisje. Ze vond het heerlijk om me te zien en ik genoot ook van haar. Op een keer, toen ze wat ouder was, duwde Blake haar van het terras achter het huis af.

'Blake, ga in de kast een riem halen!'

Hij dook de kast in en kwam terug met mijn grootste leren riem.

'Jongen, waarom heb je de grootste riem gepakt die je kon vinden?'

Hij keek me aan. 'Papa, het was heel fout wat ik gedaan heb. Dus ik dacht dat u me dan maar moest straffen met deze grote riem.'

Misschien wond hij mij om zijn vinger, maar ik heb hem die keer geen straf gegeven. En daarna trouwens ook nooit meer. Ik was in ieder geval veel te toegeeflijk voor Blake. Ik kan waarschijnlijk de keren op één hand tellen dat ik hem op bed heb neergelegd en een pak slaag met mijn riem heb gegeven.

Ik zag bij Rachel nog veel meer door de vingers dan bij Blake. Zíj was mijn lievelingetje en híj was mijn maatje.

Ik bleef vaker over SEAL Team Six horen, de geheime antiterreureenheid. Ik hoorde van jongens dat dat hét team was om je bij aan te sluiten. Six was de allerbeste eenheid, bestaande uit de allerbeste SEAL's – net als de Pro Bowl van de National Football League. Zij hielden zich bezig met het redden van gijzelaars en kregen al het geld. Leden van het team mochten elke opleiding volgen die ze maar wilden. Duizenden dollars uitgeven voor een speciale rijopleiding van twee weken? Geen probleem. Je wilt naar de schietacademie van Bill Rogers? Nog een keer? Geen probleem. Ze gebruikten de allerbeste spullen van topkwaliteit. Ze kregen alle steun – een heel helikoptersquadron helemaal voor hen alleen. Ik hoefde er niet over na te denken: ik wilde naar SEAL Team Six. Maar voordat het zover was, werd ik eerst ingezet bij een oorlog.

7

Desert Storm

Toen hij de economische neergang van zijn land niet meer kon stuiten, gaf de Irakese president Saddam Hoessein Koeweit de schuld daarvan en viel het land op 2 augustus 1990 binnen, waarbij hij westerlingen gijzelde. De Verenigde Naties veroordeelden de invasie, eisten een terugtrekking, legden Irak economische sancties op en vormden een blokkade. Maar Saddam Hoessein leek vast van plan Saoedi-Arabië als volgende land binnen te vallen. Op 7 augustus begon Operatie Desert Shield. Amerikaanse vliegdekschepen en andere schepen voeren de Perzische Golf binnen. Onze troepen werden naar Saoedi-Arabië gestuurd. De VN stelden Irak een ultimatum om zich vóór 15 januari 1991 uit Koeweit terug te trekken. Anders zou het Irakese leger met geweld verdreven worden. We vormden een coalitie van 34 landen, met financiële steun van Duitsland en Japan.

Mijn peloton en ik maakten onze uitrusting gereed en werden overgeplaatst naar Machrihanish, in Schotland. Toen we hoorden dat Desert Shield in Desert Storm zou overgaan, vlogen we naar Sigonella, op Sicilië. Onze marinebasis lag op het terrein van de NAVO-basis en diende als knooppunt voor de Middellandse Zee. Daar wachtten we op ons schip.

In de tussentijd ging ik vaak van de basis af om in een restaurant in de buurt te gaan eten. Vooral hun *manicotti* was verrukkelijk. Op een avond vroeg ik aan de serveerster hoe je dat klaar moest maken. Ze verdween in de keuken, kwam terug en vertelde het me. Nadat ik daar een paar keer had gegeten en elke keer vroeg hoe je het gerecht klaar moest maken, zei ze: 'Jij en kok praten.' Ze leidde me naar de keuken. Ik besefte dat het restaurant door een familie gedreven werd. De kok en ik dronken chianti terwijl hij me liet zien hoe je de mise-en-place moest klaarmaken, en na een paar bezoekjes leerde hij me Siciliaans koken: zelfgemaakte gehakbal-letjes, worstje, gebakken *ziti* en manicotti. Hij leek het leuk te vinden dat ik hem graag hielp bij het koken. Het belangrijkste van Italiaans eten is de saus, waarvoor je soms een paar dagen nodig hebt om die te bereiden. Eerst snijd je de paprika's, uien, knoflook, tomaten en champignons. Ver-volgens bak je die. Kook de tomatensaus met kruiden erin, zet het vuur lager en voeg groenten toe. Doe er wat wijn bij. Hier heb je een hele dag voor nodig. Maak gehakballetjes en worstjes terwijl de saus zachtjes in-kookt. Doe het vlees vervolgens bij de saus. Stap midden in de nacht je bed uit om de saus in de koelkast te zetten. Haal hem er de volgende dag uit om op te eten. En zelfs nu kook ik nog wel eens Siciliaans. Mijn vrouw en ik nodigen vaak vrienden en buren uit om samen van de maaltijden en de sfeer te genieten die ik zo heerlijk vond op Sicilië. Af en toe als ik de hond uitlaat, vraagt een van mijn buren me: 'Hé Howard, wanneer ga je weer Italiaans koken?'

Na een paar weken kwam ik op een avond van het restaurant terug en ging even bij de verkeerstoren langs om tv te kijken. Op CNN lieten ze de eerste schoten van Desert Storm zien. Ik vloog naar de ruimte van de explosievenopruimingsdienst waar mijn peloton in slaapzakken lag te sla-pen en maakte hen wakker: 'Hé, de oorlog is begonnen!'

Iedereen sprong overeind om zich klaar te maken. Toen pas beseften we: waarom zijn we eigenlijk zo enthousiast bezig? We hadden nog niet eens orders gekregen. Dus pakte ik mijn slaapzak en ging onder zeil.

De volgende morgen kregen we te horen dat we naar de John F. Ken-nedy gingen, hetzelfde vliegdekschip waarop ik aan Search-and-Rescue-acties mee had gedaan. Toen het schip vanaf de Middellandse Zee aan-kwam, leek het wel een eeuwigheid te duren voordat we al ons materiaal aan boord hadden: kisten met 84 mm enkelschots lichte antitankrakketten (AT-4S), landmijnen, munitie... We wisten niet welke speciale missies we opgedragen zouden krijgen, en dus namen we alles maar mee.

De John F. Kennedy was 320 meter lang en 58 meter hoog van de wa-terlijn tot aan het puntje van de mast. Hij kon een snelheid van 34 knopen halen (ongeveer 60 km/uur) en had ruimte voor meer dan 5000 beman-ningsleden. Naast de tachtig vliegtuigen was het ook bewapend met twee lanceerinstallaties voor geleide raketten van het type Mark-29 waarmee

Sea Sparrow-raketten konden worden afgevuurd, twee stuks Phalanx CIWS-antiraketgeschut, en twee RAM-raketwerpers (Rolling Airframe Missile Launchers) voor infrarood geleide luchtdoelraketten.

Aan boord zag ik heel wat van mijn oude maten terug. Er waren zelfs nog wat piloten die ik kende. De John F. Kennedy voer door het Suezkanaal naar de Rode Zee, richting de Perzische Golf. Op de meeste schepen was geen onderkomen beschikbaar voor een SEAL-team. We sliepen en vergaderden overal waar maar plaats was. Gelukkig hadden we een goed contact met de bemanning. Elke keer als die ons door de gangen zag lopen met ons camouflage-uniform en SEAL-embleem, zeiden ze: 'Aan de kant, laat de SEAL door.' Je had het gevoel dat je een beroemdheid was. Wij op onze beurt behandelden hen ook zo veel mogelijk met respect.

In eerste instantie kwam er niemand naar ons toe als we in de mess kwamen eten. Na een poosje kwamen er mensen bij ons zitten. Ze vroegen ons hoe de BUD/s en andere zaken gingen. Onze conditietrainingen deden we elke morgen in de enorme hangar. Een aantal bemanningsleden kwam met ons meedoen.

We hielden ons niet aan de Dick Marcinko Etiquette School die je leerde om arrogant te zijn en mensen af te stoten. Marcinko, die SEAL Team Six opgezet had, had een tijdje achter de tralies gezeten omdat hij de overheid had opgelicht, had zijn autobiografie *Rogue Warrior* geschreven en een videogame gemaakt. Hoewel ik hem ervoor respecteer dat hij Team Six opgezet heeft, gaf Marcinko ons wel een klap in het gezicht omdat hij geen respect had voor mensen die geen SEAL waren – evenmin als voor SEAL's die niet tot zijn groepje behoorden. Ik zat eens op een vlucht met een piloot die zich verbaasde over ons gedrag dat vergeleken bij de luide, botte, strijdlustige houding van Marcinko's SEAL's zo anders was. Maar erger nog, Marcinko had overheidsgeld verduisterd, waardoor Team Six bij velen in een kwaad daglicht was komen staan. Hij had een gevangenisstraf uitgezeten omdat hij had samengespannen met een burgerondernemer om de overheid te veel in rekening te brengen voor explosieven, en hij had het geld in eigen zak gestoken. Jarenlang moest hij die zwarte bladzij in zijn leven zien te overwinnen. Met name bij SEAL Team Six werkten commandanten die na hem kwamen er hard aan om de nare smet weg te poetsen die Marcinko had achtergelaten.

Op de John F. Kennedy waren we bij anderen te gast. Zij hadden het voor het zeggen. Zij waren degenen die ons lot in handen hadden, die ons verblijf zo goed of zo slecht mogelijk konden maken als ze maar wilden. Als het schip lek raakte, waren we van de bemanning afhankelijk om het gat te dichten. We behandelden de bemanning netjes, en zij behandelden ons als vorsten.

Ik wil niet zeggen dat we de hele tijd elkaars hielen zaten te likken; we maakten allemaal immers deel uit van dezelfde ploeg. De niet-SEAL's hadden dezelfde marine-eed afgelegd als de SEAL's om 'de Grondwet van de Verenigde Staten te verdedigen tegen alle vijanden, zowel in eigen land als daarbuiten'. Wanneer je anderen die in hetzelfde leger zitten als vuilnis behandelt, zul je daar uiteindelijk zelf de consequenties van ondervinden. Als ik Marcinko op straat zou tegenkomen, zou ik respect voor hem tonen omdat hij SEAL Team Six heeft opgezet, maar als hij me vertelde dat alles beter was toen hij nog commandant was, zou ik zeggen: 'Ga jij je videogame maar spelen en neem jezelf in de maling.'

Meer dan een week lang vertrokken er piloten van ons schip met toestellen vol bommen en wij bleven achter en zagen op CNN hun ladingen ontploffen. Vervolgens stonden we te kijken als de piloten terugkwamen zonder hun bommen. Hier hadden we zo hard voor getraind. Vooral bij de koudweertraining. We skieden dan naar het doelwit, zetten een baken neer zodat de piloot in het vliegtuig onze locatie kon zien. Vervolgens 'schilderden' we het doelwit met laserlicht, zodat de piloot kon zien waar hij moest zijn. Wij staan buitenspel, dacht ik.

Met een pilotenzonnebril op stond ik op het bovendek van het vliegdekschip in de koele bries en keek uit over de schitterende, kalme oceaan in de richting Irak. Ik kon de USS San Jacinto (CG-56) zien, een torpedojager vol Tomahawks. De USS America (CV-66) en de USS Philippine Sea (CG-58) maakten ook deel uit van onze vloot. Ik was er helemaal klaar voor, maar kon nergens heen. Mijn peloton en ik waren niet de enigen. Hoewel generaal Norman Schwarzkopf aan het begin van de oorlog Britse commando's had ingezet, de Special Air Service (SAS), maakte hij geen gebruik van de Amerikaanse elite-eenheden. Hij gaf duidelijk de voorkeur aan de Amerikaanse conventionele troepen boven de Amerikaanse speciale eenheden zoals de SEAL's of Delta. Het was goed waardeloos.

Tussen twee haakjes, hoewel de SEAL's speciaal geoefend hadden om de oliebronnen van Koeweit te verdedigen, had Schwarzkopf geen gebruik van ons gemaakt. Later, toen de troepen van het coalitieleger het Irakese leger uit Koeweit verdreven, pasten Saddams troepen de tactiek van de verschroeide aarde toe en vernietigden alles wat maar mogelijk was – ze staken onder andere meer dan 600 Koeweitse oliebronnen in brand. Koeweit verloor vijf tot zes miljoen vaten olie per dag. De onverbrande olie vormde honderden oliemeren en vervuilde veertig miljoen ton grond. Zand dat met olie vermengd raakte, vormde 'tarcrete', een dikke harde betonachtige bodemlaag, en bedekte 5 procent van Koeweit. Het doven van de brandende bronnen kostte Koeweit 1,5 miljard dollar. De oliebronnen stonden meer dan acht maanden in brand en vervuilden de bodem en de lucht. Veel inwoners van Koeweit en militairen van de coalitietroepen kregen ademhalingsproblemen. Dikke zwarte rookwolken vulden de Perzische Golf en omringende gebieden. De wind dreef de rook in de richting van het Arabisch Schiereiland. Dagenlang vervuilden de rookwolken en zwarte regen de omliggende landen. De milieuschade en gezondheidsproblemen ten gevolge van de branden zijn tot op de dag van vandaag voelbaar. Als Schwarzkopf de kans niet onderschat had dat Saddams troepen de oliebronnen in brand zouden steken, hadden de jongens van het Team naar onze overtuiging veel van de boosdoeners kunnen tegenhouden voordat ze de 600 oliebronnen bereikten, en dan zou de schade beperkt zijn gebleven.

Op een avond werden we rond middernacht gewekt en kregen het bevel ons te verzamelen in een van de briefingruimtes van de gevechtspiloten. De inlichtingendienst vertelde ons dat een vrachtschip, dat als dekmantel onder Egyptisch vlag voer, mijnen aan het leggen was in de Rode Zee. Wij kregen de opdracht het schip uit te schakelen. SEAL Team Six voerde dit soort missies uit met Black Hawk-helikopters en ultramodern materiaal. Als Team Two SEAL's moesten we het doen met de op hommels lijkende SH-3 Sea King-helikopters en ons gezonde verstand.

We begonnen met de planning van onze missie. Hoeveel helikopters? Wie gaat er in welk toestel? Wie vervult welke rol? Welke helikopter gaat het eerst boven het schip hangen? Welke als tweede? Wat voor sniper-posities gebruiken we, wat voor ontsnappingsplannen als we ons moeten terugtrekken? Ondertussen bleven we nieuwe inlichtingen binnenkrij-gen, en het vliegdekschip bracht ons dichter naar de aanvalspositie. De scheepshoorn klonk: lunchtijd. We aten en wisten niet wanneer we weer een kans zouden krijgen wat te eten. Vervolgens gingen we naar het inlichtingencentrum voor het laatste nieuws en om de bouwtekening van het vrachtschip te bekijken dat we moesten uitschakelen. Hoeveel dek-ken? Hoeveel ruimten? Hoeveel bemanningsleden? De hoeveelheid in-lichtingen en voorbereidingen die voor een missie nodig zijn, doen je dui-zelen.

Omdat ik verantwoordelijk was voor de belading van het toestel, zorg-de ik ervoor dat alles klaarlag: de metalen touwladders (om weer terug in de helikopter te kunnen klimmen als dat nodig was), de abseiltouwen en ander materiaal in de heli. Ik maakte een gevlochten nylon kabel van 27 meter vast aan een haak op een buis die met bouten aan het plafond van de SH-3 Sea King was bevestigd. De Sea King was een tweemoto-rige helikopter voor onderzeebootbestrijding. Hij was niet voor ons soort werk ontworpen en zou later vervangen worden door de SH-60 Sea Hawk, de maritieme versie van de Black Hawk. SEAL Team Six had wel Black Hawks, maar de SEAL's van het ruime sop moesten het doen met wat voorhanden was. Ik legde het opgerolde abseiltouw vlak bij de deur-opening van de heli.

We verdeelden de taken. Als verantwoordelijke voor de gevangenen moest ik tien extra paar tie-wraphandboeien in mijn rugzak doen, naast de standaard twee paar voor de gevangenen, en ik moest bedenken waar we de gevangenen zouden laten als we het schip uitschakelden.

We stonden paraat in onze zwarte gevechtsuniformen. Aan onze voe-ten hadden we aanvalslaarzen met een zachte zool waar je goed grip mee hebt, het zijn net hoge tennisschoenen. Ze kunnen ook tegen water en dan passen je zwemvliezen er netjes overheen. Tot op de dag van van-daag zijn het mijn favoriete laarzen. Ons gezicht was bedekt met zwarte bivakmutsen, en we hadden camouflage op de huid die zichtbaar was. Aan onze handen hadden we zwartgeverfde pilotenhandschoenen en van de rechterhandschoen hadden we twee vingers afgeknipt: de wijsvinger die aan de trekker zat tot aan de tweede knokkel en de duim tot aan de eerste knokkel. Zo kon je gemakkelijker de trekker overhalen, magazijnen verwisselen, de pin uit handgranaten trekken enzovoort. Om onze pols hadden we Casio-horloges om de tijd bij te houden. Achter op mijn rug hing een gasmasker aan mijn riem. Tijdens Desert Storm was iedereen voorbereid op gas of biologische wapens; Saddam zou nog steeds chemische wapens hebben die hij zonder aarzelen tegen ons zou gebruiken. Ik nam ook twee of drie stungranaten mee.

Ik droeg het Heckler & Koch MP5 machinegeweer met een Sig Sauer 9 mm op mijn rechterheup. Ik had een magazijn met dertig kogels in de MP5 zitten. Sommige mannen dragen het liefst twee magazijnen in het wapen mee, maar het was onze ervaring dat je door het dubbele magazijn niet zo gemakkelijk kon bewegen, plus dat het lastig is het magazijn te verwisselen. Ik had drie magazijnen bij me op mijn linkerbovenbeen en nog eens drie in mijn rugzak. We probeerden onze wapens uit vanaf het halfdek, achter op het schip.

Hoewel ons peloton uit zestien man bestond, zou er in elk van de twee rondcirkelende helikopters één van ons als sniper achterblijven. Dan waren er dus nog maar veertien over om het hele schip in handen te krijgen – nog twee heli's met elk zeven aanvallers. Die van mij zou de leiding nemen.

De bemanningsleden van de helikopter waren bekende gezichten voor me – ik had met hen samen gediend in hun eskader, SH-7, tijdens mijn begintijd bij de marine als kikvorsman bij Search-and-Rescue-operaties op zee. Omdat ik verantwoordelijk was voor de belading en voor het touw, zat ik in de deuropening van de heli midden in het opgerolde abseiltouw, met in mijn linkerhand het deel dat naar de takel ging die uit de heli stak. Toen we eenmaal in de lucht waren, voelde ik de koude wind aan het touw trekken. Ik sloot mijn ogen en rustte wat.

'Vijftien minuten.' Ik hoorde in mijn koptelefoon de stem van het helibemanningslid dat boodschappen van de piloot doorgaf.

Ik opende mijn ogen en gaf de boodschap door aan mijn teamgenoten. 'Vijftien minuten!' Vervolgens sloot ik mijn ogen weer.

'Tien minuten.'

Ik was aan de routine gewend.

'Vijf minuten.'

Het kwam nu dichterbij.

'Drie minuten.'

We naderden het schip vanaf de achterkant en namen gas terug van 100 knopen naar 50 knopen.

'Eén minuut.'

De piloot trok de neus van de heli omhoog en remde af. Toen we vlak boven het schip kwamen hangen, had ik nog genoeg daglicht om het dek te kunnen zien. We bleven in positie hangen. Ik trapte het 27 meter lange abseiltouw naar buiten en riep: 'Touw!' Het kwam neer bij de achtersteven van het schip, op een stuk dat te klein was om met een helikopter op te landen.

'Nu!' Met mijn handschoenen, waarin ik een dikke laag wol gestopt had, greep ik het touw vast en gleed erlangs naar beneden als een brandweerman langs zijn paal. Met meer dan 45 kilo bepakking op mijn rug moest ik het touw stevig vasthouden om te voorkomen dat ik op het dek te pletter zou vallen. Natuurlijk wilde ik ook niet te langzaam gaan met zes mannen achter me die op hun beurt wachtten in de helikopter: één groot zwevend doelwit. De rook kwam letterlijk van mijn handschoenen toen ik naar beneden gleed. Gelukkig maakte ik een veilige landing.

Helaas had onze piloot er grote moeite mee om in positie te blijven boven het schip op de ruwe zee, in de invallende duisternis en zware windstoten. Wat het nog moeilijker maakte, was dat de piloten niet gewend waren boven een doelwit te blijven hangen terwijl een man van negentig kilo met zijn bepakking van vijfenveertig kilo het touw plotseling loslaat – waardoor de heli plotseling omhoogschiet. Ter compensatie moest de piloot de heli laten zakken bij elke man die beneden aangekomen het touw losliet. We hadden eerder met de piloten geoefend, maar het was een lastige manoeuvre. Als de piloot de positie van de heli niet corrigeerde, gleed de eerste man eraf met een meter touw op het dek, de tweede had dan slechts 30 centimeter over, en bij de derde man raakte het touw het dek niet meer. Het duurde dan niet lang of de een of andere stumper zou van drie meter hoogte op het metalen dek neervallen en een minder zachte landing maken dan hij op de grond zou doen. Zelfs voor de meer ervaren piloten van de Black Hawks was het een lastige manoeuvre. De helikopter vloog weg. Shit, dacht ik. Daar was ik, midden in de oorlog, in het midden van de Rode Zee, helemaal alleen op een vreemd vijandig schip. Ik voelde me kwetsbaar. Als dit echt fout liep, vecht ik me er wel doorheen, dacht ik. Als het echt helemaal fout loopt – Moedertje Zee is vlakbij. Trappen, armen uitslaan, drijven.

De helikopter moest even rondvliegen, opnieuw kijken waar het dek was, nogmaals aanvliegen en weer stil blijven hangen. Het duurde waarschijnlijk maar twee minuten, maar het leek wel twee uur.

Ik hield met de loop van mijn MP5 de omgeving in de gaten terwijl mijn peloton langs het touw afdaalde. Toen we allemaal bij elkaar waren, bepaalden we ons doel. Mark, onze teamleider, en DJ, onze verbindingsman, namen een groep mee naar de stuurhut om het commando over het schip over te nemen. Twee schutters gingen naar het stuurstation op het achterdek en schakelden de motor en besturing uit – waardoor het schip stuurloos in het water bleef liggen. Mijn team ging naar de hutten om de bemanning te arresteren.

Binnen in het schip kwamen we bij de eerste hut. Ik dacht: Je bent een watje totdat je hard optreedt. Wees zo lang mogelijk stil. Als ik een schot of stungranaat hoorde, zou ik denken: Help, daar gaan we. Vanaf dat moment zou ik hard zijn. Trap elke deur in en gooi een granaat in elke ruimte. Neem iedereen gevangen. Meer geweld naarmate de tegenstand exponentieel toeneemt. We proberen de mate van geweld aan te passen aan wat de situatie vereist. Niet meer, niet minder.

Ik deed een deur open en vier van ons slopen stil naar binnen, terwijl twee anderen in de gang achterbleven om ons dekking te bieden. Snelheid is essentieel, net als tegelijk samen optrekken. Twee van ons richtten zich op links en twee van ons op rechts. De twee bemanningsleden in de hut bleven stokstijf staan. Wij hadden de situatie onder controle. Ze kenden geen Engels maar wij wel een paar woorden Arabisch: 'Op de grond!'

Ze gingen op de grond liggen.

Een andere SEAL en ik stonden bij de muur met de wapens in de aanslag, terwijl twee SEAL's zeiden: 'Lopen.'

'Loop,' antwoordde ik omdat ik de baas was in de ruimte.

Ze deden de twee bemanningsleden op het dek handboeien om.

Omdat ik wilde weten of het veilig was om vanuit de hut naar de gang te gaan, riep ik: 'Naar buiten?'

'Naar buiten,' kwam het antwoord vanuit de gang.

We namen onze gevangenen mee de gang op en liepen naar de volgende deur. In de meeste hutten zaten twee bemanningsleden. Sommige hutten waren leeg.

In een van de hutten riep ik, nadat we de bemanningsleden geboeid hadden: 'Naar buiten?'

'Nee,' antwoordden de schutters op de gang.

Met z'n vieren bleven we met onze twee gevangenen wachten. Ik kon een discussie horen op de gang.

'Wasdin!' Een van de mannen op de gang riep mijn naam.

Ik stapte de gang op en zag aan het eind van de gang op de T-kruising een bemanningslid staan met een brandblusser in zijn hand. Een van de mannen die geroepen hadden, stond op het punt hem uit te schakelen omdat hij niet mee wilde werken.

'Wat is er aan de hand?' vroeg ik

'Die man wil niet luisteren,' antwoordde de schutter.

Misschien denkt hij dat we het schip saboteren, dacht ik. 'Op de grond,' zei ik in het Arabisch.

Het bemanningslid sprak Arabisch. 'Nee.'

Ik keek hem eens goed aan. Hij leek verward en zag er niet uit alsof hij ons echt wilde aanvallen. In de veronderstelling dat het gewoon een communicatiestoornis was, liet ik mijn MP5-machinepistool wat zakken.

Hij dook op me af met zijn brandblusser.

Shit, dacht ik.

Ik deed net op tijd een stap opzij, maar de blusser schampte wel mijn hoofd. In die tijd droegen we geen helm bij een aanval. Als ik geen stap opzij had gedaan, had ik hem precies in mijn gezicht gekregen.

Nou zeg, dacht ik. Hij vermoordde me bijna met een brandblusser. Hoe zou dat zijn? Probeer je aardig te zijn en dan krijg je een brandblusser naar je toe gegooid. Ik was woedend. Ik greep hem van opzij beet en zette de loop van mijn MP5 onder zijn rechteroor, duwde hem terug en gaf hem vervolgens een harde klap als beloning.

Een van meneer Brandblussers vrienden, een klein miezerig mannetje, hield zijn handen voor zich uit alsof hij me aan wilde vallen.

Mijn teamgenoot stond op het punt hem uit te schakelen.

'Nee, laat mij maar.' Met mijn linkerhand gaf ik Brandblussers kameraad een karateklap net onder zijn neus, waardoor hij achteruit wankelde. Ik sloeg wel zo hard dat hij waarschijnlijk zijn tanden recht moest laten zetten. Hij werkte meteen mee en wilde liever geen klappen meer krijgen. Vervolgens kreeg Brandblusser op de ruwe manier de handboeien om: armklem, knie achter de nek, een grote pluk haar vastpakken, hem aan de handboeien omhoogtrekken totdat je zijn armen bijna uit de kom trekt, en hem al trappend tegen zijn achterwerk de gang door sturen. Onze jongens namen hem en de andere gevangenen mee naar de plaats waar we ze bijeen zouden brengen.

Er liep een straaltje bloed van mijn hoofd mijn oor in. Nu was ik pas echt nijdig. Probeer je een aardige jongen te zijn en zie eens wat je loon is, dacht ik. Achteraf gezien hadden we Brandblusser er twee op zijn lichaam en één op zijn hoofd moeten geven. De klootzak heeft nog geluk gehad.

We vonden de meeste bemanningsleden in hun verblijf c.q. mess, en stoorden hen bij hun Turkse thee en sigaretten.

We doorzochten nauwkeurig elke centimeter van het schip, van boven naar beneden, van achtersteven naar boeg. Omdat we met minder mensen waren en niet zo gespecialiseerd als Team Six, hadden we daar twee uur voor nodig. Mijn team bleef in het donker op de boeg staan met de gevangenen. Mark had vanuit de stuurhut het commando over ons peloton, terwijl DJ naast hem stond en voor de communicatie zorgde. Niemand raakte gewond. Behalve ik dan, idioot die ik ben. Nu hadden we het schip in handen. We werden door oorlogsschepen omringd terwijl we stil in het water dreven. In opblaasbare boten (de Rigid Hull Inflatable Boats, RHIB's) die naast ons lagen zat het Coast Guard Law Enforcement Detachment (LEDET), de kustwachteenheid die arrestaties uitvoert op open zee. We hadden het gevaarlijkste deel van de operatie grotendeels achter de rug.

We verzamelden de gevangenen. De kapitein van het schip, in de stuurhut bij Mark, stuurde zijn onderofficier naar beneden om de bemanning te tellen. We ontdekten dat er één bemanningslid ontbrak. Iemand hield zich verborgen.

We vroegen de gevangenen of zij wisten waar hij was.

Niemand wist ergens iets van.

Dus moesten we het hele stomme schip opnieuw doorzoeken. Vier van ons bewaakten de gevangenen en de anderen begonnen het schip opnieuw vanaf het achterdek te doorzoeken. We waren woedend, keken in elk hoekje en gaatje van het schip dat we naar ons idee al doorzocht hadden. Halverwege de zoektocht kreeg ik een seintje dat ze de man gevonden hadden. Hij had zich verstopt tussen wat pijpen in een machinekamer en was doodsbang.

We namen hem mee naar zijn collega's op de boeg, en sneden de tie wraps van alle gevangen door. Behalve van Brandblusser dan. Ik liet hem op de kaapstander zitten die op een reusachtige gemotoriseerde spoel lijkt en dat was wel de meest ongerieflijke zetel op het schip.

Ondertussen sprak Mark via DJ met een tolk op een van de schepen, om zo met de kapitein te kunnen communiceren die naast Mark stond.

'Waren jullie mijnen aan het leggen? Waar zijn de mijnen? Waar gaan jullie naartoe? Waar komen jullie vandaan?'

'We zijn geen mijnen aan het leggen.'

'Als dat niet het geval is, waarom hebben jullie dan helemaal geen lading? Waarom varen jullie van Egypte weg in plaats van ernaartoe?

Deze jongens gaven ons niet de juiste antwoorden. Er zat duidelijk een luchtje aan.

Brandblusser klaagde: 'Ik heb pijn aan mijn achterwerk.'

Ik had nog een kloppend gevoel in mijn hoofd en dacht: Jij klootzak, jij mag van geluk spreken dát je nog iets voelt.

Een van de gevangenen op de boeg stak zijn hand onder zijn jasje en wilde een pistool uit zijn schouderholster halen. De snipers in de helikopter richtten hun infrarood laser op hem terwijl de rest van ons de veiligheidspal van onze MP5 haalde en hem neer wilde schieten – maar er zat geen pistool noch een holster onder zijn jasje, alleen een wit pakje sigaretten.

'Nee, nee, nee, nee,' smeekte de gevangene. Zijn ogen leken wel twee grote spiegeleieren. Hij had geluk dat we zo gedisciplineerd waren wat schieten betreft – vergeleken bij de vier politieagenten in New York die 41 schoten losten op Amadou Diallo alleen omdat hij zijn portefeuille wilde pakken.

Een van de bemanningsleden sprak Engels en hij vertaalde voor ons. 'Geen plotselinge bewegingen. Pak niets uit je zakken.'

Brandblusser jammerde: 'Ik heb pijn aan mijn achterwerk.'

Ik dacht: Ik hoop dat je me een goede reden geeft om je neer te schieten. Later kwam er een tiener het dek op rennen. We namen hem ruw en snel gevangen. Toen we contact met Mark opnamen, ontdekten we dat het de boodschappenjongen van de kapitein was die sleutels kwam ophalen. Misschien moest hij wel altijd rennen als de kapitein hem een bevel gaf, maar we maakten hem duidelijk: 'Geen snelle bewegingen en niet rennen.' Ik had met het arme jong te doen omdat we hem hard tegen de grond gewerkt hadden.

De kapitein en bemanning gaven ons nog steeds niet de juiste antwoorden, dus kwam de kustwacht aan boord, gewapend met geweren, en ze gaven ons de high five. We droegen het schip en de gevangenen aan hen over. Ze zouden met het schip naar een bevriende haven in de Rode Zee varen, en dat zou zeker niet het einde van het verhaal betekenen voor de gevangenen.

Brandblusser had nog steeds zijn handboeien om toen de kustwacht het overnam. Ik hoop dat hij ze tot op de dag van vandaag aanheeft.

Onze taak zat erop. Het weer verslechterde, dus konden we niet met de helikopter weg. In plaats daarvan lieten we ons langs touwladders op een rubberboot van de kustwacht zakken. Die bracht ons naar hun amfibievaartuig.

Toen we vroeg in de morgen aan boord van het amfibievaartuig gingen, waren we meer dan vierentwintig uur in touw geweest. De laatste keer dat we iets gegeten hadden, was de lunch van de dag ervoor. Tel daarbij nog de lichamelijke inspanning en adrenalinepiek op: we stierven van de honger. In de mess kwamen ze met een geweldige maaltijd voor ons aandragen, ook al was het officieel nog te vroeg voor het ontbijt. Ik kan me niet meer precies herinneren wat ze ons voorzetten, maar naar mijn idee was het een combinatie van een ontbijt en warme maaltijd: quiche, gegrilde ham, karnemelk, pannenkoeken met bosbessen, jus d'orange, koffie, steak, gebonden aspergesoep, gestoomde kool met witte saus, aardappelpuree en warme appeltaart.

De chef-kok kwam bij ons kijken en schudde ieder van ons de hand. 'Ik heb wat van mijn geheime recepten klaargemaakt. Ik hoop dat jullie het lekker vinden.'

'Heerlijk,' antwoordde ik.

'We hebben net pas gehoord dat jullie eraan kwamen, en we hadden alleen tijd om dit te bereiden.'

De debriefing vond tijdens het eten plaats. Alle officieren van het schip leken aanwezig te zijn. Ze behandelden ons als vorsten. Het leek wel alsof iedereen die in de mess paste gekomen was, zo overvol was het. Ze wilden ons ontmoeten, met ons praten en erbij horen. Hun gastvrijheid deed me heel veel. Zorgde dat ik me belangrijk voelde.

Rond het middaguur landden onze heli's op de achtersteven van het amfibievaartuig, we zwaaiden naar iedereen en vlogen naar de Kennedy terug.

Later kreeg ik de Navy Commendation Medal, waarop stond:

De staatssecretaris van de Marine heeft het genoegen de Navy Commendation Medal toe te kennen aan korporaal Technische Dienst der eerste klasse Howard E. Wasdin, United States Navy, als blijk van waardering voor zijn professionele optreden en de uitmuntende uitvoering van zijn taken tijdens zijn werkzaamheden als specialist luchtoperaties voor het SEAL Team Two Foxtrot Peloton tijdens de inzet in de Rode Zee ter ondersteuning van Operatie Desert Storm van 17 januari tot 28 februari 1991. Tijdens deze periode heeft onderofficier Wasdin zijn veeleisende taken consequent op een voorbeeldige en zeer professionele manier ten uitvoer gebracht. Als luchtoperatiespecialist verantwoordelijk voor alle abseiloperaties van de SEAL's vanuit helikopters, was zijn voortdurende grote ijver van instrumenteel belang om een snelle en succesvolle interventie tegen aangewezen doelwitten mogelijk te maken voor het aanvalsteam. Tijdens één SEAL-missie heeft hij op deskundige wijze de interventie geleid en was de eerste man aan boord om de cruciale dekking te bieden voor zijn collega's. Hij was leidinggevende van een arrestatieoperatie en gaf blijk van superieure gevechtsvaardigheden die van cruciaal belang waren voor het slagen van de missie. Onderofficier Wasdin beschikt over uitzonderlijke professionele capaciteiten, initiatief en een loyale toewijding aan zijn plicht wat zowel hemzelf als de marine van de Verenigde Staten tot eer strekt.

'Ik heb de opdracht gekregen drie mannen uit te zoeken voor een geheime operatie, maar de inlichtingendienst wil me niet vertellen waar het over gaat totdat ik de mannen uitgekozen heb,' zei Mark.

Smudge, DJ en ik stonden buiten het inlichtingencentrum van het vliegdekschip (het CVIC) te wachten, terwijl Mark daar even naar binnen was gelopen. Die kwam weer terug en zei: 'Kom maar mee.'

We liepen naar binnen. Aan de rechterkant was een kleine kantine met een koffieautomaat en een koelkast. Aan de linkerkant was de hoofdruimte waar een vergadertafel stond met stoelen eromheen. Aan de ene muur hing een whiteboard, en voor een ander whiteboard stond een televisietoestel met een videorecorder. Aan de zijkant stonden een paar donkere leren banken. In het midden van de ruimte stond de inlichtingenofficier van het schip, met naast hem een man die ik nog niet eerder had gezien. Ik weet niet of hij een geestverschijning of zoiets was. Zonder zich voor te stellen zei de man: 'Goedemorgen, heren.'

'Goedemorgen, *sir*.' We wisten niet wat zijn rang was, dus konden we maar beter beleefd dan brutaal zijn.

'Een van de Tomahawks die afgeschoten zijn, heeft zijn doel gemist en is niet ontploft. Hij kwam op bevriend grondgebied terecht, maar er zijn wel vijandelijke troepen in de buurt. We willen dat jullie die raket onschadelijk gaan maken, zodat de Irakezen de technologie niet in handen krijgen, want die is van onschatbare waarde. We willen ook niet dat ze het projectiel ombouwen tot een IED.'

We gingen weer terug naar het onderkomen waar onze kooien (bedden), lockers en een kleine zitruimte waren, en begonnen onze uitrusting te pakken. 'Wat gaat er gebeuren?' vroegen de andere jongens opgewonden.

'We gaan met z'n vieren een operatie uitvoeren.' Het was rot dat we hun de details niet konden vertellen.

Hun enthousiasme verdween toen ze beseften dat zij twaalven niet mee mochten.

Ik zou mijn CAR-15 met telescoopvizier meenemen, met dertig .223 (5,56 mm) kogels in het magazijn. Ik stopte een paar honderd dollar in de kolf. Deed mijn noodpakket in de zak op mijn linkerbovenbeen: een mini-flare, watervaste lucifers, kompas, kaart, noodsignaallamp, reddingsdeken, en een noodrantsoen. In de zak op mijn rechterbovenbeen zat mijn traumaset: 10 x 10 gaaskompres met verband om het vast te binden, een mitellaband, een vaselineverband voor een zuigende borstwond – alles waterproof en vacuüm verpakt in plastic. Dit was de kleine verbandkit, voornamelijk voor schotwonden of bloedende wonden. Hoewel de SEAL's vaak verschillend gekleed zijn en uiteenlopende wapens bij zich hebben, dragen ze de traumaset altijd op dezelfde plaats. Om die manier hoeven we als iemand van onze neergeschoten wordt, niet naar zijn traumaset te zoeken. Natuurlijk kon ik dan ook mijn eigen kit gebruiken, maar als ik later zelf iets nodig had, zou ik onvoldoende verbandmiddelen hebben.

We gingen met z'n vieren aan boord van de SH-3 Sea King met lichtbruine en zandkleurige strepen en vlekken op ons gezicht. Smudge droeg 1800 gram beigeachtig boetseerklei bij zich die naar heet asfalt stonk – C4 kneedbare springstof. Ik droeg de slaghoedjes, het lont en de ontsteker. De C4 kon niet ontploffen zonder de kleinere explosie van een slaghoedje, en daarom hielden we die twee van elkaar gescheiden. Smudge had de veiligere lading. Hoewel slaghoedjes alleen niet krachtig genoeg zijn om je hand eraf te blazen, is het wel voorgekomen dat ze er één of twee onvoorzichtige vingers afbliezen.

We hadden maar weinig bij ons omdat het een snel tochtje heen en terug eruit zou zijn. De heli vloog een paar kilometer voordat hij afremde tot 10 knopen en zo'n 3 meter boven het water stil hing. Ik stapte aan de zijkant uit het toestel terwijl mijn zwemvliezen recht naar beneden wezen en ik liet me door de hard prikkende druppels vallen die door de wieken van de helikopter van de oceaan opspatten. Door het lawaai van de wieken boven mijn hoofd kon ik de plons niet horen.

Eén voor één sprongen de jongens uit de zijdeur de oceaan in. Net als bij het afdalen via een touw werd de helikopter lichter bij elke sprong, waardoor hij hoger kwam te hangen – waarop de piloot even moest bijsturen. De laatste SEAL die in Vietnam is omgekomen, eerste luitenant Spence Dry, deed een helikoptersprong toen de helikopter veel hoger dan 6 meter omhoog steeg en sneller dan twintig knopen vloog, waardoor Dry zijn nek brak.

Al watertrappelend keek ik om me heen. Iedereen leek heelhuids in het water te zijn beland. Er knipperde een licht aan de kust – ons teken. Ik begon het koud te krijgen. We vormden een rij met ons gezicht naar de seinlamp. Ik zwom in borstcrawl, trapte ver, diep en langzaam om snel vooruit te komen en in formatie te blijven met de anderen. Door het zwemmen warmde ik wat op. Toen we op een ondiepe plaats aankwamen waar we konden staan, hielden we halt en keken naar de kust. Smudge en DJ verspreidden zich naar de linker- en de rechterflank. Ik beschermde Mark met mijn CAR-15 toen hij naar de lichtbron toeging, een peervormige Arabier die onze contactpersoon was. Ze wisselden de afgesproken herkenningstekens uit. Mark trok aan zijn linkeroor. De contactpersoon wreef met zijn linkerhand over zijn buik. Tot nu toe was alles in orde. Ik draaide de man met zijn rug naar me toe, deed hem handboeien om en fouilleerde hem op wapens of een radio of iets wat er niet hoorde te zijn. Alles leek in orde. Ik sneed zijn handboeien door.

Mark gaf Smudge en DJ een teken dat ze konden komen. Toen ze bij ons waren, was ik verantwoordelijk voor de contactpersoon terwijl we landinwaarts liepen. Als hij ongewoon zenuwachtig werd als we dichter bij het projectiel kwamen, wist ik dat hij ons misschien naar een valstrik toebracht. Als dat het geval was, zou ik als eerste een kogel door zijn hoofd schieten. Ik heb nog nooit gehoord dat een dubbelagent het overleefd heeft die SEAL's naar een hinderlaag lokte. Achter de man en mij liep onze leider, Mark. Daarachter kwam DJ met de radio en daarachter Smudge.

Nadat we een kilometer door het zand hadden gelopen, bleven we op bijna 100 meter van een onverharde weg staan en gingen voorover op de grond liggen terwijl de man een grote steen pakte, naar voren liep en de steen naast de weg legde. Vervolgens kwam hij bij onze groep terug en ging naast ons liggen. Mijn natte lichaam begon te rillen. In de woestijn is het overdag heet maar 's nachts koud en doordat we nat waren, werd het er niet beter op. Ik wilde graag weer in beweging komen, maar ik had geen zin om neergeschoten te worden omdat ik te snel weg wilde. Een kwartier later stopte er een auto aan de kant van de weg naast de steen. We hielden onze CAR-15's met geluidsdemper in de aanslag. Een man in een witte djellaba stapte uit de wagen en liep de 100 meter in onze richting.

'Halt!' riep ik in het Engels. 'Draai je om.'

Hij gehoorzaamde.

'Loop achteruit naar mijn stem toe.'

Toen hij met zijn rug naar ons toe bij ons kwam, pakten we hem beet, bonden zijn handen vast en fouilleerden hem. Vervolgens liepen we met de chauffeur naar zijn auto en doorzochten die. Hij reed twintig minuten met ons naar het doel, ergens midden in de woestijn. De chauffeur parkeerde de auto en liep verder met ons mee. Daar lag het projectiel. Hoewel hij neergestort was, was hij nog intact. We bleven op afstand rond de raket staan, terwijl Smudge twee sokken met c4 klaarmaakte. In elke groene canvas sok stopte hij 900 gram c4. Vervolgens trok hij een sok over de punt van de raket, deed de draad die aan de opening van de sok zat om een haak in de teen van de sok en trok die strak aan. Daarna deed hij de andere sok om het andere uiteinde van de raket.

Hij tikte me op de schouder en ging op mijn plaats staan, waarna ik een slaghoedje in elke bonk c4 ging drukken. Ik wilde dit op geen enkele manier mis laten lopen. Ik maakte de twee slaghoedjes met krimpkous vast aan twee lonten die ik rechtop hield. Daarna bevestigde ik zorgvuldig twee onderwaterontstekers (m60) aan de twee lonten. Terwijl ik de ontstekers in mijn ene hand hield, trok ik tegelijk aan beide koordjes. *Plop!* 'Detonatie!' Ik kon het cordiet van de brandende lonten ruiken. Het duurde ongeveer drie minuten voor de grote explosie zou volgen.

Ik ging terug naar de anderen en we liepen weg. Snel. We zochten dekking achter een natuurlijke berm die op een enorme verkeersdrempel leek. *Boem!* Het regende zand.

We liepen weer terug naar de raket om te kijken of de restanten klein genoeg waren. Mark gaf het sein dat het oké was en dus gingen we weer naar de auto terug.

De chauffeur nam ons mee terug naar de plek op de weg bij de steen, maar Mark vertelde hem dat hij door moest rijden, dit om te voorkomen dat hij ons bij een hinderlaag afzette. Nadat we uitgestapt waren, wachtten we tot de chauffeur en de contactpersoon vertrokken waren en liepen naar het strand terug. Op het strand riep DJ de heli op en vertelde de piloot dat we op de terugweg waren. We deden onze zwemvliezen aan en stapten het water in. Ik was blij uit de gevarenzone te zijn en zwom snel weg.

Iedereen zwom snel. Door het zwemmen werd ons lichaam warmer. Wat ze ons in BUD/S vertelden was waar: in Moedertje Zee is het behaaglijk en veilig. Terwijl de heli dichterbij kwam, gingen we naast elkaar, 5 meter uit elkaar, liggen wachten. We deden de infrarode lampjes aan op ons opblaasbare zwemvest. De heli bleef boven ons hoofd hangen en de grote wieken veroorzaakten deining in de oceaan. Het zoute water spatte over mijn masker. Vanuit de heli werd een touwladder naar beneden geworpen, en ik haakte me met mijn elleboog aan één van de sporten vast. Ik klom naar boven. Toen mijn voeten op de ladder stapten, gebruikte ik ze om me naar boven te duwen, in plaats van me met mijn armen op te trekken, zodat mijn armen niet te moe zouden worden. Boven gekomen gebruikte ik mijn armen om mezelf in de helikopter te trekken.

Toen we allemaal veilig binnen waren, haalde een bemanningslid de ladder binnen en de heli vloog met ons weg. In de heli sloegen we elkaar op de schouders en haalden opgelucht adem. De Kennedy moet dichter naar ons toe gevaren zijn, want de vlucht terug was niet zo lang. We hadden een geheime operatie uitgevoerd die iemand extreem belangrijk gevonden had.

Een paar dagen later stonden we opnieuw buiten het CVIC. Dit keer alleen DJ en ik. Mark riep ons binnen en weer ontmoetten we de Man Zonder Naam.

Hij schudde ons de hand en verspilde geen minuut. 'Zullen we maar ter zake komen?'

We knikten.

Hij legde uit: 'De PLO heeft gezegd dat ze achter Saddam Hoesseins invasie van Koeweit staat. Nu zijn ze ook actief in Irak. De Iraniërs werken met de PLO samen om terroristen te trainen die de coalitietroepen kunnen aanvallen. Ze hebben onlangs een bermbom geplaatst waar een van onze voertuigen op is gereden. We willen dat jullie aangeven waar de basis van de PLO en Iran in Zuidoost-Irak is, zodat er een aanval met een geleide raket kan worden uitgevoerd. Vervolgens maken jullie nog een BDA [een Battle Damage Assessment: een raming van de gevechtsschade].'

Mark besprak het plan met ons en daarna gingen DJ en ik onze uitrusting klaarmaken. We zorgden er zoals gebruikelijk voor dat we niets bij ons hadden dat lawaai maakte of schitterde – niets wat met een beetje zandkleurige verfspray of tape niet te verhelpen was.

Nadat we onze uitrusting op orde hadden gemaakt, vertrokken we aan het eind van de middag met een Sea King vanaf het vliegdek van de John F. Kennedy. Ik viel tijdens de vlucht in slaap en werd pas wakker toen we landden bij de vooruitgeschoven operatiebasis. Het was al donker en de klok tikte door. Een burgerjongen met een nietszeggend gezicht in een spijkerbroek en grijs T-shirt gaf ons de sleutels van een Humvee. 'Ik heb hem net gewassen en in de was gezet.'

Ik keek naar het vuile voertuig en glimlachte: Perfect.

Met een halve maan aan de wolkeloze hemel konden DJ en ik nog wat in het donker zien. Dat kon de vijand ook, maar door de heldere lucht kon de raket het doel ook goed vinden. Nadat we bijna 50 kilometer door de woestijn gereden waren en alle wegen, gebouwen, bevolkte gebieden en telefoonmasten vermeden hadden, kwamen we in een gebied dat zo'n 3 meter naar beneden afliep, precies zoals we op de satellietkaart in het CVIC hadden gezien. Nadat we wat valse sporen voorbij onze locatie hadden gemaakt, stopten we in de kuil en veegden onze echte sporen uit. Vervolgens bedekten we de wagen met woestijnkleurige camouflagenetten. We lagen naast elkaar op de grond en keken allebei een andere richting uit. We bleven stil liggen wachten en luisteren of iemand ons een bezoekje kwam brengen. De eerste paar minuten waren om gek van te worden. Je dacht: Is dat wel een struik? Misschien liggen ze ons te beloeren. Met z'n hoevelen zijn ze? Zal de Humvee weer starten als we weg moeten? Zullen we snel genoeg weg kunnen?

Een half uur later werd ik rustiger en liepen we verder aan de hand van een gps-apparaatje.

Nu we maar met z'n tweeën waren, beschikten we over minder vuurkracht dan een hele boot vol, en we moesten extra voorzichtig zijn om niet gezien te worden. Onze oren waren gespitst om het zachtste geluid op te vangen. We liepen ineengedoken verder – langzaam en snel, en hoger terrein vermijdend omdat onze silhouetten anders misschien zichtbaar waren.

Ruim 5 kilometer later kwamen we aan de voet van een heuvel. De basis van de PLO en Iraniërs lag aan de andere kant. Ik liep voorop met DJ achter me aan en we klommen ongeveer 180 meter omhoog tot we bij een steile wand kwamen. Met de helling beneden ons en de hoge wand boven ons, kropen we gebukt rond de heuvel. 1,5 kilometer voor ons zag ik de muur van een driehoekige basis met wachttoren op elke hoek, waarbinnen drie gebouwen stonden. Ik zag ook een vijandelijke soldaat ruim 50 meter rechts van onze heuvel zitten met een verrekijker om zijn nek en een AK-47 aanvalsgeweer over zijn rechterschouder op zijn rug. Ik hield halt en gebaarde met een gebalde vuist tegen DJ: niet bewegen. DJ stopte. De schildwacht bleef stil zitten.

Nadat ik met twee vingers naar mijn ogen gewezen had en vervolgens in de richting van de schildwacht, kroop ik achteruit. DJ kroop ook achteruit. We slopen rond de achterkant van de heuvel tot we een andere helling vonden. Dit keer hadden we bij het oversteken duidelijk zicht op het doelwit zonder dat er een schildwacht in de buurt was. We lieten onze blik eerst over onze directe omgeving gaan en vervolgens verder weg tot aan de basis. De enige mensen die we zagen, waren de schildwachten in de toren.

Terwijl ik de omgeving bewaakte, zond DJ via zijn radio een versleutelde boodschap naar de USS San Jacinto om te vertellen dat we op onze post waren. Er moet een antwoord teruggekomen zijn, want DJ knikte en gaf me daarmee groen licht.

Ik haalde de lichtgewicht laseraanwijzer (die helemaal niet lichtgewicht was) en zijn statief tevoorschijn. Nadat we onze positie met een baken aangegeven hadden, tekende ik met het onzichtbare laserlicht gecodeerde tekens op het middelste gebouw van de basis. Het licht zou van het doelwit afketsen en in de lucht zichtbaar zijn voor de aanstormende Tomahawk-raket.

De kruisraket leek evenwijdig aan de grond te vliegen. Hij liet een spoor van witte rook na achter zijn vlammende staart. De Tomahawk daalde geleidelijk totdat hij in het middelste gebouw vloog. Vierhonderdvijftig kilo explosieven ontploften in één grote vuurbal, gevolgd door zware rookwolken. De schokgolf en het puin vernietigden de twee andere gebouwen en muren en veroorzaakten een tweede ontploffing in een derde gebouw – waar waarschijnlijk de explosieven opgeslagen lagen voor het maken van IED's. Twee van de drie wachttorens werden neergehaald. Door mijn verrekijker zag ik duidelijk hoe een soldaat uit zijn toren weggeblazen werd en als een lappenpop door de lucht vloog. Er bleven slechts resten over van de ommuring. Ik zag niets meer bewegen op de basis. De schildwacht kwam van onze heuvel af rennen, waarschijnlijk in de hoop nog wat overlevende vrienden te vinden.

We pakten alles weer in en vertrokken, nu via een andere route, naar onze wagen. Je wordt op de terugweg al snel te nonchalant, dus is het belangrijk om extra voorzichtig te zijn. Nadat we het camouflagenet eraf gehaald hadden, sprongen we in de wagen en reden weg. Opnieuw namen we een andere route dan op de heenweg.

Tijdens de rit terug zag ik half boven de grond iets wat op een bunker van de vijand leek. Toen we eromheen reden om hem te vermijden, raakte de Humvee vast in het zand. Ik probeerde hem eruit te rijden maar de wielen kwamen nog dieper te zitten, wat de situatie nog erger maakte.

Ondertussen kwamen er Irakese soldaten uit de bunker lopen.

DJ en ik richtten onze CAR-15 op hen.

Er kwamen veertien mannen naar ons toe lopen met hun handen in de lucht. Ik zag geen dreiging op hun gezicht. Ze waren vuil, stonken en hadden ingevallen gezichten. Het was niet te zeggen hoe lang ze al niet te eten hadden gehad. Ze brachten hun hand naar hun mond, het internationale gebaar dat ze eten wilden. Tijdens de oorlog hadden sommige Irakese soldaten zich zelfs overgegeven aan cameraploegen, zo graag wilden ze zich overgeven en ophouden met vechten.

Hun geweren lagen op de grond met een vod in de loop tegen het zand. We stapten uit ons voertuig en maakten hun duidelijk dat ze met hun handen een gat moesten graven. Daarna gaven we hen opdracht hun wapens erin te gooien. Terwijl ze dat deden, leken ze nog banger, alsof ze ervan uitgingen dat we hen dood zouden schieten. We gebaarden dat ze het gat dicht moesten gooien. Hun angst verdween en ze deden wat we vroegen. Sommigen van hen hadden waarschijnlijk een vrouw. Kinderen. De meesten waren ongeveer van mijn leeftijd. Hun leven lag totaal in mijn handen. Ze keken naar mij alsof ik Zeus was die van de Olympus was afgedaald.

Ik had met hen te doen en pakte twee rantsoenen die ik voor noodgevallen had bewaard als we misschien voor de vijand op de vlucht moesten. Hoewel het niet veel was voor veertien man, verdeelden ze de twee maaltijden onderling. Een van de mannen at zelfs de kauwgom op. Ik dacht: Nou zeg, toe maar; als jij zo graag ziek wilt worden. We gaven hun ook het grootste deel van ons water. Ze legden hun handen tegen elkaar en bogen uit dankbaarheid voor ons. Gelukkig voor hen probeerden ze ons niet aan te raken of te dichtbij te komen.

Het zwakke licht van de opkomende zon begon aan de horizon te verschijnen. Tijd om verder te gaan. We lieten hen hun handen op hun hoofd leggen. Ik gaf op de gps de positie van de Humvee aan en liep voorop met DJ achteraan om ons in de rug te dekken. Als er een piloot overgevlogen was en ons gezien had, zou het een bizar gezicht geweest zijn: slechts twee Amerikanen die veertien krijgsgevangenen midden door de woestijn voeren. We zagen eruit als de Gods of War in het videogame met die naam: 'Twee Navy SEAL's nemen veertien Irakese soldaten gevangen.'

Toen we bij ons vertrekpunt terugkwamen, was Toms reactie: 'Waarom brengen jullie in vredesnaam deze kerels hier?'

'Nou, wat moesten we dan met hen doen?'

'Ze bij je houden.'

'We kunnen ze niet meenemen.'

Al snel kwam onze helikopter ons ophalen. We lieten onze gevangenen achter die nog steeds met hun handen tegen elkaar stonden te buigen om ons te bedanken. De heli steeg op en bracht ons terug naar de John F. Kennedy.

In de BUD/S, en tot op dit moment, was iedereen tegen wie ik moest vechten in mijn gedachten de slechterik geweest. Wíj stonden moreel gezien boven hen. Ik gebruikte bepaalde woorden om het doden respectabeler te laten overkomen: 'om zeep helpen', 'elimineren', 'neutraliseren', 'koud maken', 'uit de weg ruimen'... Binnen het leger zijn bombardementen 'een precisieaanval', en heten burgerdoden 'nevenschade'. Als ik bevelen opvolg, wordt de verantwoordelijkheid van mijn schouders gehaald en op die van de boven mij gestelden gelegd. Toen ik de basis van de PLO en Iraniërs bombardeerde, schoof ik mijn persoonlijke verantwoordelijkheid nog verder van me af door de taak met anderen te delen: ik gaf het doelwit aan, DJ waarschuwde het schip en iemand anders drukte op de knop om de raket te lanceren. Het is niet ongewoon dat vechtende soldaten de vijand dehumaniseren: Irakezen worden *ragheads* ('vodden-koppen') en *camel jockeys* genoemd. Binnen de cultuur van de oorlog kan de grens tussen slachtoffer en aanvaller vervagen. Al die dingen hielpen mij mijn werk te doen, maar ze dreigden me ook te verblinden voor het feit dat mijn vijand ook een mens was.

Natuurlijk worden de SEAL's erin getraind om die mate van geweld toe te passen die bij de situatie past, en ze kunnen die laten toe- of afnemen zo-als een dimmer de hoeveelheid licht kan aanpassen. De lampen in je kamer hoeven niet altijd fel te branden. Soms juist wel. Die 'dimmer' zit er nog steeds bij me vanbinnen. Ik wil het niet, maar ik kan de knop bijstellen als het moet. De training heeft me echter niet voorbereid op de constatering dat die veertien mannen gewone mensen waren. Het is iets wat je pas tij-dens de echte strijd ziet. Geen gesimuleerd gevecht. Ik had misschien elk van hen een kogel door het hoofd kunnen jagen en er later over kunnen opscheppen hoeveel ik er wel niet vermoord had. Sommige mensen heb-ben een bepaald beeld van de SEAL's en denken dat het slechts moordende opwindbare robots zijn die hun verstand uitschakelen. 'O, dus jij bent een moordenaar.' Daar houd ik niet van. Daar ben ik het niet mee eens. De meeste SEAL's weten dat een operatie zonder verlies van levens juist een heel goede operatie is.

Toen ik die veertien mannen zag, besefte ik dat het geen slechte ke-rels waren. Het waren gewoon arme klootzakken die half doodgehongerd waren, met te weinig uitrusting, te weinig geweren, die geen idee hadden wat er aan de hand was en die de een of andere gek volgden die besloten had een ander land binnen te vallen. Als ze die gek niet volgden, zou de Republikeinse Garde hen doodschieten. Ik vermoed dat ze de wil om te vechten waren kwijtgeraakt. Misschien hadden ze vanaf het begin al geen zin gehad om te vechten.

Ze waren mens net als ik. Ik ontdekte mijn mens-zijn en het mens-zijn in anderen. Het betekende een keerpunt voor me – dat was het moment waarop ik volwassen werd. Mijn normen van goed en kwaad tijdens de strijd kwamen duidelijker te liggen, bepaald door wat ik deed en niet deed. Ik heb de veertien soldaten te eten gegeven en naar een veiligere plaats ge-bracht. Ik heb ze niet gedood. Of je nu wint of verliest, oorlog is een hel.

Terug aan boord van de Kennedy waren mijn ogen opengegaan. Ik zat in mijn korte broek en T-shirt in een stoel mijn geweer schoon te maken en dacht erover na hoe ik mijn vijand van dichtbij had gezien en wist dat ik hem te pakken kon krijgen en hem met geweld had kunnen verslaan. Bovendien besefte ik dat het belangrijk is te begrijpen dat onze vijanden mens zijn.

Operatie Desert Storm duurde slechts 43 dagen. We waren woest dat we niet naar Bagdad konden gaan om het af te ronden. De Kennedy legde aan in Egypte, waar we al onze uitrusting van boord haalden en incheckten in een vijfsterrenvakantieoord in Hurghada. Omdat het geen toeristenseizoen was en er als gevolg van de recente oorlog geen andere gasten waren, waren wij de enige. Tijdens de maaltijd kwam onze pelotonscommandant binnen en sloeg me op de rug. 'Gefeliciteerd, Wasdin, je bent nu eerste klasse.' Ik werd gepromoveerd van rang E-5 naar E-6. Het leven zag er goed uit voor Howard. We wachtten twee weken op een vlucht terug naar Machrihanish in Schotland om onze uitzending van zes maanden af te ronden.

Ik had geen flashbacks noch nachtmerries, slaapproblemen, concentratieproblemen, depressie of minderwaardigheidsgevoelens door het feit dat ik voor het eerst iemand had gedood en gezien had hoe de soldaat uit de wachttoren van de PLO werd geblazen en levenloos op de grond was beland. Dat soort gevoelens lijkt minder voor te komen onder de jongens van de speciale eenheden. Misschien omdat mensen die ontvankelijk zijn voor dat soort gevoelens, er al tijdens de BUD/s uitgeselecteerd worden. Misschien ook omdat het hoge stressniveau van onze training ons voorbereidt op de hoge stressniveaus van een oorlog. Ik heb al jong mijn gedachten, gevoelens en pijn onder controle leren houden – dat moest ik wel om te overleven – en dat hielp me met de uitdagingen van de Teams om te gaan. Ik had het trauma van mijn vaders hardvochtigheid, Hell Week en andere ervaringen doorstaan. En ik had de oorlog doorstaan.

Moreel gezien had ik er echter wel moeite mee toen ik voor het eerst zelf iemand gedood had. Ik vroeg me bezorgd af of ik wel juist gehandeld had. Op televisie en in videogames lijkt het wel alsof het doden van iemand niet veel voorstelt. Maar ik had het besluit genomen iemands leven te beëindigen. De mensen die ik gedood heb, zullen hun familie en gezin nooit meer terugzien. Zullen nooit meer eten of naar het toilet gaan. Nooit meer ademen. Ik heb alles weggenomen wat ze bezaten of ooit zouden bezitten. Dat was voor mij iets heel belangrijks. Iets wat ik niet lichtvaardig opnam. Zelfs nu nog neem ik het niet lichtvaardig op. Tijdens een bezoek aan huis praatte ik met broeder Ron. 'Ik heb voor het eerst iemand gedood tijdens een gevecht. Heb ik juist gehandeld?'

'Je hebt je land op een wettige manier gediend.'

'Wat voor invloed heeft dit op me wat de eeuwigheid betreft?'

'Het heeft geen negatieve invloed op je eeuwig leven.'

Ik voelde me getroost door zijn woorden. Mijn jongste zusje Sue Anne, die therapeute is, is ervan overtuigd dat er iets mis met me is. Het is onmogelijk dat ik zo normaal kan functioneren zonder iets te onderdrukken. Ze snapt gewoon niet dat ik echt in orde ben wat mijn besluiten en innerlijke vrede betreft.

SEALS kennen weinig geheimen voor elkaar. We trekken voortdurend met elkaar op en kennen elkaar door en door. Ik wist bijvoorbeeld van iemand wat de kleur van zijn dochters haar was, of de schoenmaat van zijn vrouw, en alles wat er speelde. Ik kende meer details van de jongens dan me lief was. Ik wist ook wie in SEAL Team Six probeerde te komen.

Smudge, DJ, vier andere SEAL's van het Foxtrot Peloton en ik meldden ons aan voor SEAL Team Six. Smudge, DJ en ik kwamen door de sollicitatieprocedure, de anderen niet. Eén man was wel heel erg kwaad, omdat hij al langer bij de SEAL's zat dan ik. We werden aangenomen en toen de Master Chief van Team Six onze eenheid kwam opzoeken, hadden we een gesprek met hem. De kans was groot dat slechts één van ons door de aanmeldingsronde heen zou komen en naar de volgende fase door mocht, maar we haalden het alle drie – wat inhield dat er bij een ander Team minder door de eerste ronde kwamen.

We kregen te horen wanneer we voor ons intakegesprek moesten komen, want die werden maar eens per jaar gehouden. In mei ging ik voor het grote selectieonderzoek naar Dam Neck, Virginia, hoewel een van de eisen was dat iedereen die bij Six wilde komen al vijf jaar een SEAL was.

De SEAL's stonden in de rij voor het intakegesprek als kinderen die in Disneyland op een ritje op Space Mountain stonden te wachten. Jongens als wij waren vanuit Schotland gekomen. Anderen kwamen per vliegtuig uit Californië, Puerto Rico, de Filippijnen en andere plaatsen. Voor sommigen was dit niet hun eerste intakegesprek.

In de kamer waar de gesprekken plaatsvonden, zaten de mannen die mij aan de tand zouden voelen; het waren voornamelijk oudere SEAL's – die in Team Six werkten. Ze handelden heel professioneel. De mannen vroegen me veel over mijn visie op allerlei zaken. Over de gevechten waarbij ik betrokken was geweest. 'Wat zijn je zwakke punten? Waar moet je nog aan werken?' Het is moeilijk voor een jonge SEAL om eerlijk antwoord te geven op dergelijke vragen. Als je je eigen zwakke punten niet ziet en er niet aan wilt werken, hoe kun je dan een treetje hoger komen?

Een van de mannen probeerde me op stang te jagen. 'Drink je veel?'

'Nee.'

'Maar je gaat wel wat drinken met de jongens?'

'Ja.'

'Je drinkt een stuk in je kraag.'

'Nee.'

'Drink je veel?'

'Ik weet niet hoe ik daar nog eens op moet antwoorden, behalve dan door te zeggen dat ik niet drink puur om wat het met me doet.' Ik dronk niet om een kick te krijgen of dronken te worden. 'Als mijn maten de stad in gaan en wat drinken, ben ik daar 99 procent van de keren bij om wat te drinken. Als we nog moeten werken, drinken we niet. Dus ik weet niet wat ik daar nog meer over moet zeggen. Ik drink niet om wat het met me doet. Ik drink om de onderlinge band.'

Hij glimlachte zuurtjes. 'Oké.'

Ik verliet de kamer en vroeg me af hoe ik het ervan af had gebracht. Het selectie- en sollicitatieproces was een ongelooflijke ervaring. Later kwam er een hogere officier naar buiten en zei tegen me: 'Dat was het beste intakegesprek dat ik ooit heb meegemaakt.'

'Maar ik zit pas tweeënhalf jaar bij de SEAL's.'

'Je hebt genoeg ervaring met het echte werk. Ik weet zeker dat dat helpt.'

Als ik niet aan Desert Storm had meegedaan, had ik waarschijnlijk nog eens tweeënhalf jaar moeten wachten.

Twee weken later riep sergeant-majoor Norm Carley Smudge, DJ en mij bij zich op kantoor. Hij gaf ons de datum waarop we bij Green Team konden beginnen, het selectie- en trainingtraject om ons klaar te stomen voor SEAL Team Six. 'Gefeliciteerd. Ik vind het vreselijk jullie te laten gaan, maar je zult een geweldige tijd hebben bij SEAL Team Six.'

Deel twee

Je kunt beter met zeven stoere kerels optrekken dan met honderd idioten.
– Kolonel Charlie A. Beckwith, oprichter van Army Delta Force

8

SEAL Team Six

Green Team was een selectietraject – een aantal van ons zou het niet redden. De meesten van ons waren in de dertig. Ik was precies dertig. De instructeurs klokten ons als we hardliepen of zwommen. We oefenden oorlogshandelingen op het land, parachutespringen en duiken – alles op een heel nieuw niveau. Zo maakten we ongeveer 150 parachutesprongen binnen vier weken: vrije val, HAHO, koepelformaties enzovoort. Ons curriculum bestond onder andere uit vrij klimmen, ongewapend gevecht, verdedigend en aanvallend rijden en SERE (Survival, Evasion, Resistance, and Escape). Hoewel we maar weinig tijd besteedden aan vaardigheden als auto's openbreken en starten met een schroevendraaier, was er meer tijd gereserveerd voor het manoeuvreren met het voertuig en schieten onder het rijden. De instructeurs beoordeelden ons en gaven punten voor alles wat we deden en kwamen tot een algemeen puntenaantal en een ranglijst. Voor mij was de o-course het gemakkelijkst, en het moeilijkst was de John Shaw-schietschool, waarin we nabijgevechten moesten oefenen. We leerden niet hoe we een slot open moesten krijgen, maar hoe je de totale deur uit zijn scharnieren kon blazen. We losten elke dag duizenden schoten. Ik hoorde dat SEAL Team Six alleen al meer geld per jaar aan 9 mm munitie uitgaf dan het hele marinierskorps aan al zijn munitie bij elkaar.

Ik leerde een heel nieuw niveau van het nabijgevecht. Hoewel ik al een SEAL was, had ik het nog niet uitgevoerd zoals SEAL Team Six doet. Tijdens één oefening moesten we een stormaanval uitvoeren op een kamer, de aanwezige personen op de grond krijgen, al lopend schieten, sprinten en op een doelwit schieten. De instructeurs gebruikten voortdurend andere kamers: groot, klein, vierkant, vijandig, vriendelijk. En ze verschoven de meubels in die kamers ook. We werden constant op de vingers gekeken; de instructeurs lieten ons video-opnames zien van ons werk.

Bobby Z., een lange blonde jongen, en ik kwamen altijd een paar seconden na elkaar. Soms waren we zo dicht bij elkaar dat ik de drukgolf van zijn loop in mijn haar voelde – dat was met echte munitie. Er zat een grote kloof tussen ons tweeën en de anderen. Toen we de video bekeken, zagen we dat Bobby en ik snelheid behielden toen we al lopend van de ene kant naar de andere schoten. De meeste mannen gingen een stuk langzamer bewegen als ze hun doelwitten aanvielen, maar wij niet. Bobby bleef me opjagen bij het rennen en zwemmen.

Toen we in Green Team zaten, waren Bobby en ik afwisselend de nummer één. Uiteindelijk eindigde ik als tweede. De reden voor de rangorde was ten dele dat we feitelijk een aanmeldingsprocedure doorliepen. Terwijl we in de John Shaw-schietschool waren, kwamen er scouts van het Red, Blue en Gold Team naar onze training kijken – ze verzamelden informatie door te letten op de rangorde, het oordeel van het kader en onze concrete prestaties. Ze waren er niet van onder de indruk als ze ontdekten dat iemand dronken teruggekomen was uit een stripteasetent, met zijn auto tegen een brug was geknald en met zijn kop door de voorruit was gegaan.

De SEAL's werken voortdurend in gevaarlijke situaties, maar bij Team Six lag veel meer en intenser gevaar voortdurend op de loer. In de eerste jaren van Team Six was een teamlid tijdens de training van het nabijgevecht gestruikeld waarbij hij per ongeluk de trekker had overgehaald en Roger Cheuy in de rug had geschoten. Roger was later in het ziekenhuis overleden aan een stafylokokkeninfectie, een bacterie die gifstoffen produceert vergelijkbaar met voedselvergiftiging. Het Teamlid werd niet alleen uit Team Six gezet, maar ook uit de SEAL's. Bij een andere gebeurtenis, een maf ongeluk bij een nabijgevecht, vloog er een kogel door een van de muren van het oefenhuis en tussen de naden door van Rich Horns kogelwerend vest, waardoor hij op slag dood was. En bij een parachuteongeluk is Gary Hershey om het leven gekomen.

Zes maanden na het begin van mijn Green Team waren vier of vijf van de dertig mannen afgevallen. Hoewel we wat gewonden hadden gehad, waren er geen dodelijke ongelukken gebeurd. Red, Blue en Gold kozen hun eerste kandidaten uit. Red Team selecteerde mij bij de eerste ronde al. Het was net zoals het scouten voor de National Football League. Het logo van Red Team, was, net als dat van de Washington Redskins, de Amerikaanse indiaan – sommige activisten vinden dat misschien aanstootgevend, maar we hadden bewondering voor de moed en vechtkunst van de indianen. Het feit dat ik bij de eerste ronde al geselecteerd werd voor Red Team, wilde niet zeggen dat ik in het Team beter behandeld werd. Net als ieder ander werd ik lid van het operationele team. Mijn boot had een vierkoppige bemanning. Ik was nog steeds de Fucking New Guy (FNG), oftewel het groentje. Het maakte niet uit dat ik al aan echte operaties mee had gedaan in tegenstelling tot anderen. Ik moest hun respect verdienen.

Ik maakte nu deel uit van een officieel niet-bestaande organisatie met een officiële bevelvoerder, een adres en een secretaresse om de telefoon te beantwoorden, die als dekmantel diende. Als ik een creditcard aanvroeg, kon ik moeilijk zeggen dat ik voor SEAL Team Six werkte. In plaats daarvan gaf ik hun de informatie over mijn neporganisatie. Ik kwam naar het werk in burgerkleding in plaats van in uniform. Niemand fluisterde in die tijd nog de woorden 'SEAL Team Six'.

Zelfs nadat ik geslaagd was voor Green Team en door Team Six aangenomen was, bleven we onze schuttersvaardigheden verbeteren aan een schietschool in Lake Cormorant, Mississippi: de John Shaw's Mid-South Institute of Self-Defense Shooting (MISS). John Shaw had een enorme variatie aan mogelijkheden met links-naar-rechts, pop-up en andere doelwitten. We gingen er met ons achten van Red Team naartoe om te trainen. Op onze eerste vrijdagavond gingen we met ons achten naar een stripteasebar aan de overkant van de rivier in Tennessee. Onze chauffeur was een saaie radioman die niet tot de SEAL's behoorde, maar het was zijn taak het Team met van alles bij te staan. Hij heette Willie maar we noemden hem Wee Wee. Hij las heel veel en sprak nooit meer dan drie woorden. Wee Wee ging niet met ons mee naar binnen. Hij wachtte buiten in het busje en las een boek. De Team-bus was zwart met verduisterde ramen. Hij had kentekenplaten van Virginia en een aangepaste ophanging. Er zaten comfortabele stoelen in en er was ruimte genoeg voor acht mensen. Team Six had gepantserde wagens met kogelvrij glas, banden waarmee je kunt blijven rijden als ze lek raken, zwaailichten en een sirene achter de grille, en opbergvakken aan de binnenkant voor wapens. Dit was echter gewoon een transportbusje dat binnen de Verenigde Staten voor personeel en materieel gebruikt werd. Nadat we het in de bar voor gezien hielden, reed Wee Wee weer in het busje met ons weg.

Bij een verkeerslicht stopten drie rednecks naast ons, ruwe bonken in een gepimpte truck met vierwielaandrijving en een dubbele uitlaat. Ze zagen de kleine, magere Wee Wee met zijn Clark Kent-bril die met zijn raam halfopen reed, maar ze konden ons achten niet zien door de verduisteringsramen achterin. 'Hé, Yankee klootzak!' schreeuwde een van de kerels. 'Ga naar huis!' Het maakte niet uit dat ons Virginia-nummerbord van een staat was die tijdens de Amerikaanse Burgeroorlog aan de kant van het Zuiden had gevochten, zelfs de staat waar generaal Robert E. Lee, de bevelvoerder van het Zuiden, vandaan kwam.

Een van de jongens achterin schreeuwde terug: 'Krijg de klere, redneck!' Het licht sprong op groen. Wee Wee reed weg tot we bij het volgende rode verkeerslicht weer stopten. Opnieuw kwam de wagen met de drie mannen naast ons staan.

'Hé, jij miezerige klootzak. Je hebt wel een heel grote mond, hè?' Zij dachten dat Wee Wee naar hen geroepen had.

'Hé, boerenpummel,' riep een van ons terug. 'Wat vind je ervan dat je vader en moeder elkaars broer en zus zijn?'

Nu werden de rednecks witheet. 'Stap jij maar eens uit, magere schoft.' Ze spuugden tabakfluimen uit hun ramen. 'Jou zullen we eens een lesje leren.'

De zweetdruppeltjes liepen bij Wee Wee nu over zijn voorhoofd en hij zette zijn bril hoger op zijn neus. We hielden onze adem in om niet in lachen uit te barsten en te verraden dat wij in het busje zaten. Iemand fluisterde: 'Wee Wee, zet hem hier maar aan de kant.'

Wee Wee reed een paar kilometer verder en zette het busje aan de kant op een oprit van de snelweg.

De domme rednecks volgden het busje en stopten naast ons. Ze probeerden Wee Wee zo ver te krijgen dat hij uitstapte. 'Wat is er aan de hand, Yankee?' riepen ze. 'Je bek is te groot voor je bange hartje.'

We stelden ons op achter de schuifdeur zoals we deden als we terroristen gingen overvallen. Ik had mijn hand op de portierkruk met aan elke zijde van me de helft van de jongens. Drie van ons zouden bij het uitstappen naar links gaan en drie anderen naar rechts. 'Wee Wee, zeg maar dat ze naar de schuifdeur moeten komen.' Wee Wee overtuigde de rednecks ervan dat ze naar de andere kant van het busje moesten komen om geen last van het verkeer te hebben.

De rednecks liepen om de wagen heen naar de deur. Op het moment dat ze daar aankwamen, vloog de deur open. Als bij toverslag stonden we ineens met zes man in een kringetje rond de drie rednecks. Hun ogen vielen bijna uit hun kassen.

Een van de rednecks spuugde zijn tabak op de grond. 'Zie je wel, John. Ik zei toch dat we op een dag door jouw grote bek in de problemen zouden komen?'

'Hé stommerd, ten eerste is niemand van ons een noorderling en dus er is ook geen Yankee.' Ik gaf hun een geschiedenislesje. 'Ten tweede was Virginia tijdens de burgeroorlog geen Yankee-staat. Ten derde kwam de bevelvoerder van het Zuiden, generaal Robert E. Lee, uit Virignia.'

Het leek alsof de rednecks wat rustiger werden tot John plotseling weer begon te praten.

We besloten hem dus voorgoed een lesje te leren: hij moest leren dat hij schijnbaar zwakke mensen niet te grazen mocht nemen. We gaven hun kort gezegd een ongelooflijk pak op hun falie. Om het hen nog meer in te peperen, zei een van ons: 'En nu moeten jullie je broek uittrekken.'

Ze keken ons verbaasd aan maar wilden niet nog een pak slaag krijgen, dus trokken ze alles uit behalve hun ondergoed.

We pakten hun de autosleutels af, deden hun autodeuren op slot, gooiden de sleutels in de bosjes en namen hun schoenen en broeken mee. 'Loop maar naar de eerstvolgende afslag, daar liggen jullie spullen op het toilet bij de eerste 7-Eleven die je tegenkomt.'

De volgende morgen zaten we in de John Shaw-schietschool koffie te drinken voordat we met de schietoefeningen begonnen, toen er een politieagent kwam aanrijden die bij Shaw werkt als een van zijn assistent-instructeurs. Hij stapte uit zijn politiewagen, liep naar ons toe en begon te praten. We kenden hem goed omdat we vaak met hem getraind hadden en ook wel eens samen met hem wat gingen drinken. Hij reed ook op een Harley-Davidson en we konden het goed met elkaar vinden. 'Ik heb nou toch een grappig verhaal gehoord vanmorgen om half twee!'

'Wat dan?' vroegen we in alle onschuld. 'Ik kreeg een telefoontje van de 7-Eleven dat er drie mannen aankwamen in hun onderbroek. De man achter de kassa deed de deur op slot en wilde hen er niet in laten. De drie mannen beweerden dat ze naar binnen moesten om hun kleren te halen. Tegelijk met mij kwam ook het halve politiekorps aanrijden. En ik ben een boon als het niet waar is, er stonden inderdaad drie mannen in hun ondergoed. We luisterden naar hun ongelooflijke verhaal. Moet je horen: een geblindeerd busje met een Virginia-kenteken, zoiets als die trouwens' – en hij wees naar ons busje – 'kwam naast hen staan. Plotseling kwamen daar acht mannen als kleerkasten uitstappen, zoals jullie, en die omsingelden hen als indianen op oorlogspad en sloegen hen zomaar in elkaar. Dus we lieten die drie de winkel in en zochten twintig minuten, maar we hebben hun kleren nergens gevonden.'

We hadden zo hard gelachen de avond ervoor dat we vergeten waren bij de 7-Eleven langs te gaan. Hun schoenen en kleren lagen nog steeds achter in ons busje.

De politieagent ging verder: 'Voordat ik wegging, zei een van de mannen: "Zie je wel, John. Ik zei toch dat we op een dag door jouw grote bek in de problemen zouden komen?" Vervolgens begonnen twee van hen, nog steeds in hun ondergoed, John bij de benzinepomp in elkaar te slaan. We haalden hen uit elkaar en vroegen wat hij bedoelde met: "Ik zei toch dat we op een dag door jouw grote bek in de problemen zouden komen", maar ze wilden niets zeggen.' De politieagent schudde zijn hoofd. 'Zo'n raar verhaal geloof je toch niet?'

Niemand van ons zei iets. Na een ongemakkelijke stilte stonden we op en begonnen aan onze oefeningen van die morgen.

Later die middag zei de agent: 'Als iemand zich als een stomkop gedraagt, heeft hij soms een goed pak slaag nodig om het af te leren. Wie die mannen in dat zwarte busje ook waren, ze hebben misschien wel het leven van die drie kerels gered, want als ze de volgende keer iemand tegenkomen die niet zoveel geduld heeft met rednecks met een grote bek, loopt het minder goed af.'

We knikten beleefd dat hij gelijk had.

Ofschoon ik het groentje was, hield ik mijn blik op de volgende uitdaging gericht: een sniper worden. Ik was echt aan adrenaline verslaafd, dat was duidelijk. SEAL Team Six wilde dat we drie jaar in ons afzonderlijk kleurenteam zaten voordat we ons aanmeldden om sniper te worden.

In de herfst van 1992 diende ik een verzoek in om naar de sniperopleiding te mogen. De leider van ons Red Team, Denny Chalker, vertelde me: 'Je bent een goede commando, maar je zit nog niet lang genoeg in het Team. Het is een ongeschreven regel dat je hier drie jaar moet blijven voordat je naar de sniperopleiding mag. Bovendien wil de leider van je boot je niet kwijt.'

Red Team had echter maar twee snipers en we hadden er vier tot zes nodig. Dat ik een goede schutter was, was natuurlijk ook niet verkeerd. Een week later zei Denny: 'Weet je wat? We zijn van gedachten veranderd – je mag het doen. We sturen jou en Casanova naar de sniperopleiding.'

Hoewel we deel van Red Team bleven, zouden we ook lid worden van Black Team – de snipers. Casanova en ik hadden uit drie opleidingen kunnen kiezen: de SEAL's hadden hun eigen kleine sniperopleiding opgezet, het leger had de Special Operations Target Interdictions Course in Fort Bragg, North Carolina, en het Marine Corps had die van hen in Quantico, Virignia. Ik wist dat de opleiding van het Marine Corps de zwaarste zou zijn – een soort miniatuur BUD/S-training – maar hun opleiding bestond wel het langst, was de meest prestigieuze en, wat nog belangrijker was, stond wereldwijd als de beste bekend.

En dus ging ik naar de Mariniersbasis Quantico. Die is bijna 260 vierkante kilometer groot en ligt vlak bij de rivier de Potomac in Virignia. Op dezelfde basis waren ook de academies van de FBI en van de DEA (Drugsbestrijdingdienst) gevestigd. In een verre hoek van de basis, naast de Carlos Hathcock Snelweg, ligt de Scout Sniper School, de moeilijkste opleiding van het Marine Corps. Van de weinige kandidaten die voor de opleiding aangenomen worden, haalt maar ongeveer de helft de eindstreep.

De tienweekse cursus bestond uit drie fasen. Op de eerste dag van fase één, Marksman and Basic Fields Craft (Scherpschutter en Fundamentele veldtechnieken), deden we de Physical Fitness Test (PFT), controleerden onze uitrusting en leverden ons papierwerk in. Wie niet voor de PFT slaagde, werd naar huis gestuurd zonder de mogelijkheid tot een herkansing.

Nadat het kader bepaald had wie van de cursisten mocht blijven, gingen we in een stenen gebouw zitten met verduisterde ramen en slechts één leslokaal, het schoolhuis genaamd, waar we een algemene briefing over de cursus kregen.

De volgende dag stond een sergeant van de artillerie voor ons in het schoolhuis. Hij was zo te zien begin veertig met een kort geschoren marinierskapsel. Hij was lid van de President's Hundred, de 100 beste militaire en burgerschutters van de jaarlijkse President's Match (een pistool- en geweercompetitie). Onder onze instructeurs bevonden zich ook oorlogsveteranen en gemoedelijke leermeesters, kader van de bovenste plank.

'Een sniper heeft twee missies,' zei de artilleriesergeant. 'De eerste is dat hij gevechtsoperaties moet ondersteunen door met precisieschoten op vastgestelde doelwitten te schieten vanaf verborgen posities. De sniper schiet niet op elk willekeurig doelwit – hij kiest de doelwitten uit die het winnen van de strijd bevorderen: hogere en lagere officieren, communicatiepersoneel en andere snipers. Zijn tweede missie, die veel van zijn tijd in beslag zal nemen, is observatie. Informatie vergaren.

Buiten op het schietterrein werkten Casanova en ik samen en waren afwisselend spotter en *shooter* (schutter). Als geweer gebruikten we de M40 van het marinierskorps, een Remington 700 (een .308 kaliber (7,62 x 51 mm) grendelgeweer met zware loop waar vijf kogels in kunnen). Op het geweer was een telescoopvizier met 10x zoom bevestigd. Ik schoot eerst om er zeker van te zijn dat de telescoop gefocust was. Vervolgens stelde ik mijn telescoop bij, een aanpassing aan de invloed van de zwaartekracht op de kogel voordat die zijn doel 275 meter verderop bereikte. Als ik de afstand aanpaste, moest ik mijn instelling ook weer aanpassen.

Casanova keek door zijn M49 telescoop met 20x zoom die op een statief gemonteerd was. Omdat de telescoop zo sterk vergroot, zou het beeld zonder het statief bij de minste beweging van je hand al gaan bewegen. Casanova gebruikte de telescoop om de windsnelheid te schatten, want de weersfactor is meestal de grootste uitdaging voor een sniper.

Aan de hand van windvlaggen kun je de windsnelheid schatten. Je kijkt dan naar de hoek tussen de hartlijn van de vlag en de mast. Het aantal graden van de hoek deel je (in het metrieke stelsel) door negen om aan de windsnelheid in meter per seconde te komen.

Als er geen vlag voorhanden is, kan de sniper op zijn observaties afgaan. Als de wind nauwelijks voelbaar is maar rookpluimen niet recht omhoog gaan, is het een lichte wind van minder dan 5 km/uur. Wind die voelbaar is, is 6 à 11 km/uur. Bij opwaaiend stof en vuil is er sprake van een windsnelheid van 12 tot 19 km/uur.

Een sniper kan ook de miragemethode gebruiken. Als de zon de aarde opwarmt, trilt de lucht vlak bij de grond en vormt een soort golven. De wind laat deze golven naar zich toe rollen. Om de golven te zien, richt de sniper zijn telescoop op een voorwerp vlak bij het doelwit. Nadat hij het oculair een kwart tegen de klok in gedraaid heeft, richt hij zich op het gebied vóór het doelwit, waardoor de golven zichtbaar worden. Langzame wind zorgt voor grote golven, terwijl een snelle wind ze plat blaast. Het kost enige oefening om op deze manier de windsnelheid te bepalen.

Zijwind die haaks op het geweer staat, van links naar rechts, of van rechts naar links, heeft de meeste invloed op een schot. Dat wordt wind met een volle waarde genoemd. Schuine wind, van links naar rechts of van rechts naar links, wordt wind met een halve waarde genoemd. Wind van de schutter af of naar hem toe (staartwind en kopwind), is wind met een nulwaarde omdat die de minste invloed heeft.

Casanova gaf me de windsnelheid en ik voerde de berekening uit: vijf mijl per uur, volle waarde, links naar rechts.' Drie (honderd) yard (275 m) afstand maal 5 mijl/uur is 15; 15 gedeeld door de constante 15 is één. Ik draaide het horizontale dradenkruis in mijn telescoopvizier één klik naar links. Als ik een windfactor twee van rechts had gehad, had ik twee klikken naar rechts moeten draaien.

Ik vuurde mijn eerste schot af op een stilstaand doelwit – raak. Na nog twee schoten op een stilstaand doelwit en twee op een bewegend, werd ik spotter terwijl Casanova ging schieten. Vervolgens deden we onze bepakking aan, pakten onze spullen en renden terug naar de 500 yard-lijn (475 m). Net als in de Teams was het lonend om succes te hebben. We wisselden elkaar weer af als waarnemer en schutter en losten vijf schoten op drie stilstaande en twee bewegende doelwitten. Vervolgens deden we hetzelfde op een afstand van 600 yard (548 m). Het viel niet mee je ademhaling en hartslag rustig te krijgen als je net gerend hebt. Op 700 yard (640 m) raakten we de drie stil hangende doelwitten opnieuw, maar dit keer waren er twee doelwitten die afwisselend bewogen en stilstonden. Op 800 yard (731 m) afstand dansten de bewegende doelwitten op en neer, en van links naar rechts en van rechts naar links. Op 900 yard (822 m) en 1000 yard (914 m) waren het vijf stilstaande doelwitten. Van de 35 kogels moesten er 28 doel raken. We raakten heel wat jongens kwijt op de schietbaan. Ze konden gewoon niet goed genoeg schieten.

Na de schietbaan gingen we weer terug naar het schoolhuis en maakten onze wapens schoon voordat we een veldtekenopdracht gingen uitvoeren. De instructeurs namen ons mee naar een gebied en zeiden: 'Maak een schets van het gebied vanaf de linkerbosrand tot aan de watertoren rechts van ons. Je hebt een half uur.' We tekenden zo veel mogelijk belangrijke details, en maakten er een perspectieftekening van. Dingen die dichterbij zijn, zijn groter dan zaken die verderaf zijn; horizontale parallelle lijnen komen steeds dichter bij elkaar en verdwijnen in de verte. Onder aan de tekening schreven we op wat we zagen: patrouille, een aantal vrachtwagens (de *deuce-and-a-half*) enzovoort. De instructeurs beoordeelden de tekening op netheid, accuratesse en inlichtingenwaarde. 70 procent of hoger was voldoende. Later hadden we er slechts een kwartier de tijd voor.

Een sniper houdt bij de tekening ook een logboek bij, zodat hij naast de tekening alle informatie op papier heeft over belangrijke terreinfactoren, observatie, dekking en camouflage, hindernissen en aanvalsroute (kort samengevat KOCOA) We hadden ook KIM-geheugenoefeningen. De instructeur haalde een zwarte doek van een tafel waarop tien à twaalf kleine voorwerpen lagen: een gebruikte 9 mm kogel, miniflare, afsluitbaar zakje, pen, kapotte bril, foto van een persoon, eikeltje en andere voorwerpen die op het tafelblad pasten. We moesten binnen tien tot vijftien seconden alles onthouden. Vervolgens gingen we naar het leslokaal, pakten een blaadje papier en tekenden alles wat we gezien hadden. Ten slotte moesten we ook woordelijk beschrijven wat we gezien hadden. Soms gebruikten we een telescoop of verrekijker om grote voorwerpen ver weg te bekijken. Als ik gemiddeld geen 70 procent of meer wist te onthouden, werd ik eruit gezet. Een fundamentele vaardigheid voor een sniper is dat hij zich alles moet kunnen herinneren en moet kunnen doorgeven wat hij ziet. We moesten ook door gras en struiken sluipen – een observatiepost (OP) vinden die door het gras en de struiken aan ons oog was onttrokken – en van de begroeiing gebruik maken om te voorkomen dat we door de observatiepost gezien zouden worden.

In fase twee, Unknown Distance and Stalking (Onbekende afstand en besluipen), moesten degenen van ons die goed door fase één gekomen waren, stalen doelwitten van 45 kilo 275 tot 730 meter ver weg brengen. Omdat we de exacte afstand tot het doelwit niet wisten, moesten we die schatten. Als je de eerste keer ver genoeg kwam, kreeg je 10 punten. De tweede keer raak leverde 8 punten op. Een derde kans was er niet. Nadat Casanova en ik klaar waren, brachten we de voorwerpen weer terug en deden het nog eens. We moesten gemiddeld minstens 70 procent halen in de drie weken om op de schietschool te mogen blijven.

Naast de schietvaardigheid leerden we in de schietschool ook alles over camouflage. We moesten ons eigen ghillie suit maken. Eerst moesten we onze kleding klaarleggen: de jas en broek van ons gevechtstenue. Vervolgens pakten we een sterk garen dat niet kon rotten, zoals sterk vissnoer, en maakten daarmee netten vast aan de rug en ellebogen van ons pak (bijvoorbeeld een militaire hangmat of een visnet). Met schoenlijm gaat het zelfs nog gemakkelijker dan met naald en draad. Vervolgens knipten we repen jute van 2,5 cm breed en 20 cm lang en bevestigden die met overhandse knopen aan het net. We trokken in de lengterichting aan de weefseldraden van de repen jute, zodat die rimpelden. Met verfspray gaven we de jute een kleur. Casanova en ik voegden ook nog bladeren toe van planten die op kniehoogte of lager groeiden, omdat dat de hoogte is waarop een sniper zich beweegt. Als we bladeren namen van hogere struiken of bomen, zou dat te veel opvallen als een sniper daarin over de grond kruipt. We pasten er ook voor op dat we geen te lange takjes gebruikten, die als een vlag in de lucht zouden steken. Bladeren werken het best omdat het langer duurt voordat ze totaal verdorren. Gras verdroogt het snelst: al binnen zo'n vier uur. Om de kolf van het geweer wikkelden we een olijfkeurige stoffen band en knoopten die vast met een platte knoop om de vorm van het wapen te verdoezelen. Een andere stoffen band ging om de loop en het vizier, op dezelfde manier als je verband om een arm rolt. Door er nog eens jutestroken aan te binden, bracht je ook wat variatie aan in de effen olijfkleur. Op dezelfde manier camoufleerden we het telescoopvizier van de M49, de verrekijker en ander materiaal.

In het weekend, als we vrij hadden, leerden en oefenden Casanova en ik de kunst van het jezelf onzichtbaar maken. We trokken onze camouflagepakken aan. Vervolgens droegen we de pakken buiten en gingen in allerlei terreinen liggen. Zo moesten we elkaar proberen te ontdekken. De meeste vrije uurtjes gebruikten we om steeds onzichtbaarder te worden.

Stalking, het dichterbij sluipen, was het onderwerp waarop de meeste cursisten onvoldoende presteerden. De locatie van elke besluiping verschilde en we moesten onze kleurencombinaties en materialen afwisselen om zo min mogelijk op te vallen. Tijdens het besluipen had je veel aan de telescoop en verrekijker. Het blote oog heeft het breedste gezichtsveld. Met een verrekijker kan je dingen dichter naar je toehalen en toch een relatief breed gezichtsveld houden. Met de snipertelescoop kun je zaken meestal iets beter bekijken dan met de verrekijker, maar je hebt dan wel een minder breed gezichtsveld. De verkennerstelescoop vergroot het meest, waardoor de sniper zaken grondiger kan bekijken, maar het gezichtsveld is wel het kleinst.

Hoe dichter een sniper bij het doelwit komt, hoe langzamer hij beweegt. Vanaf 3 km afstand van een doelwit sluipt de sniper rustig en snel 1,5 km dichterbij van de ene beschutte plaats naar de andere. De volgende 800 meter gaat hij zich nog meer verdekt opstellen en past zich aan de hoeveelheid plaatsen aan waarachter hij zich kan verschuilen in het terrein. De laatste 800 meter van het doelwit worden zijn bewegingen heel erg voorzichtig – hij kruipt nu laag bij de grond. De rechterhand gaat maar zo'n 30 cm naar voren in dertig seconden. Vervolgens gaat de linkerhand net zo langzaam naar voren.

Soms laten eerdere stalkers een spoor na. Het heeft voordelen om hun spoor te gebruiken omdat zij al planten platgetrapt hebben, en het spaart kostbare seconden waarin je niet opnieuw elke struik of elk grasprietje opzij moet duwen.

Binnen drie of vier uur moesten we al sluipend een afstand van 700 tot 1000 meter overbruggen en binnen 180 meter van een waarnemer in een observatiepost komen. Als de waarnemer ons zag met zijn spottersteles-coop voordat we binnen 180 meter van zijn positie kwamen, kregen we slechts 40 van de 100 punten: gezakt.

Als de waarnemer een struik zag bewegen, riep hij via de radio tegen een van de lopers: 'Loper, naar links. Eén meter. Stop. Naar rechts. Stop. Sniper voor je voeten.' Iedere sniper die binnen 30 cm van de loper was, was gezakt. Degenen die zakten waren de waarnemer meestal nog niet tot 180 meter genaderd. De sniper stond op met zijn geweer en liep naar de bus. Vijftig punten: gezakt.

Als we onze uiteindelijke vuurpositie bereikten, binnen 180 meter van de waarnemer, moesten we ons wapen richten en een losse flodder op de waarnemer schieten. Als de sniper de waarnemer niet goed in het vizier kon krijgen, geen correcte windinvloed of hoogte kon geven, of niet kon schieten uit een stabiele houding, kreeg hij 60 punten: gezakt. Als we dit alles wél konden, maar de waarnemer zag de rookpluim van de loop, praatte hij zijn loper naar onze positie en die pakte ons dan in de kraag. 70 punten: met de hakken over de sloot geslaagd.

Wanneer de waarnemer het schot niet zag, schreeuwde de loper in de richting van het gebied waar hij vermoedde dat de sniper was: 'Los het tweede schot!'

De meeste mensen waren erbij omdat de waarnemer struiken zag be-wegen door de luchtdruk van de loop bij het tweede schot. 80 punten.

Het laatste deel van de besluiping hield in dat de sniper een teken van de waarnemer moest zien. Als door het tweede schot de takjes, het gras of waar ook maar doorheen was geschoten bewogen, en de sniper kon het teken van de waarnemer niet zien: 90 punten.

'Doelwit klopt zichzelf op het hoofd,' zei ik.

De loper zei via de radio tegen de waarnemer: 'Sniper zegt dat je je op je hoofd klopt.'

'Ja. goede besluiping. Sta op. Ga naar de bus.' Volmaakte besluiping – 100 punten. We moesten minstens twee van de tien besluipingen fout-loos uitvoeren, naast het algemene gemiddelde percentage van 70 pro-cent.

Zelfs in de herfst, bij 20 graden Celsius, was het in Quantico nog vre-selijk heet als je in de zon in je camouflagepak een volle wapentas meesleepte en heel voorzichtig laag langs de grond moest kruipen. Sommigen raakten uitgedroogd. Na de besluiping moesten we weer teruglopen en in de struiken zoeken naar mannen die flauwgevallen waren. We droegen hen dan terug naar de kazerne.

Casanova en ik logeerden in een hotelkamer buiten de legerbasis, terwijl de mariniers in de kazerne verbleven aan de overkant van de straat van de sniperschool. We waren altijd stand-by. Als onze buzzer afging en we weg moesten, konden we vertrekken zonder dat veel mensen zich afvroegen wat er aan de hand was. Tjonge, wat hadden we een luxe; we kregen het beste van alles: businessclass vliegen, een auto huren per twee mannen. In onze hotelkamer moest ik na de besluiping controleren of er geen teek op Casanova zat die hij zelf niet kon zien; dit om de ziekte van Lyme te voorkomen. Als de ziekte van Lyme niet behandeld wordt, tast die het centrale zenuwstelsel aan. Casanova deed hetzelfde bij mij. Er is niets intiemers dan wanneer je maat met een pincet een teek bij je anus weg probeert te halen.

Pas na drie of vier besluipingen had ik het door: nu snap ik wat ze willen dat ik doe. Zo laag mogelijk bij de grond blijven. Niet schitterends, schijnends of glinsterends.

Tijdens een van mijn eerdere besluipingen kroop ik door een veld van net uitspruitende tarwe. Er kwam een jongen langs me heen vliegen.

'Man, je gaat veel te snel', fluisterde ik.

'Ik zag de waarnemer door mijn verrekijker. Hij heeft nog geen tijd genoeg gehad om zich te installeren. Ik ren erheen en zorg dat ik dichterbij ben voordat hij naar ons gaat zoeken.'

Stomkop, dacht ik.

Hij schoot net voor me langs – kroop veel te snel vooruit.

Shit.

'Snipers, verroer je niet,' zei een loper.

We verroerden ons niet.

De waarnemer sprak met de loper die op nog geen schoenlengte van me af stond.

De jongen die me ingehaald had, was 1,5 meter voor me uit omdat hij zo snel gegaan was.

'Sniper bij je voeten,' klonk de stem over de radio van de loper.

'Ja. Sta op, Wasdin.'

Jij eikel, dacht ik. Wat kon ik doen? Jankend naar de instructeur gaan en zeggen: 'Maar dat was ík niet!'

40 punten. Dat deed pijn. Vooral bij de eerste besluipingen telde elk punt. Ik dacht aan de mogelijkheid dat ik hierdoor wel eens zou kunnen zakken. Ik was niet blij met het idee om in Dam Neck, Virignia, terug te komen met de mededeling dat ik voor de sniperschool was gezakt.

Hoewel de tactiek van de jongen in theorie goed was, was het niet verstandig die ten koste van mij toe te passen. Ik hoef niet te vertellen dat ik een stevig gesprek met die jongen heb gehad toen we terug op de basis waren. 'Als het jou goed lijkt te rennen omdat je ziet dat de waarnemer nog niet klaar is, dan doe je dat maar, maar waag het niet om ooit nog eens op zo'n manier naast of voor mij te kruipen. Als ik door jouw toedoen weer hang, gaan we een ander soort gesprek voeren met z'n tweetjes.'

Hij heeft diezelfde fout daarna niet meer gemaakt, en doorliep net als ik met succes de sniperschool.

Zelfs nadat een sniper genoeg punten heeft om te slagen, kan het toch zijn dat de instructeurs hem laten zakken als hij steeds weer tekortschiet bij dezelfde oefening. Sommige jongens zakken omdat het hen niet gelukt was hun camouflagepak onopvallend genoeg te maken.

Nou zeg, dacht ik. We hebben deze oefening nu een maand gedaan. We zijn al aan die pakken aan het werken sinds het begin van de cursus. Waarom kun je niet buiten naar het terrein gaan kijken en ervoor zorgen dat je pak daarin niet opvalt?

Sommige jongens wisten hun pak wel aan de omgeving aan te passen, maar ze konden niet plat blijven liggen. Ik zag zoveel achterwerken omhoog steken. Of jongens kropen naar een boom toe en dachten dat die boom hen dan wel onzichtbaar zou maken. De instructeurs noemden dat 'boomkanker'. Ze bekeken een boom van de kruin tot aan de wortels en zagen dan een grote bult onder aan de stam: wat is er mis met die boom – een kankergezwel soms? Gezakt.

Het werk van een sniper houdt veel meer in dan het lossen van een schot over lange afstand. Een olympische schutter die goed kon schieten maar niet kon sluipen, kon geen sniper zijn. Rond besluiping nummer zeven, acht en negen riepen de instructeurs bepaalde mensen bij hen. Zelfs

als die cursisten perfecte scores hadden kunnen halen bij hun laatste besluipingen, zouden ze nog niet genoeg punten hebben om te slagen voor
de cursus. We zagen hen nooit meer terug.

Ik had in totaal 800 tot 850 punten van de 1000 gehaald – inclusief de
punten die ik kwijtraakte doordat die knul langs me heen rende.

Fase drie. Advanced Field Skills and Mission Employment (Gevorder-
de Veldtechnieken en Operationele inzet). Dit omvatte onder andere een
missie als eindopdracht. Ongeacht hoe goed het ging met de schietbaan,
de tekeningen, KIM-oefeningen of besluipingen, we moesten voor de laatste driedaagse operatie slagen. De instructeurs verwachtten van ons een
hoge mate van volwassenheid en zelfstandigheid. Snipers werken vaak in
paren, zonder directe supervisie. Ze moesten in staat zijn zelfstandig beslissingen te nemen, waaronder beslissingen om zich aan een wisselende
situatie aan te passen.

Casanova en ik kwamen tijdens de laatste operatie in het holst van de
nacht bij onze FFP aan en maakte ons schuttersputje gereed. Ten eerste
moesten we 10 tot 15 cm grond afgraven, zorgvuldig de bovenste laag en
het gras eraf halen en opzij leggen. Daarna groeven we een kuil van 180
bij 180 cm en 1,5 meter diep. Op de bodem ervan groeven we een geul
van ongeveer 60 cm lang en 45 cm breed en 30 cm diep, die 45 graden
schuin afliep. Die diende om eventueel regenwater of ongewenste granaten af te voeren. Om te voorkomen dat onze put instortte door de regen,
verstevigden we de bovenste rand met zandzakken. Vervolgens maakten
we een stukje bij de rand van de kuil schoon, zodat we daar onze ellebogen
met de verrekijker of met het geweer op konden leggen. Daarna bedekten
we het gat met dikke takken, poncho's, stenen, grond en de pollen planten
die we apart hadden gelegd. Ten slotte maakten we er een achteruitgang
in, die we camoufleerden met afgevallen takken. In de uitgang stopten we
een boobytrap ter verwelkoming van eventuele gasten.

We hielden een logboek bij van alles wat er in het doelgebied gebeurde
(een huis op een verlaten plek met auto's eromheen). Er liep een patrouille over ons heen, maar die kon ons niet zien. Om het uur wisselden Casanova en ik elkaar af als spotter en sniper. We aten, sliepen en deden onze
behoeften in het hol. Het was het moeilijkst dat je wakker moest blijven
terwijl de ander sliep. 's Nachts moesten we naar buiten en aan de achter-

kant van het huis gaan kijken. We luisterden op een vast tijdstip naar onze radio en ontvingen een tijdvak waarbinnen we het doelwit moesten uitschakelen: 'De man met de rode pet zal om twee uur nul nul verschijnen op 8 november. Schiet hem neer.' Er verscheen een man met een blauwe pet. Verkeerde doelwit.

Voordat de operatie begon, hadden Casanova en ik een sniperkaart van het doelgebied gemaakt in de vorm van een gradenboog. Toen we bij onze FFP aankwamen, vulden we de details erop in zoals belangrijke kenmerken van het terrein en andere zaken. We verdeelden de kaart in drie sectoren: A, B en C. Met vooraf afgesproken arm- en handsignalen maakte Casanova duidelijk dat ons doelwit was gearriveerd in sector B, op 12 uur, 450 meter van ons vandaan. Vervolgens wees hij op de locatie op de kaart.

Ik bevestigde het met mijn duim in de lucht en ik had mijn geweer al ingesteld. Mijn dradenkruis bleef gericht op de borstkas van de dummy met de rode pet die voor een raam stond. Als ik mis schoot, zou ik niet voor de sniperschool slagen. Casanova had dan nog een kans om te schieten, maar ik zou zakken. Rustig haalde ik de trekker over. In de roos. Na het schot trokken we ons zonder gezien te worden terug naar de plaats waar we opgehaald zouden worden en daarvoor was landnavigatie nodig met een kaart en kompas – zonder gps.

Terug in het schoolhuis hielden Casanova en ik een briefing en brachten verslag uit van wat we gezien hadden op de weg ernaartoe, wat we gezien hadden op de terugweg, en wanneer we dat gezien hadden. We gebruikten foto's en veldtekeningen bij onze presentatie. Het was nog steeds mogelijk te zakken voor de sniperschool.

De majoor zei tegen ons: 'Jullie hebben uitstekend verslag uitgebracht. Jullie FFP was een heel goede – een van de betere die ik gezien heb. Ik ben er persoonlijk overheen gelopen. Jullie briefingtechniek is uitmuntend.' We slaakten een zucht van opluchting. Natuurlijk was onze briefingtechniek uitmuntend – we deden het al sinds de BUD/S.

Helaas voor de andere snipers waren wij de eersten, en onze operatie was moeilijk te evenaren. Ik keek de zaal rond en de mariniers zagen niet naar hun eigen briefing uit. Een jonge marinier was een uitstekende schutter, maar de majoor gaf hem er zozeer van langs dat ik met hem te doen had. Hij had zich opnieuw aangemeld omdat hij sniper wilde worden. Maar hij en zijn maat waren betrapt terwijl ze allebei sliepen, hoewel een van hen de wacht had moeten houden. De instructeurs hadden hen betrapt toen ze zich terugtrokken. Bij hun briefing bleek dat ze de informatie niet goed konden overdragen. Als een sniper niet kan communiceren wat hij gezien heeft, heeft zijn informatie geen enkel nut. In de wereld van de sniper noemen we mannen als deze twee mariniers 'hele aardige trekker-overhalers'. Heel veel mensen kunnen een trekker overhalen. Hij en zijn compagnon zouden niet bij onze diploma-uitreiking zijn.

Gekleed in ons gevechtstenue hadden we een informele bijeenkomst. Een voor een werden we naar voren geroepen om het diploma in ontvangst te nemen, alsmede het embleem dat onze klas ontworpen had. Tot op dat moment mochten we het embleem niet in handen hebben, laat staan dragen. Dat van ons was cool: een doodshoofd met een capuchon en het dradenkruis van de snipers in het rechteroog – zilver op een zwarte achtergrond. Eronder stond: *'The decision is mine'* (De beslissing is aan mij). Een sniper besluit het tijdstip en de plaats waarop zijn doelwit uitgeschakeld wordt. De majoor gaf me mijn diploma, maar het was niet zozeer het diploma waar ik met smart op zat te wachten. Geef me nu mijn embleem maar, dacht ik. Hij reikte het aan me uit. Onze groep gaf ook certificaten met dankbetuigingen en exemplaren van onze eigen emblemen aan elk van de instructeurs. Die hadden ze echt verdiend.

Na de sniperschool ging ik weer terug naar Red Team. Helaas had ik maar even tijd om bij mijn gezin door te brengen. Op het werk begon ik onmiddellijk te leren hoe ik moest schieten met de 300 Win Mag met het Leupold 10x zoom telescoopvizier. De overstap van het 7,62 mm snipergeweer van de mariniers naar de 300 Win Mag van SEAL Team Six was als de overstap van het racen in een bus naar het racen in een Ferrari.

De KN250 was onze nachtzichttelescoop voor hetzelfde wapen. Nachtzicht versterkt het aanwezige licht van bijvoorbeeld de maan en sterren, en zet die beelden om in groen en lichtgroen in plaats van zwart en wit. Het resultaat is een beeld zonder diepte en contrast maar de sniper kan wel in het donker zien.

Vervolgens reisden we naar Fort Bragg, North Carolina, en leerden

daar hoe we met de CAR-15 met geluiddemper konden schieten, terwijl we
onszelf vastgespten aan speciale stoelen (een soort barkruk met rugleu-
ning) die buiten de helikopter aan het onderstel vastzitten. Het kostte tijd
om alles snel te leren doen. Dat betrof ook de communicatie – leren hoe
we met de satellietradio konden werken die een speciaal toetsenbordje
had om versleutelde boodschappen over te brengen.

Casanova, Little Big Man, Sourpuss en ik vlogen naar Australië om met
de Australische elitetroepen, de SAS, te trainen. Het duurde een eeuwigheid voordat we er waren. We vlogen met een burgermaatschappij, businessclass, van de Amerikaanse oostkust naar de westkust. Vervolgens
vlogen we naar Hawaï. Van Hawaï naar het vliegveld van Sydney aan de
oostkust van Australië. Daarvandaan vlogen we over het hele land heen
naar Perth, aan de westkust. Het was de langste vlucht van mijn leven – de
ergste jetlag die ik ooit heb gehad.

In Perth stond buiten de Campbell Barracks, de thuisbasis van de Australische SAS, een monument ter nagedachtenis aan iedere Australische
SAS-militair die gesneuveld was tijdens trainingen of gevechten – bijna
veertig namen, velen van hen omgekomen bij trainingsincidenten. In
de kazerne borgen we onze wapens op in hun kluis, en ze gaven ons een
rondleiding. 's Avonds verbleven we in een hotel aan de rivier de Swan.
Hoewel Sydney een populairdere bestemming is, is Perth goedkoper. Er
zijn minder toeristen, maar het is er wel leuker.

De Australische SAS had zandkleurige baretten en elk van de mannen
had een embleem met daarop een zwaard met metaalkleurige gouden
en zilveren vleugels, op een zwart schild. De belangrijkste taken van de
Australische SAS – te vergelijken met de Britse SAS die van grote invloed
waren op hoe SEAL Team Six en Delta er uiteindelijk uitzagen – waren
onder andere terrorismebestrijding en verkenning (zee, lucht en land).
De SEAL's werkten al sinds de Vietnamoorlog met de Australische SAS
samen.

Op het schietterrein richtten de Australiërs zich op snel bewegende
doelwitten op zo'n 180 meter afstand. Wij hadden meer geoefend met
stilstaande doelwitten over een langere afstand. Ze hadden semiautomatische .308 snipergeweren, terwijl wij onze Win Mags gebruikten, een

grendelgeweer dat we handmatig moesten herladen. Als er groepjes van vier doelwitten voorbijkwamen, kostte het herladen tijd en we konden dus maar de helft van onze doelwitten neerschieten. Ondertussen bleef de SAS de trekker maar overhalen omdat de nieuwe kogels automatisch geladen werden, terwijl ze al hun doelwitten neerschoten. We vraten onszelf op. Ik besefte dat het in een snel bewegende omgeving, zoals bij stedelijke oorlogvoering, een goed idee is om iemand te hebben met een semiautomatische .308 voor het gebied tussen 180 en 360 meter. Onze automatische CAR-15's konden maximaal 180 meter schieten.

Toen we naar de 460 tot 640 meter gingen, was het de beurt aan de Aussies om zich op te vreten. Hun semiautomatische geweren waren minder precies over de lange afstand, terwijl onze grendelgeweren preciezer schoten. We hadden ook een betere telescoop.

Ik schoot op een doelwit dat 660 meter ver weg was. De SAS-man achter me riep over de radio: 'Was die raak?'

'Ja.'

Ik schoot weer.

'Was die raak?'

'Ja.'

Steeds weer raak... Hij schudde zijn hoofd, en die avond gingen we naar een café waar hij een biertje voor me bestelde: een Red Back, Australisch tarwebier genoemd naar de beruchte Australische vrouwtjesspin die het mannetje opeet terwijl ze paren – en die mensen soms bijt met een neurotoxisch gif. Het is een populair biermerk onder de Australische SAS. 'Een geweldig geweer, *mate*,' zei hij.

Dagen later gingen we met munitie in onze geluiddempende CAR-15 tien dagen de wildernis in. Op een avond waren we op een boerderij van 8000 hectare groot, waar we in de open Range Rovers van de SAS stapten. Elk voertuig had een speciale stootram op de grille waaraan een explosieve lading bevestigd kon worden om een deur open te blazen als daartegen gestoten werd. Dan konden de mannen van de wagen afspringen en het gebouw aanvallen – een indrukkende aanval om naar te kijken. De Range Rover kon ook rook aan de achterkant naar buiten blazen om ongezien te kunnen ontsnappen. Onder het rijden schoten we op bewegende doelwitten: kangoeroes. De kangoeroes waren aan het grazen op de weiden van de boerderij en dreigden het kwetsbare landschap te verwoesten. Ze lieten weinig te eten over voor het vee en verspreidden ziekten. In tegenstelling tot de schattige knuffelkangoeroes kan een echte kangoeroe, vooral als hij uitgedaagd wordt of in het nauw komt, een mens met zijn voorpoten vastgrijpen en dan met zijn sterke achterpoten openrijten.

Casanova, Little Big Man, Sourpuss en ik gebruikten nachtkijkers en infraroodlasers op onze CAR-15-geweren. Het is niet eenvoudig om vanuit een rijdend voertuig te schieten. Ik bewoog mijn laser mee met de kangoeroes. Vanuit het SEAL-voertuig klonken onze geweren *pang-pang-pang-pang-pang-pang*.

Vier mannen van de SAS reden in hun Range Rover. *Pang.*

Wij losten zes schoten voor elk schot vanuit hun auto. *Pang-pang-pang-pang-pang-pang.*

De mannen van de SAS dachten dat wij maar wat in het wilde weg schoten – totdat we de schade opnamen en zij de dode beesten om ons heen zagen. Voor elke kangoeroe die zij doodden, hadden wij er zes afgeschoten.

'Man, jullie SEAL's hebben daar leuk speelgoed.'

De volgende dag kwam de boer kijken en zag de massaslachting. 'Jullie hebben heel goed werk geleverd. Hartelijk bedankt!' Hij zag eruit alsof hij ons een Australische high five wilde geven.

Terug op hun hoofdkwartier zaten we in een prachtige vergaderzaal. De Australiërs schonken ons wat in van de port met hun eigen SAS-etiket, uit hun eigen SAS-wijnmakerij. Met een glas in de hand vertelde een van de militairen ons dat hij tijdens de Eerste Golfoorlog in hetzelfde kamp was gelegerd als de Britse SAS-eenheid Bravo Two Zero. Dat was een team van acht man dat naar vijandig gebied gestuurd werd om inlichtingen te vergaren over vijandige posities en om doelwitten te verwoesten zoals glasvezelcommunicatiekabels. Tijdens de tweede dag van hun operatie had een boer op een bulldozer hen gezien. De SAS had de man laten gaan in plaats van hem gevangen te nemen of te doden.

In de paar dagen daarna overleefden de mannen van Bravo Two Zero verschillende vuurgevechten en raakten elkaar vervolgens kwijt. Irakese burgerwachten doodden Robert Consiglio. Vincent Phillips en Steven Lane stierven aan onderkoeling. De Irakezen namen vier anderen gevangen die ze later weer vrijlieten. Dat waren: Andy McNabb, Ian Pring,

Malcolm MacGown en Mike Coburn (Nieuw-Zeelandse SAS). Chris Ryan wist acht dagen uit handen van de Irakese troepen te blijven en liep meer dan 320 km naar Syrië, de langste ontsnappings- en vluchtpoging ooit door een militair uitgevoerd. Tijdens het half uur waarin de SAS-man ons het verhaal vertelde, kreeg hij tranen in zijn ogen en leek een of meer van de omgekomen commando's te kennen. Wat hij ons duidelijk wilde maken, was: 'Als je ooit door iemand gesnapt wordt, is het beter om de persoon die jou ontdekt te doden of vast te binden dan om hem de vrijheid te gunnen.' De Australische SAS heeft ons goed behandeld. Zij leerden ons het een en ander, en wij leerden hun het een en ander. We werden er allemaal beter van – dat is waarom uitwisselingen zo goed zijn. Zoals generaal George Patton ooit zei: 'Een goede voorbereiding dwingt zijn eigen geluk af.'

9

Herboren sniper

Nadat generaal Garrison grote vraagtekens had geplaatst bij de eisen die aan snipers van JSOC konden worden gesteld – zowel bij de SEAL's als bij leden van de Delta Force – zagen we eindelijk het licht. Het lukte ons niet onder alle omstandigheden een schot op iets minder dan 800 meter afstand doel te laten treffen – een van ons zat er zelfs zo ver naast dat hij de omkadering van het doelwit raakte. We straften onszelf door een maand lang uit te proberen waartoe we elke afzonderlijke keer wél in staat waren, ongeacht de weersomstandigheden, het tijdstip, vermoeidheid (die een belangrijke rol speelt), het gezichtspunt, de elevatie, het landschap, de aanwezigheid van aambeien enzovoort. Het schieten op regenachtige dagen, op koude dagen, terwijl we uit het riool kwamen gekropen – we probeerden het allemaal uit. We voelden ons herboren: 'We zijn nu in staat ter land in alle gevallen en onder alle omstandigheden op een afstand van 450 meter een kogel in een lichaam te jagen.' Elke sniper ging elke dag naar de schietbaan om zijn tien kogels af te vuren – en daar kon maar beter een dodelijk schot bij zitten: acht van de tien kogels dienden in de buitenste vijf ringen van de roos terecht te komen en minstens twee in de binnenste vier ringen van het voorgeschreven FBI-doelwit.

SEAL Team Six hield een schietwedstrijd om vast te stellen wie de beste sniper was. Van de achttien snipers die eraan meededen, eindigde ik op de eerste plaats. Dat viel niet bepaald goed bij de schutters die al langer meeliepen dan ik. Country, die een jaar langer bij Team Six zat dan ik, werd tweede. Hij kwam uit Alabama en was een forsgebouwde, vrolijke knaap met rossig haar, iemand die trots was op zijn zuidelijke afkomst en het met dat lijzige accent van hem vaak over de jacht had – wat hij had geschoten, hoe hij het had toebereid en hoe het had gesmaakt. Waarschijnlijk is hij al op zijn tiende gaan jagen. In tegenstelling tot mij had hij in zijn jeugd al heel veel schieterffaring opgedaan. Maar dat soort ervaring kan heel gemakkelijk een nadeel blijken te zijn. Sommige snipers moeten vaak eerst hun slechte gewoontes afleren.

SEAL Team Six stuurde Country en mij als tweemansploeg naar de grote sniperwedstrijd op het Delta-complex in North Carolina. De andere SEAL-teams stuurden ook hun beste schuttersduo's.

Dat deden ook Delta- en Ranger- (een snel inzetbaar lichte infanterie-eenheid van het leger dat zowel tegen conventionele als tegen typische commandodoelen kan worden ingezet) ploegen, FBI Hostage Rescue Teams (HRT), het plaatselijke politiekorps van Cumberland County en nog enkele andere ploegen.

We begonnen op de Delta-schietbaan elke ochtend met een zogenaamd *cold-bore*-schot – een eerste schot met een koude loop – op 180 meter, met als doelwit een kleiduif, die van pek en fijngestampte kalksteen is gemaakt, ter grootte en in de vorm van een omgekeerd schoteltje. En dat schoteltje was weer met tape aan een witte schietschijf in de vorm van een menselijk silhouet bevestigd. Voor Country en mij was het een gemakkelijk doelwit. Zodra de kogel doel trof, spatte de kleiduif in kleine stukjes uit elkaar. Wie misschoot, moest voor een krat bier zorgen. De snipers van de FBI en de Secret Service draaiden bijna elke dag voor een kratje bier op.

We losten ook een cold-bore-schot over een onbekende afstand – verreweg het moeilijkst – zonder gebruik te maken van een laserafstandmeter. Zodra het doelwit opdook, identificeerden we het als vriend of vijand, en openden we het vuur op de vijand voordat die de kans kreeg weg te duiken. Bij het schieten onder een hoek vuurden we vanuit een hoog gebouw op een doelwit dat zich op de grond bevond – waarvoor we op een andere manier dienden te rekenen.

Bij een andere gelegenheid moesten we zo snel mogelijk naar een bepaalde plek rennen, onopvallend positie innemen en het vuur openen. Country holde met mijn wapen naar de derde etage van een gebouw en bracht het daar in positie. Ik rende achter hem aan de trappen op. Omdat ik het extra gewicht van mijn wapen niet hoefde mee te torsen, kon ik, toen ik die sniperpositie eenmaal had bereikt, mijn ademhaling sneller onder controle krijgen – binnen enkele seconden al. Voor mij was het een automatisme geworden om alle gedachten uit mijn hoofd te bannen. Ik loste een schot op een doelwit dat zich aan de overkant in een ander gebouw bevond – midden in de roos.

Bij onze wedstrijd over grotere afstanden varieerde de afstand tot het doelwit van 450 tot 680 meter. Er waren maar een paar teams die op deze afstand serieuze kanshebbers waren: SEAL Team Six, Delta, enkele Rangers en enkele mannen die als sniper bij een kerncentrale van het ministerie van Energie (Department of Energy; DOE) werkzaam waren. (Tussen haakjes, deze jongens waren uitstekend getraind en beschikten over een voortreffelijke uitrusting.)

Country en ik stonden bij deze wedstrijd op een gegeven moment op de eerste plaats – tot de ochtend van de laatste dag. We vuurden enkele oefenschoten af. Ik zag een doelwit voor Country opduiken, en hij vuurde erop. Toen zag ik een tweede doelwit verschijnen.

Country had het doelwit midden in zijn dradenkruis, maar toen hij de trekker overhaalde, kwam het doelwit dat de gijzelaar moest voorstellen in beweging. 'Verdomme!'

'Wat is er?' vroeg ik.

'Ik ben bang dat ik het "hotel" met een schampschot heb geraakt.' De aanduiding 'hotel' stond voor 'hostage', gijzelaar.

Als we aan dit onderdeel helemaal niet hadden meegedaan, zouden we nul punten hebben gescoord, maar dan hadden we nog steeds voldoende punten gehaald om de wedstrijd te winnen. Maar hoewel het geen dodelijk schot was geweest, raakten we wel tien punten kwijt omdat we een gijzelaar hadden verwond. Bij het winnende sniperteam zat een Ranger met wie ik samen de sniperopleiding van de mariniers in Qantico had doorlopen. Als ik me niet vergis, kwam Delta op de tweede plaats. De sniperploeg van het Savannah River Department of Energy eindigde als derde. Probeer nooit ofte nimmer een kerncentrale van het DOE binnen te dringen.

Hoewel Country en ik voor dat foutje heel wat punten moesten inleveren, eindigden we op de vierde plaats. Maar in het ploegenklassement betekent zo'n vierde plaats alleen maar dat je van drie teams hebt verloren. Country en ik waren daar niet blij mee. De HRT's van de FBI en de Secret Service eindigden als laatsten – ze moesten zelfs de agenten van de plaatselijke politie nog voor laten gaan. Maar het is beter om tijdens een training fouten te maken en daarvan te leren dan tijdens een operationele actie. En mijn volgende schoten zou ik onder operationele omstandigheden afvuren.

10

In een safehouse van de CIA – de jacht op Aidid

Nog geen half jaar nadat Casanova en ik de sniperopleiding hadden voltooid, kregen we een operationele opdracht: neem krijgsheer Mohamed Farrah Aidid en zijn naaste medewerkers gevangen. Aidid, die in Moskou en Rome was opgeleid, diende in eerste instantie bij de Italiaanse koloniale politie, nam daarna dienst bij het Somalische leger en had het daar uiteindelijk tot generaal geschopt. Aidids clan (de Habar Gidir), die van Ali Mahdi Muhammad (de Abgaal) en andere clans brachten vervolgens het regime van de Somalische dictator ten val. Daarna bevochten de twee clans elkaar om de macht in Somalië. Daarbij kwamen 20.000 Somaliers om het leven of raakten ernstig gewond, terwijl de landbouwproductie volledig stil kwam te liggen. Hoewel de internationale gemeenschap voedsel stuurde, met name de Verenigde Naties, en wel binnen het kader van Operatie Restore Hope, werd het overgrote deel van die hulp door de militie van Aidid gestolen – waarbij mensen die weigerden mee te werken werden afgeperst of gedood – en met andere landen geruild tegen wapens. Honderdduizenden mensen kwamen door honger om het leven, terwijl nog grotere aantallen onder erbarmelijke omstandigheden nauwelijks kans zagen te overleven. Hoewel andere Somalische leiders een vredesakkoord tot stand probeerden te brengen, wilde Aidid daar niets van weten.

5 juni 1993
Pakistaanse militairen, die deel uitmaakten van de humanitaire operatie (UNOSOM) van de VN, gingen op onderzoek uit naar een wapenopslagplaats bij een radiostation. Daar hadden zich aanhangers van Aidid verzameld om hiertegen te protesteren. De Pakistaanse troepen gingen naar binnen en voltooiden hun inspectie. Toen ze het gebouw uitkwamen, vie-

len de betogers hen aan en doodden 24 Pakistaanse soldaten. Aanhangers van Aidid, onder wie vrouwen en kinderen, vierden deze overwinning door bij de Pakistanen eerst de ledematen af te hakken, vervolgens hun buik open te rijten en ten slotte hun huid af te stropen.

Admiraal Jonathan Howe, speciaal VN-vertegenwoordiger voor Somalië, was ernstig geschokt. Hij loofde een beloning van 25.000 dollar uit voor informatie die zou leiden tot de arrestatie van Aidid. Daarnaast drong hij krachtig aan op bijstand van JSOC.

8 augustus 1993

Aanhangers van Aidid doodden met behulp van een op afstand tot ontploffing gebrachte landmijn vier Amerikaanse militaire politieagenten. Dit was de druppel die de emmer deed overlopen. President Bill Clinton gaf JSOC het groene licht. De taskforce zou bestaan uit vier man van SEAL Team Six, Delta Force, Taskforce 160 en nog enkele anderen. Taskforce 160, met de bijnaam 'Night Stalkers', zou voor de helikopterondersteuning zorgen. Gewoonlijk opereerde die 's nachts, waarbij voornamelijk hard en laag werd gevlogen (om te voorkomen dat het toestel door de radar zou worden opgemerkt). Operatie Gothic Serpent zou in drie fasen worden uitgevoerd: in eerste instantie zouden we naar Mogadishu afreizen om daar een uitvalsbasis op te zetten; vervolgens zouden we naar Aidid op zoek gaan; en ten slotte, mochten we er niet in slagen Aidid gevangen te nemen, zouden we proberen zijn naaste medewerkers aan te houden.

Little Big Man, Sourpuss, Casanova en ik kwamen op de teambasis in Dam Neck, Virginia, bij elkaar om ons op de missie naar Somalië voor te bereiden: trainen, onze uitrusting klaarmaken, onze baard laten staan en ons haar laten groeien. Een deel van onze voorbereidingen bestond uit bezoekjes aan het vercijferlokaal om daar onze radio's zodanig te versleutelen dat we in klare taal van een beveiligde frequentie gebruik konden maken. Dat was nogal tijdrovend, want we moesten een hoop codes invoeren, en die moesten bij elke *handheld* radio dezelfde zijn. We kwamen overeen welke frequentie we zouden gebruiken. Als sniper moest ik met mijn partner Casanova kunnen communiceren, en wij tweeën moesten ook weer kunnen praten met het andere sniperduo, Little Big Man en Sourpuss. En dan moesten we allemaal ook weer kunnen communiceren met onze FOB. Ik overtuigde me ervan dat mijn E&E-pakket (Escape and Evasion, ontstappen en uit handen van de vijand blijven) compleet was en dat ik over voldoende financiële middelen beschikte om zo nodig lieden te kunnen omkopen en te kunnen overleven. Ten slotte vuurde ik met elk van mijn wapens nog enkele patronen af om te controleren of ze naar behoren functioneerden. Omdat we niet precies wisten welke taak we opgedragen zouden krijgen, bereidden we ons zo breed mogelijk voor.

Nadat we klaar waren met onze voorbereidingen, vlogen we naar Fort Bragg, North Carolina, waar het Army Special Operations Command en andere legeronderdelen in de buurt van Fayetteville over ruim 60.000 hectare oefenterrein beschikken, dat voornamelijk uit deels bebost heuvelland bestaat. Daar kregen we wat meer details over de komende missie te horen.

We hadden nogal wat blikken voedsel klaar gezet. 'Dat is echt niet nodig,' zei een legerofficier tegen ons. 'Wij zorgen ervoor dat jullie ruim voldoende te eten hebben.'

Dus lieten we onze voedselvoorraad in het Delta-kampement achter.

Instructeurs van het Defense Language Institute – verantwoordelijk voor de talenopleiding bij militairen – leerden ons een stuk of wat belangrijke Somalische woordjes en zinnetjes: staan blijven, ga liggen, loop achteruit in de richting van mijn stem, opschieten enzovoort.

Twee dagen later kregen we te horen dat de operatie wel eens afgelast zou kunnen worden, dus vlogen we terug naar Dam Neck.

Toen werden we gebeld door een Delta-officier. 'De operatie gaat door, maar lang haar en baarden zijn niet meer nodig.'

We lieten ons scheren en ons haar knippen, en vlogen terug naar Fort Bragg.

27 augustus 1993

We gingen aan boord van een van de zes C-5A Galaxy-vrachtvliegtuigen die Taskforce Ranger naar de plaats van bestemming zouden brengen. Na achttien uur vliegen landden we op het vliegveld van Mogadishu, dat binnen het VN-kampement ten zuiden van die stad was gelegen. De buitenste

verdedigingsring rond dit gebied werd bewaakt door Egyptische VN-sol-
daten. In het kampement bevonden zich vredestroepen uit Italië, Nieuw-
Zeeland, Roemenië en Rusland. Westelijk van de landingsbaan stond een
oude vliegtuighangar waarin wij zouden worden ondergebracht. Achter de hanger bevond zich een twee verdiepingen hoog gebouw met een
scheef dak – het Joint Operations Center (Gezamenlijk Operatiecentrum;
JOC). Op het dak stonden talloze antennes, zodat het geheel wel iets weg
had van een stekelvarken.

Een legerofficier escorteerde Sourpuss, Little Big Man, Casanova en
mij naar de trailer van generaal Garrison, die achter het JOC stond opge-
steld. Binnen was geen enkele familiefoto of ander persoonlijk aandenken
te zien; de generaal kon zo nodig binnen enkele ogenblikken spoorloos
verdwijnen. Zijn adjudant had hem kort voor onze aankomst wakker gemaakt. Garrison wierp één enkele blik op ons, en vroeg: 'Hé, waarom zijn
jullie allemaal naar de kapper geweest? Ik had om mannen met lang haar
gevraagd, zodat jullie zonder op te vallen de stad in konden.'

'We hebben te horen gekregen dat we ons haar moesten laten knippen,
generaal.' We kregen het gevoel dat Delta had geprobeerd ons buiten de
operatie te houden. Laat het leger deze klus maar uitvoeren; de marine
had hier niets te zoeken, moeten ze hebben gedacht, maar generaal Garrison liet de operatie wel degelijk aan ons over. 'Jullie vieren vormen de spil
van deze operatie,' zei hij, en bracht ons op de hoogte.

Na onze ontmoeting met Garrison pleegden we overleg met de afde-
ling Signals Intelligence (SIGINT), die werd geleid door een verbindings-
officier van de CIA. Dit team probeerde informatie te verzamelen door berichten tussen personen onderling te onderscheppen (*communications intelligence*) alsmede elektronische informatie die via vijandelijke technologie
wordt doorgegeven, zoals radioapparatuur, radarsystemen, grondgebon-
den luchtafweersystemen, apparatuur aan boord van vliegtuigen en schepen enzovoort (*electronic intelligence*). SIGINT ontcijfert gecodeerde informatie en analyseert dit berichtenverkeer: men bekijkt wie met wie commu-
niceert en hoe vaak. Men onderschept daar niet alleen gesprekken die via
mobiele telefoons worden gevoerd, maar ook het radioberichtenverkeer,
terwijl men met behulp van richtmicrofoons ook gesprekken op grotere afstand kan afluisteren. De meeste leden van ons SIGINT-team beheersten

twee of drie vreemde talen, en ze beschikten over vliegtuigen die speciaal voor het opvangen van radio- en telefoniesignalen waren uitgerust.

Vervolgens gingen we naar de CIA-trailer boven op de heuvel en hadden we een ontmoeting met de operations officer van de CIA, een zwarte Vietnamveteraan met de codenaam Condor. Zijn meerdere was het plaatsvervangend vestigingshoofd, een Amerikaan van Italiaanse komaf die de codenaam Leopard had. Ze waren beiden verantwoording verschuldigd aan het zwaargebouwde, besnorde CIA-vestigingshoofd, Garrett Jones, die de codenaam Crescent had gekregen. Als er bij de teams over de CIA werd gesproken, hadden we het vaak over de 'Christians In Action', en de CIA gebruikte, als ze het over zichzelf had, soms dezelfde bijnaam. In Somalië hadden de Christenen In Actie nauwelijks nog iets te doen – hoe kun je een overheid nou geheimen ontfutselen als er helemaal geen overheid meer was?

Voordat we in Mogadishu neerstreken, had Washington de CIA verboden er activiteiten te ontplooien, omdat deze stad als te gevaarlijk werd beschouwd. Maar nu wij er waren, mochten de spionnen weer in het centrum van Mogadishu actief zijn. We kregen van de CIA een uitstekende briefing met betrekking tot Mogadishu, waaronder relevante informatie over de cultuur en de geschiedenis. Ook wij kregen een codenaam, en wel op basis van rang: Sourpuss werd Sierra Een, Litte Big Man werd Sierra Twee, ik werd Sierra Drie en Casanova werd Sierra Vier. Ons safehouse kreeg de codenaam Pasha, de titel van een hooggeplaatst persoon in het Ottomaanse rijk. Ahmed zou als onze tolk optreden. Van achter zijn ronde brillenglazen keek hij me zelden recht aan als hij tegen me sprak – hij maakte altijd een enigszins zenuwachtige indruk. Onze belangrijkste Somalische agent was Mohammed. Hij riskeerde voortdurend zijn leven en was dan ook uiterst serieus.

Nadat we boven op de heuvel met de CIA in conclaaf waren geweest, keerden we naar de hangar terug en haalden daar vier AT4's (een draagbaar antitankwapen) op, evenals traangas (CS)-, stun- en fragmentatiegranaten. Ook dienden we een verzoek in voor een SST-181-peilbaken, zodat vliegtuigen die boven ons in de lucht cirkelden, zo nodig precies wisten waar we zaten. We moesten ook nog voorbereidingen treffen om ons safehouse te kunnen verdedigen voor het geval we door de vijand zouden worden aangevallen – én we moesten een ontsnappingsroute regelen als we onder de voet dreigden te worden gelopen.

Die nacht sliepen we in de hangar, samen met de rest van het Amerikaanse militaire personeel, alles bij elkaar zo'n 160 man. Elke soldaat beschikte over 3 vierkante meter vloeroppervlak die hij zijn eigen territorium mocht noemen. Op de vier hoeken van mijn brits waren houten stokken bevestigd waarover een net gedrapeerd kon worden om de muskieten op afstand te houden. Om ons heen doken haviken neer en slaagden erin ratten te vangen die even groot waren als een kleine hond, waarna de roofvogels naar de dakspanten terugkeerden om daar hun prooi soldaat te maken. Tussen delen van de golfplaten wanden zat hier en daar een opening, waardoor Moeder Natuur binnen kon komen. De hangardeuren zelf waren constant geopend. Buiten stonden de helikopters roerloos op het platform, en hing de sterke geur van kerosine. Verder landinwaarts liep het terrein steeds verder op en zag ik de lichtjes en vuren van Mogadishu. Achter ons hing een Amerikaanse vlag aan een van de dakspanten. Ik proefde het zout in de zeelucht, want vlak achter onze hangar lag de oceaan. Ondanks het luxueuze onderdak zou ons vier man sterke team hier niet lang blijven. Om ons welterusten te wensen, vuurde Aidid drie mortiergranaten op ons af, maar die sloegen zonder verder schade aan te richten een eindje verderop in. Even later was iemand zo verstandig de hangarlichten te doven.

28 augustus 1993

Op deze zaterdag versleutelden we onze kleine draagbare PRC-112 survivalradio's, waarna we de rest van onze uitrusting omhingen. Toen we naar onze helikopter liepen, glansde het beton onder onze voeten van de hitte. Ik zette mijn Oakley-zonnebril op. Net als Vuarnets en RayBans vermindert deze uitstekende zonnebril niet alleen de schittering van de zon, maar beschermt hij mijn ogen ook nog eens tegen stof- en andere deeltjes, waardoor ik alleen maar nóg rustiger word. Verder zorgt die bril ervoor dat er geen oogcontact kan worden gemaakt. Een zonnebril kan iemands identiteit verhullen, op anderen intimiderend overkomen, afstand scheppen en emoties verbergen. Net als een goede vriend mag je nooit vergeten een goede zonnebril mee te nemen.

Aan boord van de heli bevonden zich al enkele Delta-jongens, die klaar waren om aan een trainingsvlucht te beginnen.

De helikopterpiloten van Taskforce 160, die tot de besten ter wereld behoren, zeiden tegen de Delta-knapen: 'Hé, sorry, maar we hebben een heuse operatie op het programma staan. Jullie zullen toch echt voor deze jongens plaats moeten maken.'

Het Delta-groepje verliet het toestel. Leuk vonden ze dat niet. 'We zouden er niet aan moeten denken dat we een echte operatie voor de voeten liepen.'

We klommen aan boord van de heli. 'Als we terug zijn, zullen we jullie alles vertellen.' We gingen paarsgewijs in de twee deuropeningen zitten, waarbij onze benen naar buiten bungelden, maakten de boordschuttersgordel vast, en de heli steeg op. Naarmate we hoogte wonnen, werden de Delta-manschappen steeds kleiner.

Onze heli vloog landinwaarts, zodat we konden kijken naar wegen of alternatieve routes om van en naar ons safehouse te rijden. De zon en de oorlog hadden het grootste deel van de kleuren van Mogadishu weggevaagd. De enige bouwsels die tijdens de burgeroorlog door beide kanten werden ontzien, waren de moskeeën – die tot de weinige gebouwen behoorden die onbeschadigd overeind waren blijven staan. Het overgrote deel van alle andere gebouwen was verwoest. De mensen leefden in lemen hutten die van golfplaten daken waren voorzien, met daartussendoor een heel labyrint van onverharde, stoffige wegen en paden. Heuvels van brokken beton, verwrongen metaal en afval stegen uit het landschap op, terwijl her en der uitgebrande autowrakken te zien waren. Met AK-47's zwaaiende militieleden zaten in de laadbakken van pick-uptrucks die met hoge snelheid door de straten scheurden. Uit hopen afval, metalen vaten en autobanden stegen onophoudelijk vuren omhoog. Het leken wel vlammen die rechtstreeks uit de hel afkomstig waren.

We draaiden terug in de richting van de kust en keken uit naar mogelijke landingszones in de buurt van ons safehouse – voor het geval we in alle haast een helikopter te hulp zouden moeten roepen. Tijdens onze vliegtocht lieten we ook onze blik over het strand glijden, op zoek naar een mogelijke plaats waar we door een boot konden worden opgepikt. Lichtbruin en wit zand omzoomde een smaragdgroene zee. Het had de perfecte vestigingsplaats van een luxe badplaats kunnen zijn.

Nadat we na afloop van onze verkenningsvlucht waren geland, reden we met een Humvee door een geheime opening in het hek aan de achterkant van het kampement naar de heuveltop, waar de CIA ons een briefing gaf op het gebied van human intelligence (HUMINT). Technologische gadgets en andere apparaatjes zijn in het spionnenvak bijzonder nuttig, maar je kunt er maar weinig mee zolang er geen dappere lieden bereid zijn in vijandelijk gebied te penetreren en de juiste vragen te stellen – mensen die iets kunnen zien en horen wat via technologische middelen niet waarneembaar is, mensen die in staat zijn aan een bepaalde context betekenis te ontlenen.

Gebruikmakend van een plattegrond van Pasha stelde Little Big Man een plan op om bij het safehouse te komen en ons daar te installeren. Hij droeg de patrouille-indeling aan mij over, en aan Casanova de te nemen maatregelen in geval van een aanval. Little Big Man zette ook de verbindingsprocedures op papier. Sourpuss hield van het trainingsaspect bij SEAL Team Six, het zwemmen en het hardlopen, maar als het aankwam op een feitelijke operatie, schoot hij qua talent en gretigheid met ons vergeleken tekort. Hoewel hij bij het leiden en de planning eigenlijk een wat centralere rol had moeten spelen, beperkte hij zijn rol tot het bepalen wie er op het dak van Pasha op welk tijdstip op wacht zou staan. Ook begonnen we met z'n vieren aan het samenstellen van een grote mozaïekkaart van de stad – een overzicht dat uit een collage van luchtfoto's bestond.

Voordat we vertrokken, werden we eerst nog gebrieft door Crescent. Hoewel mijn teamleden en ik nog maar pas met de CIA, SIGINT en onze tolk kennis hadden gemaakt, zouden we met hen samen moeten werken in Lido, een wijk in het noorden van Mogadishu, vlak bij het centrum waar de zwaar bewapende vijand verbleef. In Pasha zouden er nog meer vreemden aan ons team worden toegevoegd: bewakers, een kok en zogenaamde *assets* – lieden die ons van informatie zouden voorzien. 'Als jullie bij iemand van het team ook maar even het gevoel hebben dat hij niet voor zijn taak berekend is, stuur ik hem weg,' zei Crescent. 'Dit is jullie show. Als jullie dekmantel hier wordt gecompromitteerd, zorgt generaal Garrison ervoor dat jullie daar binnen het kwartier worden weggehaald. Succes.'

29 augustus 1993

Onder dekking van de vroege zondagochtendschemering vlogen we met een Black Hawk-helikopter 5 kilometer in noordwestelijke richting naar het stadion van Mogadishu – het nationale stadion van Somalië, waar vroeger voetbalwedstrijden en andere grootschalige evenementen werden gehouden, en dat 35.000 toeschouwers kan herbergen. De vlucht duurde slechts vijf minuten. Omdat er Pakistaanse VN-troepen gelegerd waren, noemden we het vol kogelinslagen zittende stadion ook wel het Pakistani-stadion. Daar stapten we in drie pick-uptrucks van het type dat overal in de stad rondreed. We hadden er maar twee nodig en gebruikten de derde wagen als lokaas én als reserveauto voor het geval er een defect zou raken. Toen we de pick-uptrucks wat beter bekeken, beseften we dat het een wonder was dat die dingen nog reden. Somaliërs ragden net zo lang in hun auto rond tot die mechanisch helemaal op was. En vervolgens probeerden ze het zaakje nog langer aan de praat te houden. Wilde je deze klotewagens aan de gang houden, dan moest je wel over heel vakkundige monteur beschikken.

We verlieten het stadion en reden de stad in. Mogadishu rook naar urine en menselijke uitwerpselen, vermengd met die bijna tastbare geur van hongersnood, ziektes en hopeloosheid. De stank hing als een donkere wolk in de lucht. Ik werd er op slag een stuk zwaarmoediger door. De Somaliërs waren gewend al hun afval op straat te kieperen, en het feit dat ze vuilnis en mest gebruikten om de in roestige stalen vaten ontstoken vuren aan de gang te houden, hielp ook al niet. Jongetjes in de lagereschoolleeftijd liepen met AK-47's rond. We hadden gehoord dat er vanwege de slechte waterkwaliteit sprake was van een cholera-epidemie. Mogadishu leek op het einde van de wereld in de film *I am Legend* – wij hadden opdracht de boosaardige Darkseekers tegen te houden en de goede Somaliërs van de ondergang te redden. Geen probleem, wij zijn SEAL's. Dit is nou eenmaal ons werk, dacht ik.

Nadat we een kleine kilometer hadden gereden, kwamen we bij Pasha aan. Met AK-47's bewapende Somalische wachtposten openden het ijzeren hek voor ons. Eerder hadden we ter voorbereiding van onze komst een van onze assets vooruitgestuurd met een radio. Alles bij elkaar werd Pasha op elk moment door vier wachtposten bewaakt. Er waren nog vier anderen, zodat er een ploegendienst kon worden gedraaid. De mannen zagen er stuk voor stuk waakzaam uit. Hun dunne armen waren amper drie vingers dik, en daarbij vergeleken zagen hun AK-47's er bijna kolossaal uit. Ze droegen een T-shirt en een *macawi*, een kleurrijk, op een kilt lijkend gewaad. Haastig gingen we naar binnen, terwijl de bewakers het hek achter ons sloten.

Pasha bestond uit twee verdiepingen en werd omringd door een enorme betonnen muur. Vroeger was dit het huis geweest van een welvarende arts die samen met zijn gezin Somalië was ontvlucht toen het land naar zijn zin te instabiel was geworden. Omdat de ongelooflijke armoede in Somalië tot steeds meer overvallen op huizen leidde, hadden de bouwers van de muur rond het huis direct na het betonstorten, toen het beton nog nat was, in de gaten van de betonblokken lege flessen gestoken. Nadat het beton was gedroogd, hebben de bouwers de bovenkant van de flessen afgeslagen. Iedereen die nu over de muur probeerde te klimmen, zou over dat gebroken glas moeten klauteren. Hoewel het een effectieve maatregel was, zag het er buitengewoon smerig uit. Op een avond werd er twee huizen verderop een schot gelost. Later hoorden we dat dit schot was afgevuurd door een huiseigenaar die een overvaller probeerde af te weren. Het overvallersgilde had het op onze wijk voorzien, omdat hier de rijkste mensen woonden.

In het huis zorgde de zwaartekracht – en niet de waterdruk – ervoor dat het stromend water naar de kranen werd gestuwd. Als je een kraan opendraaide, kwam het water uit een grote tank die op het dak stond – het was het zieligste waterstraaltje dat ik van mijn leven uit een douche heb zien komen. Het water was niet te drinken, tenzij we het door ons Katadyn-pompje leidden, dat de ergste bacteriën eruit filterde. Soms kookten we het water. Meestal maakten we gebruik van flessenwater, dat met pakken tegelijk werd aangeleverd. Naar Somalische maatstaven hadden we het uitstekend voor elkaar.

Ik weet zeker dat toen de arts het huis verliet, hij al het mooie meubilair heeft meegenomen. We beschikten over een eenvoudige tafel waaraan we konden eten. Ik had een soort ledikant dat van stevige planken was gemaakt, en waarin een dunne matras was gelegd. Maar vergeleken met de hutjes waarin de meeste bewoners van deze stad leefden, en die ook nog eens op de grond moesten slapen, was ons onderkomen een paleis.

Terwijl we snel onze uitrusting uitpakten, boog een van de magere bewakers, die misschien nog geen vijftig kilo woog, zich voorover om een van mijn tassen op te pakken, een tas die waarschijnlijk een stuk zwaarder was dan de man zelf. Ik maakte duidelijk dat dat niet nodig was, dat ik het zelf wel zou doen, maar de man stond erop hem te dragen. Hij zette mijn tas op zijn schouder en liep nogal moeizaam de trap naar boven op. Onze Somalische kok arriveerde op dezelfde dag als wij. Hij bereidde het voedsel halal, zoals voorgeschreven door de islam – geen varkensvlees, geen alcohol enzovoort. Het Somalische eten bestaat uit een mengeling van verschillende keukens – de Somalische, Ethiopische, Jemenitische, Perzische, Turkse, Indiase en Italiaanse – en is duidelijk beïnvloed door de vele landen waarmee de Somaliërs in het verleden handel hebben gedreven. Als ontbijt aten we een soort pannenkoekje, alleen wat dunner en wat meer op brood lijkend, die *canjeero* werd genoemd. Soms aten we een soort Italiaanse pap (*boorash*), waaraan boter en suiker waren toegevoegd.

Als lunch bereidde de kok meestal een maaltijd die uit bruine basmatirijst bestond. Hij maakte het geheel iets pittiger door er kruidnagels, kaneel, komijn en salie aan toe te voegen. We aten ook pasta (*baasto*), die in plaats van met pastasaus met een soort hutspot en banaan werd opgediend.

Adukibonen stonden een halve dag op een laag vuur te pruttelen, om vervolgens door de kok met boter en suiker als avondeten te worden opgediend, een lokale maaltijd die *cambuulo* werd genoemd. Hij maakte waanzinnig lekkere gehaktballetjes van geitenvlees – iedereen stond er versteld van. Zelfs het door hem klaargemaakte kamelenvlees smaakte uitstekend.

Mijn favoriete drankje was rooibosthee, die van nature zoet en kruidig is. We aten in Pasha nooit ofte nimmer van onze MRE's. Als we hadden geweten hoe lekker het eten hier was, hadden we de zware, veel ruimte innemende voedselpakketten op de legerbasis achtergelaten.

Hoewel de bewakers duidelijk ondervoed waren, aten ze nooit uit zichzelf onze etensrestjes op. We moesten ze het voedsel nadrukkelijk aanbieden, en dan nog moesten we ze echt overreden. Met uitzondering van de gerechten waarin varkensvlees was verwerkt, want dat aten ze als vrome moslim niet, gaven we hun onze MRE's; daar aten ze maar een klein beetje van en namen de rest mee naar huis voor hun gezinsleden. Ook gaven we ze onze lege waterflessen, waar ze thuis het water in opsloegen. Soms schudden ze ons de hand of raakten ze heel even hun hartstreek aan om aan te geven hoe dankbaar ze waren en hoezeer ze ons respecteerden. De tolk vertelde ons dat de bewakers erg blij waren dat de Amerikanen waren gearriveerd. Ze hadden grote waardering voor het feit dat wij onze familie hadden achtergelaten en ons leven op het spel zetten om hen te helpen. Misschien dat de pers de Amerikanen als een stelletje botteriken afschilderde, maar dan vergaten ze wel de rest van het verhaal. Volgens mij wilden de Somaliërs niets liever dan dat we hen hielpen een eind aan de burgeroorlog te maken.

De kok en het voedsel dat hij klaarmaakte betaalden we van het geld dat SEAL Team Six had meegekregen om zo nodig te kunnen ontsnappen en uit handen van de vijand te blijven. Ik had mijn geld, dat uit 100-dollarbiljetten bestond, tot een rolletje gemaakt, dat ik in de kolf van mijn CAR-15 had gestopt. Als ik ooit in mijn eentje zou moeten ontsnappen, zou ik proberen een plaatselijke visser te vinden die bereid was me langs de kust naar Mombasa in Kenia te brengen, waar de Verenigde Staten mensen hadden zitten die goed voor me zouden zorgen.

Condor briefte ons over de activiteiten van de assets, die elke dag bij Pasha langs zouden komen. Als zo'n asset bijvoorbeeld van plan was vanuit het zuidoosten naar Pasha te komen, maar hij naderde vanuit het zuidwesten, dan wisten we dat hij daartoe gedwongen werd of anderszins onder druk stond, zodat we de persoon die hem volgde konden omleggen. In zo'n geval moest onze asset dan iets heel simpels doen, bijvoorbeeld op de hoek van de straat heel even stil blijven staan – daarna zou zijn achtervolger met één enkele kogel worden geliquideerd. Als hij zijn pas twee keer inhield, zouden beide lieden die achter hem aan kwamen door een kogel worden gedood. Onze procedures waren zo onopvallend, dat een vijand nooit door had dat er een signaal werd afgegeven, en hoewel we de procedures niet al te ingewikkeld wilden maken, zodat onze freelancers ze gemakkelijk konden onthouden, waren we vaak uren bezig ze met de assets door te nemen. De nadering van een asset, en ook zijn vertrek, werd steevast gedekt door een op het dak gepositioneerde SEAL – niet alleen als beveiliging, maar ook om lieden buiten de poort te houden die zich als asset probeerden uit te geven. Als een freelancer in het donker bij Pasha arriveerde, droeg hij gewoonlijk een breaklight of een *firefly* (draagbaar infrarood knipperlicht) bij zich. De belangrijkste motivatie voor een asset was geld – en dat gold al helemaal in zo'n door armoede getroffen gebied als dit. Er waren uiteraard ook mensen die wat nobeler redenen hadden om ons te helpen, maar de meest gebruikelijke reden was geld. Terwijl wij ze er niet eens veel voor betaalden.

Op dezelfde dag als wij, maar wel afzonderlijk, arriveerden er vier SIGINT-jongens, die van een heel andere infiltratiemethode en -route gebruikmaakten en zich vervolgens installeerden. Hun kamer leek wel op een controlecentrum bij de NASA dat bij het lanceren van een ruimteraket werd gebruikt: een en al beeldschermen, knopjes en schakelaars. Ze installeerden ook nog wat antennes en andere uitrusting op het dak. Het leek CNN wel.

Little Big Man riep iedereen bij elkaar en gaf ons een briefing over het E&E-plan. Zoals altijd droeg hij zijn Randall-mes in een foedraal aan zijn riem. '*Little man, big knife*'. Ik zette het plan van aanpak nog eens uiteen. Casanova deelde ons in patrouilleduo's in: ik zou aan hem worden gekoppeld, terwijl Litte Big Man met Sourpuss een koppel zou vormen.

Toen onze mozaïekkaart van de stad klaar was, nam die zo'n beetje de hele muur van het grootste vertrek van het huis in beslag. Zodra we van een asset bijzonderheden over een bepaalde dreiging kregen, staken we op de betreffende plaats een speld in de kaart, waarna we ook de coördinaten noteerden voor het geval er een luchtaanval op moest worden uitgevoerd.

Tijdens een afzonderlijke briefing kregen we gezelschap van een asset die ons een aantal mogelijke locaties noemde waar Mohamed Farrah Aidid, de Somalische krijgsheer, zich zou kunnen ophouden. We staken nog wat meer spelden in de kaart: het Olympic Hotel, een kazerne waarin veel officieren waren ondergebracht, en meer van dat soort plaatsen. Daarna verstuurden we de uit acht cijfers bestaande coördinaten naar Crescent in de CIA-trailer boven op de heuvel.

Diezelfde dag sloegen er op het vliegveld, het tactisch operatiecentrum

en het CIA-hoofdkwartier, twintig mortiergranaten in. Eén granaat kwam
zo dicht bij de trailer neer dat de ramen uit de wagen werden geblazen.
Aidids mannen waren er blijkbaar achter gekomen dat de assets de trailer
hadden bezocht. Die mortiergranaat had ons op een dag na gemist.
We verdubbelden de wachtposten bij Pasha en legden iedereen uit wat
ze in geval van nood moesten doen: zo snel mogelijk het SIGINT-versleu-
telapparatuur in een rugzak proppen, de andere SIGINT-apparatuur met
een thermietgranaat vernietigen, verzamelen bij het afgesproken rendez-
vouspunt, om van daaruit naar de plaats te trekken waar we zouden worden opgepikt.
Die eerste nacht hielden Casanova en ik de wacht op het dak. De lucht
was vervuld met een afgrijselijke geur die nog het meest leek op die van
een karkas in verregaande staat van ontbinding. 'Wat is dat voor stank,
verdomme?'

30 augustus 1993
Op maandag ging ik in de buurt op zoek naar de bron van die stank, maar
die was al verdwenen. Helemaal niets meer te ruiken. Toen ik beneden
thee zette, kwam er een asset binnen met wat informatie. Ik schonk een
kop thee voor hem in.
Hij sloeg die beleefd af.
'Nee, het is goed,' zei ik.
Hij nam maar een half kopje, alsof ik hem iets heel kostbaars had gegeven. Deze Somaliërs gedroegen zich altijd buitengewoon bescheiden.
SIGINT vertelde ons dat ze het gesprek hadden opgevangen tussen een
vijandelijke artilleriewaarnemer en zijn vuurposities. De mortierteams
vuurden de granaten af vanuit goed verborgen posities, terwijl de waarnemer keek waar de granaten in verhouding tot het doelwit explodeerden.
Als een mortiergranaat het doelwit raakte, kon de waarnemer meestal min
of meer vaststellen hoeveel schade er was aangericht. De waarnemer zei
altijd: 'Ga pas op je qat kauwen als je vuurcorrecties hebt gedaan en we
hebben gezien hoe groot de schade is.' Qat, een bloemdragende plant die
in Somalië groeit, heeft blaadjes waarin een stimulerend middel zit dat
niet alleen opwinding veroorzaakt, maar ook de eetlust vermindert en een
gevoel van gelukzaligheid teweegbrengt. Een gebruiker stopt een pluk

blaadjes in zijn mond en kauwt erop, net als bij pruimtabak. Het overgrote deel van Aidids mortierschutters was al voor een beetje qat tot actie te porren. Ze werden in de loop van de tijd vanwege hun verslaving helemaal van Aidids organisatie afhankelijk, zoals een pooier zijn prostituees steeds drugs geeft om ze op die manier in toom te houden. Omdat deze drug ook de eetlust onderdrukt, hoefde Aidid deze mannen nauwelijks te eten te geven. Ze waren ook niet bepaald gedisciplineerd. Hoewel er deze keer verder niets gebeurde, had latere SIGINT tot gevolg dat er militaire actie op deze doelwitten kon worden ondernomen. Een paar van deze mortierstellingen werden korte tijd later vernietigd.

Die avond was de vreselijke stank weer te ruiken. 'Wat is dat in godsnaam?' Ik kwam van het dak af en ging zo onopvallend mogelijk naar het buurhuis. Op de veranda voor het huis lag op een futon een tienerjongetje te slapen. Vanaf een meter of tien zag ik dat ik de bron van de stank eindelijk had gevonden. Later hoorde ik dat het veertienjarige Somalische jongetje op de speelplaats van zijn school op een landmijn was gestapt, waarbij zijn rechtervoet was weggeblazen. Ook een deel van zijn linkervoet ontbrak en de rest was door gangreen aangetast. Aanhangers van Aidid hadden op het schoolplein mijnen gelegd met de expliciete bedoeling kinderen te doden of te verminken, zodat ze niet tot effectieve krijgers zouden uitgroeien – integendeel, ze zouden voor de tegenstander alleen maar een blok aan het been vormen. De infectie aan het been van de jongen stonk zo erg dat zijn familie's nachts thuis niet meer kon slapen. Ze hadden hem gedwongen op de veranda te bivakkeren, terwijl ze hem overdag weer binnenhaalden. Ik vroeg de CIA om toestemming om het kreupele buurjongetje te helpen. Mijn verzoek werd afgewezen, want men wilde niet dat het safehouse werd gecompromitteerd.

Tussen 22.00 en 04.00 uur namen we op straat voor Pasha en de omliggende bebouwing nogal wat bewegingen waar. Afgaande op een tip dat er zich aanhangers van Aidid zouden ophouden, daalden leden van Delta Force rond 03.00 uur vanuit helikopters langs touwen snel boven het huis van een zekere Lig Ligato af. Daar namen ze negen man in hechtenis, maar het bleken VN-medewerkers en hun Somalische bewakers te zijn. Blijkbaar was Delta op een nutteloze tip afgegaan.

31 augustus 1993

Op dinsdag zag een asset een voertuig met Aidid erin. Crescent wilde dat die freelancer een mobiel zendertje aan het voertuig zou bevestigen, maar Condor, die deze asset niet wilde opofferen, gaf daar geen toestemming voor omdat het te veel risico's met zich mee zou brengen.

Aidid was zo glad als een aal. Hij verbleef niet in zijn eigen huis maar bij familieleden, en hij logeerde nooit langer dan een of twee nachten op hetzelfde adres. Soms verplaatste hij zich met een hele stoet auto's tegelijk, en de volgende keer maakte hij slechts van één enkel voertuig gebruik. Soms verkleedde hij zich als vrouw. Hoewel hij bij zijn eigen clan populair was, moesten mensen die niet tot zijn stam hoorden, niets van hem hebben.

Casanova en ik kleedden ons zodanig dat we voor leden van de plaatselijke bevolking door konden gaan en voerden een verkenningstocht uit met een Jeep Cherokee die het al eens behoorlijk zwaar te verduren had gehad. Onze wagen was echter van een onopvallende bepantsering voorzien. Ik droeg een tulband en een met bloemafbeeldingen bedrukt Somalisch hemd, terwijl ik onder mijn macawi een uniformbroek droeg. Nu mijn baard begon te groeien en met mijn donkere huid kon ik voor Arabier doorgaan. Als wapen hadden we beiden een met een geluiddemper uitgeruste CAR-15 bij ons, die we tussen onze stoelen hadden gelegd en die door ons gewaad grotendeels aan het oog werden onttrokken. In mijn CAR-15 zat een magazijn met patronen en er zat nog een extra magazijn in de grote zak van mijn uniformbroek. We hadden ook onze SIG P226 9 mm pistolen bij ons, die in een zogenaamde *breakaway butt pack* zaten, een gemakkelijk te openen kleine rugzak voor onder op de rug, die we echter hadden omgedraaid, zodat hij nu onder ons hemd op onze buik hing. Het leek net of we een bierbuik hadden. Om bij mijn pistool te kunnen hoefde ik alleen maar mijn hemd op te lichten, mijn hand naar de rechterbovenhoek te brengen, die iets naar beneden en gelijk weer terug te trekken, waarbij het klittenband losliet, en daarna hoefde ik mijn SIG alleen nog maar door te laden. Afgezien van het magazijn patronen dat in de kolf van het wapen zat, bevond zich nog een extra magazijn boven in het omgekeerde rugzakje.

In mijn zak zat een ingeklapt Microtech UDT tactisch zelfopenend mes, een stiletto – buitengewoon scherp. In de grote zak aan mijn rechterbroekspijp bevond zich nog een EHBO-set die speciaal was samengesteld voor het behandelen van schotwonden. Naar SEAL-maatstaven waren we licht bewapend. Het was een bewust risico dat we namen. Als er plotseling een beer uit het bos tevoorschijn zou komen, zouden we hem niet onschadelijk kunnen maken. Maar door zo min mogelijk spullen bij ons te hebben, waren we beter in staat in de omgeving op te gaan, zodat we gemakkelijker aan inlichtingen konden komen. Het was een compromis. Als we gecompromitteerd werden, zouden we het al schietend op een lopen moeten zetten.

Terwijl Casanova reed, maakte ik met een kleinbeeldcamera foto's. We vonden een locatie waar een helikopter zou kunnen landen, en waar Delta en hun plaatselijke krachten zouden kunnen worden afgezet. Daarna gingen we met succes op zoek naar routes waarlangs ze met pick-uptrucks konden worden aangevoerd.

En we ontdekten nog iets anders. In het verleden, terwijl onze mensen zich te voet verplaatsten, in colonnes Humvees rondreden, in heli's vlogen en ook nog eens van vliegtuigen gebruikmaakten die gegevens verzamelden, hadden we ons maar al te vaak afgevraagd hoe de aanhangers van Aidid er toch steeds weer in slaagden granaten naar hun mortierploegen te transporteren. Ik maakte een foto van twee vrouwen die in een kleurrijk gewaad rondliepen en beiden een baby in hun armen droegen. Toen ik aan het objectief draaide om wat meer in te zoomen, kon ik bij een van de vrouwen duidelijk een babyhoofdje onderscheiden, maar de andere vrouw droeg twee mortiergranaten. De list was me bijna ontgaan.

Tijdens onze rijdende verkenningstocht voltooiden we een conceptoperatieplan voor het afzetten en oppikken van mensen bij Pasha. Als het bijvoorbeeld aflossingstijd was, konden we naar een pal aan de kust gelegen, niet meer in gebruik zijnde slachthuis voor kamelen rijden en met lichtseinen een kleine boot met verse SEAL's aan boord waarschuwen die op zee klaarlag. Daarna zouden we onze voertuigen aan hen overdragen en met hun boot naar het schip varen dat ons moest oppikken. De nieuwe SEAL's hoefden met minder spullen te sjouwen dan wij, want wij hadden de zware SIGINT-apparatuur en andere voorraden al naar Pasha overgebracht.

Het slachthuis, dat een heel huizenblok besloeg, was ooit van de Russen geweest, die bij het begin van de burgeroorlog echter waren vertrokken. Het kamelenvlees en de botten hadden ze verwerkt, maar het restafval van de beesten hadden ze in zee gekieperd. In het water langs een van de prachtigste stranden ter wereld wemelde het dan ook van de haaien: hamerhaaien, witte haaien en nog een stuk of wat andere rotzakken. Ik ben nooit bang geweest om ergens in zee te zwemmen, maar in dat water wenste ik niet te badderen. De plaatselijke bevolking deed dat trouwens ook niet, zodat we de locatie volledig voor onszelf hadden. Bijkomend voordeel was dat het strand vrij dicht bij Pasha lag. Het slachthuis was vanuit zee gemakkelijk te zien, terwijl het vanaf het land een groot deel van het zicht op het kust ontnam. Ideaal voor de jongens die naar de kust zouden moeten varen in zwarte rubberboten met zware buitenboordmotoren (Zodiacs) – of in RHIB's.

We keerden naar Pasha terug, en die avond kreunde het buurjongetje alsof hij elk moment dood kon gaan. Ik wist maar al te goed hoe het is om als kind pijn te lijden. Ze kunnen doodvallen, dacht ik. Casanova, een SIGINT-hospik die Rick heette en ik drongen, met bivakmutsen over ons hoofd en gewapend met MP5 pistoolmitrailleurs, het huis van het jongetje binnen. We namen geen enkel risico. We trapten de deur in en sloegen de moeder, vader en tante van het jongetje in de plastic boeien, waarna we ze dwongen met hun rug tegen de muur op de vloer te gaan zitten. Uiteraard waren ze bang dat we hen zouden doden. We brachten de jongen naar binnen, zodat de ouders konden zien wat we van plan waren. Rick haalde zijn medische spullen tevoorschijn. We schraapten het dode weefsel uit de wonden met Betadine, een zuiverigs- en desinfecteermiddel. Dat veroorzaakte zo'n pijn bij de jongen dat we een hand op zijn mond moesten drukken om te voorkomen dat hij met zijn geschreeuw de hele buurt wakker zou maken. De pijn en de schok samen maakten dat hij het bewustzijn verloor. We dienden hem intraveneus antibiotica toe, verbonden zijn wonden en gaven hem in elk stompje een injectie om de infectie te laten stoppen. Daarna verdwenen we.

1 september 1993
Op woensdag, terwijl we vanaf het dak de omgeving in de gaten hielden, zagen we een oudere man met een ezel die een houten karretje trok waar-

onder de wielen van een oude auto waren gemonteerd. Op het karretje lag een lading bakstenen. Toen hij terugkeerde, vervoerde hij nog steeds dezelfde stenen. Wat was hier aan de hand? We vroegen een asset de man te schaduwen. De asset kwam erachter dat de oude man mortiergranaten onder de stapel stenen had verborgen. We meldden het voorval. Onze superieuren gaven ons een zogenaamde 'compromise authority' – we kregen toestemming de oude man te liquideren.

Een sniper moet mentaal erg sterk zijn, en stevig verankerd zijn in een geloof of een filosofie die hem in staat stelt ervan af te zien te doden als dat niet strikt noodzakelijk is, en alleen maar te doden als het niet anders kan. Tijdens het optreden van de Beltway-sluipschutter in Washington, D.C., in 2002, schoot Joe Allen Muhammad tien onschuldige mensen dood, terwijl er ook nog eens drie personen ernstig gewond raakten. Een vuurwapen kan iemand een machtig gevoel geven. Het is duidelijk dat een goede sniper nooit aan dit soort prikkels mag toegeven. Daar staat tegenover dat als een sniper toegeeft aan het zogenaamde stockholmsyndroom, hij zijn werk niet kan doen. (In 1973 gijzelden een aantal bankrovers enkele bankemployés in de Zweedse hoofdstad Stockholm. Tijdens de zes dagen durende beproeving kregen de gijzelaars steeds meer sympathie voor de bankrovers, en bleven zelfs nadat ze bevrijd waren hun gedrag verdedigen.) Kijkend door zijn telescoopvizier raakt de sniper op een bijna intieme manier vertrouwd met zijn doelwit, vaak tijdens een langere periode, en leert hij de manier van leven en de gewoontes van het doelwit kennen. Dat doelwit heeft de sniper waarschijnlijk nooit rechtstreeks schade berokkend, maar toch, als de tijd daar is, moet de sniper in staat zijn de missie uit te voeren.

Op het dak van Pasha zorgde een borstwering rond het hele dak ervoor dat Casanova en ik vanaf de straat niet te zien waren. Ik richtte mijn .300 Win Mag op de oude man, 450 meter verderop.

Casanova bekeek hem door de richtkijker. 'Stand-by, stand-by. Drie, twee, één, vúúr, vúúr.'

Met het doelwit in mijn dradenkruis, haalde ik bij de eerste keer 'vúúr' de trekker over. Recht tussen de ogen – legde ik de ezel om.

Terwijl ik verwachtte de oude man te zien sterven, zag ik de ezel in elkaar zakken, en merkte toen dat Casanova de grootste moeite had een schor gegrinnik te onderdrukken – dit was als sniper niet bepaald iets om trots op te zijn.

De oude man holde weg.

Het gegrinnik van Casanova klonk alsof hij moest kokhalzen.

Van oude mannen gingen er dertien in het dozijn, maar het zou onge-twijfeld erg moeilijk worden een nieuwe ezel te vinden. Niemand haalde die dode ezel weg, die nog steeds aan het karretje vastzat. Hij bleef mid-den op straat achter.

Later vertelde een van onze assets dat de oude man die mortiergrana-ten helemaal niet had wíllen vervoeren, maar dat Aidids mensen hadden gedreigd zijn familie te doden als hij bleef weigeren. Het gaf me toch een goed gevoel, de wetenschap dat ik die oude knakker niet had omgelegd.

Diezelfde dag onderschepten de SIGINT-jongens berichten over een ge-plande mortieraanval op de hangar bij het legerkampement. SIGINT ken-de de frequenties die door de mortierschutters werden gebruikt. Door snel de basis te waarschuwen, had het personeel daar nog tijd om dekking te zoeken, waarna er zeven of acht granaten insloegen. Er raakten geen eigen troepen gewond. Wat kunnen een paar minuten waarschuwingstijd toch een gigantisch verschil maken.

SIGINT probeerde de communicatie tussen Aidids artilleriewaarne-mers en de mannen achter de mortierinstallaties over het algemeen zo veel mogelijk te storen. Vervolgens zorgde SIGINT ervoor dat deze mortier-posities door gevechtstroepen werden aangevallen en vernietigd. Ook regelden we dat de verslaafde mannen die de mortieren bedienden over voldoende qat konden beschikken. 'Als je niet zonder je dagelijkse dosis qat kunt, hoef je helemaal geen mortiergranaten voor Aidid af te schieten. Hier, kauw hier maar eens op.' Dan verscheen er een holle glimlach op hun gezicht, en waren hun zwart en oranje gevlekte tanden te zien. Het is vreselijk drugs aan een verslaafde te geven, maar het voorkwam wél dat anderen bij deze mortieraanvallen aan flarden werden geschoten. Ook zorgde het er mogelijk voor dat deze verslaafden niet bij een van onze te-genaanvallen omkwamen. Voor Aidids mensen werd het steeds moeilij-ker hun mortieraanvallen te coördineren.

Die avond zagen we op het balkon van een van de huizen achter ons, een paar straten verderop, een man met een AK-47 staan. Ik zette mijn CAR-15 met geluiddemper op enkelschots vuur en liet het rode stipje van mijn telescoopvizier op het hoofd van de man vallen – een gemakkelijk schot. Op elk van onze CAR-15's hadden we een door Trijicon gefabriceerd Advanced Combat Optical Gunsight (ACOG) gemonteerd, een anderhalf keer vergrotend telescoopvizier voor de middellange afstand, waarmee je direct na het richten de trekker kunt overhalen. In het donker verwijdt het oculair zich tien keer zoveel als het menselijk oog, zodat je meer licht krijgt. Het rode stipje is alleen maar in je scoop te zien, dit in tegenstelling met laserlicht, dat daadwerkelijk op het doelwit zelf te zien is. ACOG functioneert in het donker even goed als overdag. Ik wachtte tot de man zijn AK-47 onze kant uit zou richten, maar dat gebeurde niet. Nadat we met onze bewakers hadden overlegd, kwamen we erachter dat de man met de AK-47 een van onze jonge wachtlieden was, die op het dak van zijn eigen huis de SEAL-verdedigingstactiek probeerde na te doen. Uiteraard had de idioot ons niet van tevoren van zijn voornemen op de hoogte gesteld, en waarschijnlijk had hij er geen flauw idee van dat wij in staat waren hem met behulp van onze nachtzichtapparatuur duidelijk te zien. We zeiden tegen hem: 'Dat was een prima idee, maar laat het ons voortaan wel eerst weten als je van plan bent 's avonds hier in de buurt met een wapen naar het dak te gaan, want we hadden je bijna omgelegd.'

2 september 1993
Op donderdagochtend vergaderden we over de plannen voor de naaste toekomst en het benodigde personeel dat daarvoor nodig was. Pasha liep gesmeerd, maar we moesten er ook voor zorgen dat de machine ook bleef lopen nadat ons verblijf erop zat en het moment aanbrak dat we vervangen zouden worden.

Later op de dag kwam eindelijk de doorbraak die we nodig hadden. Aidid was een rijk man en zijn dochter, die de middelbareschoolleeftijd had, had vrienden in Europa, Libië, Kenia en nog enkele andere landen. Iemand plantte een mobieltje bij haar, dat vervolgens door SIGINT werd afgeluisterd. Hoewel Aidid veel rondreisde, maakte zijn dochter een foutje en noemde ze de plaats waar hij op dat moment verbleef. Een asset hielp het betreffende huis aan te wijzen. Ons spionagevliegtuig van de marine, een Lockheed P-3 Orion, slaagde erin Aidids konvooi te lokaliseren, maar even later kwam dat tot stilstand en raakten we hem in het labyrint van straten en huizen kwijt.

's Avonds lagen Casanova en ik op het dak van Pasha en hielden we de directe omgeving onder schot. Tijdens ons verblijf daar hadden we een spelletje ontwikkeld dat erop neerkwam dat we met behulp van de pindakaas uit onze MRE's probeerden een rat te vangen. We maakten een stukje touw aan een stokje vast en zetten daar een doos schuin overheen. Door onze nachtzichtkijker zagen we hoe een rat naar binnen liep. Casanova gaf een ruk aan het touwtje, maar de rat zag kans te ontsnappen voordat de val dichtklapte. Onze techniek ontwikkelde zich tot een ware wetenschap. Ik haalde een stuk of wat ballpoints uit elkaar en gebruikte de veertjes om een deurtje in de doos te maken dat alleen naar binnen open kon. De pindakaas legden we onder de doos. Binnen de kortste keren kwam de rat weer tevoorschijn en snuffelde even aan de val, om vervolgens snel het deurtje binnen te glippen. De veertjes zorgden ervoor dat het deurtje pal achter het knaagdier dichtsloeg.

'Yes!' fluisterde ik.

Casanova glimlachte.

'Wat gaan we ermee doen?' vroeg ik.

'Doden.'

'Hoe?'

'Hoe bedoel je, *hoe?*'

Terwijl we overlegden hoe we dat zouden doen, ontsnapte de rat.

De volgende keer maakten we een iets kleinere doos, zodat het knaagdier zich niet kon bevrijden door simpelweg even te kronkelen. De rat kroop naar binnen. En hij zat in de val. Ik ramde keihard met mijn schoen op de doos. Rat morsdood – maar ik had ook de val kapot getrapt. Voor elke dode rat moest eerst een nieuwe valstrik worden gemaakt.

Ik was best trots op het feit dat ik als enige een rat had gedood. En nu sloop ik met een nieuwe val in het rond om te proberen mijn tweede rat te verschalken.

'Hé, kom eens hier,' fluisterde Casanova.

'Wat is er?' Ik schoof naar hem toe.

Hij wees naar een huis aan de overkant van de straat, waarin we een dag eerder net twee bewakers hadden geposteerd. Drie mannen probeerden in te breken. Ze hadden duidelijk het verkeerde huis in de verkeerde buurt uitgezocht. Als ze dat hadden geprobeerd voordat onze bewakers er waren ingetrokken, dan zouden we hebben gezegd: Wat kan ons het schelen. Dat zijn onze zaken niet. Maar nu onze wachtposten in dat huis zaten, was het wel degelijk onze zaak. Casanova nam de linkerman onder schot, ik nam de man rechts voor mijn rekening. Ik zag het rode stipje op mijn eerste doelwit oplichten, en haalde de trekker over. Zijn knieën knikten en de man zakte in elkaar. Ook Casanova's mannetje beet in het zand. Hoewel de middelste man nog iets langer leefde, raakte zowel Casanova als ik hem op hetzelfde moment. Als deze drie aspirant-indringers alleen maar van plan waren geweest iets te stelen, dan hebben ze voor deze diefstal een hoge prijs betaald.

Later ving SIGINT het gerucht op dat er in de bar om de hoek wel eens een bijeenkomt van Aidid-aanhangers zou kunnen plaatsvinden. Misschien waren ze van plan een aanslag op ons te plegen. Pasha verkeerde in de hoogste staat van paraatheid. We plaatsten AT4 antitankraketten en namen onze verdedigingsposities in. Later bleek dat de Aidid-aanhangers er alleen maar een rekruteringsbijeenkomst hadden gehouden.

Een asset had Aidid gezien, maar wist niet welk gebouw hij binnen was gegaan. Dat was onze logistieke nachtmerrie. Ook al hadden onze assets Aidid weer eens waargenomen, ze konden nooit het juiste gebouw aanwijzen.

Een SIGINT-vliegtuig dat vanuit Europa was ingevlogen en volledig tot onze dienst zou staan, arriveerde 's avonds en zou ons helpen Aidid op te sporen. Zo beschikten we over aanzienlijk meer opsporingsmogelijkheden. We konden nu effectiever gebruikmaken van zendertjes en peilbakens. Ook stelde het ons in staat het vijandelijke berichtenverkeer beter te onderscheppen dan vanaf het dak van ons gebouw.

Het grote gebouw rechts van Pasha was de residentie van de Italiaanse ambassadeur, die er regelmatig grote feesten hield, waarbij veel Italiaanse officieren als gast aanwezig waren. Italië had Somalië tusen 1927 en 1941 bezet. In 1949 gaven de Verenigde Naties delen van Somalië in beheer bij Italië, de zogenaamde trustgebieden. In 1960 werd Somalië zelfstandig.

De Italianen gedroegen zich tegenwoordig als echte smeerlappen, en aten zo veel mogelijk van twee walletjes. Zodra er een Black Hawk opsteeg om een operatie uit te voeren, knipperden de Italianen met hun lampjes om de plaatselijke bevolking te laten weten dat de Amerikanen eraan kwamen. Hun militairen zetten de testikels van Somalische gevangenen onder stroom, gebruikten de loop van een seinpistool om een vrouw te verkrachten en namen van hun misdaden ook nog eens foto's.

De Verenigde Naties beschuldigden de Italianen ervan dat ze steekpenningen betaalden aan Aidid, en eisten dat de Italiaanse generaal Bruno Loi door iemand anders zou worden vervangen. De Italiaanse regering meldde de VN dat ze Aidid met rust moesten laten.

Een van de belangrijkste Italiaanse spelers was Giancarlo Marocchino, die wegens belastingontduiking naar Italië zou zijn gevlucht en later trouwde met een Somalische vrouw die tot de clan van Aidid behoorde. Toen de VN bij de milities wapens in beslag hadden genomen, speelden de Italiaanse militairen ze door aan Giancarlo, die ze daarna aan Aidid doorverkocht.

Italië pompte miljarden lires in Somalië, zogenaamd als 'ontwikkelingshulp'. Met behulp van lieden als Aidid, die toen nog niet tot een beruchte krijgsheer was uitgegroeid, verdween het overgrote deel daarvan toen al in de zakken van Italiaanse regeringsambtenaren en hun vriendjes. De Italianen bouwden een autoweg tussen Bosasso en Mogadishu – waarvoor Giancarlo Marocchino, die een groot transportbedrijf runde, waarschijnlijk grote hoeveelheden steekpenningen heeft ontvangen. Marocchino cultiveerde ook goede relaties met verslaggevers en trakteerde hen tijdens hun verblijf in Mogadishu uitgebreid op etentjes.

Een andere buurman die ook van twee walletjes at, was een Russische veteraan die enige tijd bij de inlichtingendienst had gewerkt, en nu vanuit een onderkomen dat twee huizen van Pasha verwijderd was als huurling opereerde. Hij was bereid voor elke strijdende partij te werken, zolang er maar betaald werd. We vermoedden dat hij beide kanten hielp bij het vinden van safehouses en het rekruteren van nieuwe troepen. Hij en de Italianen leken af en toe samen te werken. De Siciliaanse familie die mij koken heeft geleerd, hield van Amerika; in schrille tegenstelling daarmee vond ik het gedrag van de Italianen in Somalië zonder meer schokkend.

We kregen een melding door dat Aidid wellicht draagbare, hittezoekende luchtdoelraketten had weten aan te schaffen – Stinger-raketten, die door één man bediend kunnen worden en waarmee je vanaf de grond een vliegtuig uit de lucht kunt schieten. Casanova, de SIGINT-hospik en ik verschaften ons opnieuw nogal gewelddadig toegang tot het huis van de jongen met de kapotte benen. De familie was een stuk minder bang dan de eerste keer, maar ontspannen waren ze natuurlijk ook niet – via een ingetrapte deur mensen zien binnenkomen blijft een ingrijpende gebeurtenis. We deden hen opnieuw plastic boeien om en bleven op onze hoede, terwijl we de jongen verzorgden. Hij zag er al een stuk beter uit, en ook schreeuwde hij niet en viel hij niet flauw toen we zijn wonden schoonmaakten.

3 september 1993
De volgende ochtend troffen we voorbereidingen om naar het legerkampement te gaan. Vóór ons vertrek verkenden onze Somalische bewakers eerst de te nemen route. Tijdens de feitelijke trip maakten de bewakers gebruik van afleidingsmanoeuvres, door plotseling de ene kant op te rijden, terwijl wij snel een andere route namen. Als iemand ons probeerde te volgen, zou die zich in tweeën moeten delen om beide voertuigen te kunnen volgen, of een munt moeten opwerpen en dan maar hopen dat ze achter de goede auto aan reden. Hoewel ik in dit soort tactieken was getraind, waren onze bewakers helemaal zelf op dit idee gekomen. Hun gevechtservaring, opgedaan tijdens de burgeroorlog, had hun geleerd zich aan elke omstandigheid aan te passen. Ze waren bijzonder intelligent.

In het legerkampement waren versterkingen aangelegd in de vorm van onopvallende sniperposities, wachttorens en geïmproviseerde bunkers. Als voorbereiding voor het verhogen van de omgevingsbeveiliging van Pasha haalden we een stuk of wat breaklights en firefly's op. Omdat we er toch waren, overlegden we ook met Delta, die we van de details over de mortierbeschieting voorzagen, terwijl wij hun ook vertelden over de vermoedelijke plaatsen van waaruit werd gevuurd. Ze klommen naar het dak van de hangar en voerden van daaruit een zogenaamde *recon by fire* uit: daarbij losten snipers schoten op verdachte punten in de omgeving, in de hoop dat SIGINT gesprekken over bijna-treffers zou opvangen, waardoor de mortierlocaties konden worden geverifieerd. Toen generaal Garrison daarachter kwam, kregen we enorm op onze lazer, want hij moest niets van deze recon by fire-methode hebben.

Nadat we die avond in Pasha waren teruggekeerd, bevestigde Casanova, om onze bewakers duidelijk te maken waarmee we bezig waren en hoe we de zaak aanpakten, een infrarood breaklight aan zijn kleding en liep vervolgens een paar keer rond het huis. Voor het blote oog was het door het breaklight verspreide licht uiteraard niet te zien. Ik liet de bewakers een voor een door onze KN250 nachtzichttelescoop kijken, zodat ze het opgloeiende schijnsel bij Casanova konden zien. De bewakers waren verbijsterd, en op hun gezicht was de stomverbaasde blik te zien van iemand die zojuist zijn eerste vliegende schotel heeft zien landen. Ze lieten de nachtkijkers zakken en keken toen met het blote oog. Toen tuurden ze weer door de nachtzichtapparatuur naar Casanova. Ze begonnen razendsnel te kwebbelen en wild te bewegen, alsof ze nu zelf aan boord zaten van de vliegende schotel die zojuist was geland. Casanova en ik moesten om hun reactie onwillekeurig grinniken.

Later die avond gingen we met Stingray, die onder Condor ressorteerde, met de breaklights en andere apparatuur bij de commissaris van politie op bezoek voor een uitgebreide demonstratie. Hij was een van onze belangrijkste assets en was verantwoordelijk voor het rekruteren van een aantal anderen, en we wilden hem laten zien hoe een en ander werkte. Het resultaat was dat hij aanzienlijk bereid was zijn mensen voor ons te laten werken, omdat hij het gevoel had dat ze hierdoor beter beschermd waren. 50.000 dollar zorgden ervoor dat hij financieel goed uit de voeten kon, maar de kans is groot dat hij in totaal maar 1000 dollar aan zijn 20 à 30 assets uitbetaalde en de rest van het geld in zijn eigen zak heeft gestopt.

Casanova en ik drongen opnieuw het huis van het gewonde tienerjongetje binnen. Nog voordat we iets hadden gezegd, gingen vader en moeder al gehoorzaam met de rug tegen de muur op de vloer zitten. De tante ging op een knie zitten en hield ons een dienblad met thee voor.

Ik nam een glas en bood de familie er ook een aan.

Die sloeg het aanbod af.

We hadden deze keer onze tolk meegenomen om de familie te vertellen hoe ze de jongen moesten verzorgen. Ze hadden grote moeite moeten doen om aan de thee te komen, en het behoorde tot het weinige wat ze bezaten. Het was voor hen de enige manier om ons te bedanken. Ze hadden in eerste instantie de hulp van een medicijnman ingeroepen, maar die had aan het genezingsproces van de jongen duidelijk geen enkele bijdrage geleverd.

De stank die rond de wond van de jongen had gehangen, was nu bijna verdwenen, maar hij had nog steeds koorts. Toch reinigden we de wonden opnieuw. We lieten Amoxicilline bij de familie achter, een antibiotica tegen infecties. 'Dien de jongen dit de komende tien dagen drie keer per dag toe,' zeiden we erbij.

Ik zag dat zijn tandvlees bloedde. De binnenkant van zijn mond was één bloederige massa.

'Hij heeft scheurbuik,' zei onze hospik. Scheurbuik wordt veroorzaakt door een gebrek aan vitamine C. Vroeger leden zeelieden vaak aan deze ziekte, totdat de Schotse arts James Lind, die bij de Britse marine diende, rond 1750 ontdekte dat zeelieden die citrusvruchten aten er aanzienlijk minder vaak last van hadden. Omdat er in de Britse koloniën in het Caribisch gebied veel limoenen groeiden, kon de Britse marine de manschappen limoensap te drinken geven. Dat is er ook de oorzaak van dat Britse matrozen later de bijnaam 'limey' kregen.

4 september 1993

Casanova en ik gingen met een voertuig op pad om alternatieve E&E-routes te verkennen, meer aan de weet te komen over de plaatsen van waaruit de mortierbeschietingen plaatsvonden, en om het omringende gebied wat beter te leren kennen. Later vertelde een asset ons dat er op een weg twee mijnen waren gelegd en dat die tot ontploffing zouden worden gebracht zodra er een Amerikaans voertuig zou passeren — het was dezelfde weg waar ik een dag eerder overheen was gereden om in het legerkampement met Delta te overleggen. Ze moesten van onze trip op de hoogte zijn geweest en ons net hebben gemist.

Bij ons in de buurt moesten kleine meisjes bijna 2 kilometer lopen om aan drinkwater te komen, dat ze vervolgens weer helemaal naar huis moesten dragen. Op een gegeven moment zag ik hoe een vier jaar oud kind op de binnenplaats van hun huis haar twee jaar jongere zusje waste door water over haar heen te gieten. De meeste Amerikanen beseffen niet hoe goed we het eigenlijk hebben – ze zouden best eens wat dankbaarder kunnen zijn.

Tegen die tijd waren we in de buurt redelijk bekend geworden en controleerden we een gebied dat twee tot drie huizenblokken groot was. Als Casanova schoolkinderen zag lopen, spande hij zijn armspieren en drukte hij een kus op zijn machtige biceps, wat die kinderen dan ook onmiddellijk begonnen na te doen. Zodra zich een groepje kinderen om ons heen had verzameld, deelden we een deel van onze MRE's aan ze uit: snoepgoed, chocoladekoekjes, rollen zuurtjes en kauwgom. Inderdaad, we hadden onze dekmantel min of meer prijsgegeven, maar Condor was van mening dat dit een goede manier was om de plaatselijke bevolking aan onze kant te krijgen. Ik was het daar helemaal mee eens.

Ik bracht een zak sinaasappelen naar het kreupele buurjongetje, maar die kon hij niet opeten omdat zijn bloedend tandvlees niet tegen het citroenzuur kon. Casanova hield zijn lichaam op de grond gedrukt, terwijl ik zijn hoofd vasthield en het sap in zijn mond spoot. Na twee, drie van dit soort bezoekjes deed het sinaasappelsap geen pijn meer. Na verloop van tijd verdween de scheurbuik. Om de jongen te helpen, vertelde Condor tegen de CIA dat de jongen familie van een van onze assets was, hoewel dat niet het geval was. We lieten een van onze assets krukken naar hem brengen en dienden een verzoek om een rolstoel in.

Later ging het buurjongetje op de veranda zitten om naar ons te kijken als we op het dak van Pasha onze ronde deden. Dan glimlachte hij en zwaaide naar ons. Het vormde het meest succesvolle onderdeel van mijn periode in Somalië, alleen moest ik om het voor elkaar te krijgen er rechtstreekse bevelen voor naast me neer leggen. Maar het is beter ergens vergiffenis voor te vragen dan om toestemming te moeten bedelen.

Aidid had zijn eigen manier om de harten en hoofden van de mensen voor zich te winnen. Hij sprak zich openlijk uit tegen de Amerikanen en begon bij ons in de buurt mensen te rekruteren: van kleine kinderen tot bejaarden.

Onze assets informeerden ons over een route waarlangs Aidid van stingers werd voorzien: van Afghanistan via Sudan en Ethiopië naar Somalië. Deze luchtdoelraketten waren nog over uit de tijd dat de Verenigde

Staten ze aan Afghaanse opstandelingen leverden in hun strijd tegen de Russen. Jaren later boden de Verenigde Staten aan deze stingers terug te kopen: 100.000 dollar per ingeleverde raket, terwijl er verder geen vragen zouden worden gesteld.

Aidid ontving zowel hulp van al-Qaida als van de PLO. Al-Qaida had vanuit Sudan adviseurs het land binnengesmokkeld. Toentertijd wisten nog maar weinig mensen wat al-Qaida precies was, maar deze organisatie voorzag Aidid van wapens en trainde zijn milities in het voeren van een stadsguerrilla: hoe richt je een wegblokkade in en waar moet je aan denken bij het leveren van een straatgevecht. Mocht Aidid nu nog niet over die stingers beschikken, dan zouden ze in elk geval op korte termijn arriveren. Ondertussen leerden de al-Qaida-adviseurs Aidids militieleden hoe ze de ontstekingen van hun RPG's zodanig moesten ombouwen dat de granaat niet meer tijdens de inslag ontplofte, maar pas met enige vertraging. In dat geval hoefde de RPG een helikopter niet meer vol te raken, maar was het voldoende als de granaat in de buurt van de staartrotor explodeerde, de achilleshiel van een helikopter. Als je vanaf het dak van een huis een RPG afvuurde, was de kans groot dat je óf door de uitlaatgassen van de raket werd gedood, óf door het boordgeschut van de helikopter. Dus leerden de al-Qaida-adviseurs Aidids mannen een diep gat in de weg te graven – een militielid kon dan plat op de grond liggen, terwijl de uitlaatgassen uit de achterkant van de RPG-buis zonder verder schade aan te richten in de kuil spoten. Ook leerden ze zichzelf zodanig te camoufleren dat ze vanuit de heli's onzichtbaar waren. Hoewel ik me dat toen niet bewust was, zat bij de al-Qaida-adviseurs in Somalië waarschijnlijk ook de militaire chef van Osama bin Laden, Mohammed Atef. De PLO hielp Aidid op gelijksoortige wijze met adviezen en wapens. En nu voelde Aidid zich sterk genoeg om belangrijke Amerikaanse doelwitten aan te vallen.

Onze SIGINT onderschepte berichten over een geheim plan om een mortieraanval op de Amerikaanse ambassade uit te voeren. Verder kregen we van onze assets informatie dat de Italianen rustig doorgingen met het doorlaten van Aidids gewapende militieleden bij VN-controleposten die voor de veiligheid in de stad verantwoordelijk waren. Zijn militie hoefde alleen maar te kijken welke controleposten op dat moment door

Italianen werden bemand, om zich verder vrijelijk te bewegen – en de achtertuin van de Verenigde Staten en wie dan ook binnen te stappen.

Twee lijfwachten van Aidid waren bereid om voor een beloning van 25.000 dollar te vertellen waar Aidid zich ophield. Leopard wilde het tweetal in Pasha ontmoeten. Om daar te komen, was Leopard van plan via de Italiaanse controlepost bij de oude pastafabriek – Checkpoint Pasta – te reizen.

Maar Leopard wist niet dat de Italianen Checkpoint Pasta in het geheim aan de Nigerianen hadden overgedragen. Enkele minuten voor de overdracht viel Aidids militie de controlepost aan en doodde de zeven Nigerianen.

Die avond hoorde ik vlak in de buurt van Pasha de geluiden van een vuurgevecht, terwijl er vlakbij – dichter bij dan ooit – een mortiergranaat insloeg. Het was duidelijk dat de slechteriken begonnen door te krijgen wat er aan de hand was en waar we ergens zaten. Onze dagen in Pasha waren geteld.

5 september 1993

Op zondagochtend, even voor achten, reden Leopard en vier lijfwachten in twee Isuzu Troopers het VN-kampement uit. Toen de voertuigen Checkpoint Pasta bereikten, werden de auto's door een grote mensenmenigte omringd. Een paar honderd meter verderop werd de weg door brandende autobanden en betonblokken versperd. Leopards chauffeur gaf plankgas en baande zich een weg door de hinderlaag. De Isuzu werd daarbij door 49 kogels geraakt. Eén kogel schoot door een opening in Leopards scherfvrije vest en boorde zich in zijn nek. De chauffeur slaagde erin hem uit de hinderlaag weg te krijgen en scheurde vervolgens naar een ziekenhuis op het VN-kampement. Na meer dan 14 liter bloed en 100 hechtingen liet generaal Garrison Leopard naar een hospitaal in Duitsland overbrengen. Leopard overleefde de aanslag.

Later die dag hoorde ik het geluid van een .50 machinegeweer waarvan de kogels zwaar genoeg zijn om een muur te doorboren. De schoten werden afgevuurd op zo'n 250 tot 450 meter van de plek waar we ons bevonden.

Nu er vlakbij geschoten werd en met de recente hinderlaag nog vers in het geheugen, beseften we dat we op het punt stonden aangevallen te worden. We verkeerden nu in de hoogste staat van paraatheid en namen onze gevechtsposten in. Ik riep een Lockheed AC-130 Spectre op en verzocht de piloot boven ons hoofd rond te cirkelen voor het geval we hulp nodig hadden. Deze luchtmachtkist, een speciale versie van de Hercules, kan urenlang in de lucht blijven en is bewapend met twee 20 mm M61 Vulcankanonnen, een 40 mm Bofors L/60-kanon en een 105 mm M102-houwitser. Uiterst gevoelige sensoren en geavanceerde radarsystemen helpen bij het opsporen van de vijand op de grond. Als je op een voetbalveld een konijn losliet, maakte de AC-130 Spectre daar konijnenstoofpot van. Ik had in Florida op Hurlburt Field getraind om met dit toestel samen te werken en was bekend met de mogelijkheden ervan. Ik wist precies wat ik moest doen om de vuurkracht van de Spectre op de vijand te concentreren. Bij het idee dat we mogelijk op het punt stonden om een stuk of wat van Aidids mensen te vermalen, raakte ik zelfs een tikkeltje opgewonden. Maar in plaats daarvan glimlachte het geluk hun toe en kozen ze ervoor op een andere dag te vechten.

Op dezelfde dag kwamen we erachter dat een van onze belangrijkste assets was gecompromitteerd. Hij moest het land zo snel mogelijk met het vliegtuig verlaten.

Om 20.00 uur vertelde een asset ons dat Aidid zich in het huis van zijn tante ophield. Condor vroeg om een helikopter, die Stingray en de asset naar het legerkampement zou brengen om daar generaal Garrison op de hoogte te brengen. In Pasha verkeerden we allemaal in een soort euforie. Alles wat we in Pasha hadden gedaan – het begeleiden van de assets, SIGINT, de hele mikmak – had tot dit moment geleid. We beschikten over goede inlichtingen en konden ter bescherming van ons aanvalsteam ook nog onder dekking van de duisternis opereren. De asset beschikte zelfs over een plattegrond van het betreffende huis – ideaal voor de manschappen die de vertrekken moesten doorzoeken. We hadden Aidid zo goed als in handen.

Het verzoek werd afgewezen. Ik weet nog steeds niet waarom. Condor en Stingray waren woedend. 'Zo'n goede kans krijgen we nooit meer!'

De rest van ons kon het ook niet geloven. 'Whiskey Tango Foxtrot?!'

In het militaire fonetisch alfabet staat 'Whiskey Tango Foxtrot' voor WTF – *What The Fuck?*

Ik was woedend; we hadden zo keihard aan zo'n belangrijke missie gewerkt, om vervolgens volkomen genegeerd te worden. Later bleek dit het
gevolg te zijn van militair gekonkel. Later voelde ik me ook in verlegenheid gebracht door de manier waarop mijn eigen militaire organisatie de
CIA had behandeld. 'Condor, het spijt me enorm. Ik heb geen flauw idee
waarom… waarom ze deze operatie niet door hebben laten gaan…'
Condor was niet boos op ons, de SEAL's, maar hij was wel woedend
op generaal Garrison. 'Als Garrison dit weigert uit te voeren, waarom
heeft hij ons dan hiernaartoe gestuurd?! Waarom al deze moeite, waarom al dit geld uitgegeven, al die risico's gelopen, ons leven op het spel
gezet…'
'… als we de trekker niet mogen overhalen,' maakte ik de zin voor hem
af. 'We hadden Aidid zo goed als in handen.'
'Je hebt gelijk, verdomme. We hadden hem bijna in handen!'
Ook ik was toen razend op Garrison. Delta had vergeefs een overval
op het huis van Lig Ligato uitgevoerd, maar dat konden ze niet nog eens
doen als we Aidid in handen hadden. Maar het was zinloos woest om ons
heen te slaan en iedereen de huid vol te schelden. Als ik heel erg kwaad
ben, word ik ook heel erg rustig. Nadat Condor en ik onze ellende met elkaar hadden gedeeld, hield ik mijn mond. De anderen lieten me met rust.
Stuk voor stuk treurden we om de afgelaste missie.

6 september 1993
Om vier uur 's nachts hoorden Casanova en ik, terwijl we ons op het dak
van Pasha bevonden, een tank een wijde bocht beschrijven. We wisten
niet eens dat Aidid over een tank beschikte. We brachten onze AT4's in
gereedheid.
Uren later vertelden Casanova en ik aan Little Big Man en Sourpuss
wat we gehoord hadden.
'Er kán hier helemaal geen tank rondrijden,' wierp Sourpuss tegen.
'Dan hadden we die allang een keertje moeten zien.'
'We weten toch wat we gehoord hebben,' reageerde ik.
'Ik ben niet onder de indruk,' zei Sourpuss. 'Misschien dat je met deze
nonsens indruk bij de CIA kunt maken, maar niet bij mij.'
'Jij zegt het.'

Diezelfde ochtend werd een van onze assets doodgeschoten toen hij uit zijn auto stapte. Korte tijd later werd een tweede asset, de broer van onze werkster, doodgeschoten — een schot door het hoofd. Hij was een van de betere krachten. Hij deed dit werk niet zozeer om het geld als wel omdat hij zijn clan wilde helpen bij het beëindigen van deze burgeroorlog. De werkster slaagde er niet in haar verdriet voor ons verborgen te houden. Alsof dit alles nog niet erg genoeg voor ons was, werd een derde asset bijna doodgeslagen — door de Italianen.

Er kwam een melding binnen dat Aidid over luchtdoelgeschut zou beschikken. Aidid werd almaar machtiger en raakte steeds beter bewapend, dankzij de hulp van al-Qaida en van de PLO — en het feit dat de Italianen regelmatig een oogje dichtknepen. De plaatselijke bevolking zag die machtstoename ook en werd aangemoedigd zich bij Aidid aan te sluiten.

Delta beschikte over inlichtingen waaruit zou blijken dat Aidid zich in het oude Russische kampement bevond. Dus ging Delta achter hem aan en nam zeventien man gevangen — maar Aidid zat daar niet bij. Slechts twee van de zeventien gevangenen werden van enig belang geacht. Ze werden ingesloten, ondervraagd en vervolgens vrijgelaten. Delta had Aidids aanhangers opnieuw laten zien hoe ze te werk ging: de manschappen worden met heli's ingevlogen en laten zich razendsnel langs touwen naar beneden zakken, terwijl Rangers met een stuk of wat Humvees de directe omgeving afzetten, zodat de manschappen zonder gevaar te lopen van buiten beschoten te worden het huis systematisch kunnen doorzoeken. Deze werkwijze zou zich nog een keertje tegen ons keren. Natuurlijk zagen wij de ironie in van het feit dat Delta niet in actie kon komen als wij Aidid eenmaal echt te pakken hadden — inclusief een diagram van het huis.

7 september 1993
Een van onze belangrijkste assets, Abe, meldde zich vier uur te laat. We waren bang dat hij dood was.

Eindelijk kwam hij opdagen. 'Ik ga vanavond op missie.'

'Sorry, maar we hebben je al geschrapt,'

'Geschrapt?'

'De missie gaat niet door. Je hoeft vanavond niet op missie.'
Die avond escorteerden Casanova en ik Condor, die bij een asset
50.000 dollar moest afleveren. De belangrijkste assets waren vaak rijk
en invloedrijk, en hadden meerdere mensen voor zich werken. Condor
ging liever zelf bij deze belangrijke medewerkers langs dan dat hij hen
naar zich toe liet komen, want dan kon hij de nieuwe rekruten eens bekijken, foto's van hen meenemen, erachter zien te komen hoe het geld onder
zijn assets werd verdeeld en hen op de hoogte brengen van de te hanteren
procedures. De hele ontmoeting nam zo'n anderhalf uur in beslag. Terwijl Casanova en ik buiten de wacht hielden, hoorden we zo'n 200 meter
noordelijk van ons het geluid van schoten.

Little Big Man en Sourpuss zagen lichtspoormunitie onze kant uit komen. 'Hebben jullie soms assistentie nodig?' vroegen ze via de radio.

'Nee, we hebben er niks mee te maken.' Als we een groene lichtkogel
zouden afvuren, zouden Little Big Man en Sourpuss onmiddellijk een heli
oproepen om ons daar weg te halen, waarna ze zich onze kant uit zouden
vechten om ons bij te staan totdat de helikopter was gearriveerd.

Later die avond, nadat ik weer in Pasha was teruggekeerd, verschalkte
ik mijn tweede rat.

8 september 1993
De Rangers meldden dat ze een paar kilometer buiten de stad een oude
Russische tank hadden gezien, en dat ze hem hadden vernietigd. Ik herinnerde Sourpuss eraan dat Casanova en ik een paar avonden eerder ook
een tank hadden gehoord: 'Zie je wel? Zo'n ding noemen ze een tank. En
die dingen maken een kenmerkend geluid als ze rondrijden.'

Sourpuss liep weg.

Op die dag werd Abe onze belangrijkste asset. We gaven hem een infrarode stroboscooplamp en een klein peilbaken met een magneet. Hij
leek ervan overtuigd dat hij in staat was dat ding in de buurt van Aidid te
krijgen, dus brachten we Delta in staat van paraatheid.

'Aidid is in beweging gekomen,' meldde Abe. Maar naarmate de nacht
verstreek, lukte het Abe niet om vast te stellen waar Aidid precies uithing.

Hoewel SIGINT geen berichtenverkeer opving, waren er in de buurt
van het vliegveld enkele zware explosies te horen. Aidids mortierschut-

ters waren erachter gekomen hoe ze met hun artilleriewaarnemers konden communiceren zonder dat hun berichten door ons werden onderschept. Die waren verdomme niet kapot te krijgen.

9 september 1993
Generaal Garrison kreeg toestemming om over te gaan op fase drie: jacht maken op Aidids luitenants, zijn naaste medewerkers. Als machtsvertoon vloog Delta met al zijn toestellen laag over Mogadishu: tien tot twaalf Little Birds en twintig tot dertig Sikorsky Black Hawks. In de lichte Little Bird-helikopters, die met mitrailleurs, raketten en geleide projectielen waren bewapend, zaten de Delta-snipers. In de middelzware Black Hawk-heli's, die ook met mitrailleurs, raketten en geleide projectielen waren uitgerust, zaten de Delta-arrestatieteams, terwijl de Rangers in de deuropeningen de abseiltouwen al klaar hadden liggen om op elk gewenst moment in de aanval te gaan. Het idee was Aidid te laten zien dat die van ons groter was dan die van hem – zodat hij wat minder aantrekkelijk zou worden voor de plaatselijke bevolking en hij – hopelijk – problemen zou gaan krijgen bij het rekruteren van nieuwe mensen.

Op diezelfde dag waren genisten van de 362nd Engineers in de buurt van de pastafabriek, die op zo'n 2 kilometer van het stadion met het Pakistaanse hoofdkwartier lag, bezig een rijweg weer begaanbaar te maken. Ze werden bij hun werk beschermd door een peloton Pakistaanse tanks, terwijl de Quick Reaction Force (Snelle Interventiemacht; QRF) klaarstond om in geval van nood assistentie te verlenen. De QRF bestond uit mannen van de 10th Mountain Division, die deel uitmaakte van de reguliere Amerikaanse landmacht, en van het 101st Aviation Regiment en het 25th Aviation Regiment. Ze waren gestationeerd in de verlaten universiteit en de oude Amerikaanse ambassade.

De genisten waren net bezig met bulldozers een obstakel van de weg te schuiven, toen een grote menigte Somaliërs opdrong. Eén Somaliër loste een schot en vluchtte vervolgens in een witte pick-uptruck. De genisten verwijderden een tweede obstakel, en toen een derde: brandende autobanden, schroot en een oude aanhangwagen. Op dat moment werden ze onder vuur genomen door iemand op een balkon op de eerste etage. De genisten en de Pakistanen schoten terug. Het vijandelijke

vuur werd steeds heviger en kwam van verschillende kanten. De mensenmenigte begon met obstakels te slepen in een poging de soldaten in
te sluiten. De genisten riepen de QRF-helikopters te hulp. Binnen drie
minuten waren gewapende OH-58 Kiowa's en AH-1 Cobra-gevechtsheli-
kopters ter plaatse. Vanuit het noorden en zuiden stroomden honderden
gewapende Somaliërs toe. Vanuit diverse richtingen werden vijandelijke
RPG's afgevuurd.

Een Cobra opende met zijn 20 mm kanon en 7 cm raketten het vuur op
de vijand. Er werden nog meer QRF-helikopters te hulp geroepen, terwijl
de genisten probeerden te ontsnappen in de richting van het stadion van
de Pakistanen. Aidids militie vuurde een 106 mm terugstootloze vuur-
mond af, en het volgende moment vloog de voorste Pakistaanse tank in
brand. Een bulldozer kwam abrupt tot stilstand en de genisten maakten
zich uit de voeten. Terwijl zo'n dertig Somaliërs probeerden zich van de
achtergelaten bulldozer meester te maken, werden zij en de bulldozer
door twee TOW-raketten aan flarden geschoten. De genisten, van wie er
twee gewond waren, en de Pakistanen, die drie gewonden hadden, vochten zich een weg terug naar het stadion. Eén Pakistaan overleefde het niet.
Het was de grootste veldslag met de Somaliërs tot dat moment.

Volgens onze inlichtingenbronnen had Aidid vanuit de nabijgelegen
sigarettenfabriek opdracht voor deze aanval gegeven. Meer dan 100 Somaliërs vonden de dood, terwijl een veelvoud van hen gewond raakte.
Maar Aidid was erin geslaagd de weg afgesloten te houden, waardoor de
VN-strijdmacht sterk in zijn bewegingen werd beperkt. Daarnaast schoten
de media Aidid ook nog eens te hulp door melding te maken van de talrij-
ke 'onschuldige' Somaliërs die bij de actie om het leven waren gekomen.
Wat heb ik toch een pesthekel aan die linkse pers van ons. Makkelijk zat
om vanuit je leunstoel met je vingertje te wijzen als je er verder niets mee
te maken hebt. Ook president Clinton hielp Aidid een handje door alle
gevechtsacties in Mogadishu te bevriezen totdat een onderzoek zou zijn
voltooid. Politieke populariteit is belangrijker dan het leven van Amerikaanse militairen.

Aidid zette nu artillerie tegen Pasha in. Mitrailleurvuur en het geluid
van vuurgevechten kwamen steeds dichterbij. We bleven in de hoogste
staat van paraatheid en zaten behoorlijk in de rats. Aidids militie voerde

op de Nigeriaanse controlepost bij de haven van Mogadishu – die door de Italianen aan hen was overgedragen – ook een mortierbeschieting uit.

Condors assets infiltreerden een bijeenkomst die werd gehouden in een garagebedrijf, waar Aidid zou proberen zijn troepen op te peppen. Als Aidid daar inderdaad aanwezig was, wilden we dat graag weten. Hij was er niet.

10 september 1993

De volgende dag vuurde Aidids militie om vijf uur 's ochtends opnieuw enkele mortiergranaten op de controlepost bij de haven van Mogadishu af. Diezelfde dag vertelde een van onze assets dat Aidids mensen wisten van het bestaan van Pasha. Ze beschreven onze bewapening en de voertuigen waarvan we gebruikmaakten, en ze kenden Condor nog van voor we Pasha hadden ingericht.

Aidid liet een aanslag plegen op de Somalische leden van een CNN-ploeg. Hun tolk en vier lijfwachten werden daarbij gedood. Aidids militie had de CNN-ploeg voor ons aangezien.

We kwamen er ook achter dat een Italiaanse journalist een interview met Aidid had geregeld. Een van onze assets had een klein peilbaken onder de auto van de journalist bevestigd, zodat we hem konden volgen. De journalist moet in de gaten hebben gekregen dat er iets niet klopte, want hij ging niet naar het interviewadres maar naar het huis van iemand anders, iemand die geen bloed aan zijn handen had, mogelijk in de hoop dat we op diens huis een aanval zouden uitvoeren. Gelukkig hadden we er een asset in de buurt, die de locatie eerst nog even controleerde.

Maar toch, de CIA was gecompromitteerd. En dat gold ook voor ons. We beschikten over betrouwbare informatie dat we op het punt stonden door Aidids mensen te worden aangevallen. In plaats van twee SEAL's de wacht te laten houden terwijl de twee andere uitrustten, liepen we nu met drie SEAL's wacht, terwijl de vierde man even bij kon komen.

11 september 1993

Pas om zeven uur de volgende ochtend ging ik naar bed – we waren niet aangevallen. Sourpuss maakte me om elf uur wakker om me te vertellen dat onze assets hadden gemeld dat Aidids milities steeds dichterbij kwamen.

Een andere asset vertelde ons dat de rebellen het op Abdi, ons hoofd Bewaking, hadden voorzien, omdat ze wisten dat hij voor de CIA werkte. Een van de bewakers die hij in dienst had genomen, was zijn eigen zoon. Het hoofd Bewaking zorgde ervoor dat de wachtposten werden betaald, terwijl hij ook verantwoordelijk was voor hun veiligheid. Hij bekleedde binnen zijn clan een belangrijke positie. Door voor de CIA te werken bracht het hoofd Bewaking zijn familie en clanleden in groot gevaar. Uiteraard deed hij het ook om het geld, maar veel belangrijker voor hem was dat hij voor zijn familie een betere toekomst wilde. Nu was het met zijn dekmantel gedaan. Later zouden we erachter komen wie hem hadden verlinkt: de Italianen.

Condor belde generaal Garrison. 'We zijn gecompromitteerd en we moeten hier zo snel mogelijk weg.'

Om 15.00 uur had iedereen in Pasha zijn spullen gepakt, waarbij we niet-essentiële zaken als MRE's uiteraard achterlieten, en reden we naar het stadion van de Pakistanen. Daar werden we om 19.35 uur door helikopters opgepikt, die ons naar de hangar op het militaire kampement terugbrachten.

Terugblikkend kan ik alleen maar tot de conclusie komen dat we al op de eerste dag in Pasha onmiddellijk de Italianen in de plastic boeien hadden moeten slaan en hen vervolgens zo snel mogelijk buiten het gebied hadden moeten brengen, terwijl we ook die Russische huurling hadden moeten liquideren. Dan was het runnen van het safehouse een stuk gemakkelijker geweest en hadden we wellicht Aidid kunnen oppakken. Maar het had natuurlijk ook geholpen als onze militaire top ons de gelegenheid had gegeven Aidid te arresteren toen hij zich in het huis van zijn tante bevond. Hoewel we Pasha kwijt waren, waren er gelukkig nog andere doelwitten waar we opaf konden.

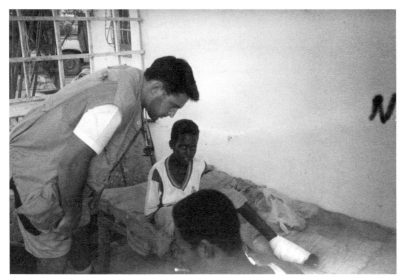

BOVEN: Bij een ernstig gewond Somalisch jongetje.
ONDER: Het Pasha-team: *(voorste rij)* Little Big Man, Casanova, Howard en Sourpuss.

BOVEN: Howard met een AT4 op het dak van Pasha.

ONDER: Zicht vanaf de toren op de compound van de Pakistanen. Het huis en de garage van Osman Ali Otto liggen in de verte. Het huis van Osman is omcirkeld

BOVEN: De vrouw links draagt een baby, terwijl de vrouw rechts doet alsof ze een baby draagt, maar in werkelijkheid een mortier bij zich heeft.
MIDDEN: Een Humvee van SEAL. *(Beeld US Navy)*
ONDER: In beslag genomen vijandelijke wapens. *(Beeld Department of Defense)*

BOVEN: De K4-rotonde waar Little Big Man werd neergeschoten. *(Beeld Department of Defense)*

ONDER: Amerikaanse vredestroepen onder vuur in Mogadishu. *(Beeld Department of Defense)*

BOVEN: SEAL Team Six en Delta-manschappen.

LINKS: Mike Durant, de piloot van de neergeschoten Black Hawk, en Howard.

LINKSBOVEN: De uitreiking van de Silver Star: *(achterste rij, van links naar rechts)* onbekend, Sourpuss, Howard en Homer. *(Voorste rij van links naar rechts)* Little Big Man, onbekend, onbekend en Eric Olsen.

RECHTSBOVEN: De Silver Star en Purple Heart van Howard.

LINKS: Ambassadeur Negroponte. *(Beeld State Department)*

Volgende bladzijde
BOVEN: Thanksgiving bij ambassadeur John Negropone op de Filippijnen. Howard zit rechts, de ambassadeur nam de foto.

ONDER: Tijdens de training van het beveiligingsteam voor de Olympische Spelen in Atlanta in 1996.

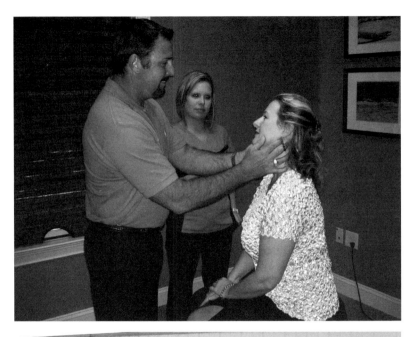

BOVEN: Howard in zijn kliniek met een patiënt.
ONDER: Howard met echtgenote Debbie en hun kinderen Blake en Eryn.

11

De arrestatie van Aidids kwade genius

12 september 1993

Casanova en ik liepen de hangar in, met nog steeds een baard en lange haren. Tijdens mijn hele verblijf in Mogadishu ben ik niet één keer bij een kapper geweest. In de hanger leek iedereen blij ons terug te zien. Ze wisten dat we bijna vijftien dagen lang in vijandelijk gebied hadden gezeten en ze hadden ook nog wat geruchten opgevangen over het soort werk dat we daar hadden verricht. Er kwamen een stuk of wat Rangers naar ons toe. 'Wat hadden we jullie graag bij ons gehad toen we werden aangevallen.' Anderen hadden dolgraag willen vragen: 'Wat hebben jullie eigenlijk uitgespookt?'

We leefden er samen met Delta Force, het Combat Control Team (CCT) en de Pararescuemen (PJ's). CCT's waren de Special Forces van de luchtmacht, mannen die met een parachute boven een bepaald gebied konden worden gedropt om eenmaal op de grond verkenningstaken uit te voeren, de luchtverkeersleiding op zich te nemen, als artilleriewaarnemer op te treden, én voor de commandovoering en de verbindingen te zorgen – en dat was voor ons erg handig bij het aanvragen van luchtsteun. Bij SIGINT zaten heel wat mensen van CCT. De PJ's van de luchtmacht, die eveneens tot de Special Forces behoorden, waren erin gespecialiseerd vliegers in veiligheid te brengen die boven vijandelijk gebied waren neergehaald, en hun eerste hulp te bieden. Zowel Delta als SEAL Team Six was begonnen hun gelederen te versterken met CCT's en PJ's. Bij een uit acht man bestaande ploeg van SEAL Team Six die een overval op een huis moest uitvoeren, betekende de toevoeging van een PJ – iemand die kogelwonden kon behandelen – dat er een SEAL-hospik vrijkwam om deuren in te trappen. Zoals ook het toevoegen van een CCT met een radio op zijn rug ervoor zorgde dat een SEAL-radioman vrijkwam om andere belangrijke apparatuur op zijn rug mee te voeren en een handje te helpen bij het intrappen van deuren. Hoewel CCT's en PJ's van de luchtmacht niet echt gespecialiseerd waren in het forceren van deuren, waren ze op hun vakgebied zonder meer expert – feitelijk zaten ze op een hoger niveau dan de SEAL- en Delta-commando's. Deze mannen in SEAL Team Six en Delta integreren was een van de beste zetten die JSOC ooit heeft gedaan. Hoewel de lat op het gebied van de tactische training een stuk lager lag (de conditie-eisen bleven hetzelfde) dan bij de SEAL's, en dan met name op het gebied van het nabijgevecht, moesten ze ook de Green Team-training van Team Six doorlopen. Hoewel er tijdens mijn Green Team-training onder de vier, vijf mensen die de eindstreep niet haalden één CCT zat en één PJ, slaagde zowel een CCT als een PJ erin de opleiding succesvol af te ronden. De CCT's en de PJ's werden tijdens de vervolgtraining ook bij Delta Force gedetacheerd. Nadat ze een tijdje bij hun luchtmachteenheden dienst hadden gedaan, werden ze vervolgens geregeld weer bij Team Six en Delta gedetacheerd. In de hangar ging ons SEAL-viertal voornamelijk met CCT's en PJ's om, want we kenden elkaar van de training in Dam Neck, Virginia. Net als de meeste Delta-leden hadden ze hun haar uiterst kort laten knippen om niet tussen de Rangers op te vallen, maar voor ons waren ze direct herkenbaar aan hun bleke huid.

Een van onze CCT's heette Jeff, een knap uitziende jongen die net als Casanova een magnetische aantrekkingskracht op vrouwen had; soms trokken ze zelfs met z'n tweeën op. Een andere CCT was Dan Schilling, een dertigjarige, uiterst ontspannen knaap uit het zuiden van Californië. Dan had als reservist ontslag bij het leger genomen om CCT te worden. Als we midden in de hangar aan een vouwtafeltje zaten te kaarten, wilde Dan me nog wel eens een sigaar aanbieden – zijn favoriete merk was Royal Jamaica Maduro.

Tim Wilkinson gaf zijn baan als elektrotechnicus eraan om zich als PJ in het avontuur te storten. Scotty fungeerde als teamleider van de PJ's.

Vlak bij de opklapbare tafel in het midden van de hangar die we gebruikten om onze missies voor te bereiden, hadden de CCT's en de PJ's in een stoel een opblaaspop neergezet die 'Gina de Liefdesgodin' werd genoemd, met om haar nek een lijstje met diensten die werden aangeboden, alsmede de bijbehorende tarieven. Het was een verjaardagscadeautje van

Dan Schillings echtgenote en de vriendin van Jeff, en bestemd voor een van de luchtmachtjongens die nooit post kreeg en ook geen vriendinnetje had. Na het bezoek van een aantal Congresleden was Gina verdwenen. Geen enkel gevoel voor humor! De Rangers overtroffen qua aantal alle anderen, maar ze keken wel uit de denkbeeldige streep te passeren en ons gebied te betreden – en die denkbeeldige grens had wel iets weg van een muur die tot aan het plafond reikte. Misschien hadden we een uitstraling die ze respecteerden – of hadden we een lichaamsgeurtje. Maar wat de reden ook was, ze gaven ons de ruimte. Veel Delta-jongens leken een houding te hebben van: Als jij geen Delta bent, willen we niets met jou te maken hebben. Misschien hadden wij die houding ook wel een beetje, maar wij waren slechts met z'n vieren. Als we het hele Red Team bij ons hadden gehad, waren we misschien wat arroganter geweest. En omdat we de enige vier SEAL's in Afrika waren, moesten we ons toch bij iémand aansluiten.

Rond de hangar droegen we een korte broek, T-shirt en Teva-teenslippers. Als we ons uniform droegen, waren daar geen namen en rangonderscheidingstekens op te zien. Zo'n militaire rang was voor ons minder van belang dan voor de Rangers en het gewone leger. Bij de teams liepen we vaak achter de leider aan vanwege de reputatie die zo iemand had of vanwege de vaardigheden die hij bezat. In tegenstelling tot het reguliere leger noemden soldaten bij ons hun officieren gewoonlijk bij hun voornaam of bijnaam. Wij voelden helemaal niets voor de robotachtige militaire commandostructuur met zijn top-down leiderschap. Omdat iemand in het team hoger in rang is, betekent dit nog niet dat hij de leider is – misschien alleen op papier. Wij pasten onze bewapening en onze tactiek aan de steeds veranderende omgeving en situatie aan.

Om 21.00 uur kwamen we onder mortiervuur te liggen, wat zo langzamerhand zo vaak gebeurde dat de mannen in de hangar in gejuich uitbarstten. Sommige jongens hielden een soort mortierpool bij. Je kon tegen betaling van een dollar op een bepaalde tijdsperiode inzetten. Wie op de tijdsperiode had ingezet die het dichtst bij het moment van inslag lag, won de pot.

Niemand had een flauw idee waar Aidid uithing.

13 september 1993

De volgende dag ondernam Sourpuss zoals gewoonlijk, hoewel hij van ons SEAL-ploegje de hoogste in rang was, nauwelijks enige activiteit, terwijl hij ook geen leiderschap toonde. Hij beperkte zich tot het schrijven van een brief aan zijn vrouw. Little Big Man ging kijken of hij de QRF-helikopters als sniperplatform kon gebruiken. We werden ook aangemoedigd om, als we toch niets beters te doen hadden, samen met de Rangers op patrouille te gaan.

Er arriveerde een Pakistaans konvooi met nieuwe voorraden. Op bevel van generaal Garrison reden Casanova en ik met Steve (een Delta-sniper die veel voor de militaire inlichtingendienst deed), commandant Assad en Assads Pakistaanse troepen mee. We reden dwars door de stad naar het noordwesten, in de buurt van het stadion waar de Pakistanen een goed beschermd kampement runden. Hun troepen gedroegen zich op en top militair en deden alles volgens de voorschriften. Ook hielden de Pakistanen hun kampement schoon en leken ze in niets op de slordige Italianen, die ons voortdurend probeerden te ondermijnen.

Die nacht vuurden Aidids milities op een van onze helikopters en ze gebruikten de leegstaande gebouwen van de nationale Universiteit van Somalië als schuilplaats voor hun sluipschutters. Casanova en ik klommen naar de top van een zes verdiepingen hoge toren. Van daaruit konden we het huis zien van Aidids minister van Financiën Osman Ali Atto – Aidids kwade genius. Atto verdiende zijn geld met handel in drugs (voornamelijk qat), wapens, plunderingen en kidnappings. Dat geld gebruikte hij om meer wapens en steun voor Aidids militie aan te schaffen. Naast Atto's huis bevond zich zijn autowerkplaats, een enorm betonnen gebouw dat grotendeels open was en waar zijn monteurs aan het sleutelen waren aan auto's, bulldozers en pick-uptrucks waar op de laadvloer van de achterbak een driepoot met bouten werd vastgeschroefd met daarop een .50-machinegeweer. Dit was dezelfde garage waar Aidid zijn propagandabijeenkomst had gehouden toen wij in Pasha zaten. Als we Atto in handen hebben, komt Aidids militie financieel droog te staan. Wie de zeggenschap over de duiten heeft, bepaalt het verloop van de oorlog, dacht ik.

Bij Atto's huis gebeurde verder niets bijzonders, behalve dat het licht op de veranda drie keer aan- en uitging. Misschien was dat een soort signaal, maar we zagen verder geen beweging in het huis. Het oppakken van Atto was slechts een kwestie van tijd.

14 september 1993

We bleven Atto's garage in de gaten houden. Het was er een komen en gaan van mensen. Drie monteurs waren aan voertuigen bezig. Casanova en ik zagen iemand die eruitzag als Atto, iemand met een brede lach op zijn gezicht en daar blijkbaar een bespreking had.

We maakten wat foto's van hem en stuurden de informatie via een beveiligde frequentie naar de inlichtingenjongens, zodat die konden controleren of de man in de garage inderdaad Atto was. Toen hij de garage verliet en wegreed, verloren we hem uit het oog.

Diezelfde dag vermoedde een Ranger dat hij Aidid in een konvooi had zien rijden. Delta voerde een overval op een gebouw uit, om te ontdekken dat ze generaal Ahmed Jilao gevangen hadden genomen, ofschoon Jilao een stuk groter en zwaarder was dan Aidid en ook nog eens een aanzienlijk lichtere huid had. Bovendien was hij een trouwe bondgenoot van de Verenigde Naties. Aidid was een soort Elvis Presley geworden – mensen zagen hem waar hij niet was.

's Nachts werd het Pakistaanse kampement vanuit een groepje bomen en gebouwen in de buurt beschoten. Commandant Assad zei: 'We worden hier geregeld beschoten. Kunnen jullie ons helpen?'

'We kunnen ze met onze infraroodapparatuur vinden en ze dan met lichtspoormunitie beschieten. Dan kunnen jullie daarna met mitrailleurs het vuur op dat gebied openen.' (Lichtspoorpatronen bevatten fosfor, die na het afvuren verbrandt en dan een bepaalde kleur gloed afgeeft.)

Maar Allah stond deze militieleden die avond klaarblijkelijk bij, want ze losten die nacht geen enkel schot meer.

16 september 1993

Twee dagen later betraden drie vrouwen het huis van Atto. Even later vertrokken er weer twee. Er ging ook een man naar binnen. Kennelijk was er opnieuw een bijeenkomst, en een van de aanwezigen leek inderdaad op Atto. Hij liep rond met een hagelwitte grijns op zijn gezicht en wekte de indruk de leiding te hebben, want hij wees wat de mensen moesten doen.

Casanova klom vanuit de toren in het Pakistaanse kampement naar beneden en sloop dichter naar de muur rond het terrein van Atto. Casanova zag dat mensen een huis binnengingen dat vlak naast de garage lag, in plaats van rechtstreeks Atto's huis binnen te gaan. We vroegen de QRF of ze een mortieraanval wilde uitvoeren, maar de granaten kwamen niet eens in de buurt van het huis neer.

Later zagen we kans ongezien de hangar op het legerkampement te bereiken, waar we door Delta-kapitein Beesee werden ondervraagd.

Tijdens deze debriefing merkte ik op: 'We vinden het niet erg om samen met Rangers op patrouille te gaan, maar we rijden liever zelf. We weten precies wat ons te doen staat als we beschoten worden, maar we hebben geen flauw idee wat zíj zullen doen.'

Daar ging de kapitein mee akkoord.

'Verder zouden we graag 's nachts als sniper met de QRF mee willen; Mogadishu vanuit de lucht in de gaten houden.'

'Oké.'

Casanova en ik gingen vervolgens naar de CIA-trailer en brachten de mensen daar van de activiteiten van Osman Atto op de hoogte.

De eerste keer dat Casanova en ik met de QRF-heli meevlogen, ontdekten we dat volgens hun 'huisregels' de mannen wel een magazijn in hun wapen mochten hebben zitten, maar dat er geen patroon in de kamer aanwezig mocht zijn; dat ze pas mochten doorgrendelen nadat de vijand het vuur op hen had geopend. Wij hadden altijd een patroon in de kamer zitten, en het enige wat we hoefden te doen was de veiligheidspal overhalen en te vuren. In een oorlogsgebied sloegen de QRF-regels helemaal nergens op.

Op een dag stapten Casanova en ik met enkele leden van de QRF aan boord van een Humvee. 'Laden en doorgrendelen,' zei ik.

De soldaten keken me vreemd aan. 'Hè?' Geleidelijk aan drong het tot de mannen door. Elk van hen overtuigde zich ervan dat de vuurselector nog steeds op safe stond, maar dat er zich wel een patroon in de kamer bevond. Casanova en ik zouden de volle verantwoordelijk op ons nemen voor repercussies van hogere officieren.

De volgende keer dat een paar Rangers, Casanova en ik met onze Humvee naar het QRF-kampement reden, kwamen de QRF-soldaten die al eerder met Casanova en mij op stap waren geweest, haastig naar ons toe omdat ze wisten wat ons eerste bevel zou zijn: 'Laden en doorgrendelen.'

Later, naarmate meer soldaten de gelegenheid hadden gehad met ons op patrouille te gaan, stonden ze zo'n beetje in de rij om te kijken in welke Humvee Casanova en ik reden. We moesten lachen om die aanblik, en hoe ze bijna vochten om bij ons in de auto te mogen zitten.

Om 24.00 uur gingen we aan boord van de QRF-helikopter. We gingen naast elkaar in een van de deuropeningen zitten. 'Laden en doorgrendelen.'

De twee QRF-snipers die aan de andere kant van het toestel zaten, grendelden hun wapen door.

Onze piloten wachtten gewoonlijk tot er op hun toestel werd geschoten, om daarna pas terug te schieten, maar de nacht ervoor waren ze met lichte wapens beschoten, terwijl er ook nog eens twee RPG's op hen waren afgevuurd. 'Schiet op iedereen door wie je je bedreigd voelt.' Als iemand een wapen op ons richtte of een agressieve houding aannam, of zich zodanig positioneerde dat hij op ons kon schieten, zouden we zo iemand onmiddellijk onder vuur nemen.

Hoewel de gemiddelde temperatuur overdag 30 graden Celsius was, koelde de nacht af tot zo'n 15 graden. Tijdens onze vlucht boven Mogadishu zagen we dat er op de bovenste etages van verlaten gebouwen kampvuren brandden. In gedachten zag ik hoe er vluchtelingen er dicht omheen gekropen zaten.

Op de grond brachten twee Somaliërs hun wapen omhoog en richtten die op onze heli. Casanova richtte zijn CAR-15 op een van hen en haalde de trekker over – de Somaliër zakte dood in elkaar. Zijn maatje nam de benen en verdween tussen de gebouwen, en onze piloot slaagde er niet in om bij hem in de buurt te komen.

Diezelfde nacht schoot een Delta-commando met zijn CAR-15 een Somaliër drie keer in de borst – het bleek een van Aidids vertrouwelingen te zijn.

Jammer genoeg ging die dag bij Delta voor de tweede keer per ongeluk een vuurwapen af, een zogenaamde *accidental discharge* (AD). Een lid van een van de beste gevechtseenheden ter wereld haalde in de hangar per ongeluk de trekker over. Er hadden doden kunnen vallen. Ik herinner me nog goed de blik op het gezicht van dit Delta-lid na afloop van het incident – hij wist wat de gevolgen waren. Garrison en de anderen waren woedend. Hoewel de man tijdens zijn loopbaan bij het leger eindeloos had geoefend om zijn wapen in een vuurgevecht optimaal te gebruiken, mocht hij zijn geweer nu inpakken en vertrekken. Ook was dit een smet op zijn staat van dienst. Of je nou bij Delta Force zat of bij het SEAL Team Six, een AD hield in dat je onmiddellijk op het vliegtuig naar de States werd gezet. Hoewel we uitstekend bestand waren tegen pijn en ander lijden, een verbanning uit de groep was vaak de zwaarste straf – zoals ik later aan den lijve zou ervaren.

17 september 1993

De volgende dag klommen Casanova en ik opnieuw in de toren bij de Pakistanen en losten daar Little Big Man en Sourpuss af. Die hadden drie uur lang Atto in zijn garage geobserveerd.

Een CIA-asset moest eerst tot de garage zien door te dringen om zich ervan te overtuigen dat de betreffende persoon inderdaad Atto was, voordat we er met volle kracht opaf zouden gaan – minstens 100 man, een aantal Humvees om de omgeving af te zetten, Little Birds met Delta-snipers en Black Hawks met Rangers en Delta-mensen aan boord. Om aan te geven dat alles klopte, zou onze asset naar het midden van de garage lopen, zijn roodgele petje in zijn rechterhand nemen en wat rondlopen. Casanova en ik zouden vervolgens de hele strijdkracht oproepen – een enorme verantwoordelijkheid voor twee onderofficieren.

We kregen te horen dat Atto om 07.30 uur in zijn garage een vergadering had belegd. Onze HUMINT was verbazingwekkend, en vertelde ons precies waar en wanneer Atto een bijeenkomst had gepland. Helaas lukte het ons niet aan dit soort informatie over Aidid te komen, terwijl dat in het verleden wél was gebeurd.

Om Aidid in handen te krijgen, voerde Delta een aanval op het radiostation uit, maar viste daar opnieuw achter het net.

Die avond bleef Casanova boven in de toren, terwijl ik naar de rand van het Pakistaanse kampement sloop en een blik over de muur van het aangrenzende Save the Children-huis wierp. Daar heerste 's ochtends vroeg en 's nachts onder dekking van de duisternis net iets te veel activiteit. Later vertelden HUMINT-bronnen ons dat een van de Somalische chauffeurs in het geheim wapens en munitie in de achterbak van zijn auto vervoerde, waaronder mortiergranaten. Omdat ze onder de vlag van Save the Children opereerden, mochten de auto's van deze organisatie zonder doorzoeking bijna alle controleposten passeren. Ik denk niet dat de mensen binnen de Save the Children-organisatie zich ervan bewust waren dat hun auto's op deze manier werden misbruikt, maar het leverde ons wel heel wat antwoorden op vragen over het vervoer van uitrusting en munitie.

18 september 1993
Casanova en ik begonnen om 06.00 uur vanuit de Pakistaanse toren de garage van Atto in de gaten te houden. Om 07.45 uur verscheen de CIA-asset in de werkplaats. De man had een smal, besnord gelaat en droeg een roodgeel petje en een T-shirt, terwijl hij verder nog gekleed was in een macawi die van blauwwit geruite stof was gemaakt. Hij zou 5000 dollar krijgen als hij erin slaagde Atto aan te wijzen. Na 25 minuten had hij nog steeds het afgesproken signaal niet gegeven. Toen stapte Atto de garage binnen, compleet met zijn bekende brede grijns. Met hem arriveerden zijn lijfwachten en een al wat oudere man. We meldden ons via de radio, maar we moesten op de bevestiging van de asset wachten voordat we onze strijdmacht eropaf konden sturen.

In plaats van ons onopvallend in te seinen, gedroeg de asset zich alsof hij te veel slechte B-films had gezien, of dacht dat wij achterlijk waren. Hij stak zijn arm met een ruk zijwaarts, bewoog zijn hand vervolgens stram naar de bovenkant van zijn petje, nam dat af, strekte zijn arm weer en liet die ten slotte langs zijn lichaam vallen. Als ik een van Atto's lijfwachten was geweest, had ik hem ter plekke door het hoofd geschoten. Ik ging ervan uit dat hij voor onze ogen geëxecuteerd zou worden, maar blijkbaar had niemand zijn overdreven bewegingen opgemerkt.

Casanova en ik stuurden nu de hele troepenmacht eropaf. De QRF verkeerde in opperste staat van paraatheid. Little Birds en Black Hawks vulden de lucht. Even later daalden vanuit de heli's Delta Force-mannen langs touwen naar de garage af, lieten Rangers zich in de directe omgeving van de garage naar beneden zakken, terwijl Little Birds met snipers aan boord rondvlogen om het arrestatieteam te beschermen tegen aanvallen van buiten. Atto's mensen stoven als ratten uiteen. In de buurt doken overal militieleden op die op de helikopters begonnen te vuren. Uit het niets verschenen journalisten ten tonele. Sniper Dan Busch gooide een stungranaat naar ze toe om te voorkomen dat ze het schootsveld binnen zouden lopen. Later zou er geheel ten onrechte worden gemeld dat er handgranaten naar de pers waren geworpen. Stelletje ondankbare idioten. Als er vanaf die afstand een handgranaat naar jullie was gegooid, zouden jullie allemaal morsdood zijn. Dan heeft me later zelf verteld dat het Pentagon onmiddellijk telefonisch verhaal kwam halen, en dat hij zijn superieuren moest uitleggen dat hij absoluut geen fragmentatiegranaten naar de journalisten had gegooid.

Ik kroop over een muur en bevond me vervolgens op het randje van de zes verdiepingen hoge toren, waar ik plat op mijn buik lag, met vier patronen in de houder van mijn Win Mag en een vijfde in de kamer. Casanova bestreek de linkerhelft van Atto's garageterrein. Ik nam de rechterhelft voor mijn rekening. Door mijn Leupold 10 telescoopvizier zag ik hoe een militielid 500 meter verderop door een open raam op een van de heli's schoot. Ik trof hem in de borst. Hij tuimelde achterover terug in het gebouw – om nooit meer overeind te komen.

Even later kwam 300 meter bij me vandaan een militielid met een AK-47 in de hand een nooduitgang in de zijkant van het gebouw uit zetten, en richtte zijn geweer op de Delta-mensen die de garage bestormden. Ik schoot hem in de linkerzij. De kogel kwam er rechts bij hem weer uit. Hij zakte op de brandtrap in elkaar en zou nooit te weten komen waardoor hij was geraakt.

Op 800 meter dook een knaap op met een RPG-lanceerbuis op zijn schouder. Hij trof duidelijk voorbereidingen om op een van de heli's te vuren. Het steeds aanpassen van mijn telescoopvizier aan de voortdurend wisselende afstanden waarop de doelwitten zich bevonden, nam veel te veel tijd in beslag. Ik stelde de afstand in op 1000 meter – de afstanden die daaronder lagen kon ik uit mijn hoofd berekenen – maar ik vergat de millimeterindeling in te stellen. Ik liet mijn dradenkruis op het bovenste deel van het borstbeen van meneertje RPG vallen en haalde de trekker over. De kogel trof hem pal onder zijn neus. Mensen denken altijd dat als iemand door een kogel wordt getroffen, die persoon achterover tuimelt, maar vaak gebeurt juist het tegenovergestelde. De kogel dringt het doelwit met zo'n snelheid binnen dat hij de man als het ware naar voren trekt, waardoor hij plat op zijn gezicht valt. Dit militielid haalde net de trekker van zijn RPG over toen hij voorover viel, waardoor het projectiel zich in het wegdek vlak voor hem boorde. *Boem!*

Delta-snipers die in de Little Birds boven het terrein cirkelden, zagen hoe ik de man uitschakelde. Enkele minuten later vloog een van de heli's op onze toren af en bleef heel even stil in de lucht hangen. 'Hé, hartstikke goed gedaan!' schreeuwde een van de snipers en stak zijn duim naar me omhoog. Ik was blij dat Casanova en ik plat op onze buik lagen, anders had de door de rotorbladen veroorzaakte stormwind ons wel eens van die zes verdiepingen hoge toren kunnen blazen.

Delta verrichtte die dag vijftien arrestaties, maar de Rangers in de Humvees waren niet op tijd gearriveerd om het gebied voor auto's en mensen te voet af te grendelen. Atto had het shirt van een van zijn naaste medewerkers aangetrokken en was doodgemoedereerd de achteruitgang van zijn garage uit gewandeld – en was ontkomen.

19 september 1993

In de vroege uurtjes van de ochtendschemering werd ik wakker omdat de QRF 500 meter ten noorden van onze positie bezig was met een aanval op een huis. De QRF werd onder vuur genomen door lichte wapens en RPG's. Maar Aidids militie had die ochtend het verkeerde konvooi uitgezocht om aan te vallen. Vanuit onze toren had ik via mijn nachtzichtapparatuur een uitstekend zicht op de vijand. Ik pakte de microfoon van onze radio en stuurde gewapende helikopters op de plek af waar de militieleden zich bevonden. De QRF-helikopter bestookte de mannen met hevig .50 vuur en 40 mm granaten, terwijl QRF-grondtroepen zo zwaar in de aanval gingen dat de lucht trilde en de aarde schudde. De weinige vijanden die het overleefden, zagen geen kans snel genoeg weg te komen en renden voor hun leven vlak langs de positie waar Casanova en ik ons nog steeds bevonden.

We hadden op zeer effectieve wijze van de toren gebruikgemaakt, maar Aidids mensen hadden al snel in de gaten hoe de boel in elkaar stak. Een Somalische vrouw bleef staan en keek naar ons omhoog. Vervolgens haalde ze, in het volle zicht van Casanova en mij, een hand langs haar keel – het internationale teken voor: 'We zullen jullie eens een kopje kleiner maken'. We konden alleen maar tot de conclusie komen dat onze sniper-post in de Pakistaanse toren was gecompromitteerd en kregen toestemming hem een paar dagen te sluiten.

We verlieten het Pakistaanse kampement om 17.00 uur en arriveerden rond 17.30 uur in de hangar. Bij de voordeur werden we opgewacht door een stuk of zes Delta-snipers, die mij een high five gaven. 'Wasdin, je bent een kei!' Een van hen keek de andere Delta-snipers aan. 'Als ooit nog eens iemand het vuur op me opent, zou ik graag zien dat Wasdin die knakker vanaf 1000 meter dwars door zijn hoofd schiet!'

Later hoorden Casanova en ik de werkelijke afstand van het schot waarmee ik de man door het hoofd had geschoten: 774 meter, waarmee dit het verste dodelijke schot uit mijn carrière was geworden. Ook zorgde het ervoor dat onze verhouding met Delta een stuk beter werd. Ik heb ze nooit verteld dat ik in feite op de borst van die knaap had gericht.

20 september 1993

Om 02.30 uur gingen Casanova en ik met een QRF-vlucht mee die tot 05.45 uur zou duren. Tijdens deze vlucht zagen we hoe een man een mobiele zender opzette. We dachten dat we de locatie van Aidids Radio Mogadishu hadden gevonden, van waaruit hij niet alleen operationele bevelen uitzond, maar ook informatie over hoe je mortieren moest bedienen en onvervalste propaganda. 'De Verenigde Naties en de Amerikanen willen Somalië overnemen, de Koran verbranden en jullie al je eerstgeboren kinderen afnemen.' Dat werk. Ook wanneer Aidids milities een pak op hun donder kregen, zond Radio Mogadishu allerlei juichende berichten over een nieuwe overwinning uit, zodat zijn eigen mensen gemotiveerd zouden blijven en andere Somaliërs zich bij zijn winnende team zouden aansluiten. Casanova en ik mochten een man, enkel en alleen omdat hij een zender installeerde, niet liquideren, maar we markeerden de positie als een mogelijke locatie van Aidids radiostation.

De QRF-bemanning vroeg ons of we de hele week met ze mee konden vliegen. Ze waren al zo vaak onder schot genomen, dat ze maar al te graag een stel SEAL-snipers aan boord hadden.

Later die dag nam Condor op het kampement contact met ons op. Een van zijn assets meldde dat Atto voor een bijeenkomst naar zijn huis zou komen. Wij vieren waren de enige manschappen die Atto vaker hadden gezien en hem konden identificeren. Condor wilde dat er een SEAL en een paar Delta-mannen met hem meegingen. We kozen Casanova, maar de missie ging niet door. Ook onze QRF-vlucht werd geschrapt. Hoewel we de Humvee al hadden gepakt voor een aanval op Atto's huis, ging ook die niet door. Uitrusting omhangen, spullen weer uittrekken, uitrusting omhangen – en elke keer zou wel eens de laatste kunnen zijn. Dat steeds weer afdoen van de uitrusting zat me dwars, maar het tastte mijn motivatie om mijn uitrusting weer om te hangen geenszins aan. Ongeacht de uitdagingen, ik wist dat ik al mijn energie weer bij elkaar zou moeten vegen en door moest. Ik groeide op met een knoop ergens diep in mijn maag, verkeerde constant in angst en vroeg me voortdurend af wanneer ik weer door mijn vader te grazen zou worden genomen. Tijdens de BUD/S-opleiding hield instructeur Stoneclam ons voor: 'Ik kan van iedereen een keiharde kerel maken, maar ik kan alleen van heel speciale mensen een mentaal weerbaar iemand maken.' Hoewel SEAL's bekendstaan om de kleine groepjes waarin ze opereren en de doelmatigheid waarmee ze te werk gaan, is het militaire apparaat op zich een kolossale, logge organisatie – waardoor er voor ons niets anders opzat dan geduld te oefenen. Mijn teamgenoten en ik hadden dezelfde mentale instelling. We hadden geleerd onze frustraties onder controle te houden. Ik wist precies hoe ik de uitdagingen van een constant veranderende omgeving moest overwinnen. Nooit gaat iets helemaal volgens planning. Zelfs voor het best voorbereide plan geldt: zodra de eerste kogels in het rond vliegen, kun je die plannen weggooien.

21 september 1993

Onze asset Abe meldde dat hij Osman Atto had gezien in Lido, vlak bij ons oude safehouse Pasha. Bij het omgaan met HUMINT moesten we steeds vaststellen wat er waar was en wat er uit eigenbelang bij was verzonnen. Ik geloof niet dat er bij onze assets lieden zaten die de boel 100 procent bij elkaar logen, maar ze waren niet te beroerd om af en toe stevig te overdrijven, waarschijnlijk in een poging meer geld los te peuteren. We hadden de indruk dat Abe dit werk niet in de eerste plaats om het geld deed. Hij had een zachte, vriendelijke stem en gedroeg zich een stuk minder achterdochtig dan de anderen. Hij sprak rustig en zakelijk. We werkten graag met 'eerlijke Abe' samen.

In de film *Black Hawk Down* bracht iemand op het dak van Atto's auto een soort legergroene isolatietape op rubberbasis aan. Zoiets zou onmiddellijk zijn opgevallen. Wat er in werkelijkheid gebeurde, was iets wat zo uit een James Bond-film leek te komen. Het Office of Technical Services van de CIA in Langley, Virginia, bracht in een voor Aidid bedoelde wandelstok met ivoren handgreep een klein zendertje aan dat een signaal uitzond waardoor de plaats van de wandelstok voortdurend kon worden gevolgd, maar de missie werd afgelast. Condor kwam weer met de wandelstok op de proppen, en gaf hem aan Abe, die hem doorgaf aan een contactpersoon die regelmatig in de omgeving van Atto verkeerde. Die zou de stok aan Atto cadeau doen. Terwijl de contactman met de wandelstok in een auto naar het noorden van Mogadishu reed, vloog een helikopter achter het signaal aan. Toen de auto stopte om te tanken, verscheen Atto ten tonele. Een asset belde Condor om hem te laten weten dat Atto in de auto zat. Condor nam via de radio contact met Delta op.

Delta kwam onmiddellijk in actie. De heli met het aanvalsteam landde bijna boven op de auto waarin het doelwit zat, en een sniper loste een schot op het motorblok, waardoor de auto tot stilstand kwam – de eerste keer dat een heli een rijdend voertuig uitschakelde. Atto gooide het portier open en sloeg op de vlucht. Zijn lijfwacht vuurde met zijn AK-47 op het aanvalsteam, maar een sniper schakelde hem uit door hem in het been te schieten. Leden van het aanvalsteam sprongen uit de helikopter, bestormden het gebouw en sloegen Atto in de boeien.

Andere Delta-jongens vormden een cordon rond het gebouw. De Somaliërs staken autobanden in brand ten teken dat ze hulp nodig hadden. Enkelen van hen probeerden door het Delta-cordon te breken en er vormde zich al snel een mensenmenigte. Er werd met AK-47's en RPG's op de heli's geschoten. Delta-snipers in de ene heli en het boordgeschut van een ander toestel openden het vuur op de vijand. Tien, twintig man gingen neer, en vrijwel onmiddellijk trok het gepeupel zich een stuk terug.

Eenmaal binnen brachten Delta-mannen Atto naar het dak van het gebouw, waar een helikopter landde om hen op te pikken.

Later, nadat ze in het kampement waren teruggekeerd, vroeg Delta ons: 'Eigenlijk weten we niet zeker of het Atto is. Zouden jullie even langs kunnen komen om hem te identificeren?'

'Ja, natuurlijk. Waarom niet?' Casanova en ik liepen naar de andere kant van het platform, naar het CIA-gebouw, waar Atto in een container werd vastgehouden. In de film *Black Hawk Down* was het een lange, forse kerel die keurig gekleed ging, een sigaar rookte en de spot dreef met de mannen die hem gevangen hadden genomen. In werkelijkheid jammerde hij alleen maar, ofschoon hij in een redelijk netjes overhemd en een ma-cawi was gekleed. Atto was klein, mager als een spriet en stond te trillen op zijn benen. Hij keek naar Casanova en mij alsof we Magere Hein in hoogsteigen persoon waren en klaarstonden om hem koud te maken. Ik kreeg bijna medelijden met hem. Een deel van mij had hem best eens ste-vig willen knuffelen en 'Alles komt goed' tegen hem willen zeggen, maar een ander deel van mij had hem moeiteloos een kogel door het hoofd kun-nen jagen.

'Ja, dat is 'm,' zei Casanova.

'Nou, ik weet het nog zo net niet,' grapte ik. 'Toen ik hem zag, had-ie steeds een brede grijns op zijn gezicht.'

Casanova keek de tolk eens aan. 'Zeg hem dat als-ie niet grijnst, we hem helemaal in elkaar slaan.'

Voordat de tolk dit zinnetje had kunnen vertalen, grijnsde Atto ons vals toe.

We hadden er niet bij stilgestaan dat Atto Engels sprak. Casanova en ik gaven elkaar een high five. 'Het is hem!'

Delta voerde hem snel af naar een gevangenis op een eilandje voor de Somalische kust. Op Atto werd een briefje aangetroffen waarin hem werd gevraagd een ontmoeting met journalisten te regelen, waarna er onder-handelingen met de United Nations Operation in Somalia (UNOSOM) moesten worden geopend. We gingen ervan uit dat dit briefje van Aidid afkomstig was – de grote vis die we nog steeds moesten vangen.

12

Missie 'Ogen boven Mogadishu'

Om Aidid in handen te krijgen, moesten we eerst het militaire spelletje 'Anne Marie Koekoek' onder de knie krijgen. Soms kregen we te horen dat de inlichtingen niet goed genoeg waren om actie op te ondernemen, maar dan kregen we plotseling toch groen licht voor zo'n actie, terwijl even later iemand hogerop die missie weer afblies voordat we hadden kunnen opstijgen.

Een ervaren sniper van het Blue Team van SEAL Team Six belde via een beveiligde lijn vanuit Dam Neck en vroeg ons naar missies en inzet met het oog op de aflossing van twee mannen van ons op 15 oktober. We vertelden hem waarmee we bezig waren, wat er nog in het vat zat, welke uitrusting nog meegenomen moest worden en wat thuis kon blijven.

22 september 1993
Terwijl we op onze brits in de hangar zaten, kwam de sergeant-majoor van JSOC naar ons toe om een potje te ouwehoeren. Het leek hem verstandig als wij wat meer met Delta-manschappen zouden optrekken, en dan met name met het aanvalsteam van het Charlie Squadron. Op bepaalde gebieden leken SEAL's heel veel op Delta-mensen: deuren intrappen, schieten... Maar op andere terreinen waren we totaal verschillend – het veiligstellen van schepen versus vliegtuigen. Het hoge tempo van de operaties, die vaak afzonderlijk werden uitgevoerd, maakte het nog lastiger om met Delta samen te werken. Daar kwam nog bij dat in het zeer competitieve wereldje van de Special Forces, en dan met name op het hoogste niveau, sommige Delta-mensen ons met jaloerse ogen leken te bekijken. We gingen nog het meest met de Delta-snipers om, omdat we met hen het meest gemeen hadden. Ook trokken we veel op met CCT's en PJ's van de luchtmacht, want die kenden we nog van vroeger.

Het hoogste echelon schrapte onze vluchten met de QRF, omdat er 'nog enkele problemen moesten worden opgelost'. Ik vermoed dat de traditioneel denkende legerleiding van de QRF slecht overweg kon met de bepaald onconventionele leiders van Delta. Kapitein-luitenant-ter-zee Eric Olson, de officier van Team Six die later de eerste marinecommandant van JSOC zou worden, kwam in de hangar bij ons langs. Hij was gekomen om SEAL-commandant Tewey af te lossen, die bij UNOSOM een andere functie zou gaan bekleden.

'Ik kwam alleen maar even gedag zeggen en kijken wat jullie hebben uitgespookt,' zei Olson.

We vertelden hem wat we wisten.

23 september 1993

Misschien had Olson zijn invloed laten gelden, of misschien ook niet, maar korte tijd later mochten we weer mee met de QRF-vluchten, die werden aangeduid als de missie 'Ogen boven Mogadishu'. Van 03.00 tot 07.15 uur vlogen Casanova en ik met de QRF. Tijdens die periode ontvingen we een melding over een mitrailleurnest. In de vijf minuten die het duurde om het gebied te bereiken, had de schutter zich teruggetrokken. Nadat we naar onze thuisbasis waren teruggekeerd, lukte het me een paar uur te slapen.

Ik werd om 12.00 uur wakker en ging samen met de PJ's Scotty en Tim aan boord van een helikopter op weg naar een 'geitenlab'. We vlogen naar een positie ten zuiden van de hangar en landden op een terrein waar een paar geiten rondliepen die we van een boer hadden gekocht. Ik ging in het veld met mijn rug naar een geit staan, terwijl de Delta-arts, majoor Rob Marsh, het dier neerschoot. Vervolgens zei hij alleen maar: 'Ga je gang.'

Ik draaide me om en moest determineren wat er met het dier aan de hand was. Slagaderlijke bloeding stoppen, ademhaling weer op gang krijgen met een beademingsbuis, kogelwond oplappen en een open klaplong hechten... Hij besodemieterde de boel – Marsh had alleen maar een paar keer in de lucht geschoten. Ik draaide het dier om en ging op zoek naar een kogelwond, maar die was nergens te zien. Ik draaide de geit nog een keertje om en vond een kleine steekwond aan de rechterkant van de longen. Ik dichtte de long en draaide de goede long naar boven. Een andere keer zette majoor Marsh zijn voet op het achterlijf van een geit, en toen hij die optilde spoot het bloed als een geiser uit een slagader in het dijbeen. Het leek alleszins op een slagaderlijke bloeding bij een mens. Dus zorgde ik ervoor dat het bloeden ophield. Als dat niet lukte, ging de geit uiteraard dood.

Voor activisten op het gebied van dierenrechten zal dit ongetwijfeld een hele schok zijn, maar het was een van de beste medische trainingen die ik ooit heb gehad. Zodra we met de geiten klaar waren, gaven we ze terug aan de plaatselijke bevolking, die de dieren vervolgens slachtte en opat. Een geringe prijs, vergeleken met de miljoenen koeien en kippen die overal ter wereld worden gedood, om zo realistisch mogelijk het redden van een mensenleven te oefenen.

24 september 1993

De volgende dag werden we gebrieft over een overval op een theehuis waar kolonel Abdi Hassan Awale (alias Abdi Qeybdid), Aidids minister van Binnenlandse Zaken, een gezien bezoeker was. We zouden met z'n vieren de gevangenen onder controle houden, terwijl Casanova en ik, als dat nodig was, Delta bij de overval zouden assisteren.

Terwijl we op onze volgende missie wachtten, sprongen vier Delta-snipers, Casanova en ik aan boord van twee Little Birds en gingen boven de Afrikaanse vlakte op safari – als training. Gewapend met onze CAR-15's zaten we op de landingsski's van de heli's en joegen op wilde zwijnen, gazellen en impala's. Ik was de enige die een wild zwijn wist om te leggen. We landden en laadden het zwijn in, samen met het andere wild dat we hadden geschoten. Voor snipers was het een uitstekende oefening: vanuit de lucht op doelwitten schieten. We keerden naar de hangar terug, waar ik voor mijn zoon Blake een slagtand afhakte. Voor mijn dochtertje vond ik een slagtand minder geschikt, maar in heel Mogadishu was geen cadeau-winkel te vinden, dus zou ik later nog iets voor Rachel moeten vinden. Ik ontweide het zwijn, stroopte het, maakte het schoon en reeg het aan het spit. Daarna hielden we een barbecue waaraan iedereen mocht meedoen – een welkome afwisseling met de MRE's en het kantinevoer.

Het is een slecht dorp waar het nooit kermis is. Het was tijd om eens wat stoom af te blazen. Volleybal, althans als het op de Special Forces-manier wordt gespeeld, is een contactsport. De officieren daagden de manschappen uit. Voor de wedstrijd overvielen we de officieren. Ik hielp bij het overmeesteren van de commandant van het Charlie Squadron van Delta Force, kolonel William G. Boykin. We trokken hem een Rogue Warrior II-hemdje aan en maakten vervolgens zijn handen en voeten met plastic boeien aan een draagbaar vast. Delta deelde mijn weerzin jegens Dick Marcinko en al die waardeloze Rogue Warrior-videospelletjes. Daarna maakten we van kolonel Boykin enkele foto's.

Op 29-jarige leeftijd had Boykin geprobeerd voor Delta Force goedgekeurd te worden. Luitenant-kolonel 'Bucky' Burruss was ervan overtuigd dat Boykin met zijn slechte knie nooit door de selectie zou komen. Verder had een psycholoog in Fort Bragg geprobeerd Boykin buiten de Delta-selectie te houden omdat hij 'te godsdienstig' zou zijn. Boykin deed dan ook heel wat mensen versteld staan door uiteindelijk goedgekeurd te worden en tot Delta Force toe te treden. In 1980 deed hij mee aan een poging de Amerikaanse gijzelaars in Iran te bevrijden, en werd ingezet in Grenada, Panama en bij de jacht op de Colombiaanse drugsbaron Pablo Escobar.

In het gewone Amerikaanse leger overmeesterden gewone manschappen hun officieren niet, laat staan dat ze die vervolgens aan een draagbaar ketenden, maar bij de Special Forces heerst een totaal andere cultuur. Bij de SEAL's gaat de traditie dat manschappen samen met de officieren trainen terug tot aan de Tweede Wereldoorlog, bij de opleiding van kikvorsmannen, onze voorgangers. Nadat we de foto's hadden gemaakt, merkte kolonel Boykin op: 'Ik had liever gezien dat jullie me een pak slaag hadden gegeven in plaats van me dat kloteshirt aan te trekken.'

25 september 1993
Ofschoon wij en de QRF-piloten onze missie 'Ogen boven Mogadishu' wel zagen zitten, blies het hoogste echelon opnieuw onze nachtelijke QRF-missies af. Ook binnen het militaire apparaat stuiterde het beleid alle kanten op – de ene nacht mochten we meedoen, de andere weer niet – mogelijk omdat iemand in de top het niet prettig vond zijn gezag met Delta en de SEAL's te moeten delen.

Die nacht schoten Aidids milities met een RPG een van de QRF-helikopters neer. De piloot en de copiloot raakten gewond en drie anderen kwamen om het leven. Aanhangers van Aidid verminkten de lijken van de gesneuvelde soldaten, maar de twee vliegers zagen kans te ontsnappen. Enkele minuten later werd het gebied door vn-militairen uit Pakistan en de Verenigde Arabische Emiraten (vae) volledig afgegrendeld, en konden die zich ook over de piloot en copiloot ontfermen. Onze pj's, gesteund door seal's, stonden klaar om de overlevenden binnen een kwartier weg te halen, maar de leiding van qrf was niet geschikt die taak naar behoren uit te voeren en te trots om ons te hulp te roepen. Het duurde twee uur voordat de Search-and-Rescue-jongens van qrf ter plekke waren. Volkomen onaanvaardbaar. De qrf bracht de piloot en copiloot niet alleen in een uiterst kwetsbare positie, ze bracht ook nog eens de Pakistanen en vae-troepen in gevaar die hen op de grond moesten beschermen. Het ging toch om een *Quick* Reaction Force? Als Casanova en ik aan boord van dat toestel hadden gezeten, hadden we die mannen misschien kunnen redden.

Sommige militairen dachten dat het neerhalen van een Black Hawk door een rpg stomme pech was. De rpg was bedoeld voor grondgevechten, niet als luchtdoelgeschut. Als je zo'n ding op een doel in de lucht richt, is de kans groot dat de uitlaatgassen via de grond de schutter van de sokken blazen. Ook liet het witte rookspoor van de raket direct zien vanwaar hij was gelanceerd, zodat heli's de schutter onmiddellijk onder vuur konden nemen. Men ging ervan uit dat de Black Hawk veel te snel en veel te goed bepantserd was om door zo'n wapen neergehaald te kunnen worden. Maar deze militairen bleken ongelijk te hebben.

26 september 1993

De volgende ochtend stonden we klaar voor een aanval op het theehuis. Als die niet doorging, zouden we naar een andere missie overgeheveld worden. Het was zinloos voorbereidingen te treffen voor een actie die toch niet doorging.

Een van Aidids naaste medewerkers meldde zich bij unosom en vertelde dat hij niet langer voor Aidid wenste te werken. Nu werkte hij voor ons.

's Avonds werd bij de pastafabriek een .50-luchtdoelmitrailleur geïnstalleerd. De volgende dag werd hij alweer weggehaald. Aidids mensen hadden al meer dan eens gezien hoe wij te werk gingen – en nu troffen ze voorbereidingen om ons uit de lucht te schieten. Ze waren een stuk slimmer dan wij wensten toe te geven.

27 september 1993

Qeybdid en twee naaste medewerkers bevonden zich in het NBC-gebouw. We troffen voorbereidingen, evenals de helikopterbemanning en de grondtroepen, maar we moesten de missie afblazen omdat Aidid volgens de geruchten ook nog ergens anders was waargenomen, en ze wilden dat we ons gereedhielden om achter Elvis aan te gaan.

De CIA, SIGINT en de militaire contra-inlichtingendienst namen zeven kerels in hechtenis van wie ze vermoedden dat ze achter de vijandelijke mortierbeschietingen zaten.

28 september 1993

We gingen naar de hangar van de 10th Mountain Divison voor de herdenkingsdienst voor de drie mannen die bij de helikoptercrash waren omgekomen. Condor was ook aanwezig. Na de dienst vertelde hij me: 'We barsten van de doelwitten, maar de militaire bureaucratie en al die rookgordijnen maken het ons onmogelijk ze eens stevig aan te pakken.' Hij walgde ervan, dat was duidelijk te zien.

De QRF had de grootste moeite om met Delta samen te werken. Delta vond samenwerking met de CIA moeilijk. Daarnaast waren er nog problemen binnen de Verenigde Naties, en dan vooral met Italië. Het gebrek aan steun vanuit de regering-Clinton maakte de puinhoop alleen maar groter. De lichamen van de drie QRF-mannen werden in een vliegtuig geladen en naar de States teruggevlogen. Later die dag, hoewel ik daar helemaal geen zin in had, verzamelden we ons samen met Delta op de start- en landingsbaan voor een groepsfoto. Ik stond met een ongelukkig gezicht helemaal op de achterste rij. Waarom doen we dit? Straks krijgt iemand hier een afdruk van te pakken en kan hij ons vervolgens een voor een afknallen. Ik kreeg opdracht aanwezig te zijn, en dus deed ik het maar. Maar erop terugkijkend ben ik blij dat ik het gedaan heb. Het is de enige foto die ik heb van mijn maatje Dan Busch, een sniper in het Charlie Squadron van Delta

Force, die vlak naast me staat. Ook van anderen is het de enige foto die ik heb. Soms kijk ik even naar die foto, die in mijn privékantoor hangt, en sta ik even stil bij de herinnering aan deze jongens.

29 september 1993

Op woensdag werd tijdens een briefing gemeld dat we niet over harde informatie beschikten, in tegenstelling tot wat Condor mij een dag eerder had verteld. Ik vloog naar de USS Rentz (FFG-46), een fregat dat met geleide wapens was uitgerust en dat nu voor de kust patrouilleerde. Daar studeerde ik voor het komende examen dat tot mijn bevordering tot E-7 moest leiden. Toen ik in de hangar was teruggekeerd, hoorde ik dat over vijf minuten een missie zou starten. Maar ook die werd uiteindelijk geschrapt.

De overste die voor het onderdak van het Charlie Squadron van Delta Force verantwoordelijk was, vertelde me over het plan het kampement aanzienlijk te verbeteren, waaronder de airconditioning, de tenten en de traileronderkomens. Er zouden geen personeelswisselingen plaatsvinden. Wij zouden vertrekken zodra de missie was voltooid. Ik zou om 22.00 uur samen met Sourpuss voor een testvlucht vertrekken. Maar voordat we konden opstijgen, bleek ons toestel een technisch mankement opgelopen te hebben.

30 september 1993

Toen we de volgende dag het kampement verlieten, deze keer niet onder auspiciën van Delta maar nu opererend onder Amerikaanse vlag, had SEAL Team Six voor het eerst een eigen vaandel bij zich, een zwart indianenhoofd op een rode achtergrond. Little Big Man had hem uit eigen beweging vanuit de briefingruimte van het Red Team naar Mogadishu meegenomen. Als SEAL's ergens op bezoek gaan, laten ze de mensen onopvallend weten waar ze geweest zijn. Toen ik nog bij SEAL Team Two zat, hebben we – toen we bij een Noorse onderzeeboot van boord gingen – eens kans gezien onopgemerkt onze vlag over hun eettafel uit te spreiden. Het zou leuk zijn als er eens een foto van ons vieren kon worden gemaakt, mét de vlag van Red Team, maar dan over het lichaam van Aidid gedrapeerd. Of als we generaal Garrison eens slapend aantroffen, om hem dan eens lekker onder onze vlag in te stoppen: 'Garrison kan goed met Delta overweg, maar hij voelt zich een stuk prettiger als hij in een veiligheidsdeken van SEAL Team Six is gewikkeld.' Dan konden we die kiekjes in onze briefingruimte ophangen, naast de vele andere foto's. Daar hadden we behoorlijk misbruik van kunnen maken. Nu mogen jullie ons de rest van het jaar bier blijven aanbieden, sukkels. Kijk eens wat wij allemaal hebben gedaan, terwijl jullie thuis rijles namen.

Rond het middaguur kregen we een melding binnen dat iemand Qeybdid had gezien. We troffen voorbereidingen om zo snel mogelijk te vertrekken, toen we te horen kregen dat het verkenningstoestel hem uit het oog was verloren. We stegen niet op. Iemand opsporen in de doolhof die Mogadishu heet, is als zoeken naar een speld in een hooiberg. We hadden hem te pakken moeten nemen toen we daarvoor de kans kregen, maar in plaats daarvan bleven we achter waarnemingen van Elvis aan jagen.

In tegenstelling tot wat de overste ons de vorige dag had verteld, kregen we van kapitein-luitenant-ter-zee Olson te horen dat we met twee man tegelijk zouden worden overgeplaatst.

Die middag werd een soldaat die zijn verlof aan het strand doorbracht en tot zijn middel in zee stond, door een hamerhaai aangevallen. Hij raakte één been tot aan de heup kwijt en het andere tot aan de knie. Hij verloor heel veel bloed. Samen met een hoop anderen stond ik in de rij om bloed te geven. Hij kreeg 27 eenheden bloed toegediend. Helaas stopte iemand een beademingsbuisje in zijn slokdarm in plaats van in zijn luchtpijp. Hij zou de volgende ochtend wel niet halen. Hij overleefde weliswaar, maar was hersendood. Ik weet niet wie hier meer schuld aan had, de haai of de knaap die het beademingsbuisje verkeerd aanbracht.

2 oktober 1993
's Middags troffen we voorbereidingen om Aidid te overmeesteren in het huis van sjeik Aden Adere. We stonden drieënhalf uur klaar om uit te rukken. Aidid was al eens vier uur lang in dat huis op bezoek geweest. Opnieuw leek de CIA van haar zaak overtuigd, maar de missie ging niet door. De Agency was woedend.

3 oktober 1993

Toen ik wakker werd, kreeg ik van de CIA te horen dat ze graag zouden zien dat ik een paar *repeaters* plaatste in Lido, een wijk in Mogadishu. Een repeater is een elektronisch apparaatje dat een signaal opvangt en op een hogere frequentie weer doorstuurt. Een asset kon met zijn draagbare radiootje een signaal naar de repeater sturen, die dat signaal dan weer terug naar het legerkampement stuurde. En zo kon de basis via de repeater ook een signaal naar de asset sturen. Op die manier konden er over grotere afstanden krachtiger radiosignalen worden verstuurd.

Ik had mijn woestijnuniform aan, met daaronder een scherfvrij vest, plus de bijbehorende kevlar tussenstukken. Over mijn camouflagejasje hing een patroongordel met 10 magazijnen, met in elk magazijn 30 patronen, dus 300 in totaal. Hierdoor had ik als sniper meer bewegingsvrijheid – vooral als ik plat op mijn buik lag of rechtop staand tegen bijvoorbeeld een muur leunde – dan wanneer ik het nogal volumineuze webbing draagharnas om had. Ook droeg ik mijn vertrouwde Adidas GSG-9-schoenen over mijn olijfgrijze wollen sokken. Katoenen sokken blijven klam in de woestijn, maar die van wol zuigen het vocht uit de huid. Het verdampingsproces zorgt ervoor dat de voeten koel blijven. 's Avonds, als het koud wordt in de woestijn, houdt de wol de voeten warm. Als sniper maakte ik geen gebruik van kniebeschermers, en droeg ik ook geen Pro-Tec-helm zoals leden van overvalteams. (Vanwege de verschillende soorten hoofdverwondingen tijdens de slag om Mogadishu stapte JSOC later over op een Israëlische ballistische helm.) Als communicatiemiddel droegen we een headset waaraan de onverslijtbare Motorola MX300 was gekoppeld, een waterdichte radio waarmee je ook versleutelde berichten kon versturen, en die we aan ons koppel droegen. Het oordopje werd achter het oor gestopt, zodat ons gehoor er niet nadelig door zou worden beïnvloed. Twee microfoondopjes drukten tegen onze luchtpijp. De microfoon stak niet naar voren, zodat we tijdens het richten onze wang probleemloos langs de kolf van het geweer konden leggen. Uiteraard had ik een camelbak met water bij me. Zoals gewoonlijk had ik ook mijn Zwitserse legermes bij me, want dat gebruikte ik bijna dagelijks.

We vlogen met een paar Huey-heli's naar het stadion van de Pakistanen en reden toen met onopvallende auto's naar twee verschillende adressen. Nadat we onze repeaters hadden geplaatst, reden we terug naar het kamelenslachthuis bij het strand, waar we door de helikopters werden opgepikt. Ik had geen idee dat dit de langste dag van mijn leven zou worden – en bijna mijn laatste.

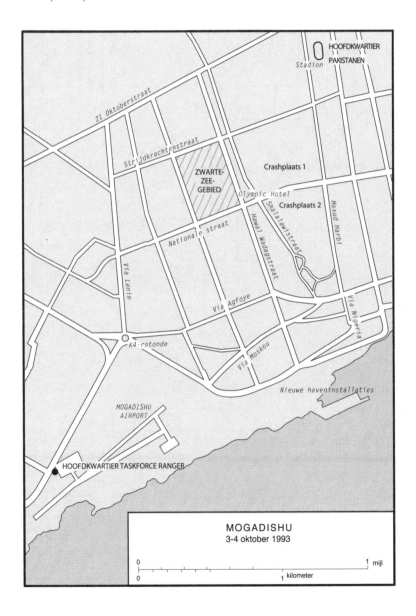

HOOFDKWARTIER PAKISTANEN

Stadion

21 Oktoberstraat

Strijdkrachtenstraat

ZWARTE-ZEE-GEBIED

Crashplaats 1

Olympic Hotel

Crashplaats 2

Nationale straat

Hawal Wadagstraat

Shalalawistraat

Maxud Harbi

Via Lenin

Via Agfoye

Via Nigeria

K4-rotonde

Via Moskou

Nieuwe haveninstallaties

MOGADISHU AIRPORT

HOOFDKWARTIER TASKFORCE RANGER

MOGADISHU
3-4 oktober 1993

0   1 mijl

0   1 kilometer

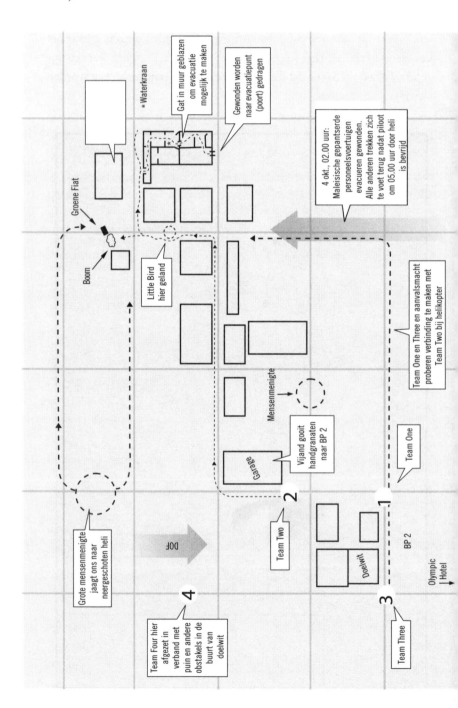

13

De slag om Mogadishu

Toen we in het kampement terugkeerden, was iedereen druk in de weer om zich klaar te maken voor iets grootschaligs. Helikopters stegen op, Humvees namen hun posities in en iedereen was druk bezig zijn magazijnen te vullen. Hoewel er aan de helderblauwe hemel een prachtig zonnetje stond, wist ik dat de mannen zich niet op een picknick aan het voorbereiden waren. 'Wat is er aan de hand?'

Kapitein-luitenant-ter-zee Olson kwam op ons af toen we uit onze Cutvee stapten – een uitgeklede Humvee zonder dak, portieren en ruiten, officieel aangeduid als M998 cargo/troop carrier. In de oorspronkelijke uitvoering was hij was niet van speciale bepantsering voorzien, maar nog geen week geleden waren er technici uit de States gearriveerd die er een laag kevlar onder hadden aangebracht, zodat het voertuig wat beter tegen landmijnen en andere explosieven beschermd was. Ik zat achter het stuur, met Casanova naast me, terwijl Little Big Man en Sourpuss op de achterbank zaten. Helemaal achterin bevonden zich langs de wand nog twee banken, waar zich twee jongens van de landmacht hadden geïnstalleerd – ik dacht dat het Rangers waren, maar het kunnen ook Delta-mannen zijn geweest. Verder had zich nog een Ranger achter de .50-mitrailleur geposteerd.

Olson had maar een paar minuten nodig om ons te briefen: 'Jullie maken deel uit van een ploeg die de omgeving afgrendelt. Delta daalt vanuit helikopters langs touwen af en valt het gebouw aan. Jullie nemen de gevangenen voor je rekening. Daarna maak je dat je wegkomt.' Gewoonlijk duurde zo'n briefing wel anderhalf uur. Delta, de Rangers en de anderen kregen die lange briefing wel, maar wij hadden hem op de een of andere manier gemist. Hoewel de missie voor ons belangrijk genoeg was om ervoor gebrieft te worden, was ze blijkbaar op korte termijn noodzakelijk geacht, net op het moment dat wij voor de CIA de repeaters hadden geïnstalleerd. Kapitein-luitenant-ter-zee Olson gaf me een klap op de schouder. 'Het is maar een korte operatie. Succes. Ik zie jullie weer als jullie terug zijn.'

Aan boord van elk van de vier in te zetten AH-6J Little Birds bevonden zich vier snipers, twee aan elke kant van de heli. De Little Birds voerden ook ongeleide raketten met zich mee – dit zou bepaald geen gezapig uitstapje worden. Twee AH-6J's, bewapend met 7,62 mm miniguns en 7 cm-raketten, zouden vanuit de lucht de voorkant van het gebouw bewaken, terwijl de twee andere heli's de achterkant in de gaten zouden houden. Charlie Squadron van Delta zou vanuit twee MH-6 Little Birds langs touwen abseilen en het gebouw binnendringen.

Er zouden acht Black Hawks achter ons aan komen, waarvan twee stuks een Delta-arrestatieteam en hun grondcommando aan boord hadden. Vier Black Hawks zouden de Rangers tot vlak boven het doelwit brengen. Eén toestel zou met een Combat Search-and-Rescue-team boven het geheel blijven hangen. Aan boord van de acht Black Hawks bevonden zich de twee missiecommandanten, van wie er een de piloten coördineerde en de andere de mannen op de grond.

Drie OH-58D Kiowa-helikopters, die herkenbaar waren aan de grote zwarte bal die boven de rotor was gemonteerd, zouden ook in het luchtruim boven het doelwit blijven rondcirkelen. In die zwarte bal zat een richtsysteem dat bestond uit een TeleVision systeem, een thermografisch systeem en een laserafstandsmeter/doelwitmarkeerder, waarmee audio en videobeelden van de grond naar het JOC van generaal Garrison konden worden gestuurd. En weer hoog boven dit alles cirkelde een Lockheed P-3 Orion.

Ik positioneerde mijn auto achter het derde voertuig van het konvooi. Achter onze Humvees stonden drie vijftonners stationair te ronken, en de achterhoede werd gevormd door nog eens vijf Humvees. Het merendeel van de mannen aan boord van het konvooi waren Rangers. Alles bij elkaar waren er 19 vliegtuigen en heli's, 12 voertuigen en 160 man bij de operatie betrokken.

Aidids mensen hadden al een keer of zes keer gezien hoe we dit eerder hadden aangepakt, en nu voerden we ook nog eens overdag een operatie uit, nota bene op hun eigen grondgebied. Door de qat zou een groot deel van zijn militieleden op dit uur van de dag al behoorlijk agressief zijn, om pas laat op de avond weer een beetje bij zinnen te komen. Wie met succes grote risico's neemt, wordt geroemd om zijn 'doortastend ingrijpen'. Wie geen succes heeft, is een stommerik. Een deel van mijn taak bestond uit het nemen van risico's.

Om 15.32 uur vertrokken als eerste de heli's die de kustlijn zouden volgen. Zodra we hoorden dat de toestellen landinwaarts waren gedraaid, ging ons konvooi op pad. Ik was niet bang – nog niet. Dit zou een routineoperatie worden.

Op weg naar onze bestemming sloeg de voorste Humvee een verkeerde weg in, maar niemand reed achter hem aan. Die wagen zou zich op een later tijdstip wel weer bij ons voegen. We haastten ons over de Via Gesira in noordelijke richting. Vlak voordat we de K4-rotonde bereikten, kregen we met licht geweervuur te maken. Little Big Man schreeuwde plotseling: 'Verdomme, ik ben geraakt!'

Rijden we soms in een hinderlaag? Heeft Little Big Man een open klaplong opgelopen? De naald van mijn angstmeter stond nog steeds nagenoeg op nul. Little Big Man was getroffen, ik niet. Tegelijkertijd begon ik voor Little Big Mans leven te vrezen. Ik werd op slag een stuk alerter.

Ik reed de weg af en zette koers naar een plek die enige beschutting bood, ging op de rem staan, sprong uit de wagen en keek hoe Little Big Man eraan toe was. Hij lag op de vloer, met vlak naast zich een stuk van het lemmet van zijn Randall-mes. Ik verwachtte ergens bloed vandaan te zien komen, maar het enige wat ik zag, was een grote rode schaafwond op zijn been. Het Randall-mes waar hij zo trots op was en dat hij overal mee naartoe sleepte, had een AK-47-kogel opgevangen. Het lemmet lag op de vloer. Het wapen had ervoor gezorgd dat zijn been niet was doorboord – en dat was alle plagerijen die hij over dat mes had moeten verduren meer dan waard.

Tijdens de minuut die we langs de kant van de weg stil hadden gestaan, was het konvooi gewoon doorgereden. Ik kroop weer achter het stuur en gaf gas, waardoor ik even later onze plaats in het konvooi weer kon innemen. De stoet auto's passeerde de K4-rotonde en we reden over de Via Lenin verder in noordelijke richting, om even later de Nationalestraat naar het oosten in te slaan. Uiteindelijk sloegen we links af, en kwamen terecht op een onverharde weg die evenwijdig aan en ten zuiden van de Hawal Wadigstraat liep.

Om 15.42 uur arriveerden we in de buurt van het vijf verdiepingen hoge Olympic Hotel. Ik wist op dat moment niet dat zich nauwelijks 1,5 kilometer westelijk van het doelwit op de Bakaramarkt een grote groep militieleden had verzameld, die binnengesmokkelde wapens en munitie onder de mensen verspreidde. Oostelijk, 1,5 kilometer bij ons vandaan, waren kort daarvoor buitenlandse opstandelingen aangekomen. We zaten op dat moment al behoorlijk in de tang. Alleen wisten we het nog niet.

Onze inlichtingenjongens hadden op dat tijdstip waarschijnlijk al alle mobiele telefoons in het operatiegebied gestoord. In een door de rondzwiepende rotorbladen opgeworpen zandstorm daalden Delta-mannen langs touwen af, recht boven het doelwit, een wit gebouw dat aan de voorkant twee verdiepingen telde, en aan de achterkant drie, met erbovenop nog een L-vormig bouwsel. Op de binnenplaats waren wat bomen te zien. Het was een van de vele militaire hoofdkwartieren van Aidid. Delta-mensen hadden zich vlak bij de deur verzameld en stonden daar dicht op elkaar, klaar om naar binnen te stormen en hun doelwit gevangen te nemen. Vier groepen Rangers, elk twaalf man sterk, daalden vanuit de heli's langs touwen neer en bezetten de vier hoeken van het huizenblok rond het gebouw. Dit waren de mensen die de directe omgeving afgrendelden. Niemand kwam er meer in, en ook kwam er niemand meer uit.

Ik stapte uit de Cutvee en nam in een steegje evenwijdig aan het hotel een schietpositie in. Aan de achterkant van het hotel zag ik een vijandelijke sluipschutter achter een muur bewegen. Op de vijfde verdieping van een gebouw iets verder naar links zag ik op een veranda nog een sluipschutter lopen.

Ik veranderde iets van positie om een beter zicht te hebben, en besefte dat we hem vanaf de plek waar we ons nu bevonden niet fatsoenlijk onder schot konden nemen. Tegen een Delta-sniper zei ik: 'We zullen wat dichter naar ze toe moeten.'

We kwamen omhoog en rukten op totdat we minder dan 100 meter bij hen vandaan waren. Toen we onze nieuwe positie hadden ingenomen, was de vijand al aan het vuren op het gebouw dat Delta zojuist had aangevallen. Ik had het gevoel dat het allemaal doorgestoken kaart was. De vijand leek veel te goed voorbereid. Het was wel heel toevallig dat hun sluipschutters zo goed gepositioneerd waren. Wellicht weer eens een lek bij de Verenigde Naties.

De sluipschutter op de grond stak zijn geweer over de muur, zo'n 100 tot 150 meter bij me vandaan, en richtte zijn telescoopvizier op de Rangers in mijn konvooi. De man had een uitstekende schietpositie gevonden en alleen zijn hoofd was te zien. Met een zachte druk op de trekker vergrootte ik – in de meest letterlijke zin – het hoofd in mijn vizier.

Via een steegje had ik uitzicht op de veranda van de vijfde etage van het nabijgelegen gebouw. Nog geen 200 meter verderop vuurden twee mannen met hun AK-47's vanaf de vijfde etage op de achterkant van het gebouw waarin zich op dat moment de Delta-arrestatieploeg bevond. Vanaf de plek waar ik me bevond, kon ik onmogelijk zuiver richten.

Ik keek de Delta-man eens aan. 'We moeten dichter naar die twee toe, anders loopt dit verkeerd af.'

We glipten door het steegje en namen posities in achter een pilaar aan onze rechterkant. We konden ze nog steeds niet goed onder schot krijgen.

De twee man op de vijfde verdieping doken nog steeds af en toe op om een half magazijn op het Delta-team te legen, om vervolgens weer snel naar binnen te duiken.

De Delta-man en ik rukten nog wat verder op. Toen we een geschikte plek hadden gevonden, liet ik me plat op mijn buik vallen en hield mijn partner de directe omgeving in de gaten. Ik zette de rode stip in mijn richtkijker op de plaats waar rechts van mij de vijand te zien was geweest. Onder snipers spreekt men in zo'n geval van een *ambush*, een valstrik – richten op een bepaald punt en dan wachten tot het doelwit opduikt. Dezelfde methode kan ook voor een bewegend doel worden gebruikt – richten op een punt dat in het verlengde van de door het doelwit gevolgde route ligt. Toen de man met de AK-47 rechts van me verscheen, haalde ik de trekker over en trof hem in het bovenlichaam. Hij dook terug het gebouw in, maar kwam niet meer tevoorschijn. Omdat de tweede gewapende man vanwege een betonnen scheidingswand niet kon zien dat nummer één was uitgeschakeld, leerde hij ook niet van diens fouten. De tweede man dook op om met zijn AK-47 een kort salvo te lossen, maar werd daarbij eveneens door een van mijn kogels in het bovenlichaam getroffen. Ook hij verdween uit het zicht. Als ik dat tweetal niet had uitgeschakeld, hadden ze door de ramen van het hotel nog heel wat anderen kunnen doodschieten – een nachtmerrie voor elk lid van een arrestatieteam: het team daalt boven het doelwit af om even later binnen het gebouw de boel volledig onder controle te hebben, en dan vliegen hen plotseling van buiten de kogels om de oren.

Sinds onze komst was er al minstens een half uur verstreken. Elke minuut dat we langer in het doelgebied bleven, werd het voor ons gevaarlijker. Via de radio kregen we het bevel naar het konvooi terug te keren. Toen ik door het steegje terugliep, op weg naar de Cutvee, werd ik door een afgeketste kogel in de linkerknieholte getroffen. Ik sloeg tegen de grond. Een ogenblik lang kon ik me niet bewegen. Op een angstschaal van 0 tot 10, waarbij 10 betekent gek van angst, schoot de naald naar ergens tussen 2 en 3. Ik was verrast door de pijn, omdat ik in mijn leven het punt bereikt meende te hebben dat ik bovenmenselijk was geworden. Ik was een stuk beter getraind dan de rest. Mensen om me heen raakten gewond, ik niet. Zelfs andere SEAL's werden af en toe door een kogel getroffen of raakten anderszins gewond, enkel en alleen omdat ze niet in míjn schoenen stonden. Daarom viel je van die touwladder – omdat je Howard Wasdin niet bent. Daarom kwam je me op de hindernisbaan niet voorbij – omdat je Howard Wasdin niet bent. Zelfs nadat ik in de slag om Mogadishu voor de eerste keer door een kogel werd getroffen, hield ik me vast aan mijn arrogantie. Meer dan wat dan ook was ik verbijsterd – ik kon het niet geloven. Dan Schilling, van het CCT, verscheen ten tonele. Casanova was er nu ook en schoot een van die geitenneukers dood, en toen nog een tweede. Een hospik was net begonnen mijn verwonding te behandelen. Dan pakte mijn patroongordel beet en trok me uit het vijandelijke schootsveld weg. De hospik stopte mijn been vol Kerlix-gaas en deed er een verband omheen. Even later stond ik weer op twee benen.

De vijand stak nu autobanden in brand – een seintje naar hun kameraden dat ze zich ook in de strijd moesten mengen, terwijl ze tegelijkertijd een zwart rookscherm optrokken om ons het zicht te belemmeren. En achter die rook, uit zijstraten en allerlei gebouwen, doken vervolgens met AK-47's bewapende militieleden op – overal kwamen ze vandaan. Zodra ik iemand omlegde, verscheen er weer een nieuwe opstandeling. Ongewapende vrouwen die als waarnemer fungeerden, liepen in het rond en gaven door waar we zaten. Er werden RPG's gelanceerd.

Aidids mannen gilden in megafoons. Toen wist ik nog niet dat ze riepen: 'Kom naar buiten en verdedig jullie huizen!' Maar ik besefte wel dat ze weinig goeds met ons van plan waren.

Uit een van de vijftonners uit ons konvooi lekten vlammen nadat iemand er een RPG op had afgevuurd, en een van onze mensen gooide voor alle zekerheid nog een thermietgranaat in de achterbak om te voorkomen dat het voertuig in vijandelijke handen zou vallen. De vijftonner brandde als een fakkel.

Delta laadde op dat moment een kleine 25 geboeide gevangenen in de twee resterende vrachtwagens. Bij de arrestanten zat Aidids belangrijkste politieke adviseur en minister van Buitenlandse Zaken, Omar Salad Elmi. Hoewel Delta er niet in was geslaagd Qeybdid te pakken te krijgen, hadden ze wel een naaste medewerker met dezelfde rang in de kraag weten te grijpen, Mohamed Assan Awale. Als extraatje viel hun ook nog Abdi Yusef Herse, een clanhoofd, in handen. Na terugkeer in het kampement zou Delta de grote vissen van de anderen scheiden, en werden de onbelangrijke meelopers vrijgelaten.

Na 37 minuten hoorden we via de radio: 'Super Zes Eén neer.' Een RPG had een Black Hawk neergehaald waar op de zijkant een karikatuur van Elvis Presley was geschilderd, en die de naam Velvet Elvis had meegekregen. De piloot van het toestel, adjudant-onderofficier Cliff Wolcott, had in het verleden Elvis wel eens geïmiteerd en was een van de vliegers die ons op safari had meegenomen. Nu veranderde onze missie van het nemen van gevangenen in een reddingsoperatie.

We namen onze positie in het konvooi weer in om te vertrekken. In het steegje lag een Ranger die een Squad Automatic Rifle op een punt in de verte gericht hield, en die er niet ouder uitzag dan een jaar of twaalf.

Ik zat al achter het stuur en riep hem toe: 'Kom op, instappen, we gaan!'

De knaap bleef versteend van angst liggen.

Ik sprong uit de Cutvee, rende naar de hoek van het gebouw en gaf de knaap een trap.

Hij keek verbouweraard naar me op.

'Ga als de donder in die auto zitten!'

Hij vermande zich en klom in zijn Humvee.

Soms waren jonge Rangers zo gefocust op het enige wat ze geacht werden te doen, dat ze het grote geheel uit het oog verloren. Ze waren vaak niet in staat hun gezichtsveld te verbreden, terwijl hun oren geen verbale commando's meer registreerden. Ze kampten met zintuiglijke overbelasting van hun sympathische zenuwstelsel waardoor ze niet meer alles wat om hen heen gebeurde konden verwerken.

Gelukkig had de keiharde manier waarop mijn vader me als kind had behandeld, mij op dit soort moeilijkheden voorbereid. En bij die ervaringen kon ik ook nog Hell Week, SEAL Team Two en Six, evenals de Scout Sniper School bij het Marine Corps optellen – een jarenlange intensieve training. Hoe meer je zweet in vredestijd, hoe minder je bloedt in oorlogstijd. Ook Desert Storm had me bij die voorbereiding geholpen. Ik had een zekere tolerantie ten opzichte van zintuiglijke overbelasting ontwikkeld. Sommige van deze Rangers hadden nog maar net eindexamen gedaan, maar ze waren stuk voor stuk dapper.

Ik ging in de Cutvee zitten, samen met Casanova, Little Big Man en de anderen. Sourpuss was er niet. Ik was zo op de strijd geconcentreerd, dat ik niet eens hoorde dat Little Big Man me vertelde dat Sourpuss bij drie Humvees was ingedeeld die een gewonde Ranger naar het kampement terug moesten brengen. Little Big Man en Casanova bleven bij me in de Cutvee, die nog steeds deel uitmaakte van het hoofdkonvooi.

Ik verliet het doelgebied en reed in noordelijke richting over de geasfalteerde maar winderige Hawal Wadigstraat. Ik stuurde met mijn linkerhand, terwijl ik met mijn rechter mijn CAR-15 vasthield, waarvan ik regelmatig de trekker overhaalde. Zowel van links als rechts vlogen ons de AK-47-kogels om de oren, en die veroorzaakten schokgolven die sneller gingen dan de snelheid van het geluid, schokgolven die op elkaar stootten en een geluid voortbrachten dat nog het meest leek alsof iemand keihard in zijn handen klapte. Ik hoorde de kogels aankomen – de klap – even later gevolgd door het geluid dat ze maakten als ze me passeerden.

Er waren witte rookpluimen te zien als gevolg van exploderende RPG's, die de lucht deden zinderen en een bijtende geur verspreidden. De geur van brandende autobanden en smeulend afval steeg op boven de stank die altijd al in Mogadishu hing – het stonk er als de hel.

Er werd met onze .50-mitrailleur geschoten, waardoor onze Humvee hevig door elkaar werd geschud en onze oren het zwaar te verduren hadden. Maar toch gaf het een prettig gevoel te weten dat je een .50 bij je had. Bovendien had ik het veel te druk met het speuren naar geitenneukers die zo dom waren zich binnen mijn schootsveld te vertonen, om me door het vreselijke lawaai te laten afleiden. SEAL-veteranen hadden het er vaak over hoe geruststellend het was als ze tijdens het gevecht hun eigen mitrailleur hoorden vuren. We waren erop getraind een veldslag te winnen door gebruik van overrompeling, snelheid en geweld. Bij dit konvooi was er van overrompeling van onze kant geen sprake meer. We konden niet sneller rijden dan de Humvee voor ons. Maar de .50's hielpen ons met de hardhandige aanpak. De loop was bijna roodgloeiend van de gestage stroom kogels die het wapen uitspuwde en die dwars door beton, metaal en menselijke weefsel ging – dit zware machinegeweer sloeg letterlijk hele gaten in muren. Ja, de .50 hakte er lekker in. Helaas beschikte de vijand ook over .50's, waarvan de driepoot in de garage van Osman Atto op de laadvloer van hun pick-uptrucks was gemonteerd. Die wagentjes schoten steeds weer uit allerlei zijsteegjes tevoorschijn en openden dan heel even het vuur op ons.

Het boordkanon van een helikopter nam de vijand onder vuur, met als gevolg dat de zijmuur van een gebouw instortte. Somaliërs stoven alle kanten uit. Sommigen gilden, anderen bleven stokstijf staan. Er lagen dode mensen en ook een dode ezel op de grond.

Aidids mensen zijn een stuk beter uitgerust dan wij dachten. Ze vechten een stuk beter dan wij dachten en er lopen aanzienlijk meer gewapende militieleden rond dan wij dachten, schoot het door mijn hoofd. Ik begon me zorgen te maken dat wíj wel eens een pak op ons donder zouden kunnen krijgen. Op mijn angstmeter gleed de naald langs 3 en bleef staan op 6. Iedereen die zegt dat hij tijdens het gevecht nooit bang is geweest, is óf een volslagen idioot, óf hij liegt. Iedereen kent angst. Het is een gezonde angst. Ik zou niet graag ten strijde trekken met iemand die niet een beetje bang is. Een soldaat is pas een goede krijger als hij die angst onder controle kan houden, zich erop kan focussen. Hij ontwikkelt dat vermogen door te geloven dat hij zijn angst weet te beheersen. Dat geloof ontstaat doordat hij bij vorige gelegenheden de angst overwonnen heeft, als hij ziet hoe teamgenoten die angst weten te overwinnen, in de wetenschap dat hij tot een elite behoort, en die beangstigende energie vervolgens gebruikt om nog beter te presteren.

In zo'n beetje elk voertuig van ons konvooi waren gewonden gevallen. We wilden ook nog steeds Velvet Elvis en zijn bemanning van de neergehaalde Super Zes Eén redden. Toen we een weg naderden waar een aantal gewonde Rangers lagen, dacht ik: Wat is er verdomme met die Somaliërs aan de hand? We zijn hiernaartoe gekomen om een einde aan de burgeroorlog te maken, zodat de mensen te eten hebben, maar ze proberen ons te vermoorden. Is dat onze beloning? Ik kon het niet geloven. Ik zette onze Cutvee langs de kant van de weg en stapte uit. De eerste Ranger die ik optilde, was in zijn been geschoten. We legden hem in de achterbak van ons voertuig. Toen laadden we een tweede gewonde aan boord, iemand die in de hand was geschoten – niet bepaald een verwonding waardoor je plotseling niets meer kunt doen. Toen ik weer achter het stuur kroop, keek ik even achterom. De Ranger met het gewonde been hielp ons met nieuwe munitie, terwijl de andere Ranger met hangend hoofd alleen maar naar zijn gewonde hand kon staren.

De Ranger die ons van munitie voorzag, werd opnieuw geraakt – deze keer in de schouder, maar hij bleef munitie aanreiken. Toen boorde zich een kogel in zijn arm – en nóg bleef hij munitie doorgeven.

Ondertussen hield de Ranger die één keer door zijn hand was geschoten, zich volkomen afzijdig – waarschijnlijk stond de naald van zijn angstmeter nu al op 10. Hij was de enige Ranger die ik in het gevecht heb gezien die zich drukte. Maar het is niet niks is als je door een kogel wordt getroffen. Zijn geschokte reactie is begrijpelijk – hij was nog maar een jonge jongen in een hevig vuurgevecht. Gelet op hun leeftijd en gebrek aan ervaring hebben alle Rangers dapper strijd geleverd.

Ik gaf plankgas. Even later haalde ik de rest van het konvooi in. Dat sloeg rechts af en reed een onverharde weg op. Toen de eerste Humvee bij het naderen van het kruispunt vaart minderde, moesten alle daarachter rijdende voertuigen gedwongen langzamer gaan rijden, een soort harmonica-effect. Toen sloegen we opnieuw rechts af en reden nu in zuidelijke richting – terwijl we net uit het zuiden waren gekomen.

Ik begon kwaad te worden op de leider van ons grondkonvooi, luitenant-kolonel McKnight, maar ik wist natuurlijk niet dat hij precies deed wat de boven ons vliegende heli's hem opdroegen. Het Orion-spionagevliegtuig zag wat er gebeurde, maar de mensen aan boord van dat toestel konden niet rechtstreeks met McKnight praten. Dus gaf men van daaruit de relevante informatie door aan de commandant in het JOC. Vervolgens nam het JOC contact op met de helikopter die de commandant ter plekke aan boord had. En ten slotte gaf de commandant ter plekke aan McKnight door wat hij moest doen. Tegen de tijd dat McKnight opdracht kreeg een zijweg in te slaan, was hij die straat allang voorbij.

Het enige wat ik wist, was dat er weer op me werd geschoten, want er verschenen steeds meer kogelgaten in onze Cutvee. De mannen achterin werden geraakt. Godallemachtig! Ik wilde het liefst plankgas geven en zo snel mogelijk het dodelijke strijdtoneel verlaten, maar ik kon niet sneller rijden dan de Humvee voor me. Ik vuurde op militieleden die uit zijstraatjes tevoorschijn doken en zich weer snel uit de voeten maakten. Bij mijn pogingen gelijktijdig plotseling opduikende militieleden neer te schieten én rechtuit te blijven rijden, zou het me verbazen als ik meer dan 30 procent van mijn doelwitten heb weten om te leggen.

De mensen schoten op ons vanuit de bovenetages van de gebouwen. Ik gunde me even de tijd om door mijn ACOG-scoop te kijken, kreeg de rode stip op één lijn met mijn eerste doelwit en haalde de trekker over. Eén vijand neer. Toen nummer twee.

De tegenstanders hadden wegblokkades in brand gestoken en greppels gegraven om onze voortgang te belemmeren. Terwijl het konvooi probeerde dwars door of om de wegblokkades heen te rijden, werden we door de vijand overvallen. Voor en naast ons liepen schouder aan schouder vijf vrouwen, die hun kleurrijke gewaden zo breed mogelijk hadden uitgespreid en nu op het konvooi af kwamen. Toen een van de Humvees de dames bijna had bereikt, klapten die hun gewaden in en openden de mannen die zich achter hen verborgen hadden gehouden het vuur met hun AK-47's, die ze op automatisch hadden gezet. Even later wilden ze diezelfde tactiek ook bij onze Cutvee toepassen. Voor het eerst tijdens dit vuurgevecht zette ik mijn vuurselector op volledig automatisch. Met één hand aan het stuur en in de andere mijn CAR-15 vuurde ik dertig kogels af, waarbij de vrouwen werden neergemaaid – net als de vier gewapende militieleden die zich achter hen verborgen hadden gehouden. Je kunt beter door twaalf man achter een tafel worden berecht dan door zes man naar je graf worden gedragen.

Toen hoorde ik via de radio dat een RPG een tweede Black Hawk had neergehaald, het toestel dat door Mike Durant werd gevlogen. Van de commandoheli kregen we opdracht eerst Velvet Elvis te redden en dan naar de plek te gaan waar de heli van Mike was neergekomen.

Midden op straat hielden we halt, zetten de omgeving af, verleenden eerste hulp, sleepten nieuwe munitie aan en probeerden te bedenken wat we verder nog konden doen. Een hospik verbond in onze Cutvee de schouder en de arm van de Ranger en vervolgens de wonden van de andere jongens. Sommige Rangers zagen eruit als zombies. Aan hun ogen was duidelijk te zien dat ze nog steeds in shock verkeerden.

Een Delta-man kwam naar ons toe. 'Ik ben geraakt. Kun je misschien even naar mijn schouder kijken?' Er had zich een kogel door de harde pantserplaat op zijn rug geboord, maar de man was er niet door uitgeschakeld.

De .50-schutter van een andere Humvee had een scherfwerend vest gedragen, dat prima geschikt is om kogels van klein kaliber tegen te houden. Hij had aan de voorkant ook nog eens een speciaal ontworpen keramische plaat van 25 bij 30 centimeter toegevoegd, die hem ook tegen 7,62 mm kogels uit de AK-47 moest beschermen. Maar zo'n plaat had hij niet op zijn rug aangebracht. Misschien vond hij, zoals zoveel soldaten, de extra plaat op zijn rug te warm en te zwaar. Bovendien liep je eerder kans om voren te worden beschoten dan van achteren. Hij nam het risico – en stierf. Via de radio boden we aan ter vervanging onze .50-schutter te sturen. De Humvee van de dode schutter stopte vlak naast ons voertuig. In de wagen zat een Ranger die zijn gesneuvelde makker in zijn armen hield en bij wie de tranen over de wangen stroomden. 'Stomme klootzak. Ik heb het je nog zó gezegd. Ik heb je nog zó gezegd dat je ook je rugplaat moest aandoen. Ik heb het je nog zó gezegd.'

Ze haalden de overleden mitrailleurschutter uit de Humvee. Zijn plaats werd ingenomen door onze schutter. Zonder een ervaren .50-schutter aan boord zou hun Humvee niet meer als effectief gevechtsvoertuig ingezet kunnen worden. Onze schutter zou er uiteindelijk voor zorgen dat hun Humvee behouden de thuisbasis bereikte.

Casanova en ik waren door de tien magazijnen met elk dertig patronen heen die in onze patroongordels hadden gezeten. Ook de vijf extra magazijnen die we van de aan zijn schouder gewonde Ranger hadden gekregen, waren op. Omdat we beiden met een CAR-15 bewapend waren, een wapen dat dezelfde 5,56 mm munitie verschiet als de Rangers in onze Humvee, konden ze ons bevoorraden uit de munitievoorraad die achter in de wagen lag. Little Big Man besefte dat hij het verkeerde wapen bij zich had – een speciaal voor SEAL's aangepaste M14. Niemand had extra 7,62 mm munitie bij zich, zodat Little Big Man met een geweer met een leeg magazijn zat opgezadeld.

Het konvooi kwam weer in beweging en we sloegen links af, reden een stukje in oostelijke richting, sloegen toen weer links af en we zetten koers naar het noorden. Ik wist op dat moment niet dat ook McKnight getroffen was: granaatsplinters in zijn arm en nek. We stopten. McKnight nam via de radio contact met de commandohelikopter op om te vragen hoe hij moest rijden, maar onduidelijke communicatie zorgde ervoor dat we opnieuw een verkeerde kant uit werden gestuurd. Het konvooi vervolgde zijn weg langs de Strijdkrachtenstraat en sloeg toen links af.

Ik was niet op de hoogte van het feit dat Dan Schilling op dat moment het commando van de gewonde McKnight had overgenomen. Dan slaagde erin de uiterst ingewikkelde verbindingen te omzeilen en wist rechtstreeks met een van de heli's te communiceren. Toen Dan vroeg het konvooi naar de plaats van de crash te leiden, ging hij ervan uit dat de heli wist dat we op weg waren naar Velvet Elvis, de eerste heli die was neergehaald. De commandoheli ging er echter van uit dat we naar de dichtstbijzijnde helikopter onderweg waren – die van Mike, het tweede toestel dat was neergeschoten.

Op de Hawal Wadigstraat sloegen we links af, en reden in de richting van het Olympic Hotel en het gebouw dat ons doelwit was geweest. Het konvooi had een volledige cirkelroute afgelegd. We hadden Aidids mensen al bij eerdere optredens precies laten zien hoe wij te werk gingen, en nu voerden we een actie ook nog eens overdag uit, zodat iedereen het goed kon zien. Nu werd er ook nog op me geschoten – ik was razend! Tijdens de opleiding had het SEAL-kader ons geleerd: 'Als je een hinderlaag overleeft, ga dan naar huis, ga in je schommelstoel zitten en dank God voor de rest van je leven.' Ik herinnerde me weer hoe kapitein-luitenant-ter-zee Olson mij vlak voor vertrek uit het kampement op de schouder had geslagen: 'Het is maar een korte operatie.' Mooi van niet. Dit zijn dezelfde geitenneukers die even eerder het vuur op ons hebben geopend.

Waar is McKnight in godsnaam mee bezig? Hé eikel, dit hebben we daarnet ook al gedaan. En die eerste keer liep het ook niet bepaald goed af.

Terwijl er in de ether onmiskenbaar verwarring heerste of we nu op weg waren naar de eerste neergehaalde helikopter of de tweede, hoorde ik dat Mike Durant nagenoeg was ingesloten door een menigte, terwijl er geen grondtroepen in de buurt waren om hem te hulp te schieten. Ik herinnerde me weer wat er met de Pakistanen was gebeurd toen er een menigte op hen was neergedaald – ze werden in mootjes gehakt.

De eerste keer dat Aidids mannen ons konvooi overvielen, doodden ze enkelen van onze jongens en raakten er nog meer gewond, maar daarna hadden we een enorme bak stront over die zakken uitgestort. Overal lagen lijken. Nu viel de vijand ons voor de tweede keer aan – stomme klootzakken. Ze hebben er een gigantische prijs voor betaald. Vooral het boordgeschut en de ongeleide raketten van de heli's zorgden ervoor dat de lichamen en ledematen door de lucht vlogen.

Tijdens het gevecht vroeg ik bij de heli's extra vuursteun aan om de vijand van ons af te schudden.

Een piloot antwoordde: 'We zijn door onze munitie heen.' Ze hadden al hun munitie en raketten verschoten, inclusief de 20 procent die ze in reserve moesten houden voor het geval ze zich tijdens de terugvlucht naar de basis nog moesten verdedigen. Ik had op die extra 20 procent gerekend. Maar ofschoon ze door hun munitie heen waren, scheerden de heli's zo laag over de aanvallers dat die bijna door de landingsski's van de toestellen werden gespietst. De vijand wendde zich van ons af en richtte zijn wapens op de heli's. En zodra die geitenneukers op die toestellen begonnen te schieten, legden wij ze om. En die helipiloten deden dat niet één keer, maar minstens een keer of zes. De piloten van Taskforce 160 waren echte mannetjesputters, die bereid waren als levend aas te fungeren om ons het leven te redden.

Onder het rijden kwam mijn CAR-15 zonder munitie te zitten. Ik liet het wapen aan de riem hangen waarmee het aan mij vast zat, en trok mijn Sig Sauer 9 mm uit de holster op mijn rechterheup. Ons konvooi minderde vaart. Er dook een geitenneuker in een deuropening op, die zijn AK-47 op mij richtte. Ik zwiepte mijn Sig Sauer zijn kant uit. Razendsnel haalde ik twee keer de trekker over. Tijdens de opleiding was me zo'n dubbel kopschot al duizenden keren gelukt. Maar onder de huidige ge-vechtsomstandigheden haastte ik me net iets te veel. Ik schoot mis. Ter-wijl de adrenaline wild door me heen pompte, leek de wereld om me heen te vertragen. De geitenneuker haalde in slow motion de trekker over. De kogel trof mijn rechterscheenbeen, waarbij mijn rechteronderbeen nage-noeg werd weggeblazen. De grendel van zijn wapen ging naar achteren en de lege huls schoot naar buiten. Deze vent gaat dit niet overleven. Ik nam een halve seconde extra de tijd en kreeg hem op de korrel. Zoals John Shaw altijd zegt: 'Soepel is snel.' Ik haalde twee keer snel achter elkaar de trekker over. Beide kogels troffen hem vol in het gezicht. Als ik de eerste keer die halve seconde extra had genomen, had ik hem direct om kunnen leggen én was mijn been niet aan flarden geschoten.

Onze Cutvee minderde vaart. Wat is er verdomme met deze Cutvee aan de hand? Ik probeerde het gaspedaal verder in te drukken, maar dat ging niet. Ik keek naar beneden en zag een grote teen die naar achteren wees. Het drong niet eens tot me door dat mijn been achterstevoren ge-draaid zat. Als dat mijn been was, moest het toch veel meer pijn doen? Ik probeerde opnieuw gas te geven. Mijn rechtervoet viel opzij. Godal-lemachtig, het is toch mijn been. Ik wist mijn linkervoet op het gaspedaal te krijgen en trapte dat zo ver mogelijk in. Wauw, dit is ernstig. Ik kan dit maar beter goed aanpakken. Hoewel dit de tweede keer was dat ik tijdens de veldslag geraakt werd, omhelsde ik nog steeds mijn bovenmenselijke kracht. Mijn angstmeter steeg nu naar 6, maar had de 10 nog lang niet bereikt. Ik ervoer niet zozeer pijn als wel gevoelloosheid, en dat kwam doordat mijn zenuwreceptoren overbelast werden. Hoewel ik nu voor de tweede keer tijdens het gevecht verrast werd, voelde ik me als sniper bij SEAL Team Six – als Howard Wasdin – nog steeds onovertroffen.

Ik was woedend op McKnight en riep hem via de radio op. 'Haal ons hier verdomme weg!'

Toen we de gevarenzone eindelijk uit waren, kwam het konvooi tot stil-stand om de gewonden te verbinden, onze wapens van nieuwe munitie te voorzien en te kijken wat onze volgende stap moest zijn. Casanova hielp me over de middenconsole te kruipen en op de passagiersstoel te gaan zitten, zodat hij kon rijden. De riem van mijn CAR-15 bleef aan de middenconsole haken en Little Big Man moest zijn uiterste best doen hem los te krijgen. De voorliefde die hij voor de M14 en het bijbehorende grotere bereik had ontwikkeld, leek helemaal verdwenen. Little Big Man wilde mijn CAR-15.

Mijn verbrijzelde scheenbeen vertoonde scherpe randjes, die zich in een slagader konden boren, waardoor ik wel eens dood zou kunnen bloeden. Casanova tilde mijn gewonde been op, legde het op de motorkap van de Humvee en legde mijn linkerbeen ernaast om het geheel te ondersteunen. Doordat het been nu wat hoger lag, zou de wond ook minder hevig gaan bloeden. 'Ik ga je naar huis brengen,' zei Casanova.

Het konvooi kwam weer in beweging en Casanova gaf gas. Onze Cutvee reed op drie lekke banden. Het konvooi keerde en sloeg bij het Olympic Hotel rechts af, om vervolgens naar de plek te rijden waar de eerste helikopter – Velvet Elvis – was neergehaald. Het leek de film *Groundhog Day* wel, de manier waarop keer op keer dezelfde acties werden herhaald.

Vijf tot tien minuten later werd er een vijandelijke kogel dwars door mijn linkerenkel geschoten. In tegenstelling met de fractuur in mijn rechterscheenbeen, waar mijn centrale zenuwstelsel de pijn buitensloot, deed deze wond ongelooflijk veel pijn. Mijn angstniveau steeg van 6 naar 7. Mijn woede ten opzichte van de vijand was onbeschrijflijk. Die had mij van mijn bovenmenselijke kracht beroofd. Plotseling drong het tot me door dat ik zwaar in de puree zat.

Zoals te verwachten miste ons konvooi Velvet Elvis – de eerste neergehaalde heli ook deze keer. Toen stopten we maar. Jongens stapten uit hun voertuigen en vormden een beschermend cordon. McKnight stapte ook uit, samen met nog iemand. Het leek erop dat ze een kaart over de motorkap van hun Humvee uitspreidden en keken waar we ons ergens bevonden. Het was bijna surrealistisch. Nu er toch op ons geschoten wordt, waarom lopen we het buurtwinkeltje eigenlijk niet even binnen om de weg te vragen?

Ons konvooi was het nu twee keer niet gelukt om de plaats te bereiken waar zich een van de neergeschoten piloten bevond. We waren door het overgrote deel van onze munitie heen. Onze voertuigen lagen vol gewonde en gesneuvelde kameraden. De helft van de manschappen was zwaargewond, onder wie het merendeel van het kader. Als we nu niet naar onze basis terugkeerden om ons te hergroeperen, bestond de kans dat er straks niemand meer was om een reddingsactie op touw te zetten.

In onze Cutvee zaten meer gaten dan in een spons. De zijspiegels bungelden aan hun steunen. Toen het konvooi weer in beweging kwam, reed onze Cutvee op een landmijn. De beschermende ballistische matten die op de vloer lagen, zorgden ervoor dat we niet door staalsplinters werden doorzeefd. (Later zou ik erelid worden van de Kevlar Survivor's Club.) Casanova reed de berm in, waar onze Cutvee reutelend de geest gaf. De geitenneukers kwamen onze kant uit. Straks worden we nog onder de voet gelopen.

Ik herinnerde me *The Alamo*, een film uit 1960 met in de hoofdrol John Wayne als Davy Crockett. Het was een van mijn favoriete films, en Davy Crockett was mijn favoriete personage. Zo moet Davy Crockett zich gevoeld hebben, vlak voordat hij werd gedood: nauwelijks munitie meer, nauwelijks medestrijders meer, nagenoeg onbeschermd. Toe moeten zien hoe zijn mensen worden doodgeschoten terwijl de vijand steeds verder oprukt. Dit was het dan. Howard Wasdin legt in Mogadishu, Somalië, op de middag van 3 oktober 1993 het loodje. Het enige waar ik spijt van heb, is dat ik de mensen van wie ik hou niet vaak genoeg heb verteld hoezeer ik van ze hou. Tijdens mijn tijd op aarde had ik dat wat vaker moeten doen. De eerste twee mensen aan wie ik moest denken, waren mijn kinderen, Blake en Rachel. Ik had ze waarschijnlijk nooit vaker dan een keer of zes per jaar verteld dat ik van ze hield. Een deel van het probleem bestond eruit dat ik, vanwege de frequente oefeningen en al die keren dat ik operationeel werd ingezet, een groot deel van hun leven afwezig was geweest. Hoewel ik was getrouwd, dacht ik niet direct aan mijn vrouw Laura. Mijn relatie met het SEAL-team was belangrijker voor mij dan mijn huwelijk. Ik wilde Blake en Rachel nog een laatste keer vertellen hoezeer ik van hen hield.

De wijzer van angstmeter stond nu op 8. De 10 bereikte hij niet. Bij 10 kun je niet meer functioneren. Dan hangt je lot af van de gebeurtenissen om je heen. Maar ik wás nog niet dood. Vurend met mijn Sig Sauer probeerde ik te voorkomen dat we door zes of zeven van die geitenneukers omsingeld zouden worden. Fysiek was ik niet meer in staat zodanig effectief te vuren dat ik op deze afstand nog iemand kon doden. Ik had al twee van Casanova gekregen pistoolmagazijnen verbruikt en was nu met het laatste bezig. Via de radio hoorde ik dat de QRF op weg was om ons te redden – vier uur na het begin van het vuurgevecht. Quick Reaction Force – wat was in godsnaam hun definitie van het begrip 'quick'?

Ons voertuig stond kapotgeschoten langs de kant van de weg. Toen ik opkeek, zag ik de QRF door onze straat denderen. Klootzakken. Hadden we eindelijk de kans gered te worden, en dan rijden ze ons voorbij. Ze laten ons hier gewoon creperen. Maar toen kwam de QRF tot stilstand en kwam er een deuce-and-a-half achteruit naar ons toe gereden. Goddank, ze hebben ons eindelijk gezien. Toen die ons bijna bereikt had, sloegen de geitenneukers op de vlucht. De QRF stopte.

Casanova en Little Big Man hielpen bij het overbrengen van de gewonden naar hun voertuigen.

Een Ranger was druk in de weer met het oprollen van een abseiltouw dat tijdens de actie uit een helikopter was neergelaten – iets wat hij tijdens zijn opleiding al vele malen eerder had gedaan. Bij zintuiglijke overbelasting stappen soldaten vaak over op de automatische piloot en vechten ze op de manier die hun tijdens de training is bijgebracht.

Ik kon niet lopen, maar staarde de Ranger vol ongeloof aan. 'Dit is geen trainingsoperatie!' schreeuwde ik. 'Gooi dat touw weg, stap onmiddellijk in die deuce-and-a-half en zorg dat je hier wegkomt!'

De Ranger ging rustig door met het oprollen van het touw. Hij was zich absoluut niet bewust van de situatie rondom hem en luisterde niet meer naar mondelinge commando's.

Ik richtte mijn Sig Sauer op hem. 'Ik zal je niet doodschieten, maar je loopt straks wel mank als je niet als de sodemieter in die vrachtwagen gaat zitten!'

De Ranger keek me een ogenblik lang verward aan, liet toen het abseiltouw vallen en haastte zich naar de vrachtwagen.

Ten slotte werd ik door mijn jongens in de deuce-and-a-half geladen. 'Wees een beetje voorzichtig met hem,' zei Casanova. 'Zijn rechterbeen valt er bijna af.'

We reden terug naar het kampement zonder verder nog door Aidids troepen onder vuur te worden genomen. Toen we eenmaal binnen de poort arriveerden, werden we met complete chaos geconfronteerd: op het platform lagen veertig tot vijftig Amerikaanse lichamen, terwijl medisch personeel druk doende was met de triage – kijken wie er nog een kans maakt op overleven en wie niet, en daarna de ernstig gewonden te scheiden van de lichtgewonden – om zo snel mogelijk met de behandeling te beginnen. Een Ranger klapte de laadklep van een Humvee open – het bloed gutste eruit alsof het water was.

Casanova en Dan Schilling droegen me naar het triagegebied.

Het was nog licht, en nadat de hospikken me helemaal hadden uitgekleed, verzorgden ze mijn verwondingen. Daarna lieten ze me naakt op het met lichamen bedekte platform liggen. Ik had me nog nooit zo kwetsbaar gevoeld.

Opnieuw had de dood me niet te pakken gekregen. Zoals die me ook niet te pakken had gekregen toen de vijand de QRF-heli uit de lucht had geschoten, waarbij drie man om het leven waren gekomen. Zoals die me ook niet te pakken had gekregen toen Aidids mannen een grootschalige aanval op Pasha hadden uitgevoerd. Zoals die me ook niet te pakken had gekregen toen het CIA-kamp waar ik een dag eerder op bezoek was geweest door mortiergranaten werd bestookt. Zoals al die anderen keren dat de dood me bijna had weten te vinden. Ik had nog steeds het gevoel dat Casanova en ik van doorslaggevend verschil hadden kunnen zijn als we met die QRF-helikoptervlucht waren meegegaan, die vlucht waarbij die drie mannen waren omgekomen. Het was niet bij me opgekomen dat God naar ons op zoek was. Nu ik 48 ben, en een stuk minder aanmatigend, vraag ik me wel eens af: Zou ik in staat zijn geweest de vijand om te leggen voordat die mij te pakken kon nemen? Misschien waren er wel mensen naar mijn herdenkingsdienst gekomen.

Vóór de slag om Mogadishu was de steun van de regering-Clinton voor onze troepen tot bijna het absolute nulpunt afgenomen. Ze hadden de inzet van de met rupsbanden uitgeruste M2 Bradley-pantserwagens tegengehouden, en dat gold ook voor de MI Abrams-tanks en AC-130's. Het Clinton-kamp was meer geïnteresseerd in het overeind houden van politieke standpunten dan in het overleven van een paar van de beste gevechtseenheden van Amerika.

Tijdens de slag om Mogadishu sneuvelden 18 Amerikanen en raakten 84 man gewond. Verder kwam er ook nog een Maleisiër om het leven en liepen zeven man verwondingen op. Ook raakten twee Pakistanen en een Spanjaard gewond. Ofschoon slechts zo'n 180 soldaten strijd hadden moeten leveren tegen 3000 leden van Aidids milities en nog wat burgerkrijgers, slaagden we erin Omar Salad Elmi, Mohamed Hassan Awale, Abdi Yusef

Herse en nog enkele andere kopstukken te arresteren. Duizenden tot Aidids clan behorende strijders werden gedood, en nog eens vele duizenden raakten gewond. Ze hadden een groot deel van hun munitie verschoten. Een aantal krijgsheren trok zich terug uit angst voor de onvermijdelijke Amerikaanse tegenaanval. Sommigen van hen waren zelfs bereid Aidid te verraden om zo hun eigen hachje te redden. Vier nieuwe snipers, afkomstig van het Blue Team van SEAL Team Six, waren op weg om ons af te lossen. Het Alfa Squadron van Delta trof voorbereidingen om het Charlie Squadron af te lossen. Ook was er een nieuwe groep Rangers onderweg. We hadden Aidids ruggengraat gebroken en we wilden deze klus graag afmaken.

Ondanks de winst zag president Clinton onze offers als verlies. Hoewel we nog niet klaar waren met onze taak, het ontmantelen van Aidids machtsbasis en het distribueren van voedsel onder de bevolking, draaide Clinton het land de rug toe en kneep ertussenuit. Hij gaf opdracht alle acties tegen Aidid onmiddellijk te stoppen. Vier maanden later liet Clinton Osman Atto, Omar Salad Elmi, Mohamed Hassan Awale, Abdi Yusef Herse en de andere gevangenen vrij. *Whiskey Tango Foxtrot.*

We hadden zoveel energie gestoken in de samenwerking met Somaliers, om ze ervan te overtuigen we hen ook op de lange termijn steunden. Heel wat Somaliërs hadden hun leven geriskeerd of hun familie in gevaar gebracht om ons te helpen. Onze Somalische bewakers bij Pasha waren tijdens de slag om Mogadishu tot het einde toe loyaal gebleven. Slechts één van hen overleefde de gevechten. Weer andere Somaliërs sneuvelden aan onze kant toen ze probeerden Aidid tegen te houden. Toen we vertrokken, lieten we onze Somalische vrienden aan hun lot achter. Ik had het gevoel dat onze offers vergeefs waren geweest. Waarom hebben ze ons in godsnaam hierheen gestuurd als ze de klus toch niet wilden afronden, vroeg ik me af. We hadden ons helemaal niet met de burgeroorlog in Somalië moeten bemoeien – dit was hún probleem, niet het onze. Maar toen we ons eenmaal aan hen gecommitteerd hadden, hadden we de klus moeten afronden. Een les die we telkens weer leren en leren.

Somalië verloor de steun van de internationale gemeenschap om vrede en voedsel in het land te brengen. Chaos en hongersnoden sloegen keihard toe. Aidid probeerde zijn verliezen te bagatelliseren, maar hij zou nooit over een verenigd Somalië regeren. Hij stierf in 1996, na een interne strijd met zijn kwade genius, Osman Atto.

Deel drie

Doe het enige juiste, ook al betekent het dat je sterft als een hond zonder dat iemand ziet wat je hebt gedaan.

— Viceadmiraal James Stockdale, marinevlieger

14

Uit mijn as...

De zon was al ondergegaan toen medisch personeel met me wegsnelde naar het Zweedse veldhospitaal. Het besef drong tot me door dat ik mijn been wel eens kwijt kon raken. Ik was bang. In het hospitaal gaf een verpleegkundige me een spuit morfine. Het hielp niet. Bleek dat ik tot dat ene procent hoor bij wie morfine niet helpt tegen de pijn. De verpleegkundige gaf me nog een spuit. Mijn been deed nog steeds ontzettend veel pijn. Ze gaven me een wondtoilet – verwijderden beschadigd, ontstoken en dood weefsel om genezing te versnellen. Toen maakten ze me gereed voor transport naar Duitsland.

Het medisch personeel laadde ons in een vliegtuig. Vanbinnen zag het indrukwekkende toestel eruit als een ziekenhuis met vleugels: bedden, infusen, apparatuur... Er liep een verpleegster voorbij.

Ik strekte mij arm uit en pakte haar bij haar been. 'Ik heb zo'n pijn. Geef me wat, alsjeblieft!'

Ze bekeek mijn status. 'Je hebt twee doses morfine gehad. Je kunt geen pijn meer voelen.' Vervolgens liep ze weg om een andere patiënt te helpen.

Even later kwam een arts voorbij. Hij onderzocht me.

Dit was botpijn – de ergste pijn die er is. Bij een snee vernauwt het lichaam de aderen, zodat de bloedtoevoer naar het lichaamsdeel vermindert en je niet doodbloedt. Bij een botbreuk gebeurt dat niet. Ik was bleek, ik beefde en ik zweette als een otter. Ik klemde mijn tanden op elkaar om niet door de pijn te worden overmand. Breng je hartslag omlaag. Adem langzamer. Ban de pijn uit; denk hem weg. Dat kon ik als kind; waarom werkt het nu niet? Het was hetzelfde principe als toen ik slaag kreeg als kind: verwijder jezelf van de pijn; raak niet fysiek betrokken. Zelfbeschermingsmodus. Ik kon de fysieke symptomen niet voorkomen – de bleekheid, het beven, het zweten – dus probeerde ik met mijn hoofd de pijn te controleren.

'Die man heeft pijn,' zei de arts.

'Nee toch? Dat probeer ik al de hele tijd duidelijk te maken.'

Hij gaf me een spuit Demerol. 'Gaat het nu beter?'

Het bracht bijna meteen verlichting. 'Dank u wel.'

De arts zei iets tegen de verpleegster. Ze kwam naar me toe en verontschuldigde zich. 'Sorry. Sorry. Ik wist het niet.' Ze was bijna in tranen.

Raak ik mijn been kwijt? We landden op de militaire vliegbasis Ramstein in Duitsland, waar luchtmachtpersoneel ons in een bus laadde. De jongens van de luchtmacht waren vrolijk en behulpzaam. 'Jullie hebben ze goed op hun flikker gegeven, hebben we gehoord. We gaan goed voor jullie zorgen.' Onze stemming was meteen een stuk beter.

Toen ik arriveerde in het regionaal medisch centrum Landstuhl van de landmacht, het grootste Amerikaanse ziekenhuis buiten de Verenigde Staten, werd ik meteen naar chirurgie gebracht.

In de operatiekamer maakten ze me gereed. Een verpleegster wilde me in slaap brengen.

'Ik wil niet onder narcose,' zei ik.

'Je moet onder narcose voor de operatie,' zei ze.

'Ik wil niet onder narcose. Jullie gaan mijn been amputeren, dat weet ik.'

Samen met een verpleger probeerde ze me vast te houden, maar ik sloeg ze van me af. De sfeer was gespannen. Toen kwam de chirurg binnen. 'Wat is er aan de hand?'

'De patiënt verzet zich,' legde de verpleegster uit. 'Hij wil niet dat we hem onder narcose brengen.'

De chirurg keek me aan. 'Wat is het probleem?'

'Ik ben alleen bang dat jullie mijn been amputeren als jullie me onder narcose brengen. Ik wil niet onder narcose.'

'Geef hem maar een ruggenprik,' zei hij tegen de verpleegster.

Ze gaf me een spuit in mijn onderrug. Die wordt ook bij bevallingen gebruikt. Onder je middel voel je niets.

De chirurg pakte mij bij mijn arm en keek me in de ogen: 'Ik ben misschien wel de beste orthopeed van de luchtmacht. Ik ga je been redden.'

Misschien kletste hij maar wat uit zijn nek, maar hij leek eerlijk en ik was gerustgesteld.

Ik keek toe terwijl de arts me opereerde. Toen ik begreep dat ze mijn been er niet af gingen halen, viel ik in slaap.

Wat later werd ik weer wakker. Ik had pijn aan mijn rechterdij. Het effect van de ruggenprik begon af te nemen. De chirurg had een instrument waarmee hij plakjes huid van mijn dij af schraapte. Hij haalde de plakjes door een machine die op een kaasrasp leek en waarmee hij er gaatjes in maakte om het stuk huid groter te maken. Vervolgens niette hij de huid op de plaats waar ze de operatie hadden uitgevoerd. Langzaam begon ik weer pijn te voelen. Toen ze het volgende plakje afschraapten, kromp ik in elkaar.

Ten tijde van de Vietnamoorlog zouden de artsen mijn been hebben geamputeerd. Maar door de vooruitgang van de geneeskunde en een uitstekende chirurg had ik het nog.

Na de operatie reden ze me naar mijn kamer. De verpleegster hing een elektrische pomp aan mijn bed. 'Als je pijn hebt, hoef je alleen maar op deze knop te drukken. Je kunt niet te veel nemen. Als je pijn hebt, geef je jezelf gewoon een dosis.'

'Cool.' Ik drukte een paar keer op de knop een viel in slaap.

Toen ik wakker werd, had ik geen idee hoe laat het was. Een stem riep: 'Het doet zo'n pijn, verdomme. Het doet zo'n pijn!'

'Hou nog even vol,' zei een stem van een verpleegster. 'We zoeken een pomp voor je.'

Ik keek. Het was de moedige Ranger die één keer in zijn been getroffen was, twee keer in zijn schouder en één keer in zijn arm en me toch ammunitie was blijven geven tijdens de slag om Mogadishu.

De tijd verstreek en de verpleegster was nog steeds zijn pomp niet komen brengen. Het ziekenhuis was niet goed voorbereid op het grote aantal slachtoffers dat was binnengebracht.

De Ranger bleef het uitschreeuwen.

Ik riep zijn naam.

Hij keek op. 'Hé, ser'nt.' De Rangers kortten 'sergeant' af tot 'ser'nt' en als onderofficier eerste klasse van de marine stond mijn rang gelijk aan die van een sergeant eerste klasse van het leger.

Tegen de muur naast mijn bed stond een zwabber. Ik strekte mijn arm uit, pakte hem en stak de steel naar hem uit. 'Pak vast.'

Hij greep de steel van de zwabber.

'Trekken. Dan trekken we de bedden naar elkaar toe.'

We trokken totdat de wieltjes onder de bedden begonnen te rollen. Toen onze bedden naast elkaar stonden, trok ik de naald uit mijn katheter, stak hem in die van de Ranger en drukte een paar keer op de knop. Ik had geen kracht meer over om de bedden weer van elkaar te duwen. We werden allebei slaperig.

Toen de verpleegster terugkwam, werd ze woest. 'Hoe komen die bedden bij elkaar? Wat doen jullie? Waarom geef je hem jouw medicatie? Als hij allergisch was geweest, had hij dood kunnen zijn!' Ze trok de naald uit zijn katheter en stopte hem terug in de mijne.

Een kolonel – een echte, met zo'n vogel op z'n schouder – moet de commotie hebben gehoord. Hij kwam binnen.

De verpleegster vertelde op hoge toon wat er was gebeurd.

De kolonel keek me aan. 'Wel, soldaat. Denk je dat je de baas bent in dit ziekenhuis?' Ik legde het uit. 'We zaten net in een hevig gevecht. Hij had pijn. Ik zorgde ervoor dat hij geen pijn meer had. U kunt me wat.'

Een lichte glimlach verscheen op het gezicht van de kolonel. Hij nam de verpleegster mee naar het andere kant van de kamer. 'Die jongens zijn gewend voor elkaar te zorgen. Laat maar, voor deze keer.'

De verpleegster stond nog met de rug naar me toe. De kolonel gaf me een knipoog. Toen liep hij de kamer uit.

De volgende dag merkte ik dat mijn hoofdhuid ontzettend jeukte. Ik krabde eraan. Onder mijn vingernagels zat zwart spul. Toen ik tijdens de slag een Ranger naar de Humvee had gebracht, had hij op me gebloed. Het zwarte spul op mijn hoofd was zijn opgedroogde bloed.

Earl, een oom van mijn vrouw, was toevallig in Duitsland om een van zijn bedrijven te bezoeken. Hij had gehoord waar ik was en kwam op bezoek.

Toen hij me zag, keek hij eerst alleen maar. Toen liep hij weer weg en ging als een dolle tekeer tegen het personeel. 'Wasdin ligt in z'n eigen urine!' Ik had het niet gemerkt, maar door de ruggenprik was ik de controle over mijn blaas kwijtgeraakt. 'Hij is smerig, zijn hele lijf!'

Het ziekenhuispersoneel probeerde hem te kalmeren. Maar dat was tevergeefs. 'Ik eis dat hij wordt verschoond, nu direct! Ik wil dat hij schone kleren en schone lakens krijgt en was dat bloed uit zijn haar! Poets als de donder die man zijn tanden! Nu meteen, anders bel ik iemand in Washington. Dan zijn jullie hier nog niet jarig!'

Misschien had het ziekenhuispersoneel het gewoon te druk gehad voor de gewone patiëntenverzorging doordat er plotseling zoveel van ons waren binnengebracht. Hoe dan ook, een paar minuten later waste een verpleegassistent mijn haar. Het voelde hemels. Ik kreeg een tandenborstel en ik poetste mijn tanden. Ook werden de lakens van mijn bed verschoond. Hoewel er een plastic hoes omheen zat, werd de matras omgedraaid. En ze gaven me een schoon nachthemd. Ik voelde me meteen zoveel beter.

Oom Earl reed ook een rolstoel naar binnen. 'Kan ik nog iets voor je betekenen?'

'Ja, ik wil graag wat anders aan.'

Hij hielp me in de rolstoel en reed me naar het winkeltje. Hij kocht een joggingbroek voor me, een sweater, een baseballpet en een teddybeer. 'Kun je de broek bij de knie afknippen?' vroeg hij aan de kassamedewerkster.

Ze keek hem even niet-begrijpend aan, en keek vervolgens naar mij. 'Ja hoor,' zei ze vriendelijk. De caissière pakte een schaar, knipte de joggingbroek af en gaf hem aan Earl.

'Dank je.' Earl reed me naar de wc van het winkeltje en trok de joggingbroek over mijn fixateur externe. De chirurg had in de buurt van de breuk gaatjes geboord in het onbeschadigde deel van het bot en daar had hij pinnen in geschroefd. Aan de buitenkant van mijn been werden de pinnen met elkaar verbonden door een metalen staaf, die de pinnen op hun plek hield. Dat systeem van pinnen en de staaf was de fixateur externe. Daarna trok Earl me de sweater aan en zette me de pet op.

Hij duwde me de wc uit en naar de cafetaria, waar hij wat Hefeweizen kocht, traditioneel Duits ongefilterd graanbier, dat minder bitter is en meer koolzuur bevat dat de gefilterde variant. 'Wat wil je nu doen?' vroeg hij.

'Kun je me naar buiten rijden naar de binnenplaats? Dan kunnen we in de zon zitten.'

Hij duwde me naar buiten en we dronken onze biertjes. Gewassen, met schone kleren en met een biertje in de zon dacht ik: Dit is eigenlijk best oké. Ik dronk mijn biertje halfleeg en viel in slaap. De teddybeer gaf ik later aan Rachel, mijn oogappeltje van drie.

De volgende dag kwam een Delta-jongen van een kamer tegenover mij op bezoek. Hij was zelf gewond aan zijn schouder. We hadden het over de veldslag. 'Jullie waren niet echt deel van ons team en ik wist van tevoren niet echt goed wat jullie waard waren. Maar jullie waren echt geweldig,' zei hij. 'We wisten niet dat SEAL's zo konden knokken. Jij zeker. Ik zag je twee of drie keer tijdens het vuurgevecht. Ik had graag voor het gevecht meer met je te maken gehad.'

'Cool.'

'Hé, Brad ligt verderop. Wil je naar hem toe?'

'Goed idee.'

Hij reed me naar Brad, een van de Delta-snipers. Ik zag zijn geamputeerde been – was eraf gerukt toen een RPG de heli raakte. Hij schudde me de hand. 'Snus?' zei hij, alsof er niets aan de hand was. Hij reikte me een houten doosje met vochtige tabak aan – Copenhagen.

'Waarom niet.' Ik pakte een beetje en stopte het in mijn mond.

Met z'n drieën praatten we wat en spogen we wat.

'Hé, ze hebben jouw been kunnen redden,' zei Brad.

'Ze zeiden dat als het een centimeter meer was geweest, ze het hadden moeten amputeren.' Brad gaat hier veel beter mee om dan ik, dacht ik, en zíjn been is eraf. Loop ik hier een beetje medelijden met mezelf te hebben. Een beetje boos te wezen op de wereld en op God. En daar ligt hij, zonder been, maar hartstikke positief.

De ontmoeting met Brad was een goede therapie. Hij was sniper op Black Hawk Super Six Two, samen met Gary Gordon en Randy Shughart, twee andere Delta-snipers. Ze vlogen over de tweede neergeschoten heli en zagen de piloot bewegen, Mike Durant. De Somalische meute kwam op hem af. Mike was helemaal alleen; er waren geen troepen meer op de grond om hem te helpen. De drie snipers en de boordschutters schoten op de menigte.

Brad, Gordon en Shughart keken elkaar aan. Ze knikten.

'Zet ons drieën af om Super Six Four te assisteren,' zei Gordon tegen de piloot.

De piloot riep het hoofdkwartier op: 'Drie commando's verzoeken om toestemming om Super Six Four zeker te stellen. Over.'

'Geweigerd. Er zijn te veel vijanden daar beneden. Mogen niet nog een heli riskeren.'

Een van de boordschutters werd geraakt. Brad nam de minigun over. Het boordgeschut was cruciaal om niet zelf te worden neergeschoten.

De meute op de grond werd steeds groter en naderde de neergestorte heli van Mike.

'Twee van ons gaan naar beneden,' zei Gordon. 'Zet ons neer.'

De piloot vroeg opnieuw toestemming: 'Twee commando's willen plaats crash verzekeren tot hulp arriveert.'

'Geweigerd.'

Gordon drong aan.

De piloot liet de heli dalen tot boven de plaats van de crash. Brad bleef achter om de minigun in de Black Hawk te bedienen. Hij gaf Gordon en Shughart dekking terwijl ze zich langs het touw naar beneden lieten glijden.

Op de grond brachten de twee snipers Mike en de andere bemanningsleden naar een veiliger plek met een beter schootsveld. Ze waren de kalmte zelve. Vervolgens namen de twee defensieve posities in aan weerskanten van de heli, waarbij ze de vijanden een voor een koeltjes in het bovenlichaam schoten, Gordon met zijn CAR-15 en Shughart met zijn M14.

Plotseling zei Gordon, nuchter alsof hij zijn knie had gestoten aan het nachtkastje: 'Shit, ik ben geraakt.' Toen hield hij op met schieten.

Shughart pakte Gordons CAR-15 en gaf hem aan Mike. Shughart vocht weer door. Toen hij geen munitie meer had voor zijn geweer, ging hij terug naar de heli en zond een bericht. Hij liep voor de heli langs en rende op de meute af terwijl hij van dichtbij zijn pistool leeg schoot. Hij drong ze terug, tot hij geen munitie meer had. De menigte vocht terug en Shughart werd gedood.

Vijandelijke doden lagen op de grond verspreid rond de gevallen snipers. Shughart en Gordon waren hard in de beste zin van het woord. De menigte wreekte zich door de lichamen van de dode soldaten door de straten te slepen en ze aan stukken te snijden. Mike werd gevangengenomen en gegijzeld om hem te kunnen uitwisselen tegen een of meer gevangenen. Hij werd later vrijgelaten.

De twee Delta-snipers, Gary Gordon en Randy Shughart, kregen postuum de hoogste onderscheiding toegekend: de Medal of Honor.

Op een dag kwam generaal Henry Hugh Shelton, opperbevelhebber van de U.S. Special Operations Command, bij mij op bezoek op mijn kamer in het ziekenhuis. Hij overhandigde me mijn Purple Heart, de medaille voor oorlogsgewonden, en gaf me mijn Commander's Coin, een persoonlijk blijk van waardering voor wat ik had gedaan. Door zijn oprechtheid, zorg en aanmoediging voelde ik me veel beter.

'Wordt er hier in het ziekenhuis goed voor je gezorgd?' vroeg hij.

'Jawel, generaal.'

Generaal Shelton vroeg me hoe de Rangers zich gedurende de slag om Mogadishu hadden gedragen.

'Ze hebben moedig gestreden, generaal.' Ik dacht even na. 'We laten het hier toch niet bij zitten, generaal?'

'Nee. We sturen tanks en regelen het voor eens en altijd.'

Ik weet zeker dat hij het meende, maar het Witte Huis gooide roet in het eten.

Ik bleef een week in Landstuhl Regional Medical Center. Toen werd ik met anderen naar Luchtmachtbasis Andrews in Maryland gevlogen. Toen ik met een brancard uit het vliegtuig werd gereden, was Laura er met de kinderen. Blake, inmiddels acht, kwam naast me staan en legde zijn armen om mijn borst. Laura was zwanger. Ze hield de driejarige Rachel in haar armen, die te jong was om te begrijpen wat er precies aan de hand was.

Nadat ik in Maryland had overnacht, werd ik naar de basis van Team Six in Dam Neck gebracht. Ik zei dat ik wilde revalideren in het legerziekenhuis in Fort Stewart in Georgia, waar ook Blake was geboren en dat maar op dertig minuten rijden lag van mijn huis. Ik kreeg een speciale lichtgewicht rolstoel van metaalcomposiet die naar verluidt duizenden dollars had gekost. Tijdens mijn revalidatie woonde ik met mijn vrouw en twee kinderen bij haar ouders in Odum, Georgia.

Toen ik hoorde dat er bij Delta een herdenkingsdienst zou worden gehouden, wilde ik erheen. Het leger stuurde een C12, een klein passagiersvliegtuig, om me op te halen op het legervliegveld Hunter in Savannah. De herdenkingsceremonie was op de Delta-basis in Fort Bragg, North Carolina. Tim Wilkinson en Scotty, de PJ's, en Dan Schilling, de CCT, begroetten me op het vliegveld in hun SUV's. Het was fijn om oude vrienden te zien uit die hangar in Somalië. Hoewel ze van de luchtmacht waren, hadden we in Mogadishu samen gestreden, waardoor de band met hen hechter was dan met mijn maten van SEAL Team Six met wie ik niet schouder aan schouder had gevochten. De luchtmacht zou Tim het Air Force Cross toekennen, de op één na hoogste onderscheiding van de krijgsmacht (gelijkwaardig aan het Navy Cross voor de marine, het Marine Corps en de kustwacht, en het Distinguished Service Cross van het leger). Scotty kreeg de Silver Star, de op twee na hoogste onderscheiding, en Dan die daaronder, de Bronze Star.

We reden langs een muur waarop de namen van de gevallenen van Delta Force waren geschreven. Ik zag zes paar woestijnkisten, zes M16-geweren die omgekeerd met de bajonetten in het houten voetstuk waren gestoken, zes bajonetten op de kolven van de geweren, en een foto van elk van de zes mannen: Dan Busch, Earl Fillmore, Randy Shughart, Gary Gordon, Tim 'Griz' Martin en Matt Rierson.

Ik herinnerde me Griz, die een grote wijnvlek in zijn gezicht had. Hij was een grappenmaker die altijd nieuwe, exotische manieren wist te verzinnen om dingen op te blazen.

Tijdens de herdenkingsdienst in het auditorium ging de legerpredikant de aanwezigen voor in een gebed voor de gesneuvelden. Echtgenotes huilden. De ouders van Dan Busch zagen er diep bedroefd uit. Dan was nog pas 25 – ongelooflijk jong voor een Delta-sniper – en kwam uit Portage, Wisconsin. Een kanjer. Gelovig christen. Ik heb hem nooit horen vloeken – ongebruikelijk bij Special Operations. Ik weet nog dat we ons een keer na de lunch insmeerden met zonnebrand en gingen zonnen boven op een container buiten de hangar in Mogadishu. De weinige vrije tijd die ik had bracht ik vaak door met Dan Busch.

Een sergeant las het Laatste Appel. Iedere man van de eenheid antwoordde: 'Present.' Behalve de gevallenen. De erewacht gaf drie salvo's. Een hoornblazer blies de taptoe.

In ons vak weten we dat het een mogelijkheid is, dat wisten we toen we de baan aannamen. Maar toen ik die ouders, echtgenotes en kinderen zag, werd ik er erg door geraakt. Die jongens zijn echt dood. Dan is dood. Waarom leef ik nog en zij niet? Dan Busch was een veel beter mens en een betere christen dan ik. Waarom is hij dood en ben ik er nog? Ik voelde me schuldig dat ik het had overleefd.

Na de herdenkingsdienst, toen Scotty, Tim en ik nog wat stonden te praten, vroeg een van de Delta-jongens wie ik was. Ze herkenden me niet door mijn baard. Ik was te zwak geweest om me te scheren.

Scotty en Tim zeiden wie ik was.

'O, krijg de tering.' De Delta-commando liep naar de andere Delta-jongens en zei: 'He, Wasdin is er ook!'

'Ze kwamen naar me toe, namen me mee naar de briefingruimte van het Charlie Squadron van Delta en gaven me in iedere hand een biertje. We praatten wat en ze lachten toen ik vertelde dat ik die Ranger medicatie had gegeven in Landstuhl. Daarna was er een feestje bij Delta, maar ik had koorts en ik had te weinig energie om mee te gaan. Ik ging vroeg naar mijn hotelkamer terug.

Alleen Les Aspin, de minister van Defensie, was bij de herdenkings-dienst aanwezig. De rest van het regering-Clinton leek te hopen dat de slag om Mogadishu in Amerika snel in de vergetelheid zou geraken.

Nadat ik de volgende ochtend terug naar Georgia was gevlogen, ging ik naar het ziekenhuis voor controle – dat moest regelmatig. Ik had diarree. Ik had nog meer verhoging en mijn hele lichaam voelde alsof het in brand stond. Ik was gedesoriënteerd. Ik was echt dood aan het gaan, letterlijk. Een medisch team bekommerde zich om mij en reed me naar achter, gaf me een spuit in iedere bil en stak in iedere arm een infuus. Ze verwijderden het verband van mijn been en gingen aan de slag. De arts, die al naar huis was gegaan, was teruggekomen. Hij had zijn burgerkleren aan. 'Waar was je? We hebben geprobeerd contact op te nemen, maar je was niet thuis. Uit de bloedtest van je vorige bezoek blijkt dat je een stafylokokkeninfectie hebt.' Via de pinnen in mijn been was de infectie diep in mijn lichaam doorge-drongen. Dat verklaarde deels waarom ik me niet goed genoeg voelde om na de herdenkingsdienst naar het Delta-feestje te gaan.

Op het ziekenhuisbed zweefde ik naar boven en zag ik mezelf liggen. Ik ga dood. Die infectie is erger dan vechten, ging het door mij hoofd.

De volgende dag was de arts duidelijk boos op me. 'Als je wilt dat ik voor je zorg, moet jij ervoor zorgen dat we in contact met je kunnen blijven. Zo niet, dan moet je maar terug naar Virginia. Dan moeten die marineartsen maar voor je zorgen.' Ik was bang. Deze arts had me een gunst verleend door me te laten revalideren in zijn legerziekenhuis – en ik beantwoordde die door bijna onder zijn handen dood te gaan.'

'Ja dokter.'

Ik moest een paar dagen in het ziekenhuis blijven totdat ik was hersteld.

Toen ik thuis weer in mijn rolstoel zat, pleegde ik een van de grootste zondes die een lid van Team Six kan begaan – ik had medelijden met mezelf. Ik gleed in een diepe depressie. Als ik 's ochtends wakker werd, moest ik de pinnen verzorgen, dat wil zeggen: ik moest de huid schoonmaken rond de vier pinnen die uit mijn been staken. Als ik dat niet deed, zou de infectie via de pinnen naar binnen in mijn botten kruipen – zodat ik nog zo'n infectie zou krijgen als die waaraan ik bijna was doodgegaan. Daarna moest ik het hele zaakje weer verbinden. Het hele gedoe duurde een kwartier of twintig minuten, twee keer per dag. Het viel niet mee om het zelf te doen. Ik vroeg mijn vrouw en mijn zwager me te helpen, maar zij konden er niet tegen. Het zag er verschrikkelijk uit: vier pinnen die in je bot zitten geschroefd – dat ziet er niet lekker uit. Bovendien oogde de huidtransplantatie afschuwelijk: je kon het vlees zien zitten.

De muren kwamen op me af. Ik was er niet aan gewend gedwongen binnen te zitten en de depressie kreeg mij steeds vaster in haar greep. Ik moest het huis uit, dus besloot ik iets eenvoudigs en gewoons te ondernemen. Maar zelfs zoiets als boodschappen doen bleek een aanslag op mijn gevoel voor eigenwaarde. Op een keer, toen ik mezelf langzaam voortduwde door de gang van een Winn-Dixie-supermarkt in Jesup, Georgia, begon ik eindelijk te beseffen hoe goed het voelde om het huis uit te zijn en me nuttig te maken voor mijn gezin door boodschappen te doen. Een beetje terug naar het normale leven.

Een te zware vrouw met een kippenkontje – zo'n kapsel dat je in

Wayne County vaak ziet, kort van achter en sprieterig van boven – staarde naar mijn been met een blik alsof ze een citroen had gegeten. De rechterpijp van mijn joggingbroek had ik afgeknipt om ruimte te maken voor mijn fixateur externe. De huidtransplantatie was verbonden, maar de pinnen waren zichtbaar. 'Waarom blijf je niet thuis?' vroeg ze. 'Dat is toch walgelijk?'

Mijn been was eraf geschoten toen ik haar vaderland diende. Ons vaderland. Misschien is dit wel hoe gewone Amerikanen me zien. Vinden ze het wel best ons te zien vertrekken om voor ze te sterven, maar willen ze ons niet zien als we gewond zijn? Ik had te veel zelfmedelijden om te beseffen dat zij niet wist wie ik was of hoe ik gewond was geraakt. Maar toen, toen ik in een diepe depressie zat, kwam het hard aan. Ik moest mezelf weer uit het moeras trekken, maar ik kon het niet. Met wat ze zei, schopte ze me verder de vernieling in.

Thuis reed ik in mijn rolstoel door het huis, at wat en doodde de tijd met tv kijken. Ik mocht niet onder de douche of in bad, want de pinnen mochten niet nat worden. Ik moest mijn haar wassen in de gootsteen en me wassen met een washandje.

Om de dag ging ik naar het ziekenhuis in Fort Stewart om te revalideren. Ik moest met mijn linkervoet in een heet massagebad om het dode vlees weg te wassen. Het voelde alsof ik weer een kogel in mijn donder kreeg. Ik kreeg krukken. Ik moest weer leren lopen op de brug. Het deed zo'n pijn dat de tranen me in mijn ogen schoten. Voor de revalidatie had ik te lang stilgezeten. Toen moest ik weer onder het mes. En daarna nog drie keer.

Ik was van Afrika naar Duitsland gegaan en vandaar terug naar de Verenigde Staten, maar mijn biologische klok had zich niet aangepast. Ik had te weinig te doen, dus sliep ik 's middags twee of drie uur, waardoor ik 's nachts wakker lag.

De pijn en mijn depressie hielpen ook niet erg mee. Botpijn. Zolang die schroeven in mijn been zaten, had ik pijn. Ik begrijp dat mensen verslaafd raken aan pijnstillers, maar ik vond ze afschuwelijk: ik werd er alleen maar suf van. Tot op zekere hoogte wilde ik zelfs pijn voelen, want ik voelde me schuldig dat ik het had overleefd terwijl een heleboel goede jongens, onder wie heel speciale zoals Dan Busch, waren gesneuveld. Ik had het idee dat ik maar een rare was dat ik dat dacht. Incasseer de pijn maar. Je moet er maar tegen kunnen.

Buiten de routine van SEAL Team Six en zonder jongens van het Team om me heen kreeg ik last van ontwenningsverschijnselen; ik voelde me afgesneden, miste de kameraadschap. Het was ook een cultuurschok. De mensen om me heen konden praten over hun leven, maar ik niet over het mijne. Ik kon geen grappen maken over Hell Week toen ik een serveerwagen met dienbladen had aangezien voor een hert, of met ze lachen over toen ik in het ziekenhuis in Duitsland die Ranger mijn pijnstillers had gegeven. De mensen hier in de stad begrepen dat niet. Ik leerde niet te praten over wat ik had meegemaakt. Ik begon te beseffen hoe anders ik was geworden dan de meeste andere mensen. Gescheiden van mijn kameraden voelde ik me vergeten en ik moest afkicken van de adrenaline die een missie met zich meebracht. Cold Turkey. Ik kon niet eens meer lopen. Binnen het SEAL's-cultuurtje, waar het loont een winner te zijn, was ik de grootste loser. Ik was boos op de wereld in het algemeen en op God in het bijzonder. Waarom moest mij dit overkomen?

Achteraf gezien begrijp ik dat God me duidelijk wilde maken dat ik ook maar een mens ben en dat iemand die een SEAL is, ook maar gewoon een baan heeft. Toen je voor de eerste keer werd geraakt, Howard, was je te koppig om naar Mij te luisteren. Je luisterde ook niet naar Mij nadat je de tweede keer werd geraakt. 'Hier, stoere jongen, hier heb je je derde kogelgat. Zo, heb ik nu je aandacht? Je bent Superman niet. Je bent Gods geschenk aan Special Ops zolang Ik dat toesta, en geen minuut langer. Je bent waar je bent omdat Ik dat bepaal, niet omdat jij dat bepaalt. Dit is Mijn manier om je aandacht te krijgen. Nu Ik die heb getrokken, laat Mij je verder vormen. Je bent nog niet af.' Hij leerde me nederigheid en zette me weer met beide benen op de grond. Maakte dat ik een vader werd voor mijn kinderen. Op dat moment zou niemand me daarvan hebben kunnen overtuigen, maar als ik terugkijk, dan was dat schot in mijn been het beste wat me ooit is overkomen.

Op een dag belde een vriend me op. Op zijn ranch had hij een bepaald soort hert, een kruising met een Amerikaanse witstaarthert .

'Kom hierheen, dan gaan we wat jagen.'

'Ja, alsjeblieft. Haal me eindelijk dit huis uit. Maak niet uit waarvoor!'

Hij haalde me op in zijn pick-uptruck, reed het veld in en tilde me met rolstoel en al op de grond. Hij duwde me een meter of dertig door het lage kreupelhout en hield toen halt. Hij wees naar een plek op zo'n 150 meter. 'Daar duiken de herten meestal op.'

Mijn eigen jachtgeweer was een 7 mm Magnum met een aardig vizier. Zat ik daar anderhalf uur te wachten – ik was zo gelukkig...

Een grote hertenbok kwam tevoorschijn. Vanuit mijn rolstoel bracht ik het wapen naar mijn schouder, haalde de trekker over en het dier ging neer. Perfect schot. Ik legde het geweer op de grond en reed in mijn rolstoel over een onverharde weg naar het dier. Dat kostte nogal wat tijd.

Ik parkeerde met mijn rolstoel naast het dier. De prachtige bok keek me aan. Hij snoof en liet vervolgens zijn kop weer zakken. Toen blies hij zijn laatste adem uit, alsof alle lucht uit zijn longen werd gezogen. Toen ik hem zo hoorde sterven, dacht ik: Ik was even gelukkig geweest als ik je alleen had kunnen bekijken, in plaats van je van het leven te beroven. Ik heb genoeg dingen zien doodgaan.

Ik nam de bok mee en liet het hoofd opzetten. In het zuiden van Georgia wordt veel gejaagd. In het seizoen gaan de jongens voor het krieken van de dag de deur uit en wachten in hun hoogzitjes op hun prooi. Ik was nog steeds bereid iemand te doden om mijzelf of iemand anders te redden – mijn plicht te doen als militair. Maar ik heb nooit meer gejaagd.

De mensen bij wie ik revalideerde, behandelden me als een beroemdheid. Op dat moment was ik de enige patiënt in het ziekenhuis die in het heetst van de strijd gewond was geraakt. Iedere keer dat ik binnenkwam, waren er wel vijf of tien mensen die met me wilde praten.

Na een week of zes, zeven kwam mijn nichtje me een rubber voorwerp brengen dat ik over de pinnen in mijn been kon schuiven om het zaakje waterdicht af te sluiten, zodat ik kon douchen. Op één been stond ik in de douche en smeerde het schuim in mijn haar. Het voelde als het mooiste cadeau dat ik ooit had gekregen.

Begin december, twee maanden na de langste dag van mijn leven, werd in het dorpje waar ik ben geboren, Screven, Georgia, een heldenwelkom voor me georganiseerd als deel van de kerstparade. Overal hingen gele linten en over de volle lengte van het raam van het restaurant hing een spandoek: WELKOM THUIS, HOWARD, HELD VAN DE STAD. Bijna alle 900 inwoners moeten het hebben getekend. Mensen uit heel Wayne County, die hierheen waren gekomen om me te zien en om me het beste te wensen, stonden langs de kant van de straat. Ze hadden geen idee van de fysieke pijn, de geestelijke nood, het verlies, het zwarte gat van de depressie waar ik onder leed – totdat zij me die eer bewezen. Ze hadden geen idee hoeveel hun welkom voor me betekende, dat ze waardeerden dat ik deel uitmaakte van hun gemeenschap. Ik voelde me gewoon niet meer zo'n loser.

Mike Durant, de piloot van de Super Six Four, de tweede Black Hawk die in Mogadishu was neergestort, had zijn been en zijn rug gebroken. Abdullahi 'Firimbi' Hassan, Aidids minister van Propaganda, hield hem elf dagen gevangen, waarna Mike en een gevangengenomen Nigeriaanse soldaat door hun ontvoerders naar een checkpoint op de compound van de Verenigde Naties werden gebracht. Een van de Somaliërs haalde VN-documenten tevoorschijn die hij om zijn nek had hangen en liet die zien aan de wacht. Ze gaven een teken dat hij naar binnen kon rijden. De wacht bij het checkpoint had geen idee dat Mike in de auto zat. Niemand wist het totdat ze al op de start- en landingsbaan waren. Zijn gijzelnemers droegen hem over aan het Rode Kruis. De Verenigde Naties leken goed te kunnen opschieten met de vijand – beter dan met ons, had ik het idee. Ik heb altijd het idee gehad dat ze niet te vertrouwen waren als het om operationele geheimhouding ging. Je kunt alleen de mensen vertrouwen met wie je traint en naast wie je vecht. Ik had getraind met buitenlandse antiterreureenheden, en die vertrouwde ik. De goede verstandhouding tussen Durants ontvoerders en het feit dat die Somaliër VN-documenten bij zich droeg, bevestigde mijn wantrouwen jegens de Verenigde Naties.

Mike Durant en ik waren juist zover gekomen dat we weer zonder hulp konden lopen. De eerste keer sinds Somalië dat we elkaar ontmoetten, was op Luchtmachtbasis Fairchild in Spokane, Washington, waar we ons zouden bezighouden met SERE – Survival, Evasion, Resistance, Escape – voor gevorderden. Terwijl bij SERE-opleidingen zoals die op de marine-luchtvaartbasis in Brunswick, Maine, werd gesimuleerd hoe het is om te worden opgejaagd, gevangengenomen en gemarteld, vond deze plaats in een klaslokaal waar tien tot twaalf cursisten zich hoofdzakelijk bezighielden met de psychologische aspecten van gevangenschap. Met onze ervaringen in Mogadishu waren Mike en ik spoedig gastsprekers voor dat college. De instructeurs riepen ons naar voren om te praten over onze ervaringen. We kregen vragen vanuit de zaal en van de instructeurs.

Met een vliegtuig van de marine werden Casanova, Little Big Man, Sourpuss, kapitein-luitenant-ter-zee Olson en ik naar het Pentagon gevlogen om onze Silver Star in ontvangst te nemen. In Mogadishu had Olson zijn hoofdkwartier verlaten om deel te nemen aan een reddingsoperatie om manschappen te ontzetten die zwaar onder vuur lagen. Tijdens de decoratieceremonie zoemden de videocamera's en flitsten de fototoestellen. Mijn Eervolle Vermelding luidde als volgt:

Het heeft de President van de Verenigde Staten behaagd om de Silver Star toe te kennen aan sergeant Technische Dienst der eerste klasse Howard E. Wasdin, United States Navy, voor opmerkelijke moed en onverschrokkenheid in actie tegen een vijandelijke strijdmacht tijdens operatie UNOSCOM II in Mogadishu, Somalië, op 3 en 4 oktober 1993. Onderofficier Wasdin was onderdeel van een veiligheidsteam dat een aanvalsmacht ondersteunde tijdens een luchtlandingsaanval op een vijandelijke basis, waarbij hij twee belangrijke militiefunctionarissen en 22 anderen wist te overmeesteren en gevangen te nemen. Nadat hij vanuit verscheidene stegen werd beschoten met hand- en schoudervuurwapens, nam onderofficier Wasdin een vuurpositie in en beantwoordde hij het vuur. Toen hij samen met andere leden van zijn eenheid de steeg bestormde, raakte hij gewond aan de kuit. Nadat hij te velde medisch was verzorgd, opende hij opnieuw het vuur om het vijandelijk vuur te onderdrukken. Toen zijn konvooi het gebied met de gevangenen exfiltreerde, kwam zijn eenheid zwaar onder vuur te liggen. Onderofficier Wasdin bleef samen met andere leden van het veiligheidsteam achter om de verdedigingsmacht van Rangers, die onder zwaar vijandelijk vuur lagen, te ontzetten. Hoewel hij tweemaal werd verwond, bleef hij waakzaam en bleef hij een numeriek sterkere vijand beschieten vanuit zijn voertuig. Later, terwijl hij opnieuw trachtte vijandelijk vuur te onderdrukken tijdens een poging tot evacuatie vanaf de locatie waar de helikopter was neergestort, werd onderofficier Wasdin voor de derde keer gewond. Zijn moedige optreden zijn zowel een inspiratie voor de leden van zijn team als voor de rest van de strijdmacht. Zijn initiatief, zijn moedig handelen en zijn enorme toewijding bij de uitvoering van zijn plicht strekken niet alleen onderofficier Wasdin persoonlijk tot grote eer, maar staan ook in de beste tradities van de Amerikaanse zeestrijdkrachten.

De Eervolle Vermelding was getekend namens de president door John Howard Dalton, de nieuwe staatssecretaris van de Marine (minister Les Aspin had zijn ontslag ingediend). Casanova en ik liepen zijn kantoor op het Pentagon binnen en schudden hem de hand. Toen we weer naar buiten liepen zei Casanova: 'Die man heeft de zachtste handen die ik ooit heb gevoeld.' Later kreeg ik nog een keer op mijn lazer omdat ik een direct bevel in de wind had geslagen en een Somalische jongen had geholpen, een tiener nog, die op een landmijn was gestapt – mijn meest succesvolle operatie in Somalië.

Casanova en ik zaten in de briefingruimte van Red Team snus te kauwen. Het was een grote, informeel ingerichte kamer, grotendeels neutraal van kleur. Missie-, intel- en andere briefings werden in een speciale ruimte gehouden. Een muur was versierd met foto's van de wapenfeiten van Red Team. Een versierde totempaal en een authentieke indianentooi fungeerden als Teamsymbolen. Op de vloer lag tapijt, en het grootste gedeelte van de ruimte werd ingenomen door vier grote tafels met acht of tien stoelen, zodat aan iedere tafel een complete bootbemanning kon plaatsnemen. De FNG's waren er verantwoordelijk voor dat de ruimte schoon bleef en dat de koelkast steeds werd bijgevuld met verschillende merken bier. De teamleider en zijn adjudant deelden een kamer naast de briefingruimte. Eveneens naast de briefingruimte was een computerkamer voor algemeen gebruik. Vlak buiten de ruimte waren de individuele kooien waar we onze uitrusting bewaarden.

We zaten aan een tafel toen Little Big Man binnenkwam met een envelop van messenfabrikant Randall. Hij had aangeboden zijn mes op te sturen en zijn verhaal te vertellen om reclame te maken voor het bedrijf: 'SEAL Team Six sniper gered door Randall-mes.'

'Wat betalen ze?' vroeg Casanova.

Little Big Man opende de brief en las hardop: 'Dank u dat u uw verhaal met ons hebt willen delen. Wij bieden u 10 procent korting op het volgende mes dat u bij ons koopt.'

'Eikels,' zei Little Big Man. Casanova lachte hard en luidruchtig. Ik moest zo hard lachen dat ik bijna mijn snus inslikte.

Ik herstelde snel en keerde terug naar het Team. Mijn eerste contact met luitenant Likmereet was toen hij het commando van Red Team overnam als hoogste officier en bevelhebber van Red Team. Hij had een poging ondernomen het oudste lid van Red Team, Red Team chief Denny Chalker, naar een ontwenningskliniek voor alcoholisten te sturen, omdat hij ervan overtuigd was dat Denny dat nodig had. Denny vertrok later bij Red Team om Command Master Chief van BUD/s te worden. Wellicht was Denny's keuze om Team Six te verlaten deels ingegeven door zijn onwil om onder Likmereet te moeten dienen. Likmereet was het gezicht van politieke correctheid, een oxymoron als je het mij vraagt – dat populair was geworden tijdens de regering-Clinton. Het ging Likmereet altijd meer om uiterlijkheden dan om het klaren van de klus, en dat viel niet goed bij de commando's. Hij was de reden dat verscheidene leden van Red Team naar Blue Team of Gold Team gingen. Hij had een vals lachje, zeker in het bijzijn van hogere officieren en als hij met ons mee lachte, had ik altijd het idee dat hij er met zijn gedachten niet bij was. Omdat hij Japans bloed had, maakten we achter zijn rug altijd grapjes over dat 'ze' de Tweede Wereldoorlog hadden verloren. Hij was klein van stuk en zijn haar was kortgeknipt in een soort *flattop*.

Hij moet de geur van mijn gluteus maximus (grote bilspier) heerlijk hebben gevonden, want hij zat er de hele tijd achteraan. Misschien besefte Likmereet zelf ook wel dat hij geen talent had. Hoewel hij goed kon rennen en zwemmen, presteerde hij onder de maat bij schietoefeningen in nabijgevechten en hij nam niet de juiste tactische beslissingen op het juiste moment. Misschien baalde hij ervan dat hij nooit zelf in de vuurlinie had gestaan of dat hij geen Silver Star had gekregen. Hoe dan ook, op een of andere manier kwam Likmereet erachter dat Delta me wilde hebben. De Delta-commando's uit het ziekenhuis in Duitsland moedigden me aan bij hen te komen en in het ziekenhuis op Luchtmachtbasis Andrews legde een kolonel van Delta me uit hoe ik me van de SEAL's naar Delta kon laten overplaatsen. Achteraf gezien hadden ze me bij Delta misschien beter begrepen en meer gerespecteerd – ik ken geen hechtere band dan die met wie ik schouder aan schouder heb gestreden. Mijn band met Casanova, Little Big Man, de commando's van Delta, de CCT's en de PJ's was sterker dan die met de andere leden van het Team.

'Als je hier blijft, zal ik je steunen,' zei Likmereet, 'maar als je probeert weg te gaan, ben ik je grootste nachtmerrie.'

Likmereets acties motiveerden me alleen maar meer om naar Delta te gaan, maar ondertussen zei hij dat hij niet wilde dat ik vertrok. Het sloeg nergens op. Ik bleef omdat ik had getraind om een SEAL te worden, ik nog steeds een SEAL was en een SEAL wilde blijven. Ik deed waar ik het beste in was.

Op de keper beschouwd, steunde Likmereet me helemaal niet. Hij maakte het me zelfs moeilijk omdat ik ongeschoren en in burgerkleren naar de herdenkingsdienst van Delta was gegaan. Ik begreep echt niet waarom – ik ging bijna dood aan die stafylokokkeninfectie toen ik ging. De dagelijkse strijd om te overleven kostte me bijna al mijn energie. Scheren was een luxe die ik me niet kon permitteren. Ik verafschuwde zijn incompetentie zoals ik die van Clinton verafschuwde. Likmereet had politicus moeten worden in plaats van commando. Alleen al zijn herinnering maakt dat ik zijn kop in elkaar wil trappen.

Laura en ik gingen scheidden. De baby waarvan ze in verwachting was, was niet van mij – was niet eens van dezelfde kleur. Het was gebeurd toen ik weg was. Dat is het enige wat ik erover ga zeggen. Ik was ook geen heilige geweest. Rachel en Blake gingen bij hun moeder wonen, want als ik weg moest voor mijn werk, was ik niet in staat voor ze te zorgen. Ik had al te weinig tijd met Rachel doorgebracht, en nu zou dat nog minder worden. Van haar moeder mocht ze bijna alles, van mij niet. Toen ze oud genoeg was om te mogen kiezen, koos ze ervoor bij haar moeder te blijven wonen en toen ze in haar examenjaar zat op de middelbare school, mocht ze van haar moeder bij haar vriendje intrekken. Dat had ik nooit toegestaan. Mijn relatie met Rachel verslechterde later. Hoewel ik voor Blake strenger was dan voor Rachel, koos hij er op zijn dertiende voor om bij mij te komen wonen. Ik had moeten weten dat familiebanden sterker zijn dan die met je collega's. Ik had mijn gezin opgeofferd aan de Teams.

Ondanks mijn offers voor de Teams werd ik nooit meer de 100 procent sniper die ik was geweest. Ik kreeg steeds zwartgalliger gedachten. Op een dag had ik mijn Sig Sauer P226-pistool in de hand. Hoe erg zou het zijn als ik deze P226 zou pakken en met één 9 mm kogel aan alles een eind zou maken? Er zijn ergere dingen dan de dood. Ik overtuigde mezelf ervan dat dat voor iedereen beter zou zijn; ze konden mijn levensverzekering innen.

Blake was bij me op bezoek. 'Pa.'

Door dat ene woord werd ik wakker. Mijn leven beëindigen zou egoistisch zijn. Als ik dan niks anders heb om voor te leven, dan heb ik tenminste mijn kinderen nog. Zulke duistere gedachten had ik daarna nooit meer.

Hoewel het er in eerste instantie naar uitzag dat ik mijn been zou kwijtraken, gebeurde dat niet. Ik liep al op krukken voordat dat eigenlijk zou moeten, liep al met een stok voordat dat eigenlijk zou moeten, liep zonder hulp voordat dat eigenlijk zou moeten en begon met zwemmen voordat dat eigenlijk zou moeten. Men dacht dat ik nooit meer zou kunnen lopen zonder te hinken; dat lukte wel. En dat ik nooit meer zou kunnen rennen; dat lukte ook. Toen ik terugkwam bij het Team, ging ik elke ochtend naar de sportzaal en sportte met de anderen mee. Ik kon ze niet altijd bijhouden, maar ik probeerde het altijd wel.

15

Ambassadeur met de dood bedreigd

Hoewel ik nog steeds elke dag pijn en slapeloze nachten had als gevolg van mijn verwondingen, was ik in zoverre hersteld dat ik opdracht kreeg John Negroponte te beschermen, de Amerikaanse ambassadeur in de Filippijnen die een aantal keer met de dood was bedreigd. Hij was afgestudeerd aan Yale, maar had zijn studie aan Harvard Law School afgebroken om diplomaat te worden. Hij was van Griekse afkomst en sprak Engels, Frans, Grieks, Spaans en Vietnamees.

Ik werd vergezeld door Johnny, ook van Team Six. Hij was al eens eerder op de Filippijnen gestationeerd geweest, mogelijk op een uitzending met SEAL Team One. Hij had veel vrienden – en vooral veel vriendinnen. Hij had zich vrijwillig aangemeld voor de opdracht, voor de lol.

Johnny nam de zaken nogal lichtjes op. We woonden in een appartement op de achtste verdieping van een gebouw in Makati, een betere deelgemeente van de hoofdstad Manilla. Op een avond was er een aardbeving. We schrokken wakker, net als ons dienstmeisje Lucy. Johnny en ik kwamen allebei onze kamer uit, hij in zijn boxershort en ik in adamskostuum. Uit het raam zagen we gebouwen heen en weer slingeren. 'Wat gaan we doen?' vroeg ik.

Johnnie had die brede glimlach van hem op zijn gezicht: 'We kunnen niks doen. Als we naar beneden kletteren, dan zien we dan wel weer.'

We lachten het van ons af en gingen terug naar bed.

Ons werk bestond onder andere uit het trainen van Filippino's, onder wie leden van de Filippijnse Nationale Politie, om de ambassadeur te beschermen. We legden hun zaken uit als hoe ze een voorverkenning moesten doen, hoe ze met drie voertuigen in konvooi moesten rijden, in ruitformatie te lopen (één agent vooraan, twee opzij van het subject en één die de achterhoede dekt). We namen hen mee om te oefenen met hun uzi's.

Uzi's zijn erbarmelijke wapens wat accuratesse betreft en de Filippino's waren toch al slechte schutters; de ambassadeur had het geluk dat ze niet op iemand hoefden te schieten om hem te beschermen. Ons advies aan de veiligheidsfunctionarissen was de Filippino's met *shotguns* uit te rusten in plaats van met uzi's, zodat de kans groter was dat ze iets zouden raken. De raad werd niet opgevolgd.

In overleg met de commandant en de plaatselijke assistent-veiligheidsfunctionaris van de Dienst Diplomatieke Beveiliging van het ministerie van Defensie en met behulp van mijn ervaring in Somalië, waar ik een CIA-safehouse had gerund, verbeterden we het beschermings- en E&E-draaiboek voor de ambassade. Ook gingen we met de ambassadewacht van mariniers naar de schietbaan om te oefenen. 'Hé, we zijn mariniers. Wij kunnen heus wel schieten, hoor.' Na een paar dagen met Johnny en mij op de schietbaan viel het kwartje: 'Goed zeg!'

Ambassadeur Negroponte zat nooit stil. Hij had altijd afspraken en kon goed tennissen. Hij behandelde ons alsof we deel van zijn gezin uitmaakten. Ik stond dicht bij zijn kinderen, die we ook moesten beschermen. Zijn vrouw was Britse en was beleefd en aardig. De ambassadeur en zijn vrouw nodigden ons uit op het Thanksgivingdiner in de ambtswoning van de Amerikaanse ambassadeur in Baguio, een landhuis compleet met olieverfschilderijen en kroonluchters.

Op een dag deden Johnny en ik een voorverkenning voordat de ambassadeur zijn chiropractor zou bezoeken. Ik had mijn Oakley-zonnebril op. We liepen naar de receptie en stelden ons voor. De receptioniste liet ons binnen. Toen we de kamers doorzochten op kwaadwillenden, stoorden we de chiropractor tijdens haar lunch. We verontschuldigden ons en gingen door met ons werk.

Later belde de ambassadeur ons op. Hij vroeg ons bij hem langs te komen. We verlieten ons appartement in Makati en gingen naar hem toe. 'De volgende keer als jullie naar de praktijk van mijn chiropractor gaan, doe dan wat voorzichtiger,' zei hij vriendelijk. 'De chiropractor is toevallig ook een vriendin van me.' Dit was voor 11 september, en veiligheid had toen minder prioriteit, maar wij hadden de voorverkenning gedaan zoals we dat hadden geleerd. Hij legde uit: 'Ik heb een blessure aan mijn schouder van het tennissen. Als zij mijn wervelkolom niet rechtzet, heb ik pijn.'

Ik had nog steeds mijn bedenkingen over chiropraxie en ik dacht niet dat een chiropractor de constante pijn in mijn been en nek kon verminderen. Maar op een of andere manier hield ik het gesprek in mijn achterhoofd.

Op de ambassade ontmoetten Johnny en ik een Amerikaanse arts van middelbare leeftijd die vreesde voor zijn leven. 'Ik werk vrijwillig als dokter. Ik probeer mensen alleen maar te helpen. De maffia probeert me te beroven. Ze willen me vermoorden.'

'Hoe weet je dat?'

'Ze achtervolgen me. Ze bellen naar mijn hotel om te kijken of ik er ben. Ze wachten me op in het hotel.'

We vertelden het aan de assistent-veiligheidsfunctionaris. 'Wij denken dat de maffia die vent echt om zeep wil brengen.'

Johnny en ik droegen burgerkleren. We wilden niet herkenbaar zijn als veiligheidsfunctionarissen van de ambassade of van de geheime dienst. Daarom hadden we geen walkietalkies bij ons. Ik droeg graag een kaki Royal Robbins-broek, want daarin kun je goed rennen. Ze hebben veel zakken en ze zijn ook om aan te zien. Over een donkerblauw t-shirt droeg ik een fotovest met in de zakken een verrekijker en een traumaset. In een plat heupholster zat mijn Sig Sauer met een magazijn met vijftien kogels en ik had nog twee magazijnen bij me in de houder aan mijn riem. Over het vest droeg ik een open overhemd, dat mijn pistool en de extra magazijnen aan het oog onttrok.

We lieten de dokter achter bij de ambassade en met z'n tweeën deden we een minicontraobservatie van zijn hotelkamer. Het was geen vijfsterrenhotel, maar het was ook zeker geen gribus. Vanaf het dak van een gebouw op drie straten van het hotel belde ik de receptie en stelde me voor als lid van de diplomatieke veiligheidsdienst. Ik legde de situatie uit en vroeg de receptionist de gordijnen van de kamer van de arts open te doen. Ik vertelde hem ook hoe ik eruitzag en hoe laat ik zou arriveren.

De gordijnen gingen open en we konden naar binnen kijken met de verrekijkers die we hadden meegenomen van het Team: waterdichte Bausch & Lombs (nu gefabriceerd onder licentie van Bushnell) op zakformaat met ontspiegelingscoating, verbeterde lichttransmissie en hoog kleurcontrast. Er leek niemand in de kamer te zijn. Ik was opgelucht dat we de kamer niet hoefden binnen te dringen en een vuurgevecht hoefden aan te gaan. De receptionist bevestigde dat er niemand binnen was. Tot zover alles oké. Maar hij kon ons ook in de val lokken.

We liepen in een wijde vierhoek rond het hotel, op zoek naar mensen die op de uitkijk stonden. Vervolgens bewogen we in steeds kleiner wordende vierhoeken steeds dichter naar het gebouw.

Een aftandse oude auto stond voor het hotel. Er zaten twee mannen in. Mijn spinnenzintuig begon te tintelen. Dit zijn de kerels voor wie ik moet uitkijken, voel ik aan. Ze waren niet gekleed als zakenmensen en leken ook niet iemand te komen halen. Ze leken de enige bedreiging in de omgeving.

Johnny parkeerde onze Jeep Cherokee bij de hoek van het gebouw van waaraf hij zowel de kamer van de arts boven zich in de gaten kon houden als de twee boeven voor hem. Ik verplaatste mijn Sig Sauer van de holster naar de zak van mijn fotovest, met mijn hand eromheen geklemd en de vinger aan de trekker. Toen stapte ik de auto uit en liep naar het hotel.

In de lobby zochten mijn ogen naar iets of iemand die er niet hoorde. Op dat moment in mijn carrière kon ik een blik op iemand werpen, zijn houding en lichaamstaal inschatten en zien of hij een bedreiging vormde. Voor een deel had dat te maken met een versterkt zesde zintuig, zoals, als je denkt dat iemand naar je kijkt, je je omkeert en ziet dat het inderdaad zo is.

De receptionist, waarschijnlijk een familielid van de hoteleigenaar, begeleidde me naar het trappenhuis. Een lift is potentieel een dodelijke val. Hij kan worden vastgezet tussen twee verdiepingen; er kan iemand op de lift zitten – dat gebeurt niet alleen in films – of er kan je een grote verrassing te wachten staan als de deuren opengaan. Als het een val was, zou de receptionist zenuwachtiger worden als we dichter bij de kamer van de dokter kwamen. Hij zou weten dat er grote kans bestond dat hij bij de hinderlaag zou omkomen. En als hij hinderlaag overleefde, dan zou ik hem wel doden.

We liepen het trappenhuis in. Ik trok mijn pistool en scande de trap terwijl we naar boven liepen. Ik liet mijn ogen langs de balustrades boven me gaan op zoek naar een loop die ergens uitstak of iemand die een baksteen op ons hoofd wilde gooien, en vervolgens langs de trap voor me.

Toen we op de vierde verdieping waren, wilde ik de receptionist vragen voor me te gaan lopen, maar dat deed hij al. Hij leidde me door een gang en opende het slot van de kamer van de dokter. Eenmaal binnen deed ik de deur weer achter ons op slot, ook het grendeltje. Ik wilde geen onverwachte gasten achter me. De man liep naar het midden van de kamer en begon de bezittingen van de dokter in te pakken – perfect: als iemand ons zou aanvallen, zouden ze hem eerst te grazen nemen. Hij was heel rustig, wat mij leek te bevestigen dat hij niet bezig was me in de val te laten lopen. Ik doorzocht de kamer op boemannen: douche, kasten, onder het bed – overal. Toen alles veilig was, sloot ik één gordijn tot halverwege het raam: het teken voor Johnny dat we binnen waren en dat alles veilig was. Ik had ook naar hem kunnen zwaaien door het raam, maar ik wilde niet de kans lopen een kogel van een sluipschutter in mijn donder te krijgen. Als ik het teken niet had gegeven binnen vijf minuten nadat Johnny en ik uit elkaar waren gegaan, was hij achter me aan gekomen om me te helpen.

De receptionist pakte een rolkoffer in, een kledinghoes en een aktetas vol Amerikaans geld. Ik vroeg me af waar de dokter de stapels biljetten vandaan had – voor zover ik kon zien, waren het duizenden dollars. Misschien had hij contant geld meegenomen vanuit de Verenigde Staten om van te leven. Maar misschien had hij zich ook wel beziggehouden met zaakjes waar hij zich beter niet mee bezig had kunnen houden.

Nadat de receptionist alles had ingepakt, droeg hij de bagage de trap af. Ik voelde me wat comfortabeler en hoewel ik nog steeds mijn wapen in mijn hand had, richtte ik niet meer op ieder mogelijk gevaar. Toen we beneden waren, stopte ik het pistool terug in mijn jas. Ik keek vlug de lobby rond. Alles leek oké.

Ik bedankte de receptionist en pakte de bagage. Ik haakte de kledinghoes aan de rolkoffer en trok die met mijn linkerhand, terwijl ik mijn rechter de aktetas droeg.

Ik liep het hotel uit. De twee boeven zagen me. Ze leken te begrijpen wie ik was en waarom ik hier was, en ze leken te begrijpen dat ik wist waarom zij hier waren. Vinden jullie het de moeite waard mij neer te schieten? Bij de minste beweging zou ik de aktetas moeten laten vallen en mijn pistool moeten trekken. Ik kon bewegen terwijl ik schoot, maar zij zaten vast in hun auto. Als ze het probeerden, zou ik ze het leven flink zuur maken. Niettemin trokken mijn billen zich samen.

Johnny zette de Jeep Cherokee in een hoek achter hen. Als ze wilden uitstappen om op de jeep te schieten, moesten ze uitstappen en zich omdraaien – zonder het portier als schild tussen hen en ons. Johnny stapte uit met zijn wapen getrokken langs zijn zij. Het portier beschermde zijn onderlichaam in de richting van de twee boeven. Door Johnny's aanwezigheid werd ik rustiger.

Ik liep lang de mannen, gooide de bagage achter in de jeep en ging zitten op de passagiersplaats. De boeven hadden hun hoofd omgedraaid, zodat ze ons konden zien. Ze spraken zenuwachtig en snel met elkaar. Johnny reed weg en reed een rondje om het hotel. Toen we terugkwamen, waren ze verdwenen.

We haalden de dokter op bij de ambassade, gaven hem zijn bagage en brachten hem naar een Amerikaans winkelcentrum voor militairen in Manilla met een restaurant. Daar bleven we totdat zijn vliegtuig klaar was voor vertrek. Hij bleef ons maar bedanken.

Toen we de dokter naar het vliegveld brachten, lieten we een andere wagen vooruit rijden om ons ervan te verzekeren dat de kust veilig was.

'Jullie hebben mijn leven gered.' De bedankjes bleven maar komen. We zetten hem op het vliegtuig.

Later schreef hij naar de ambassade om ons opnieuw te bedanken voor onze hulp, wat ons een groot compliment opleverde. Later kwamen we erachter dat de arts iets had gehad met de dochter van een maffiabaas. Hij had haar ontmaagd en beloofd dat hij met haar zou trouwen – en dat terwijl hij al van plan was het land te verlaten. Toen de maffiabaas dat ontdekte, had hij een huurmoordenaar op hem afgestuurd. Misschien had de dokter het wel verdiend.

Mijn gewonde been was voor een groot deel genezen. Ik had nog steeds elke dag pijn en slapeloze nachten, en de opdracht de ambassadeur te beveiligen was voor SEAL Team Six-begrippen een makkie – een eitje. Maar ik wist dat ik de echt moeilijke opdrachten nooit meer zou kunnen doen.

Nadat de diplomatieke veiligheidsmissie was afgerond, keerde ik terug naar het Team. We deden onze routine: rennen, 'Kill House', schietbaan. Dit gaat niet werken, dacht ik.

Ik ging in gesprek met de Master Chief van Team Six. 'Ik pak mijn spullen en ga terug naar Georgia. Ik heb de hele tijd pijn. Mijn been klopt de hele dag. En veel pijn aan mijn heup. Aan mijn nek. Ik kan niet goed slapen...' Op dat moment wist ik niet wat er met me aan de hand was. Door mijn schotwond had ik mijn tred aangepast; ik liep verkeerd: mijn voet was naar buiten gedraaid en daardoor belastte ik mijn heup, wat ik weer compenseerde door mijn nek de andere kant op te draaien. Zoals een gebouw: als de kelder een beetje naar rechts zakt, gaat het dak mee. Maar in mijn geval trok ik mijn nek weer recht.

'Ik begrijp precies wat je doormaakt. Als je wilt, plaats ik je over naar het Team waar je heen wilt of naar BUD/s, dan kun je instructeur worden... Je kunt zelf een onderdeel kiezen: luchtoperaties, bootoperaties, explosieven.... Wat jij wilt. Zeg het maar, ik regel het wel.'

Ik zou nooit meer kunnen wat mijn makkers deden. Ik herinnerde hoe ik in het Kill House de trap op liep – ik liep de drie jongens achter me gewoon voor de voeten. Dat was me nooit eerder overkomen. Ik wist wanneer ik op mijn top was. Nu was ik dat niet. Dat was de harde werkelijkheid en dat was moeilijk te accepteren. Ik ben niet meer zo goed, niet meer zo snel, en mijn zintuigen zijn niet meer zo alert als vroeger. Fysiek lever ik absoluut niet de prestatie die ik hiervoor leverde, dacht ik. 'Dank u, adjudant. Maar als ik niet met de rest van het Team kan meekomen, ga ik liever verder met de volgende fase van mijn leven. Iets anders doen. Kijken hoe het daarbuiten is.'

Het grootste deel van mijn volwassen leven was ik militair geweest. Het was een nieuw avontuur: wat kon ik in de burgerwereld betekenen?

16

Vis op het droge

Buiten de militaire wereld was het alles of niets. Terwijl ik nog bezig was om de marine te verlaten wegens medische dienstongeschiktheid, kreeg ik een aanbod om de beveiligingsteams voor de Zomerspelen in Atlanta in 1996 te trainen. 1500 dollar per week leek me heel veel geld – zeker in verhouding tot een salaris in de krijgsmacht. Ik verliet de marine en nam de baan aan. Ook trainde ik onder andere de Special Operations and Response Teams (SORT's) van het Federal Bureau of Prisons, de ordetroepen die in noodgevallen worden ingezet tijdens gevangenisopstanden. Ik reisde heel veel. Ik kon 500 dollar per dag vragen. Ik dacht dat ik rijk zou worden.

In de praktijk kwam het er echter op neer dat ik wel voor iedere opdracht werd betaald, maar opdrachten liepen af en het was maar de vraag wanneer de volgende kwam. Tussen de opdrachten door had ik het financieel niet gemakkelijk.

In de hoop op een stabieler inkomen werd ik politieagent in Hallandale Beach, Florida, iets ten noorden van Miami Beach. Het plaatsje staat bekend om zijn renbaan voor windhonden en om Canadese toeristen. Na een opleiding van meer dan een half jaar was ik politieman – net als de mannen die in mijn kindertijd zo aardig voor me waren geweest.

Als ik surveilleerde, droeg ik een Revo-zonnebril, met NASA-technologie gemaakt door Luxottica, hetzelfde Italiaanse bedrijf dat RayBan en Oakley produceert. De Revo had de helderste en best polariserende glazen en bleef goed zitten. Omdat ik een groentje was, reed een begeleider mee in de patrouillewagen. Op een keer zag ik voor ons een gestolen Cadillac rijden. Ik maakte er melding van en een andere surveillancewagen voegde zich bij me. We zetten onze zwaailichten aan en de gestolen Cadillac kwam tot stilstand. Juist toen hij stopte, stapte de passagier, een zwarte jongen van nog geen twintig, uit en rende weg. We stopten achter het gestolen voertuig. Mijn begeleider sprong van de passagiersplaats uit de auto, rende naar de gestolen Cadillac en arresteerde de chauffeur, een dikke jongen. Ik stapte uit van achter het stuur en begon te rennen.

Ik weet niet hoe lang ik de jongen heb achtervolgd. Het leek een eeuwigheid. Over bosjes en hekken en door de struiken. Ergens onderweg verloor ik mijn ASP uitschuifbare wapenstok, en de microfoon aan mijn revers liet los en slingerde achter me aan – maar mijn zonnebril bleef zitten. We renden door tuinen tot we in het volgende plaatsje waren, South Hollywood. Plotseling verloor ik zicht- en hoorcontact met de voortvluchtige. Een man die zijn voortuin stond te sproeien, wees naar achter zijn huis. Ik sloop naar achter, maar de jongen zag me en begon weer te rennen. Uiteindelijk, toen hij de weg over rende, tackelde ik hem en viel hij op het asfalt. Een motoragent stopte en schoot me te hulp. Het voelde goed om die jongen te hebben kunnen grijpen.

'Dat was de langste achtervolging te voet waar ik ooit van heb gehoord,' zei de motoragent.

Als de jongen niet de hele tijd zijn broek had moeten ophouden terwijl hij rende, had hij me er vermoedelijk uit gerend. Toen hij handboeien om had en ik hem omhoog hielp, zakte zijn broek af. Ik pakte de plastic handboeien, trok zijn broek omhoog en bond de riemlussen van zijn broek bij elkaar om zijn broek omhoog te houden.

Mijn begeleider arriveerde met de patrouillewagen.

De jongen draaide zich om en keek op mijn naambordje: 'Gaat u me niet slaan, agent Wasdin?'

'Natuurlijk niet. Waarom vraag je dat?'

'Ik dacht dat jullie dat altijd deden. Ons slaan. Daarom rende ik weg.'

'Man, je hebt maar rare ideeën over agenten.'

Toen ik hem in de wagen wilde laten stappen, gaf een andere agent hem een duw.

'Hé, blijf van mijn gevangene af,' zei ik. 'Je raakt hem niet meer aan.'

Later kreeg ik commentaar van collega's die er al wat langer zaten. 'Je moet wat ruwer zijn met zo'n knul. Zodat hij niet nog eens wegrent. Je kan iemand handboeien omdoen, en je kan hem handboeien omdoen.'

Ik begreep wat ze bedoelden, maar ik deed er niet aan mee. Dat was niet mijn manier van politiewerk.

Het bleek dat de dikke jongen de auto had gestolen. De jongen die wegrende was een drugskoerier. Voor twintig of dertig dollar per dag leverde hij crack af bij klanten en bracht het geld terug naar de dealer. Hij had drie of vier stukjes van het gelig witte spul bij zich. De dealers gebruikten daar jongens voor van onder de achttien, zodat die niet onder het volwassenenstrafrecht konden worden vervolgd.

Ik liet de dikke chauffeur achterin instappen bij de andere en reed weg.

'Waarom kwam je niet van je dikke reet af. Waarom rende je niet weg?' vroeg de koerier.

'Hé, man, jij bent door die witmans gepakt, *nigger*,' wierp de dikke tegen. 'Wat lul je nou?'

'Dat was niet zomaar een witmans. Als ik me omkeerde, was-ie d'r nog steeds.'

Ik moest erom lachen.

Op het politiebureau van Hallandale Beach maakte ik proces-verbaal op. Vervolgens bracht ik de verdachten naar het kantoor van de sheriff in Broward County om ze bij de gevangenis af te leveren. Ik zag dat de jongen die was weggerend, schaafwonden had aan zijn handen en knieën als gevolg van mijn tackle op straat. Het moest op een paar plaatsen gehecht worden. Het was de taak van de agent die hem had gearresteerd hem naar het ziekenhuis te brengen, dus deed ik dat.

Toen ik hem bij het ziekenhuis had aangemeld, moesten we drie kwartier wachten. Ik had niet geluncht, dus bond ik de jongen vast aan een leuning, liep naar de McDonald's in het ziekenhuis en haalde een Quarter Pounder-menu. Ik liep terug en begon te eten.

De jongen keek naar mijn maaltijd.

'Heb je honger?' vroeg ik.

'Eh, nee, niet zo erg.'

'Wanneer heb je voor het laatst wat gegeten?'

'Wat soep, gisteravond.'

Jezus, dacht ik. Ik ging terug naar de McDonald's en kocht een Quarter Pounder voor hem. Toen ik terug was, vroeg ik: 'Ik ben zo aardig een hamburger voor je te halen. Als ik nu je handboeien afdoe om je normaal te kunnen laten eten, moet ik je dan weer achterna?'

'Nee meneer agent Wasdin, dat beloof ik. Ik ren niet weg. Beloofd.'

'Goed zo, want ik heb er wel een beetje genoeg van. Dus als je wegrent, schiet ik je misschien wel neer.'

We moesten er allebei om grinniken.

Ik deed hem zijn handboeien af en hij bedankte me. Hij werkte zijn Quarter Pounder naar binnen. Toen liep ik nog een keer terug en kocht nog iets te eten voor hem.

Toen hij klaar was met eten, gingen we naar de Eerste Hulp. 'U bent niet zoals de meeste agenten, hé?' zei hij.

'Er zijn meer agenten zoals ik dan je denkt.'

'Ik had nooit gedacht dat een agent wat te eten voor me zou kopen.'

'Weet je? Ik denk als je naar de meeste politieagenten toe zou lopen en ze om eten zou vragen, ze je het waarschijnlijk wel zouden geven. Geld niet, maar op zijn minst een pak crackers of zoiets.'

'Dank u.'

Hij was heel beleefd. Bleef me maar bedanken. Het leek een goeie jongen met de verkeerde vrienden. Ik vond het prettig hem te kunnen helpen, maar ik vond het sneu dat hij in zo'n rotsituatie zat.

Later, als ik hem wel eens zag op straat, hield hij op met waar hij mee bezig was en zwaaide naar me. Soms liep hij naar me toe. Dan maakten we een praatje.

Nog een paar weken na de lange achtervolging betaalde mijn lichaam daar de rekening voor. Ik had ontzettend veel last van mijn nek en mijn onderrug. Een agente uit North Miami Beach had me al een paar keer aangeraden naar een chiropractor te gaan, maar ik had haar advies genegeerd. Nu was ik wanhopig. Ik herinnerde me de chiropractor van ambassadeur Negroponte.

Uiteindelijk ging ik. De chiropractor onderzocht me. 'Om je schotwond te compenseren draai je je been naar buiten. Daarmee belast je je rechterheup te veel. Vanaf je bekken is dat naar boven getrokken via je heup naar je nek. Daarom slaap je slecht en heb je altijd pijn.'

Na drie kraaksessies sliep ik voor het eerst in jaren een hele nacht, bijna zonder pijn. En dat alleen door twee keer per maand een chiropractor te bezoeken. Wauw! Na alle neurologen, orthopedisch chirurgen en andere artsen was het een chiropractor die me mijn kwaliteit van leven teruggaf.

Tot dat moment dacht ik dat chiropractors een soort massagetherapeuten waren of zoiets. Ik had geen idee dat ze medicijnen studeerden. Dat chiropraxiegedoe is echt iets heel bijzonders.

In mijn tijd als politieagent ben ik nooit een kind tegengekomen met littekens van slaag zoals ik die vroeger wekelijks kreeg. Als dat wel zo was geweest, had ik er geen moment over nagedacht: het kind zou worden overgedragen aan de autoriteiten en de vader zou meteen achter de tralies verdwijnen.

Ik besefte dat ik het als alleenstaande vader als agent financieel niet kon bolwerken. Met 42.000 dollar per jaar kom je in Jesup, Georgia, een heel eind, maar niet in Hallandale Beach, Florida.

Point Plank Body Armour, de grootste fabrikant van kogelwerende vesten voor leger en politie en deel van Point Blank Body Armor-PACA (Protective Apparel Corporation of America) bood me een baan aan in Tennessee. Met 75.000 dollar per jaar zou ik een heel eind komen, en al helemaal in Tennessee. Ik accepteerde het aanbod en nam ontslag bij de politie. Ik woonde in een klein stadje en ik voelde me rijk. Blake paste goed tussen zijn klasgenootjes op zijn nieuwe school en alles liep op rolletjes.

Als deel van mijn taak om de kogelwerende vesten te promoten kreeg ik opdracht om Kane Kosugi, een Japans-Amerikaanse vechtsportacteur, te trainen in SWAT – Special Weapons and Tactics – voor de populaire Japanse tv-serie *Kinniku Banzuke* (De grootste spierkracht). Kane droeg een SMART-vest (Special Mission and Response Team) dat ik had ontworpen. Hij was een harde werker en leerde snel.

Voor Point Blank reisde ik continu de wereld rond: naar Abu Dhabi, Dubai, Parijs of waar dan ook sprake was van een groot contract van het bedrijf met defensie of politie. Als ik weg was, logeerde Blake bij vrienden. Toen Point Blank Body Armor-PACA van eigenaar verwisselde, bleek de nieuwe bedrijfsleiding me niet te liggen.

Ik verhuisde terug naar Jesup, Georgia, zodat Blake en ik dichter bij mijn dochter Rachel waren. Ik had een plan om via een Zwitsers contact de SWAT-teams van de Verenigde Arabische Emiraten op te leiden. Mijn vriend Tom McMillan had een faciliteit voor me geregeld in Folkeston, Georgia, waar de training kon plaatsvinden. Het zag er allemaal geweldig uit. Ik verdiende 5000 dollar per week; zoveel had ik nog nooit verdiend. Ik zag ernaar uit dat mijn jaren van militaire training zich eindelijk flink zouden uitbetalen. We waren in de laatste stadia van voorbereiding toen terroristen op 11 september 2001 een aanslag pleegden op de Twin Towers van het World Trade Center. Dat veranderde alles; de training werd uitgesteld. Als tijdelijke oplossing tot de zaak ten goede zou keren, raadde broeder Ron me aan werk te zoeken als autoverkoper: 'Volgens mij ben je er goed in. Autoverkoper bij GMC.'

Ik moest wat en er moest brood op de plank, dus nam ik hem aan. Tot mijn verbazing verdiende ik meer geld met het verkopen van auto's dan ik tot dan toe had verdiend met wat dan ook. De klanten liepen met me weg. Blake ging naar de middelbare school.

Ik had zelfs afspraakjes. Eén date bleek een stalker te zijn. Dat was niet leuk. Ze belde me op en zei: 'Je doet er meestal twintig minuten over om van je werk naar huis te komen. Vandaag duurde het vijfendertig minuten. Wat was er aan de hand?'

'Je maakt een geintje!'

Mijn nichtje Sandy maakte er op een avond een grapje over: 'Ze staat buiten tussen de azalea's naar binnen te kijken.'

Ik lachte het weg en Sandy moest er ook om lachen. Maar toen ik had opgehangen, dacht ik: Misschien moet ik toch maar eens kijken. Ze stond niet tussen de azalea's, maar ze zat wel een eindje verderop in een auto waar ze mijn huis in de gaten kon houden. Ik kwam ook nooit eens een goeie tegen. Het was frustrerend.

Eén keer had ik een afspraakje met een aantrekkelijk vrouw. Ik had het idee dat we wel eens tussen de lakens zouden kunnen belanden. Ik had er wel zin in – het was alweer een tijdje geleden. Tijdens het diner in een restaurant vroeg ik haar: 'Wat doe je zoal? Heb je de laatste tijd nog een goed boek gelezen?'

'Sinds de middelbare school, waar het moest, heb ik geen letter meer gelezen.'

'Wat heb je dan voor hobby's?'

'Ik luister naar de politiescanner en ik kijk naar worstelen.'

Ik hield mijn gezicht in de plooi. 'O ja?'

'Ja. Door de scanner blijf ik verbonden met de gemeenschap. Dan weet

ik wie er in de problemen zit en waar wat gebeurt. Als er een grote arrestatie is of brand, dan ga ik kijken.'

Lieve hemel. 'En wat was ook alweer je ander hobby?'

'Worstelen. Stone Cold Steve Austin vind ik goed.'

Als ze haar mond had kunnen houden, had het geweldig kunnen zijn.
Na het eten bracht ik haar naar huis. Ik kuste haar niet eens goedenacht.

Ze was teleurgesteld.

Ik wil geen afspraakjes meer. In Wayne County zijn gewoon geen
meisjes met wie ik wil daten, concludeerde ik.

Op zaterdagmiddag 19 januari 2002 reed ik naar huis. Achterin had ik
twee dozen kip van Sybil's Family Restaurant. Mensen komen van hein-
de en verre voor Sybils kip. Blake en ik zouden samen eten en de film *O
Brother, Where Art Thou?* bekijken. Ik had hem al gehuurd. Toen belde
mijn neef Edward: 'Deirdre en ik gaan uit vanavond. Er gaat een vriendin
mee. We zouden het leuk vinden als jij ook meegaat.' De klassieke over-
valtechniek.

'Nee.'

Twee minuten later belde Deirdre terug. 'Howard, alsjeblieft. Ik vraag
je nooit wat. Debbie heeft net een rothuwelijk achter de rug. We nemen
haar mee uit, maar ze wil niet het derde wiel aan de wagen zijn. Kom gewoon mee om haar gezelschap te houden. Je vindt het vast leuk. Ik zal je
daarna nooit meer iets vragen. Dat beloof ik. Doe het voor mij.'

Alle tactiek op het schuldgevoel. Ik was geïrriteerd. Ik leverde de dozen kip thuis af.

'Blake, ik heb een afspraakje.'

'O? Ik dacht dat je niet meer datete.'

'Ja, dat dacht ik ook.'

Edward en Deirdre reden met me naar Debbies appartement. Deirdre
zei tegen haar: 'Dit is die vent over wie ik je vertelde, die eens een date
nodig heeft.'

Deirdre had ons allebei in de maling genomen.

We zaten met zijn vieren in één auto. Ik nam een houding aan van: Hé,
ik ben Howard Wasdin. Je moet nederigheid tonen. Toon respect.

Ze betaalde me met gelijke munt terug: En wie mag jij dan wel wezen?

Hé, dat is raar. En ze spreekt in volzinnen met woorden met meer dan één lettergreep. Waar hebben ze die vandaan gehaald?

We hadden allebei een ontzettend leuke avond. We hebben ontzettend gelachen en genoten van de conversatie en elkaars gezelschap. We gaven Edward zelfs blijk van onze waardering in woorden die hij begreep.

Ik herinner me nog de eerste keer dat ik haar hand aanraakte. We keken met Deirde en Edward naar een *Sports Illustrated*-bloopersvideo. We voelden de vonk allebei. We bleven nog een paar minuten zitten en toen bracht ik Debbie naar haar appartement.

Toen we bij haar thuis waren, zetten we ons gesprek voort. Het praten werd lachen en het lachen werd zoenen en het zoenen deed mijn wereld schudden op zijn grondvesten. Er was een chemie die ik nog nooit had gevoeld. Ik verloor mijn besef van tijd, maar ik wist dat als ik een heer wilde zijn, ik maar beter kon weggaan. We werden er allebei door overvallen. Geen van ons beiden was op zoek naar een relatie en geen van beiden wilde een relatie, maar onze beschermengelen hadden ons op het juiste moment op de juiste plaats samengebracht.

We liepen naar de deur om afscheid te nemen. Ik had al mijn zelfcontrole nodig om te vertrekken. 'Ik vond het ontzettend leuk vanavond,' zei ik.

'Ik ook.'

'Bel je me morgen?' vroeg ik. Ik was opgevoed in Screven, Georgia, door strenge ouders die van me verwachtten dat ik me gedroeg als een heer. Het was niet dat ik geen heer meer was, maar ik was wel Howard Wasdin. Ik hoefde de telefoon niet te pakken om meisjes te bellen, zij belden mij. Maar dit meisje was grootgebracht als een dame.

'Ik weet niet hoe jij bent opgevoed, maar mijn moeder heeft me geleerd dat ik geen jongens bel. Als je me wilt spreken, moet jij mij maar bellen.' Ze deed de deur dicht.

Wauw. Ik was verbijsterd. De meisjes van vandaag de dag, die zelf jongens bellen, snappen het echt niet. Ze missen de lol en spanning van het versieren.

Toen ik naar huis reed, besefte ik het pas echt. Ik mocht 90 km/uur rijden, maar haalde volgens mij de 70 niet eens. Ik was in verlegenheid gebracht en ik was teleurgesteld in mezelf. Hoewel ik als een heer was opgevoed, was ik arrogant geworden. Ze had groot gelijk. Wat was er met mij aan de hand? 'Ik ben Howard, bel me.' Ik wist wel beter. Ik had alleen maar meer respect voor haar.

Die zondag wachtte ik de hele dag. Ik stond een paar keer op het punt haar te bellen, maar ik deed het niet. Zij belt wel, dacht ik.

Ze belde niet.

Maandagochtend belde ik haar. We gingen samen lunchen. Het weekend daarop hadden we weer een afspraakje. En ieder weekend daarna, tot we trouwden. Hoewel ik had gezworen nooit meer in het huwelijksbootje te stappen, werden Debbie en ik op 17 januari 2003 door broeder Ron in de echt verbonden. Zelfs nu nog, als we hem weer eens ergens tegenkomen, ziet hij hoe gelukkig we zijn. Dan zegt hij: 'Toen ik jullie trouwde, heb ik toch maar goeie lijm gebruikt.'

Op den duur schonk het verkopen van auto's onvoldoende bevrediging, ofschoon de goede mensen van Wayne County ze van me kochten en ze mij hun genegenheid en waardering lieten blijken. Ze kenden me nog van toen ik in hun gemeenschap opgroeide en waren dankbaar voor mijn inspanningen in dienst van het vaderland. Ik had er al eerder over gedacht om chiropractor te worden. Ik probeerde een baan bij een chemische fabriek en Condor, mijn oude vriend bij de CIA, lichtte me in over een baan bij een beveiligingsbedrijf in Brazilië. Dan was ik waarschijnlijk voor altijd in het beveiligingswerk blijven hangen, zoals andere jongens van het Team die de marine verlaten. Beveiligingswerk tot je erbij neervalt.

In oktober 2004 hadden Debbie en ik een gesprek met mijn consulent bij Veteranenzaken. De organisatie zou de kosten voor mijn opleiding tot chiropractor op zich nemen. Debbie en ik brachten een bezoek aan de universiteit, maar op de terugweg kwam ik met allerlei redenen waarom ik er niet aan moest beginnen. 'Ik kan toch nooit fulltime werken en ook fulltime naar school gaan? Dan hebben we veel minder te besteden. Het gaat heel lang duren. Ik moet eigenlijk veel dichter bij school gaan wonen tot ik afstudeer. Anders wordt het wel heel veel heen en weer rijden...'

Debbie snoerde me de mond. 'Je kan je de rest van je leven rot blijven voelen – dan blijf je werk doen dat je niet bevredigt en vind je nooit meer een baan die je echt leuk vindt – of je kan dit gaan doen. Hoe sneller je ermee begint, hoe sneller je er ook mee klaar bent. En dan kun je iets gaan doen waar je gelukkig van wordt. Als je het nu niet doet, kijk je hier over vier jaar op terug en denk je: Als ik toen naar school was gegaan, was ik er nu mee klaar.' Ik was met de juiste vrouw getrouwd.

In januari 2005 begon ik aan mijn opleiding tot chiropractor aan Life University in Marietta, Georgia. Hoewel ik de studie erg leuk vond, bestond een klein deel van mijn klasgenoten uit warhoofdige hippies die niets te maken wilden hebben met artsen, naalden en medicijnen. Zelfs een van de docenten zei: 'Ik doe geen reanimatie of mond-op-mondbeademing bij een stervende.' Hij zou proberen de stervende een chiropractische behandeling te geven, en dat was dat. Een man en een vrouw, allebei chiropractors, hadden elkaar op de opleiding ontmoet en trouwden. Drie jaar nadat ze waren afgestudeerd, was de echtgenote overleden aan een oorontsteking omdat ze behandeling had geweigerd; een eenvoudige antibioticakuur had haar leven kunnen redden. Hun idee was dat chiropraxie de enige pure en eerlijke methode is om iemand te genezen. Hun mantra was: Vertrouw op je innerlijke kracht. Ze deden me denken aan de medicijnman in Somalië die had geprobeerd de jongen te genezen die ik later had geholpen – tevergeefs natuurlijk. Het grootste deel van mijn klasgenoten en docenten dachten er niet zo over en de meeste chiropractors doen dat ook niet. Het is een klein percentage warhoofden dat alle chiropractors een slechte naam geeft.

Tijdens mijn laatste jaar kreeg mijn vader een verwijding van de buikslagader. Zijn aorta blies zich op als een ballon.

17

Genezing

Ik reed de 430 kilometer naar het ziekenhuis in Savannah om mijn vader te zien. Schijn bedroog. Hij was wakker en zat grapjes te maken met mijn zussen. 'Het komt wel goed met uw vader. Hij ligt op de uitslaapkamer.' Die avond liet ik hem alleen om me voor te bereiden op mijn laatste tentamens aan Life.

Toen ik een paar uur later weer thuis was, belde mijn jongste zus Sue Anne op om me te vertellen dat vader een hartaanval had gehad. Een uur later, rond middernacht, informeerde mijn neef Greg me dat pa was overleden. Niemand had het zien aankomen.

Ik probeerde toch examen te doen. Tijdens het eerste eindtentamen zei dr. Capes tegen me: 'Howard, sta op en ga gewoon weg.'

'Nee, nee, het lukt wel. Het lukt wel.'

Ik merkte dat ik toch niet zo stoer was als ik dacht dat ik was. Ik had mijn hoofd er niet bij. Nadat ik SEAL was geworden, maakte het me niet meer uit dat pa me had geslagen. Onze relatie was verbeterd. Na Somalië had ik voor het eerst tegen hem gezegd dat ik van hem hield – en dat zei ik daarna elke keer als ik hem zag. We omhelsden elkaar. De tijd had ook hem zachter gemaakt. Tijdens een familiereünie kort voor zijn dood zei hij dat Debbie, mijn nieuwe vrouw, zijn goedkeuring wegdroeg. 'Die moet je houden. Maak er geen zooitje van.' Hij hield van haar. Over mijn nieuwe beroep zei hij: 'Als jij je kliniek opent, word ik je eerste patiënt.' En dat uit de mond van een man die pas naar een dokter ging als hij op sterven na dood was – wat hem uiteindelijk ook duur kwam te staan. Dat hij zoveel vertrouwen had in mijn toekomstige vaardigheden als chiropractor, betekende heel veel voor me. Hij accepteerde me; ik kreeg eindelijk het respect en de goedkeuring waarnaar ik altijd had verlangd.

Mijn moeder heeft wel eens gezegd dat mijn vader later in zijn leven teleurgesteld was dat hij en ik geen betere relatie hadden. Ik had niet het hart tegen haar te vertellen dat hij voor mij thuis een dictator was. Hij praatte niet met me; hij had helemaal geen relatie opgebouwd. Ik moest ook niet zo huilen om zijn dood als om die van oom Carroll. Aan oom Carroll stelde ik als kind vragen als: 'Is het normaal dat ik 's ochtends wakker word met een harde plasser of is er toch iets mis met me?' 'Dat is heel normaal, jongen,' lachte mijn oom. Toch had mijn vader me naar beste kunnen opgevoed, en ik betreurde zijn overlijden.

Op een dag, zo'n negen maanden later, vroeg Blake plotseling – zomaar, zonder aanleiding: 'Zou je hem wel eens willen ontmoeten?'

'Wie?' vroeg ik.

'Je echte vader.'

Als ik mijn biologische vader tegen zou komen bij de supermarkt, zou ik hem zo voorbijlopen. 'Ja, Blake. Ik denk het eigenlijk wel.'

We gingen naar hem op zoek op internet en vonden hem. Ik belde hem op. Met kerst ontmoette ik Ben Wilbanks, mijn biologische vader, voor het eerst. Hij zei dat mijn moeder ons, de kinderen, halsoverkop had meegenomen en met Leon naar Georgia was gegaan. Volgens mij verklaart dat onze plotselinge verhuizing van Florida naar Georgia en de snelle adoptie. Gezien de conflicterende verhalen van mijn moeder en mijn zusjes neig ik ernaar hem te geloven. Ben zei dat hij jaren naar me op zoek was geweest, maar dat hij me nooit had kunnen vinden. Hij bleek een van de aardigste en liefste mannen te zijn die ik ooit ben tegengekomen. Toen hij me omhelsde, wist ik dat hij het ook echt meende. Toen ik Ben Wilbanks had ontmoet, wist ik waar ik mijn liefdevolle kant vandaan heb, mijn vermogen compassie en emoties te voelen. Ben had bij de militaire politie van het leger gezeten, maar was al het grootste deel van zijn werkende leven vrachtwagenchauffeur en dat is hij nog steeds.

Blake en ik onderhouden nog steeds contact met mijn biologische vader, Blake's grootvader. Wat er ook is voorgevallen tussen Ben en mijn moeder, ze heeft het hem niet vergeven en heeft het ook niet kunnen vergeten. Wat mij betreft, ik wil de beslissingen die zij in hun jeugd gemaakt hebben, hun niet nadragen, want ik wil ook niet dat de beslissingen die ik in mijn jeugd heb genomen, mij nagedragen worden.

Toen ik me voorbereidde op mijn afstuderen, kreeg ik een e-mail van kapitein Bailey. Hij had bij zijn chiropractor een artikel over mij gelezen en had me een berichtje gestuurd om me te feliciteren. Hij vroeg me of ik nog wist wie hij was uit de tijd van BUD/S. Natuurlijk herinnerde ik me mijn commandant bij BUD/S. Op mijn sterfbed zou ik me nog de man herinneren die ons door Hell Week had gesleept.

Op 24 september 2009 studeerde ik cum laude af als chiropractisch arts. Ik ben altijd een haantje geweest en ik had me lang verzet tegen een bezoek aan een chiropractor, maar met chemicaliën was het structurele probleem waarmee ik kampte niet op te lossen. Die verborgen de pijn alleen. Een huisarts kan niet alles oplossen voor een patiënt en een chiropractor kan dat evenmin. Maar als we werken als team, zoals ik dat mijn hele leven heb geleerd, kunnen we veel meer. Plaatselijke artsen verwijzen patiënten naar mij door en ik verwijs patiënten door naar hen. Het zijn de patiënten die daarvan het meest profiteren.

Toen ik voor het eerst patiënten ontving, wist ik dat ik de juiste keuze had gemaakt. Ze vertrouwen me, ik zoek uit wat er met ze aan de hand is, ik help ze zich beter te voelen en ze vinden me geweldig.

Ik richt me nu op mijn nieuwe carrière. De bouw van mijn nieuwe kliniek, Absolute Precision Chiropractic, is in april 2010 voltooid. Vanaf de dag dat ik de deuren opende, ben ik gezegend met drukke dagen waarop ik patiënten behandel uit de omliggende gemeenten. Een van hen, een jongen van dertien, leed al vier jaar aan chronische hoofdpijn. Het bleek dat hij als kleine jongen een ernstig auto-ongeluk had gehad en dat de curve in zijn nekwervel was verdwenen. Toen hij kwam, had hij ondanks frequente medicatie elf of twaalf aanvallen per maand. Binnen de eerste tien weken dat hij bij mij onder behandeling was, verminderde dat tot een of twee keer. Door dit soort succesverhalen weet ik dat ik de juiste beslissing heb genomen. Ik voel werkelijk dat dit het pad is dat God voor mij in gedachten had toen Hij mijn leven spaarde in Somalië.

Een andere bevestiging dat ik de juiste keuze had gemaakt, was toen ik een meisje van vijftien met brachiale paralyse behandelde. Haar arm had zich niet op de juiste manier ontwikkeld en ze had veel zenuwschade – ze kon haar rechterarm nauwelijks bewegen. Ik had haar behandeld met elektrische stimulatie, ik had een manipulatie uitgevoerd en een aantal andere chiropractische methoden toegepast. Voor het eerst van haar leven bewoog ze haar arm 42 graden lateraal, en toen boog ze haar arm 45 graden naar me toe, ook voor het eerst. Mijn assistent moest huilen. Het meisje moest huilen van inspanning, maar ook omdat het haar was gelukt. Haar vader moest huilen. Ik liep even de kamer uit – en moest huilen. Ik moest even een ommetje maken voordat ik mijn tranen weer in bedwang had. Ik pakte een tissue en droogde de waterlanders. Toen keerde ik terug naar mijn patiënt alsof er niets aan de hand was en zei: 'Oké, en nu je oefeningen voor volgende week.' Dat ik haar haar arm zag bewegen nadat we er allebei zo hard aan hadden gewerkt, was enorm bevredigend. Dat ik patiënten kan helpen zoals ik haar heb geholpen, vermindert mijn schuldgevoel over dat ik nog leef en betere mensen zoals Dan Busch niet meer. Ik begrijp beter waarom God mij heeft gespaard – Hij had werkelijk een bedoeling met me na mijn leven als SEAL.

Hoewel Blake al in de twintig is, geef ik hem als hij op bezoek komt altijd een knuffel voor het slapengaan. Ik toon diezelfde liefde aan mijn stiefdochter Eryn, die ik beschouw als mijn eigen kind. En ik kus mijn vrouw Debbie iedere keer dat ik wegga of thuiskom. Debbie en ik zijn zo lief voor elkaar, dat vrienden ons zeggen: 'Doe dat in je slaapkamer.' Jaren geleden vroeg ik me af waarom ik nog leefde. Nu ben ik even dankbaar dat God mijn leven heeft gespaard als voor de weg die Hij mij heeft gewezen. Ik ben weer positief van gedachten, lichaam en geest. Zowel professioneel als persoonlijk is het leven weer goed.

Epiloog

Vier Somalische piraten enterden een Amerikaans vrachtschip, de MV Maersk Alabama, 450 kilometer uit de Somalische kust – het eerste schip onder Amerikaanse vlag sinds de negentiende eeuw dat was gekaapt. De piraten gijzelden kapitein Richard Phillips en namen hem mee in de 7,5 meter lange reddingsboot.

De USS Bainbridge (DDG-96) kwam naderbij en verzocht de piraten kapitein Phillips vrij te laten. Een P-3 Orion vloog over om de situatie in de gaten te houden. De piraten wilden de kapitein alleen vrijlaten voor een losgeld van een miljoen dollar.

Onder dekking van de duisternis daalde een SEAL-team per parachute af in het water en maakte contact met de Bainbridge.

De reddingsboot had geen brandstof meer en door de wind werd de zee onrustiger. Bang geworden door de ruwe zee gingen de piraten ermee akkoord zich door de Bainbridge naar rustiger wateren te laten slepen.

Op zondagnacht 12 april 2009, in het donker, rolden en stampten de Bainbridge en de reddingsboot op nog geen 10 meter van elkaar. Op de Bainbridge onderhandelde een van de piraten over het miljoen losgeld. Op de achterplecht observeerden drie in het zwart geklede snipers en hun spotters de rubberboot, waarbij ze alle informatie over de activiteit op het bootje doorspeelden aan hun SEAL-commandant. Zelfs met een KN250 nachtkijker – de beste die er is – is alles plat; je ziet geen diepte.

'Tango richt AK op rug Hotel,' rapporteerde een van de spotters. De terrorist richtte zijn geweer op de gijzelaar.

Twee andere piraten staken hun hoofd boven het dek om te kijken wat er aan de hand was. Iedere sniper had een vierkant stukje klittenband aan iedere kant van zijn Win Mag. Daarop zat een seinapparaatje bevestigd. Als een van de snipers een piraat op de korrel had, drukt hij op het apparaatje, waardoor een sein naar de SEAL-commandant werd gestuurd, een klein groen lichtje. Eén lichtje voor iedere sniper.

Via hun oortjes hoorden de snipers hun commandant het bevel geven: '*Stand-by. Stand-by.* Drie twee, een, vuur, vuur.' Vanaf het achterdek van de Bainbridge vuurden de drie snipers tegelijk één keer op een hoofd. De drie piraten vielen neer. Een aanvalsteam voer naar de rubberboot en bevrijdde kapitein Phillips. Andere SEAL's arresteerden de piraat die aan boord van de Bainbridge aan het onderhandelen was.

Opnieuw werden de standaarden van de snipers van SEAL Team Six getest, en die standaarden blijven hoog. De meeste missies blijven onbekend voor het publiek, hun gezin en zelfs voor hun mede-SEAL's. Het is voor velen moeilijk te bevatten of op waarde te schatten hoe ongelooflijk veel trainingsuren deze mannen hebben gemaakt en welke risico's ze lopen. Voor het grootste deel zullen hun toewijding, hun offers en hun vaderlandsliefde verborgen blijven.

De Special Operations Warrior Foundation

De Special Operations Warrior Foundation (SOWF) werd in 1980 opgericht als de Colonel Arthur D. 'Bull' Simons Scholarship Fund om zeventien kinderen van gesneuvelde of ernstig gewond geraakte commando's een studiebeurs te verschaffen. Hun vaders waren in april van dat jaar betrokken geweest bij de mislukte operatie om Amerikaanse gijzelaars uit de Amerikaanse ambassade in Teheran te bevrijden. De naamgever was de legendarische Green Beret (Army Special Forces) Bull Simons, die verscheidene keren zijn leven waagde tijdens reddingsoperaties.

Vanaf de stichting van U.S. Special Operations Command en door de toename van het aantal slachtoffers tijdens acties als Operation Urgent Fury (Grenada), Just Cause (Panama), Desert Storm (Koeweit en Irak) en Restore Hope (Somalië) breidde het Bull Simons Fund zijn werkterrein uit tot alle speciale eenheden. Aldus fuseerde de organisatie in 1995 met de Family Liaison Action Group (opgericht ter ondersteuning van de gezinnen van de Iraanse gijzelaars) en Spectre Association Scholarship Fund (voor familieleden van bemanningsleden van gunships van de luchtmacht) tot de Special Operations Warrior Foundation. In 1998 werden de beurzen en adviesdiensten inzake financiële ondersteuning behalve aan slachtoffers tijdens vijandelijkheden ook beschikbaar gesteld aan nakomelingen van dodelijke slachtoffers in trainingssituaties, met terugwerkende kracht sinds 1980. Door die maatregel kregen met onmiddellijke ingang 205 kinderen toegang tot een studiebeurs.

De missie van de Warrior Foundation is om hoger onderwijs te verschaffen aan ieder kind dat een ouder heeft verloren in dienst van een eenheid van U.S. Special Operations Command tijdens een operationele of trainingsmissie. Dergelijk personeel is in eenheden gestationeerd op bases binnen en buiten de Verenigde Staten. De grootste concentraties Special Forces zijn op militaire bases in Camp Lejeune en Fort Bragg,

North Carolina; Hurlburt Field, Florida; marinebasis Coronado, Californië; Dam Neck, Virginia; luchtmachtbasis McDill, Florida; Fort Lewis,
Washington; Fort Stewart, Georgia; Fort Campbell, Kentucky; Little
Creek, Virgina; Fort Carson, Colorado; luchtmachtbasis Cannon, New
Mexico; vliegbasis Mildenhall van de Britse luchtmacht in het Verenigd
Koninkrijk en de vliegbasis Kadena in Japan.

De Warrior Foundation verschaft ook directe financiële hulp aan personeel van speciale eenheden dat zwaargewond is geraakt tijdens speciale
operaties in de strijd tegen het terrorisme.

Vandaag de dag verschaft de Warrior Foundation studiebeurzen – giften, geen leningen – aan meer dan 700 kinderen. Die kinderen hebben
meer dan 600 leden van speciale eenheden overleefd die hun leven hebben gegeven in hun vaderlandslievende dienst van hun land, onder wie de
mannen en vrouwen die sneuvelden tijdens de strijd tegen terrorisme als
deel van Operation Iraqi Freedom alsook van Operation Enduring Freedom in Afghanistan en op de Filippijnen.

Tot op heden zijn 121 kinderen van gevallen Special Forces afgestudeerd. Kinderen van leden van alle krijgsmachtdelen hebben beurzen van
de Warrior Foundation ontvangen of aangeboden gekregen.

Contactinformatie:
Special Operations Warrior Foundation
P.O. Box 13483
Tampa, Fl 33690
www.specialops.org
E-mail: warrior@specialops.org
Telefoon: + 1 877-337-7693

Dankwoorden

Allereerst wil ik graag mijn Heer en Verlosser Jezus Christus bedanken voor alle zegeningen die Hij mij heeft toebedeeld, evenals aan de beschermengelen die mij in gevaarlijke omstandigheden voor de dood hebben behoed.

Daarnaast ben ik de mensen van Wayne County, Georgia, heel dankbaar. Ze stonden altijd achter me en zijn voor mij een bron van kracht, motivatie en inspiratie geweest.

Ik wil ook speciaal mijn patiënten bedanken wier chiropractor ik mocht zijn. Ik hou van jullie allemaal.

Mijn dank gaat uit naar mijn coauteur, Steve Templin, die het gestrande project dat dit boek was weer tot leven bracht en er onvermoeibaar aan bleef werken om het te perfectioneren.

Ik ben werkelijk gezegend met de twee geweldige carrières die ik heb (gehad). Ik heb het geluk iedere dag naar mijn werk te mogen gaan om mensen te helpen. Dat was ook precies de reden waarom ik, hoe klef dat ook klinkt, indertijd SEAL wilde worden.

God, zegen Amerika en de mannen en vrouwen die voor ons strijden.

HOWARD E. WASDIN

Ik heb geluk gehad. Tijdens BUD/s-training met Klas 143 ontmoette ik Howard Wasdin voor het eerst. We hadden weer een dag van heftige training achter de rug en Howard vroeg: 'Wie gaat er mee rennen op het strand?' Ik vond hem knetter. Was het nu nog niet genoeg voor vandaag? Nog gekker waren de gasten die met hem meegingen. Howard en ik werden vrienden. Op zaterdag gingen we met de jongens op stap in Tijuana en op zondag sleepte hij me mee naar de kerk. Toen ik mezelf verwondde, viel ik terug naar Klas 144 en scheidden onze wegen, maar ik vergat hem nooit.

Jaren later, toen ik op een vlucht wachtte op Los Angeles International Airport, liep ik een boekhandel binnen om de tijd te doden. Spoedig zat ik midden in een oorlogsgebied – ik had het uitstekende *Black Hawk Down* van Mark Bowden gepakt. Ik keek in het register of er SEAL's bij betrokken waren geweest en tot mijn verbazing kwam ik Howards naam tegen. Kan niet waar zijn! Ik wist zeker dat er wel iemand zou zijn die de rest van zijn verhaal wilde opschrijven, en dat ik de eerste zou zijn die het zou kopen. Maar de jaren gingen voorbij en... geen boek. Via Facebook kwam ik hem weer tegen. Ik heb het geluk dat hij had gewacht met het vertellen van zijn verhaal. Meewerken aan zijn biografie was een belevenis. Bedankt, Howard!

Ik ben ook gezegend dat mijn vrouw Reiko en mijn kinderen Kent en Maria me een voorproefje van de hemel hebben gegund. Natuurlijk was ik er nooit geweest zonder mijn moeder Gwen, die er altijd voor me was, me steunde en me altijd liet doen wat ik wilde; een van mijn fijnste herinneringen is dat ik alleen op ontdekkingsreis ging in de woestijn van Arizona, nog voordat ik oud genoeg was om naar school te gaan. Ook mijn vader Art ben ik dankbaar, voor de momenten dat hij er voor me was. Mijn grootvader Robert leerde me hoe ik 10 procent kon afdingen van een pot verf in de ijzerwinkel. Opa hield van me als van een zoon en ik hield van hem als van een vader. Ik weet zeker dat hij glimlacht als hij dit boek ziet – schrijven was al een droom van me sinds de basisschool. Carol Scarr gaf Howard en mij uitstekend schrijfadvies tijdens de eerdere versies en was een goede vriend.

Het zou moeilijk zijn geweest onderzoek te doen en dit boek te schrijven zonder de steun van Meio University, waar ik universitair hoofddocent ben. Scott Miller van de Trident Media Group bood Howard en mij alle professionaliteit die een agent kan bieden, en meer dan dat. Hij las het manuscript tijdens zijn paasvakantie en toen hij terugkwam op zijn werk, vond hij binnen 24 uur een uitgever. Marc Resnick van St. Martin's Press blonk uit door de zaak te bezegelen en bleef daarna steeds enthousiast, wat het proces tot een plezierige ervaring maakte.

Ik ben zeer vereerd dat generaal b.d. Henry Hugh Shelton plaatsmaakte in zijn drukke agenda om ons te ondersteunen. Ook Dealton Fury, de Delta-majoor die *Kill Bin Laden* schreef, bood ons al in een vroeg stadium zijn hulp aan. Daar ben ik hem dankbaar voor. Ook dank aan Mariniersniper Jack Coughlin, de auteur van *Shooter*, voor zijn aanmoedigingen, evenals aan Randy 'Kemo' Clendening (voormalig commando van SEAL Team Two) voor zijn assistentie.

Ik wil Debbie Wasdin bedanken voor haar vriendschap en hulp. Eryn Wasdin fungeerde als mijn chauffeuse en bracht een glimlach op mijn gezicht.

Terwijl ik met Howard probeerde dit boek af te krijgen, gaf Tammie Willis, gediplomeerd medisch massagetherapeut bij Absolute Precision, mij de beste massage die ik ooit heb gehad – je bent een kei, Tammie. De rest van het personeel van Absolute Precision was ook geweldig: Miki, Kelly en alle anderen.

Ten slotte mijn dank aan de inwoners van Wayne County, Georgia, die ervoor zorgden dat ik mij tijdens mijn hele verblijf in hun county er thuis voelde.

STEVE TEMPLIN